天津市哲學社會科學研究規劃項目（TJZW13－005）
天津市“131”創新型人才培養工程第三層次

天外"求索"文庫

道經字詞考釋

INTERPRETATION OF
WORDS IN TAOISM
SCRIPTURE

牛尚鵬◎著

中國社會科學出版社

一 道 一 經 一 字 一 詞 一

圖書在版編目(CIP)數據

道經字詞考釋 / 牛尚鵬著 . —北京：中國社會科學出版社，2017.10
ISBN 978 - 7 - 5203 - 0070 - 4

Ⅰ.①道… Ⅱ.①牛… Ⅲ.①道家②《道德經》- 研究 Ⅳ.①B223.15

中國版本圖書館 CIP 數據核字(2017)第 057014 號

出 版 人	趙劍英
責任編輯	任 明
責任校對	周 昊
責任印製	李寡寡

出 版	中國社會科學出版社
社 址	北京鼓樓西大街甲 158 號
郵 編	100720
網 址	http://www.csspw.cn
發 行 部	010 - 84083685
門 市 部	010 - 84029450
經 銷	新華書店及其他書店

印刷裝訂	北京君昇印刷有限公司
版 次	2017 年 10 月第 1 版
印 次	2017 年 10 月第 1 次印刷

開 本	710 × 1000 1/16
印 張	25.5
插 頁	2
字 數	420 千字
定 價	98.00 圓

凡購買中國社會科學出版社圖書，如有質量問題請與本社營銷中心聯繫調換
電話：010 - 84083683

序

楊琳

當今之世，經濟繁榮，學術興盛，學術研究的觸角幾乎伸向了任何可能的領域。且不說敦煌文獻、簡帛文獻、碑刻文獻這類第一手資料的研究如火如荼，徽州文書、清水江文書、石倉文書這類民間收藏的地方文獻也不斷被發掘整理出來，連周邊國家歷史上用漢語撰寫的域外漢籍如朝鮮半島及越南的燕行文獻之類也有人在搶灘登陸，刨土挖寶。比較而言，道藏的整理研究就顯得門庭冷落了。其主要表現是：

其一，多數道經產生時代不明，來龍去脈不詳，缺乏應有的研究。這制約著對道經文獻的有效利用。

其二，學人對道經語言的關注遠不如對佛經語言的熱衷，至今沒有編出《道經語言詞典》，今人編的各種語言詞典中缺乏來自道經的詞語及詞義證據。

其三，道藏沒有精善之本。明代編纂的《正統道藏》是歷代纂修的道藏中唯一倖存至今的道藏，內容編排不盡合理，字句存在錯訛衍奪。中國道教協會 1997 年發起並組織全國一百多位專家學者編纂的《中華道藏》（華夏出版社 2004 年版）算是對《正統道藏》進行的一次全面系統的修補完善，可惜編校質量不能令人滿意，錯斷句讀、誤識字形、當校不校之類的疏失所在多有。學界急需一部錄文可靠、校勘精細的道藏整理本，然而未聞有誰去申報或從事這一重大課題。

試舉一例以資說明。《中華道藏》074《洞玄靈寶真人修行延年益演算法·老子理身守一法》："登真曰：欲使心正常，當以日出三丈，錯手著兩肩上，當出心對日，以日正當心，心中聞暖，存日精暉來入心，故覺其微暖，則心正矣。常能行之佳。"這裏說的是怎樣使人的心保持位置端正，而非籠統的"正常"。梁陶弘景《真誥》卷五《甄命授第一》也有類似的說法："君曰：欲使心正，常以日出三丈，錯手著兩肩上，以日當心，心中間暖，則心正矣。常能行之佳。" 兩相比照，可知應以 "常當以日出三丈" 爲句。這是句讀之失。"正常" 一詞《漢語大詞典》列舉的書證都是現代的，如果有誰盲從《中華道藏》的斷句，以爲 "正常" 一詞早見於唐宋（書前提要云 "約出於唐宋"，這也是不得已而含糊其辭的説法），那就上當了。

　　"心中聞暖"《真誥》作 "心中間暖"，"聞" "間" 形近，必有一誤，《中華道藏》沒有出校，這是校勘之失。日本吉川忠夫、麥毅邦夫編《真誥校注》（朱越利譯，中國社會科學出版社 2006 年版）、趙益點校《真誥》（中華書局 2011 年版）對 "間" 也都無所校釋。按陶弘景《登真隱訣》卷中云："欲使心正，常當以日出三丈，錯手著兩肩上，以日當心，心中覺暖，則心正矣。（旧注：亦存日之精暉來入心，故覺其微暖也。）" 與 "聞" "間" 對應的詞是 "覺"。"聞" 有感知義。《説文》："聞，知聞也。"《戰國策·齊策三》："人事者，吾已盡知之矣。吾所未聞者，獨鬼事耳。" 高誘注："聞，知。" "心中聞暖" 即 "心中覺暖"，可見 "間" 爲 "聞" 之形誤。蓋此語原本當是作 "聞"，因後人不知 "聞" 有感覺義，以爲文意不通，故或據文意改爲 "覺"，或據形近改作 "間"。《漢語大詞典》和《漢語大字典》"聞" 下都沒有收錄感覺義，由此亦可見道經的語料價值。

　　又 "存日精暉來入心，故覺其微暖" 兩句與上下文不相連貫，從《登真隱訣》可知，此二句爲 "心中覺暖，則心正矣" 的前人注語，《洞玄靈寶真人修行延年益演算法》的抄錄者誤將注語混入正文，《中華道藏》也未能校出。

　　短短一則文本就存在如此多的問題，這就是道藏的研究現狀。由此看來，道藏研究大有可爲，加強對道經的研究，尤其是文獻及語言文字方面的研究，可以發展出新的學術增長點。有鑒於此，我把整套《正統道藏》（包括《萬曆續道藏》）分配給了牛尚鵬、忻麗麗、周學峰三位博士生，他們的博士論文就以道藏中的疑難字詞爲研究對象。牛尚鵬分到的是道法類經書，共有道經 191 種。他當時從中選釋了 140 餘條疑難字詞，約有 14 萬字。畢業後，尚鵬就職於天津外國語大學，教學之餘，繼續從事道經疑難字詞的考釋，又補充了 60 餘條。經過一番修補打磨，內容更爲充實完善，結論大都堅實可信，爲道經詞彙研究做出了重要貢獻。詞彙方面的考釋如《太上洞淵神咒經》卷十："善人不必好醜，各有因緣。" 作者

指出這裏的"不必"爲條件連詞，相當於"無論"，並闡釋了由副詞"不
必"虛化爲連詞的路徑原由。見於中古的"偏併"一詞，前人釋爲："偏
袒，偏私。'併'通'比'。"本書釋爲本義指偏嚮一處聚集，引申爲偏
頗、偏差義，不僅能貫通所有文獻用例，而且構詞理據明晰，詞義源流可
信。俗訛字方面的考釋如《太上洞淵神咒經》卷二："作齋者，亦用無量
䅉令矣。"䅉《中華道藏》認作"神"，典籍未見"神令"一詞。本書考
明䅉爲"科"之俗字，"科令"指法令、律條。《太上洞淵神咒經》卷
七："自頃以來，不唯一條。"頃《中華道藏》認作"須"，"自須以
來"不知所云。本書認爲頃乃"頃"之俗字，"頃"有往昔義。這些考
釋發蒙解疑，不僅使道經文意貫通無礙，便於學人研讀利用，而且豐富了
中古詞彙及俗字研究的內容，較之單純的詞彙描寫，更具學術分量。

　　當然，書中也有個別觀點尚有進一步斟酌的餘地。《太上洞淵神咒
經》卷十五："又有向於三光大小便面之考。"作者解釋説："'面'當爲
'曲'之訛，'便曲'即大小便。"説這裏的"便面"指大小便固然沒錯，
但説"面"爲"曲"之訛誤未必可靠。這一觀點是受了譚代龍的影響。
譚代龍在《"大便""小便"字面意義考》（《漢語史學報》第8輯，上海
教育出版社2009年版）一文中提出"便曲"有小便義。譚文凡舉下面
4例：

　　（1）夫學仙之人，勿北向便曲，仰視三光，勿北向理髮，解脱
衣裳。（宋張君房《雲笈七籤》卷四十《金書仙志戒》）

　　（2）佩此章符，並不得以履穢。今便曲舉動，或致忘誤，可以
守一時，佩之，事竟，脱著寢床器物中也。（梁陶弘景《登真隱訣》
卷上《寶章》）

　　（3）穢慢三光，不敬神祇，裸露五嶽，便曲江海。（南北朝《玉
清上宮科太真文》）

　　（4）有比丘於村外入草中便曲，有女人亦入草中，比丘先從草
出，女人複從此草出，比丘女人各不相知。（北齊僧伽跋陀羅譯《善
見律毘婆沙》卷十三）

　　這些例句中的"便曲"確實都指大小便（並非僅指小便），看上去釋
義能夠成立。但對照下面的例子，不難發現其中的問題：

　　（5）《金書仙誌》云：夫學仙之人，勿北向便迴，仰視三光；勿
北向理髮，解脱衣裳；勿北向唾罵，犯破毀王，破謂歲下辰也，王謂

王氣之所在也。(唐王懸河《三洞珠囊》卷六《立功禁忌品》)

(6) 凡修上清之法，不得北向、本命之上，二處便回，觸忤玉晨，穢慢本真。(晉《太真玉帝四極明科經》卷五《太玄都中宮女青律文》)

(7) 不得北向、本命之上，二處便曲，觸忤玉晨，穢慢本真。(南北朝《洞真太上太霄琅書》卷三《獨立明科旨訣第三》)

(1)(5) 兩例同引一書，一作"便曲"，一作"便迴(回)"，(6)(7) 兩例語句相同，只是有"曲""回"之異，這表明兩種説法中，有一種説法應該是形誤造成的，並非都是現實存在的。這就需要辨明何爲"李逵"，何爲"李鬼"。

大小便是日常生活中需要避諱的生理現象，爲此，人們創造了形形色色的委婉詞語予以指稱。其中有一類是用回轉義的詞語去指稱，如"旋""旋轉""便轉""便旋""回轉"等，大約大小便時通常要轉身背對著人，所以用此類詞語加以婉指。"回轉"的用例如：

(8) 時有苾芻忽患腹痛，數去回轉，致有疲困。苾芻白佛，佛言："于床穿孔，隨時轉易。"即於好床穿破作孔。(唐義淨譯《根本説一切有部毘奈耶雜事》卷十五)

(9) 昔有長者，時屆秋天，擔黃豆子詣田欲種，置於樹下向回轉處。(唐義淨譯《根本説一切有部毘奈耶雜事》卷二十四)

可見"回"有指稱解手的語言事實，所以"便回"的説法是可以成立的，正如也可以説"便轉"一樣。

"曲"則未見指稱大小便的依據。譚代龍認爲"曲"有回轉義，如《文選·沈約〈鐘山詩應西陽王教〉》："四禪隱岩曲。"李善注引郭璞《山海經》注："曲，回也。"因此，主張"便曲"的説法也能成立。我們看表示解手義的"旋""轉""回"等詞，都是動詞，這跟它們源於轉身背人的動作有關。"曲"古代雖有訓爲"回"的，但它是形容詞或是名詞，上例中的"曲"唐李周翰釋爲"山岩之曲"，分明是名詞，與"旋""轉""回"等詞並非同例。所以"曲"可斷定是"回"之訛誤。"回"異體作"囬"，"曲"古或作𠃊 (齊劉碑造象)，兩字極其近似，故易相混。文淵閣《四庫全書》本唐孫思邈《千金要方》卷六十一《膀胱腑方》"髀不可以曲"，原注："曲一作回。"《四部叢刊》景《唐音統籤》本唐司空圖《司空表聖詩集》卷一《江行二首》"回塘春盡雨"，原注：

"回一作曲。"《四部叢刊》景元刊本《朱文公校韓昌黎先生集》卷三十六《送窮文》"敢不回避",宋朱熹考異:"回或作曲。"皆"回""曲"互混之證。

這樣看來,實際口語中恐怕不存在"便曲"一詞,《太上洞淵神咒經》中的"便面"應該是"便回"之誤。

我的看法也未必是定論,聊供尚鵬及讀者參考。

尚鵬勤奮好學,也很善於學習。跟我讀博期間,他常拿著我的論文去逐一核查徵引的資料,如果查不到,便問我是如何搜集來的。我在《古典文獻及其利用》一書中提到的那些文獻,他一有空就到圖書館去查看落實,力求做到心中有數,而非僅僅知道一個空洞的書名。語言學的論文,基本上是有一份材料説一份話,沒看到材料,也就産生不了應有的觀點,或者沒有相應的證據,所以他這種學習方法是"擒賊先擒王"的方法。大家看他的這部書,徵引的各種資料不少,這跟他在文獻檢索方面的刻苦訓練是分不開的。希望尚鵬不斷開拓進取,努力擴大學術視野,以取得更多更好的成果奉獻於社會。

2015 年 9 月 25 日於南開大學西南村

前　言

壹

　　道教産生於東漢順帝時代，距今已有 1800 多年的歷史，它是在中國傳統道家理論的基礎上，廣泛吸收並融合古代神仙家的陰陽方術、民間巫術和鬼神信仰等因素逐漸形成的中國本民族的傳統宗教。不同於我國民間信仰的佛教、天主教、基督教和伊斯蘭教等舶來品宗教，道教完全是在中國這塊土地上由中國傳統文化孕育和發展的土生土長的宗教。長期以來，道教與儒、佛二教並立，形成了近兩千年中國傳統文化中三教鼎立的基本格局。正因爲如此，道教對中國文化的影響也是全面而深刻的，大到宗教信仰、學術思想、文學藝術、醫藥科技等諸多宏觀的領域，小至人們生活的方方面面如倫理道德、思維方式、思想情操、風俗習慣等，無不體現著道教文化的因子，正如魯迅先生所言："中國根柢全在道教，此說近頗廣行。以此讀史，有許多問題可以迎刃而解。"① 許地山先生也説："道教思想是國民思想底中心，大有'仁者見之謂之仁，知者見之謂之知，百姓日用而不知'底氣概。"②

　　道藏是道教典籍的總集。道藏傳統的分類法是按照經書的淵源和傳授系統的不同分爲三洞、四輔共七大部類，如洞真部收入上清諸經，洞玄部收入靈寶諸經，洞神部收入三皇諸經，太清部收入服餌金丹諸經，太平部收入《太平經》，太玄部收入《道德經》及其注解，正一部收入天師道經戒法籙。這種七部分類法大體上反映了道經的歸類所屬，但也存在一些問題。"三洞四輔分類法，僅能涵括唐前所出道教經書，宋元時已不適用，明代《道藏》雖有三洞四輔類目，但各部所收經書雜無統緒，不合唐初

---

① 魯迅：《致許壽裳》，《魯迅書信集》，人民出版社 1976 年版，第 353 頁。
② 許地山：《道教史》，上海古籍出版社 2009 年版，第 2 頁。

舊例。"① "《道藏》的一個重大缺點是分類方法陳舊，採用三洞四輔十二
類分法，……明《道藏》子書的排列已經混亂，許多子書與三洞四輔的
類別已名實不符。"② 鑒於這種情況，後來出版的《中華道藏》內容的編
排雖然仍保留三洞四輔名目，但所收經書都根據其内容性質、時代先後、
道派源流重新分類編排，分爲三洞真經、四輔真經、道教論集、道法眾
術、道教科儀、道史仙傳等六大部類，"這是繼明代《正統道藏》之後對
道教經書首次進行的系統規範的整理重修，爲使用道藏的人提供了一個内
容豐富、閱讀方便的版本。"③

　　《中華道藏》分門別類地把内容、性質、流派相同的經書匯集成册，
這就給研究某一類或某一道派的經書提供了很大的方便，本書即以出現於
《中華道藏》"道法眾術"部類下道法類經書中的疑難字詞爲考釋對象。

　　從教義上來分，道教大致可分爲符籙派和金丹派，道法諸經是符籙派
所有有關道法之類經書的總集，至於爲何把金丹派排除在外，有兩方面的
原因：第一，符籙派包括上清派、靈寶派、正一派三大主派及唐宋以來興
起的洞淵派、神霄派、北帝派、清微派、天心派、太乙派、東華派、淨明
派等小的派系，符籙派以符籙齋醮、祈福禳災爲主，其道法繁盛且五花八
門；金丹派主要是指金代王重陽創立的全真教，全真教不尚符籙丹鼎，也
不侈談神仙，而以清心寡欲，識心見性爲主，主張煉化精、氣、神以結成
内丹，很少涉及齋醮殺鬼之類的東西。④ 第二，《中華道藏》第 26 册、第
27 册收錄全真派所有的文集，其道法科儀之類的文獻皆收入此二册。

　　道法類經書共三册，即《中華道藏》第 30、31、32 册，每册約 70 萬
字，共收道經 191 種。大部分出自《正統道藏》，有 9 種出自《萬曆續道
藏》，有 4 種出自敦煌寫本。從内容上來看，道法諸經所收道經大致可以
分爲以下四類：

　　第一，齋醮懺謝類。如《清微齋法》講述清微派齋法科儀，内載行
齋所用各種奏章、經籙、簡誥、符咒之文法格式；《太上洞淵三昧神咒齋
懺謝儀》言爲人建齋行道、首謝罪愆之科儀；《雷霆玉樞宥罪法懺》言如

---

① 參見《中華道藏·序例》，華夏出版社 2004 年版。

② 朱越利：《道藏分類解題·自序》，華夏出版社 1996 年版。

③ 楊琳：《古典文獻及其利用》（第三版），北京大學出版社 2014 年版，第 174 頁。

④ 參見卿希泰、唐大潮《道教史》，江蘇人民出版社 2008 年版，第 215 頁。鍾肇鵬《道教
小辭典·道教總論》，上海辭書出版社 2002 年版。

何讚頌天尊之威德，懺悔自己罪業深重，祈求天尊宥罪賜福。

第二，殺鬼伏魔類。如《太上助國救民總真秘要》言考鬼召神禳禍諸法；《太上北極伏魔神咒殺鬼錄》言伏魔殺鬼之法；《上清骨髓靈文鬼律》記載約束鬼神之法律。

第三，占卜星相堪輿類。如《靈棋本章正經》、《靈棋卜法》乃仿效《周易》講述靈棋占卜之法；《玄真靈應寶籤》乃道士爲人解釋籤義之書；《紫微斗數》言占星算命術；《通占大象曆星經》言天文占星之術；《黃帝宅經》論述卜宅之法；《儒門崇理折衷堪輿完孝錄》言堪輿之學，講述如何選擇福地吉辰爲親人安葬。

第四，神靈傳記類。如《太上洞淵神咒經》假託真君李弘化形降世，於劫末之時拯救萬民；《玄天上帝啟聖錄》記述玄帝（真武真君）降生及修道成真的故事；《徐仙瀚藻》、《徐仙真錄》記載了洪恩靈濟真君徐知證、徐知諤（即徐仙）之生平、靈跡及有關徐仙之傳記讚頌。

從時代來看，由於道教崇奉神秘主義，宣稱“天書神授”，道教徒在造作道經時往往假託某位大仙在某某仙洞授其經書，正如陳國符先生所云：“道書述出世之源，多謂上真降授，實則或由扶乩，或由世人撰述，依託天真。”① 所以道經的真正作者和造作時代得不到準確地反映，因此大部分道經産生時代不明、作者不詳，道法諸經亦不例外。這191種道經中，有明確作者和造作時代記載的經書僅35種，其中最早的是晉代顏幼明的《靈棋本章正經》，最晚的是出自《萬曆續道藏》明代方文照撰寫的《徐仙真錄》，其他道經的産生時代未曾有超越此界限者。② 因此，道法諸經語料的時代大致可以鎖定在晉六朝至元明範圍之內，即屬於中古、近代漢語的研究範圍，其中唐五代以來的近代道經所佔比重更大。

作爲一種宗教文獻，道經中有許多特殊的人名、地名、神名及修煉作法時的特定術語、隱語等，這些語詞的語料價值並不高，訓詁價值並不大，且嚴格來說它們屬於宗教學的範疇，並不屬於語言學的研究範圍。因此，在語詞的取捨上，它們不在考釋之列。本書所關注的主要是“字面生澀而義晦”和“字面普通而義別”的普通疑難字詞以及有特殊文化意

---

①　陳國符：《道藏源流考》，中華書局1985年版，第8頁。

②　參見任繼愈《道藏提要》、蕭登福《正統道藏提要》、陳國符《道藏源流考》、朱越利《道藏分類解題》、胡孚琛《中華道教大辭典》、《四庫全書總目提要》、《四庫大辭典》及《中華道藏》各經篇首解題。

義的道教特色疑難語詞。① 另外，一些新詞新義既不"難"也不"疑"，稍加查考其義即可獲悉，在文獻中構不成閱讀障礙，但這類詞不爲各類語文工具書所收，在漢語詞彙研究中有著一定的價值。特別是有些詞彙，在我們所見之典籍中僅僅出現一例，這些詞彙對於漢語詞彙史的斷代、漢語詞彙理論研究以及語文工具書的編纂而言，可謂吉光片羽，彌足珍貴。因此，本書也酌情加以關注和收錄。

貳

　　道教文獻是研究道教最重要的原始材料，研究道教，離不開對道教文獻的解讀。《道藏》作爲道教文獻的總集，從 20 世紀初就引起了學人的關注，如劉師培 1910 年上白雲觀讀《道藏》後著有《讀道藏記》，後來陳國符著有《道藏源流考》及《續考》。然而，"《道藏》素稱秘笈，雖薈集了涉及中國古代文明的各方面資料，內容極其豐富，但由於流傳未廣，史料價值尚有待發掘"②。即使在已經被發掘的道經中，前人對其研究，多是從思想哲學、歷史文獻學、宗教學、醫藥化學、民俗文化學等角度出發，鮮有從語言文字的角度作深入的探討。恰如葛兆光先生在《關於道教研究的歷史和方法》一文中所言："比起國際性的佛教研究來，道教研究的空白處還是很多的，其一是道教語言文字和詞彙的研究還沒有得到特別的關注。"③ 即使有個別從漢語史的角度展開研究的論文或專著問世，也祇是把目光集中在道教早期的幾部經典著作上，如《太平經》、《抱樸子內篇》、《真誥》、《周氏冥通記》、《神仙傳》、《列仙傳》、《雲笈七籤》等④，這些經典之外的大量道經仍舊處於無人過問的荒蕪之地。正如張婷、曾昭聰指出："道教典籍數量衆多、內容豐富，並有很多的口語詞，是漢語詞彙研究的重要語料。但目前的道教詞彙研究僅僅局限在比較有名的幾部典籍上，……其他經典的詞彙研究十分少見，即使像《淮南子》這樣重要的道家經典著作，對其詞彙的研究成果也十分少見。其他如上清經籙派的《黃庭經》和《上清大洞真經》、晉代靈寶經系和三皇經系的首經《度人經》、《三皇文》，唐代的《陰符經》、《太上老君説常清

---

① 張相：《詩詞曲語詞彙釋·序言》，中華書局 2008 年版，第 4 版。

② 張繼禹：《〈中華道藏〉出版後記》，《中國道教》2004 年第 5 期。

③ 葛兆光：《關於道教研究的歷史和方法》，《中國典籍與文化》2003 年第 1 期。

④ 具體的篇目和專著，詳見參考文獻相關內容。

静經》，以及《玉皇經》、《心印妙經》等，更是極少有人問津了。其實，這些典籍中，包含著大量的口語詞，對漢語詞彙史無疑具有重要的研究價值。"①

近幾年出現了幾部以道經詞彙爲研究内容的碩士、博士論文及專著，如：

馮利華的《中古道書語言研究》（後同名出版）是有關道經語言研究的第一篇博士學位論文，作者對中古部分道經在文獻整理、俗字、詞彙、隱語諸方面的問題作了探討，篳路藍縷，頗有創獲。但作者僅局限於《真誥》和《周氏冥通記》二書的語料，未能對中古道經作通盤的考察，視野未免過狹，② 且該文在語詞考釋方面措意不多。

葉貴良教授的《敦煌道經詞彙研究》（出版後更名爲《敦煌道經寫本與詞彙研究》）是有關敦煌道經詞彙研究的第一部博士論文，作者對敦煌道教詞彙進行了全面的研究，考釋了部分俗字和疑難語詞，對敦煌道經詞彙的類型及來源進行了分類，展現了敦煌道經詞彙的整體面貌，爲以後的研究奠定了堅實的基礎。但由於該書是對敦煌道經文獻、詞彙拉網式的研究，限於體例，在語詞考釋方面未給予過多的關注。

葉教授後來出版的《敦煌道經詞語考釋》對敦煌道經中的語詞進行了全面的考釋，這是敦煌道經語詞考釋方面的第一部專著，開荒拓土，建樹頗多，收錄詞語 700 餘條，解釋精當，大都可從。但仍存在個別語詞漏釋、誤釋、釋義未備等問題。僅以《太上洞淵神咒經》一書爲例，此類現象就出現多次，漏釋的如"水密"、"破痛"、"次苦"、"飲丹、丹水"、"明能"、"無觜"、"捕代"、"笑郊"、"邊遊"等；誤釋的如"生官"等；釋義未備者如"打慢"、"惱怖"等，這些詞語在本書中都進行了考釋。

在敦煌道經文獻、詞彙研究方面，葉教授既是著先鞭者，又是取得較大成就者。最近出版了一系列敦煌道經的輯校本，爲學術界提供了質量不錯的敦煌道經版本，如《敦煌本〈太玄真一本際經〉輯校》、《敦煌本〈太上洞玄靈寶無量度人上品妙經〉輯校》、《敦煌本〈太上洞淵神咒經〉輯校》，校訂精良，頗爲學界稱道。他所帶的碩士研究生也多從事敦煌道

---

① 張婷、曾昭聰：《十年來道教典籍詞彙研究綜述》，《滁州學院學報》2005 年第 4 期。

② 這一點周作明的博士學位論文《東晉南朝道教上清派經典行爲詞新質研究》已經指出。

經的研究，如《敦煌本〈太上洞淵神咒經〉文字與詞彙研究》（劉彩紅，2012）、《敦煌本〈太上業報因緣經〉文字與詞彙研究》（楊静，2012）、《敦煌道教類書文獻研究》（黄欣，2013）、《敦煌道經佛源詞研究——以〈老子化胡經〉爲中心》（唐武嘉，2014），時有所獲。

周作明教授的碩士學位論文《東晉南朝道教上清派經典詞彙新詞新義研究》及博士學位論文《東晉南朝道教上清派經典行爲詞新質研究》（出版後更名爲《中古上清經行爲詞新質研究》）分别以東晉南朝上清派經典中的新詞新義及行爲詞的新義爲研究對象，全面展示了東晉南朝上清經的詞彙面貌，爲後來的研究提供了豐富的文獻語言材料。《中古上清經行爲詞新質研究》一書尤其值得稱道，該書對六朝時期上清經中的行爲詞作了全面深入的研究，揭示並闡明了許多行爲詞的新義及理據，如"盛"有干淨義、"落"有駕馭義，"宴"有睡卧、休息義，"建"有穿戴義等。

由此可見，該書雖屬於描寫式的詞彙研究，但對疑難字詞的解釋也頗見功力。該書收録詞語 2900 餘條，對中古道經行爲詞基本都有解釋，不可謂不夥，體例稍改，完全可以作爲一部中古道經行爲詞詞典使用。該書所涉詞條衆多，個别語詞的釋義有不妥之處，如"犯試"、"干試"、"試敗"中之"試"皆釋爲測試，"試"當訓爲冒犯、觸犯。《新唐書·柳公綽傳》："方赴府，有神策校乘馬不避者，即時搒死。帝怒其專殺，公綽曰：'此非獨試臣，乃輕陛下法。'"《金瓶梅詞話》第三十一回："且休教孩兒出來，恐風試著他。""犯試"、"干試"、"試敗"皆爲同義連文。把"齋直"當作行爲詞解釋爲"齋戒使心誠摯"亦不妥，"齋直"是兩種齋戒名稱，見本書之"齋直、直"條。

周作明、俞理明兩位先生的新著《東晉南北朝道經名物詞新質研究》對中古道經中的名物新詞和新義進行了全面的描寫分析和分類研究，這是首次對道經名物詞進行的系統分類考察。該書分類合理，羅列詞語豐富詳審，解釋詞語 1100 多條，是對中古道經所涉名物詞的一次匯總，在一定程度上，可以作爲一部中古道經名物詞典使用。書中既有對道家特色詞語的解釋，也有對一般通語詞新詞新義的考察；既有簡單詞語的描寫説明，也有疑難詞語的考釋研究。個别詞語的考釋結論頗值得稱道，如對人稱代詞"兆"的解釋可謂達詁，對"景"在道經中新義的揭示也可補詞典所録義項之闕。該書總體上屬於描寫式的詞彙研究，對疑難名物詞的訓詁有待於進一步加强。

　　劉祖國的博士學位論文《〈太平經〉詞彙研究》屬於中古道經專書詞
彙研究範疇，文章對道教首經《太平經》中出现的詞語進行了全面的研
究，包括口語詞、特色道教語詞、新詞新義、常用詞、文獻注釋等各方
面。論文另辟專章“《太平經》詞語例釋”，對《太平經》中的部分疑難
語詞進行了考辨，補正了前賢的個別解釋，爲大型語文辭書的編纂補充了
個別詞條，一些觀點頗具灼見。但該論文屬於對專書詞彙進行拉網式的研
究，限於研究的體例和範疇，疑難語詞祇是其中的一個方面。《太平經》
中懸而未決的疑難語詞爲數不少，這方面的研究或可進一步深入。

　　田啟濤的博士學位論文《早期天師道文獻詞彙描寫研究》，選取了魏
晉時期的十部天師道文獻作爲研究對象，採用描寫方法對近五萬字的文獻
材料進行了窮盡性分析，對詞彙的歷時層次、新舊質比例、單複音詞使用
情況、語義場分布等問題展開討論，力求全面無遺地展示共時層面中詞彙
的面貌，發掘詞彙歷時發展中的内在規律和特點。這部論文是對某一門派
道經文獻的專項研究，對揭示該派道經文獻的詞彙面貌有重要意義。但正
如題目所示，該研究屬於描寫式的詞彙研究，文中很少涉及疑難字詞考釋
的内容。若干未能解釋的疑難詞句在論文後另附“待質詞句”附錄，中
收“約當”一詞。其實，“約當”即應當，乃同義複合詞，見本書“約
當”條。

　　忻麗麗的博士學位論文《中古靈寶經詞語考釋》，是對專派道經疑難
字詞展開的考釋性研究。論文考釋了中古靈寶經中的疑難字詞共 80 餘條，
涉及俗字考釋、訛字考釋、普通語詞考釋、道教特色文化詞考釋等多個方
面。論文解決了部分中古靈寶經疑難字詞的釋讀問題，揭示了個別新詞新
義，如“餌”有烹煮之義，“葩”有“叙述、描寫”義等，並對《中華
道藏》在轉錄影印版《道藏》中出現的訛誤進行了校勘，在辭書編撰和
文獻整理方面都有重要的參考價值。由於中古靈寶經數量巨大，該文未能
對出现於其中的疑難字詞進行窮盡性的考釋，掛一漏萬之憾在所難免。

　　周學峰的博士學位論文《道教科儀經籍疑難語詞考釋》，是對專類道
經疑難字詞展開的考釋性研究。論文考釋俗訛字 30 例，疑難語詞 68 條，
具體考釋中對相關疑難語詞作了適當的分類，探討了其構詞途徑，力求展
示出科儀類道經詞彙的特點及面貌。論文在詞語的理據探索方面用功尤
勤，個別探源頗爲精到，如“生官”條等。論文對新詞新義的首發也頗

多灼見，如"景"指修仙者之身，"塊肉"指子女或人的身體等。論文對疑難詞語與道經文本校理、詞典編纂的關係也作了初步分析。不足之處在於個別詞語意義或理據的歸納和闡述或可商榷，考釋詞語在數量上或可增補。

俞理明、顧滿林兩位先生的新著《東漢佛道教文獻詞彙新質研究》對東漢佛道教文獻中的新詞新義多有揭示，該書收詞衆多，内容豐富，分類描述，解釋簡明，可作爲一部東漢時期佛道教語言詞典使用。但正如該書在後記中所言，"描寫佔了本課題絕大部分篇幅"[①]，該書仍屬於描寫詞彙學的範疇，限於體例，在疑難語詞考釋方面也未能給予過多的關注。

科研項目方面，目前見到的與道經詞彙研究相關的較爲重要的課題有：

一、國家社科基金項目，如：

葉貴良教授主持的國家社科基金項目"敦煌靈寶經語言研究"（08BYY053）。

俞理明教授主持的國家社科基金項目"早期天師道文獻詞彙描寫研究"（09BYY043）。

周作明教授主持的國家社科基金項目"《無上秘要》詞彙研究"（10XYY013）。

夏先忠主持的國家社科基金項目"隋唐以前道經用韵與寫作年代研究"（14BYY101）。

忻麗麗主持的國家社科基金項目"東漢魏晉南北朝道經詞彙研究"（15CYY028）

二、教育部社科基金項目，如：

雷漢卿教授主持的教育部人文社科重點研究基地重大研究項目"漢魏六朝道教典籍詞彙研究"（06JJD870005）。

劉祖國主持的教育部規劃項目"魏晉南北朝道經詞彙研究"（12YJC740073）。

田啟濤主持的教育部青年基金項目"南北朝天師道文獻詞彙新質研究"（13YJC740088）。

夏先忠主持的教育部規劃項目"中古道經的韵文和寫作年代研究"

---

① 俞理明、顧滿林：《東漢佛道教文獻詞彙新質研究》，商務印書館2013年版。

（12YJA740080）。

牛尚鵬主持的教育部青年基金項目“《中華道藏》所收道經文本校理與疑難字詞考釋”（17YJC740071）

以上課題的研究系統全面地闡述了中古——這一道經大量產生的第一個時期道經詞彙的基本面貌，給我們開展近代道經詞彙研究提供了可供參考和借鑒的成功範例。

作爲近代漢語起點的唐五代是道經大量產生的又一黃金時期，自唐五代以來，許多新的道教流派造作了大量的經書。近代道經的詞彙面貌與中古道經相比，一方面體現爲繼承，但更多的是大量新質要素的出現，在近代漢語這一大背景下，詞彙呈現出與中古道經不同的特點。特別是大量新的口語詞的出現，使得近代道經比中古道經更接近口語，通俗性更強。如產生於唐代的《太上洞淵神咒經》（後十卷）、《靈棋本章經》及產生於約宋明時期的《玄天上帝啟聖録》是用當時活脱脱的口語寫成，裏面有大量前人未做過闡釋、也未被大型辭書收録的新詞新義，反映了漢語在這一時期發展變化的某些特徵和痕迹，是瞭解近代漢語面貌的寶貴資料，是開展近代漢語詞彙研究的重要文獻。然而，這些文獻材料尚未得到充分的發掘和利用。

除了傳世道經以外，出土的敦煌道經具有更大的研究價值。敦煌道經共有八百多件，其抄寫時期爲自南北朝後期至唐朝中期約二百年的時間，尤其以唐高宗、武后至唐玄宗時代的抄本最多，其内容包括道家諸子、道教經典、科儀等約有一百多種道書，其中約有半數抄本是《正統道藏》未收入的早期道教典籍。敦煌道經的發現，不僅彌補了現存明《道藏》的缺佚，而且爲研究河西地區的道教歷史提供了珍貴材料。[①] 但由於客觀條件和研究者興趣所限，對敦煌道經的整理和研究則相對滯後，開展詞彙研究者也爲數不多。產生於唐五代在漢語史上有重要研究價值的大量敦煌道經詞彙的意義、理據和整體面貌仍未得到合理的解釋和闡明，因此，敦煌道經詞彙研究這一工作仍亟待加強。

總的來説，道教語言研究逐步有了較快的發展，取得了一些重要成果，但語言學界對道教經典研究的範圍還比較窄，力度還比較小，與佛經語言研究相比，還顯得相當薄弱。在詞語考釋方面，雖有一些考釋文章面

---

① 劉屹：《評李德範輯〈敦煌道藏〉》，《敦煌吐魯番研究》第六卷，2002 年 8 月。

世，但大多衹是就某一部道經中的個別詞語進行考釋，尚缺乏系統全面的研究。迄今道教學界還没有一部像《佛經詞語匯釋》、《禪宗大詞典》、《敦煌文獻語言詞典》之類的以解釋道經疑難字詞爲目的的《道經語言詞典》，本书將會爲彌補這一學術缺憾起到抛磚引玉之效。

叁

道經疑難字詞的考釋工作有重要的學術價值，兹從以下幾個方面作一簡單論述。

（一）實用性

從實用性的角度來看，道經是道教思想文化的載體，是其書面文字記錄，研究道經詞彙，特別是弄清疑難字詞的意義是準確解讀道經的前提條件和基礎工作。道理很簡單，只有明訓詁才能通經，只有通經才能致用，乾嘉樸學所謂之“由字以通其辭，由辭以通其道”亦即此道理。在道經中，有些句義無法貫通，有些文義難以明瞭，關鍵就是疑難語詞在作怪，解決了疑難語詞詞義這一瓶頸，其他的問題也即可迎刃而解。在一定程度上，疑難語詞研究的狀況也直接影響著道經研究工作的進展。另外，疑難語詞考釋作爲道經詞彙研究的一個難點，如果回避了這一工作，道經詞彙研究將是不全面甚至其研究意義將會大打折扣。正如蔣紹愚先生所說：“近代漢語詞語的考釋是近代漢語詞彙研究的基礎工作，尤其是因爲原先對近代漢語的研究重視不夠，現在我們對很多近代漢語詞語的意義都不是很清楚，在這種情況下，更應把詞語考釋放在首位。”① 因此，開展道經疑難語詞的考釋工作是必要的。

（二）漢語史

從中古漢語、近代漢語的研究現狀來看，道經詞彙研究尚未引起學人的充分重視，這一領域的研究亟待進一步開拓延伸。上文我們提到，道法類經書的語料屬於中古、近代漢語的研究範圍，而中古、近代漢語詞彙研究現在雖然取得了豐碩的成果，但其語料的研究範圍仍局限於佛經、史書、小説、筆記、碑刻、禪宗語録、敦煌文學、詩詞曲、市語等傳統的傳世文獻，② 對道經詞彙進行研究者也僅僅有前面所提到的幾篇文章和著

---

① 蔣紹愚：《近代漢語研究概況》，河北人民出版社 1991 年版，第 270 頁。

② 篇目及著作名，見參考文獻相關內容。

作。而要進行斷代詞彙研究，要弄清漢語史一個階段詞彙的總體面貌，一個很重要的前提就是儘量多地佔有這一時期出現的文獻語料。因爲文獻記錄語言具有隨機性和片面性，每一個領域的語料、每一個文體的語料所記錄的僅僅是當時語言應用實例的一小部分或一個片段，所以掌握的語料越多，讓各個方面的語料互補參證，那麼得出的結論就越可靠，對這一時期詞彙面貌的描寫就越全面越清晰。

因此，要深入開展中古、近代漢語詞彙研究，要把這一研究推向新的高度和深度，對出現於這一時期的文獻語料的進一步發掘和開拓是必不可少的工作。而道法諸經所收錄的道經正是這一時期文獻語料的一個重要組成部分。道法諸經門類衆多、内容豐富，口語性比較强，不但記錄了大量有特殊文化意義的道教特色語詞，而且記錄了中古、近代時期的大量口語詞。其中特別是神靈傳記類，如《太上洞淵神咒經》、《玄天上帝啟聖錄》、《徐仙真錄》等基本上是用活生生的口語寫成。這類道經在一定程度上會彌補中古、近代漢語語料相對不全的缺憾，對這一部分語料的發掘與研究，特別是對出現於其中的疑難語詞的正確詮釋，必然會對此時期詞彙研究產生積極的影響。然截至目前，這一批語料尚未得到學人的充分關注。

（三）俗字研究

俗字是考釋語詞的一大障礙，蔣紹愚先生説：“俗字的研究與近代漢語詞彙研究的關係尤爲密切。有些詞語其實是很普通的，但由于寫的是人們不熟悉的俗字，就成了疑難詞語，一旦認出了俗字，疑難就涣然冰釋。”① 對於有大量俗字的道經，特別是敦煌道經，首先要做的就是審形，形體確定後才能進行考釋的工作，有時形體既定，詞義也隨之豁然。道經中有許多不爲大型字典所收或雖收而釋義付之闕如的俗字，由于不識俗體，點校版的《中華道藏》在轉錄影印本道經時出現了不少錯誤。通過對俗字字形的考辨分析，不但可以順暢地閲讀文本，而且對大型字典收字也可以起到補苴作用，爲研究俗字的演變規律也能補充有用的例證。

（四）古籍整理

古書在傳抄或刊印過程中，形體出現訛誤十分常見，在没有異文可以比勘的情況下，對於那些文義捍格難通的字詞應當考慮形誤。“形誤字是

① 蔣紹愚：《近十年間近代漢語研究的回顧與前瞻》，《古漢語研究》1998 年第 4 期。

一種既非俗字又非音誤字的訛字，從字形上看，形誤字主要是由字形相近、筆畫增省、筆畫變異等因素造成的，它比音誤字更加隱秘與複雜，因而值得我們特別重視。"① 《正统道藏》和《萬曆續道藏》在流傳過程中也出現了許多字形訛誤現象，後來出版的道藏選本大部分爲此二書的影印本，② 因此訛誤沿襲至今。校定重排版的《中華道藏》在整理過程中糾正了二書中許多顯而易見的錯誤，均以校勘記的形式標出，但對於許多不甚明顯需要作一些考證工夫才可發現的錯誤仍因其舊。另外，敦煌道經中也有許多不易識別的形誤字，《中華道藏》在轉錄的過程中亦未加以辨析，以上兩種情況都會影響道教文獻的整理和利用。對這些錯字的糾正，有利於文本閱讀和古籍原貌的恢復，有利於古籍整理水平的進一步提高。

（五）辭書編纂

以往編纂的大型辭書，以《漢語大詞典》及《漢語大詞典訂補》爲例，其詞條的收録、義項或音項的設立、詞義的訓釋、書證的列舉等方面基本上以傳世的傳統文獻即儒家的經史子集爲主要的文獻依據。雖然也注意從佛教和道教的書籍中搜集材料，但其力度遠遠不能和對儒家文獻的重視程度相提並論，對道教（非道家）文獻的利用更是微乎其微。推其原因，以往對道教文獻語言方面特別是詞彙方面的研究過少恐難辭其咎。許多僅出現於道經中的疑難語詞、許多有特殊文化意義的道教特色語詞不曾被以"古今兼收、源流並重"爲收詞原則的《漢語大詞典》收載，這不能不説是一種缺憾。王鍈先生説："詞典是詞彙研究成果的載體，是詞彙研究水平的集中反映。"③ 王雲路先生説："搞好辭書編纂，是語言建設的一項重要任務，不僅反映了辭書事業的興旺與否，更體現了語言研究水準的高低。"④ 隨著語言研究的進一步深入開展，隨著各個領域、各種專題、各種體裁的文獻詞彙研究成果的逐漸刊佈，對《漢語大詞典》由於時代因素造成的詞條收録未備、義項音項缺漏、釋義不確等問題開展匡謬補缺的工作是不可避免的。正如董志翹先生所言："理想的體現漢語史性質的

---

① 葉貴良：《敦煌道經形誤字例釋》，《敦煌研究》2009 年第 3 期。

② 如《道藏精華》（蕭天石，自由出版社 1956 年版）、《道藏要籍選刊》（胡道静，上海古籍出版社 1989 年版）、《藏外道書》（胡道静，巴蜀書社 1992 年版）、《道書集成》（湯一介，九州出版社 1999 年版）。

③ 王鍈：《〈漢語大詞典〉商補》，黃山書社 2006 年版。

④ 王雲路：《辭書失誤考略》，《古漢語研究》1993 年第 1 期。

語文工具書的編纂，是應當在專書詞彙研究、斷代詞彙研究的基礎上進行的。"①

可喜的是，2010 年 12 月，上海辭書出版社出版發行了《漢語大詞典》全面修訂過程中的"投石問路"版——《漢語大詞典訂補》一書，該書收詞三萬多條，"《訂補》著重解決的，主要是成於衆手的大型漢語語文辭書存在的一些通病，如收詞立義有缺陷、書證晚出、注音未當、體例不統一、前後不一致、編排印刷有錯誤等，同時酌情增收一部分應該予以補充的新詞新語。"② 但是，我們在利用此書的過程中，發現《漢語大詞典》中一些明顯釋義有問題的詞條並未在《訂補》中予以糾正，如本書所考釋的"蠢類"和"題注"條。出現於道經中大量有價值的語詞仍未在《訂補》中得到顯示。究其原因，恐怕仍在於這次訂補對道經文獻資料沒有給與足夠的重視，正如出版後記所言："在詞典進行訂補的過程中，發現由於當時歷史條件的局限，仍然存在資料不足的缺陷。爲此，我們有針對性地著重從出土簡牘帛書、佛教典籍、歷代碑刻墓誌、敦煌吐魯番文書、元明清通俗小説和戲曲作品中增補足以反映各個時代語言狀況的資料，收獲頗豐。"③ 可見，道經文獻在此次修訂工作中並未作爲重要的備選文獻資料。

盛世修典，乃中華民族的優良傳統，隨著我國經濟實力的日益增強，《漢語大詞典》的全面修訂工作已經逐步拉開帷幕。據 2012 年 12 月 14 日《中華讀書報》載："據初步估算，此次《漢語大詞典》全書修訂量將超過 30% 以上，新增詞條或書證 10 萬至 12 萬條。按照計劃，《漢語大詞典》（第二版）全書將分 25 册，約 6000 萬字，將由上海世紀出版集團、上海辭書出版社於 2015 年開始出版，2020 年完成。國家出版基金將斥資 2700 萬元予以資助。"我們希望這次的全面修訂會對道教文獻給予一定的重視，同時，我們更希望自己的研究成果能爲這一功在當今、澤被後世的文化工程略盡綿薄之力。

肆

當考釋的對象確定後，選擇什麽樣的訓詁方法就成爲解決問題的關

---

① 董志翹：《〈入唐求法巡禮行記〉詞彙研究》，中國社會科學出版社 2000 年版，第 49 頁。
② 參見《漢語大詞典訂補・後記》，上海辭書出版社 2010 年版。
③ 同上。

鍵。恰當訓詁方法的選取會給解決瓶頸提供一個突破口，從而達到"柳暗花明又一村"的效果。前人對訓詁方法多有不同程度的認識和總結，如傳統的形訓、聲訓、義訓，陸宗達、王寧先生的以形索義、因聲求義、比較互證，① 郭在貽先生的八種訓詁方法，② 汪少華先生《古詩文詞義訓釋十四講》一書中也談到幾種重要訓詁方法的實際運用。③ 業師楊琳先生《訓詁方法新探》一書提出了十二種訓詁方法，並對這十二種方法從理論到實踐進行了全面系統的闡述和總結，代表了當今學界訓詁方法研究的最新成果。④ 正如孫幼莉、汪少華兩位先生所評論，"全書通過具體闡述十二種訓詁方法的學術原理、適用範圍及注意事項，使訓詁方法不僅具有理性的解析，而且富於實踐的可操作性。……《新探》是一部嚴謹務實、淺近而深刻的優秀著作，無論專家還是學子，讀罷當能獲益良多"⑤。此言得之，若謂《新探》達到了當今訓詁方法研究之最高水平，恐亦非過譽之辭。

　　本書即以以上各位先生所提及的訓詁方法爲指導。除了採用常用的排比歸納、辨析字形、破除假借、對比異文、參照語境、參證文化等訓詁方法外，本書還有意識地利用了楊琳先生提倡的詞例求義法。

　　"詞例求義法就是利用一組詞共有的發展演變模式來考求或證明詞義的方法。它將詞置於系統演變模式中進行考察，讓具有同一詞例的各個詞相互比照，彼此映襯，從而發現新的詞義，辨明已知詞義產生的原由。"⑥當代學者在訓詁實踐中已經有意識地運用這種方法，⑦ 《訓詁方法新探》

---

① 陸宗達、王寧：《訓詁與訓詁學》，山西教育出版社 2005 年版，第 28—130 頁。

② 郭在貽：《訓詁學》，中華書局 2010 年版，第 54—71 頁。

③ 汪少華：《古詩文詞義訓釋十四講》，上海世紀出版集團、上海書店 2008 年版。

④ 楊琳：《訓詁方法新探》，商務印書館 2011 年版。

⑤ 孫幼莉、汪少華：《訓詁方法的系統總結與完美示範——讀楊琳教授〈訓詁方法新探〉》，《南開語言學刊》2011 年第 2 期。

⑥ 參見《訓詁方法新探》"詞例求義法"一章，第 71—75 頁。

⑦ 董志翹：《〈高僧傳〉詞語通釋——兼談佛教典籍口語詞向中土文獻的擴散》，《中古文獻語言研究》，巴蜀書社 2000 年版，第 7—9 頁；《〈入唐求法巡禮行記〉詞彙研究》，中國社會科學出版社 2000 年版，第 277 頁；曾良：《敦煌文獻字義通釋》，廈門大學出版社 2001 年版，第 22—23 頁；江藍生：《相關語詞的類同引申》，《近代漢語探源》，商務印書館 2000 年版，第 309 頁。王雲路、方一新《中古漢語語詞例釋》（吉林教育出版社 1992 年版）、方一新《東漢魏晉南北朝史書詞語箋釋》（黃山書社 1997 年版）對這種方法的使用更爲自覺，更爲普遍，讀者可參看，茲不贅述。

首次將其作爲一種訓詁方法正式提出和全面探究，並探討了詞例的產生機制及類別。它把詞例分爲三種，即同義詞例、反義詞例、類義詞例。本書運用最多的是同義詞例，同義詞例在具體運用中又可分爲兩類，即組合詞例與聚合詞例，① 下面稍加説明。

組合關係和聚合關係是音位學中兩種重要的音位關係，我們借用這兩個概念用之於詞彙研究。不同的語素或詞既可以有相同的組合關係，即它們都可以和某一個（或某類）語素或詞組合；也可以有相同的聚合關係，即它們都可以有相同的詞義引申軌迹，從而形成一個同義聚合群。詞例即是指幾個語素或詞語共有的相同的詞義組合關係或詞義引申軌迹。因此，有相同的組合關係的語素或詞就具有了相同的組合詞例，有相同的詞義引申軌迹的語素或詞就形成了相同的聚合詞例。因此，我們可以把詞例分爲組合詞例和聚合詞例兩種。

1. 組合詞例

指由相同的詞義組合關係而形成的詞例。詞義的組合是通過詞語的搭配（組合）來實現的。② 組合詞例一般是針對單音同義詞或同義語素（反義語素也可以，如本書的 "年高" 和 "年低"，但爲數不多）而言的，單音同義語素或同義詞具有相同的核心義素，往往也會有相同的語義組合關係。具有相同組合詞例的單音同義詞或同義語素一般都可以和某一個語素或幾個同義語素組合，形成複音詞後，那麼這兩個或多個複音詞的詞義往往相同。所以我們可以根據這一詞彙現象，反過來探求這些具有同一語素或同義語素的複音詞的意義。

比如 "執昧" 一詞，《玄天上帝百字聖號》："婚姻：休想斯人到汝家，莫教執昧起咨嗟；落花有意隨流水，流水無情戀落花。" 該詞在文獻中僅出現一例，屬於 "孤證"，缺乏類例歸納的條件。從詞例的角度考察，文獻中有 "執迷" 一詞，跟 "執昧" 有相同的語素——"執"。"昧"、"迷" 義同，漢揚雄《太玄》："畏其鬼，尊其禮，狂作昧淫，亡。" 范望注："昧，迷也。""迷"、"昧" 是單音同義詞，它們都可以和 "執" 組合成複音詞，具有相同的組合詞例。

① "聚合詞例" 和 "組合詞例" 的劃分是筆者的一管之見，不妥與謬誤之處，由筆者負責，與業師無關。

② 葉蜚聲、徐通鏘：《語言學綱要》，北京大學出版社 1997 年版，第 145 頁。

因此，“執昧”、“執迷”意義有可能相同，也應該是執迷不誤的意思。將這一意義代入句中考察，能够疏通文義。

學術界有一種比較通行的理論叫“語素替換”，這跟本書的“組合詞例”有異曲同工之趣。如王紹峰先生認爲：①

> 語素替換是詞彙歷時演變的一種通常形式，……在我們看來，詞彙雙音化並非詞彙演變的終結點，並不是説詞彙完成了雙音化，詞彙的演變問題就是新詞産生和舊詞消亡的問題了，雙音詞仍然沿著自己的軌跡在運動。……比如作爲雙音詞的構詞語素，隨著時代的變遷，一些語素可能漸漸退出歷史的舞臺，而一些新生的口語素，則可能表現出極强的生命力，他們不斷地在不同的場合擴張，繼在口語中取代舊詞以後，又會在構詞詞素上取代以前的老詞素，雖然它也許仍然遵循原來的構詞法。……字元相類可以替換，詞素相似當然也可以替換，這在人們的認知心理上是相通的。這一詞彙現象本文稱爲“語素替換”。

這種學術觀點很有價值，由於同義語素的替換也能够形成新的同義詞語，這些新舊同義詞語也就具有了相同的組合詞例。衹是同義語素到底是誰替換了誰，還是這些同義語素各自平行的組配，還需要進一步的論證。②

我們提倡的“組合詞例”跟曾良先生所提出的“詞法比較”有相同的旨趣。曾先生云：③

> 要體察單個詞的語義，也可以通過同一類詞的詞法比較來進一步確定其語素含義。……“犯想”即思量、考慮，“犯”表示出現、冒出某種行爲。可以用類似的構詞法來比較，如“犯困”、“犯渾”、“犯愁”、“犯傻”、“犯疑”。……探討詞義，也必須注意構詞法的比較，通過詞法比較，可以很好地幫助理解語義。……在考釋詞語時，不能零星地看待詞語。……“生分”與“熟分”相對，“熟分”即熟悉。

---

① 王紹峰：《初唐佛典詞彙研究》，安徽教育出版社 2004 年版，第 278—279 頁。

② 復旦大學張小艷教授在訓詁學會（上海，2014）上提示我，道教崇尚神秘主義，表述的時候可能會故意使用屈折隱諱的方式，把一些常用語素替換成不常用的語素，這樣的結果就使得在道經中出現了其他文獻中不常使用的所謂的“孤證”詞語。這個觀點很有價值，謹致謝忱。

③ 曾良：《明清通俗小説語彙研究》，江西教育出版社 2009 年版，第 97 頁。

　　"詞法比較"不限於具有相同語素的同義詞之間的比較，具有相同語素的反義詞、類義詞之間也可以比較，通過比較參證，可以有力地確定語素含義及單個詞語的意義。"組合詞例"同樣也適用於這三類詞，衹不過同義詞例用得較爲普遍而已。

　　2. 聚合詞例

　　指由相同的詞義引申關係而形成的詞例。處於同義義場中的同義詞往往具有相同的詞義引申軌迹，這就形成了相同的聚合詞例。聚合詞例對單音同義詞和複音同義詞都是適用的，我們可以根據一個詞語同義詞的引申軌迹和諸義項來考察該詞語的引申軌迹和諸義項，這樣往往能發現該詞的新義項。

　　　　道經中有"孟"一詞，《太上洞神洞淵神咒治病口章》："山林孟長，十二溪女，男孟女孟，大孟小孟，青孟赤孟，白孟黑孟黄孟，百獵鬼，行破殺下官故氣，山川廟祠，衆邪鬼神，祈禱咒詛。"考察文義，"孟"這裏當作長官解，"男孟女孟，大孟小孟"即男、女、大、小長官，"孟長"也是同義連文。"孟"的這一用法基本也是孤證，《漢語大詞典》、《漢語大字典》及諸類字典辭書均未列此義項。從詞例的角度來看，"孟"的同義詞"伯"、"長"二詞都具有"居於首位的"和"長官"二義項。"孟"有"居於首位的"義，可見，三個詞的引申軌迹相同，"居於首位的→長官"即是一條聚合詞例，"孟"之"長官"義由"居於首位的"義引申而來。

　　在一個語詞有大量例證可以用來歸納其意義的情況下，"詞例求義法"似乎用處不大，但如果一個詞語是"孤證"，那麼其實用價值是很明顯的。"詞例求義法"一個非常重要的應用價值就是爲"孤證"立説提供有力的旁證。

　　考釋詞義，最簡單也是最可靠的方法就是類例歸納法，即羅列出語詞出現的所有同類例句，從中歸納出待釋詞語的意義，這種方法對於考釋那些屢現於文獻中的語詞是行之有效的。但是，並不是所有語詞都有類例歸納的條件，以目前的檢索條件而言，有些語詞在文獻中僅僅出現過一次，以這些"孤證"來立説，違背了前人所謂的"例不十，法不立"的學術原則，所以得出來的結論也往往不能服衆。

　　關於"孤證"立説的問題，蔣禮鴻先生在《訓詁學略説》中曾説："考據學者曾提出'孤證不立'這個戒律，其實也不是絶對的，主要看證據立不立得住脚，立得住，一條也够了。例如'已諾必誠'祇要有《禮記·表記》那一條，就可以説明問題。"① 洪誠先生在《關於漢語史材料運用的問題》一文中也有類似的表述：②

　　　　所謂"例不十，法不立"、"孤證不足徵"，這是選材取證的一般原則。由於漢語史料的記録在歷史各階段中的具體情况不同，應作不同的看法，不能一律以數量多少爲標準。……從魏晉到中唐，駢儷文盛行，口語入文最少；晚唐以后，情况一變，變文話本小説興起，接近口語的作品多。……在這種排斥俗語的文風中寫出並得以流傳下來的作品，從它裏面發現有新興的語言資料，儘管在紙上是單詞孤例，應該看出是大量語言事實的反映。如果按照紙上出現的數量作標準，將會有很多的珍貴資料因當作孤例而被捨棄、被糟蹋。

周作明教授也指出：③

　　　　在語言研究中，"例不十，法不立"是不能一概而論的，漢語在中古時期處於變化分化時期，很多語言現象在此時或可能剛露出一鱗半爪，用例不多，或者受文獻記録語言隨機性（文獻的内容尤其重要）的影響，很多原本在此時期流通的詞却没有被記録下來。在這種情况下，我們所調查到的一些孤證反而顯得重要。

　　最近汪維輝先生更進一步提出"以典型賅非典型"的理論，④ 云："在典型語料能够證明某一事實的情况下，其他非典型語料所提供的反面證據一般可以不予采信。"並打了一個形象的比喻，兹摘録如下：

　　　　僅僅根據少數幾種（有時甚至是一種）典型語料（鵬按：或典型語例）就得出結論，這樣的方法是否太大膽太武斷？請允許我們打個比方：在長白山上看天池，絶大多數下都是雲霧迷茫，看不真切的；只有偶爾雲消霧散，才能一睹真容。能看到真容的時間往往非常短暫，甚至就是瞬間，但是我們相信，這才是天池的真面目，而大多數情况下人們所看到的僅僅是它的假象。由於歷史語料的複雜性，我

---

① 蔣禮鴻：《蔣禮鴻集》第三卷，浙江教育出版社 2001 年版，第 44 頁。
② 洪誠：《關於漢語史材料運用的問題》，《洪誠文集·雛誦廬論文集》，江蘇古籍出版社 2000 年版，第 101 頁。
③ 周作明：《中古上清經行爲詞新質研究》，中國社會科學出版社 2013 年版，第 14 頁。
④ 汪維輝、胡波：《漢語史研究中的語料使用問題——兼論繫詞"是"發展成熟的年代》，《中國語文》2013 年第 4 期。

們常常祇能通過典型語料一窺古代口語的"真容"，就像看到真正的
天池一樣。

　　以上幾位先生的論斷可以爲"孤證"立説提供理論上的支持。但不
論如何，"孤證"立説的説服力畢竟不强，它的結論也不及通過海量例證
歸納出來的結論更可靠。原因就在於"孤證"缺乏直接證據的佐助，所
以在没有直接證據的情況下，退而求其次，旁證或參證也能够説明一些問
題，起到一定的作用，起碼比没有任何例證要强。本書中收録爲數不少在
文獻中僅出現一次的詞語，比如"披動"、"取復"、"推諱"、"度賣"、
"關契"、"過次"、"地欸"、"盤黨"、"執昧"、"昏皂"等，這些詞基本
上就是"孤證"。考釋詞語時我們最畏懼的就是這類詞語，屬於食之無
肉、棄之有味的"雞肋"。在其他訓詁方法都無濟於事的情況下，詞例求
義法可以給"孤證"立説提供一些可信的依據。對以上這些詞語，我們
有意識地利用詞例求義法進行求證，得出來的結論一般可以貫通文義。至
於結論是否爲的詁，還需要待"大數據"時代完善的大型電子數據庫資
料進一步來驗證。

正文目次

A

哀

"哀" 之俗字。

臣等備忝治職，宣揚道法不勝，見甲丹赤之誠無二專至理在可哀甲辭情苦切，爲三昧神祝大齋。（敦煌陽83《太上洞淵神咒齋儀》）

按："哀"，《中華道藏》録爲"長"，"見甲丹赤之誠無二專至理在可哀甲辭情苦切"斷句爲"見甲丹赤之誠無二，專至理在可，長甲辭情苦切"，該句文義捍格難通。今謂"哀"乃"哀"之俗字。文獻中，"哀"之俗字有作以下形體者，如哀（見魏《皇甫驎墓誌》）、哀（見隋《薛保興墓誌》）、哀（見隋《宫人五品程氏墓》）、哀（見唐《封丘縣令白知新墓誌》）[1]，顯然，"哀"亦"哀"之俗體之一。"哀"有憐憫、同情義，如：

（1）哿矣富人，哀此惸獨。（《詩經·小雅·正月》）

（2）天子作詩三章以哀民。（《穆天子傳》卷五）郭璞注："哀，猶愍也。"

由於《中華道藏》整理者識字有誤，所以斷句亦不妥，"見甲丹赤之誠無二專至理在可哀甲辭情苦切，爲三昧神祝大齋"當斷爲"見甲丹赤之誠，無二專至，理在可哀，甲辭情苦切，爲三昧神祝大齋。"如此則怡然理順。

---

① 以上形體均轉引自秦公《碑別字新編》，秦公、劉大新《廣碑別字》。

俺俗

愚昧庸俗。

　　或則志道口奏表文，唯在虔苦師道，勿請脱略。俺俗賤流，一乃慢於諸天真聖，二乃輕侮官吏士民。徒役群心，虛消衆物，致使祈求無應，兼獲陰罪非輕。(《太上洞淵神咒經》卷十八 6/67/c)[1]

　　按："俺俗"文獻罕見，今謂"俺"通"晻"，"俺俗"即"晻俗"，謂愚昧庸俗。"晻"有愚昧義，如：

　　(1) 今朕晻于王道，夙夜憂勞，不通其理。(《漢書·元帝紀》)

顏師古注："晻，讀與暗同。"

此義又寫作"暗"，如：

　　(2) 不知汝是異人，我之暗也。(唐袁郊《甘澤謠·紅綫》)

　　(3) 暗，或從奄。(《集韻·勘韻》)

又寫作"闇"，如：

　　(4) 故人主無便嬖左右足信者謂之闇，無卿相輔佐足任者謂之獨，所使于四鄰非其人者謂之孤，孤獨而晻謂之危。(《荀子·君道》)

"晻俗"古籍常作"闇俗"，如：

　　(5) 故昔以隱居求志爲高士，今以山林之儒爲不肖，故聖世人之良幹，乃闇俗之罪人也。　(晉葛洪《抱樸子内外篇》卷十八《擢才》)

或作"暗俗"，如：

　　(6) 凡此數者，唯在聖意斷而行之，固不可與暗俗之人執文况例者謀之也，取進止。(宋司馬光《溫國文正公文集》卷三十四《節用劄子》)

"俺"、"暗"、"掩"通假常見，如：

　　(7) (元珪) 嘗從同知樞密院事俺伯。(明宋濂《元史·列傳·

---

　　[1]　本文所採用的《道藏》版本是文物出版社、上海書店、天津古籍出版社 1986 年出版的 36 册影印本。6/67/c 表示引文在第 6 册第 32 頁第 3 欄，下同。

吴元珪》）清魏源《元史新編》卷三十九"俺"下注云："一作暗。"

（8）庵，俺庵，癡也。（《集韻·驗韻》）"俺庵"，《玉篇·人部》作"掩庵"。

而"掩"與"晻"、"闇"相通常見，如：

（9）仰深沉之掩藹兮，重增悲以傷情。（漢徐幹《哀嘆賦》）《初學記》卷十八引作"晻藹"。

（10）玄雪晻靄，靈液霏霏。（《晉書·后妃傳上》）《藝文類聚》卷十五引作"掩靄"。

（11）闇，閉門也。（《説文·門部》）朱駿聲通訓定聲："闇，假借又爲掩。"

（12）豈掩于衆人之言，而以冥冥決事哉？（《戰國策·趙策二》）姚宏注："掩，錢、劉作闇。"

可資比證。

案如、科比

按照、依據。

法律條例。

三洞洞淵，五方真人，五帝臨官，典齋主者，天仙地仙神仙，五岳飛仙各十億萬人，品香仙士一切真人隨方，次爲言功署職，一切案如天曹科比，甲家疾病者除差，增益功德。（敦煌陽83《太上洞淵神咒齋儀》）

按："案如"謂按照、依據，同義連文，"案"乃"按"之假借。如：

（1）案，几屬。（《説文·木部》）朱駿聲通訓定聲："案，假借又爲按。"

（2）據，按也。（《廣雅·釋詁三》）王念孫疏證："案與按通。"

（3）國亂而治之者，非案亂而治之之謂也。（《荀子·不苟》）楊倞注："案，據也。"

"如"亦有依照、順從義，如：

（4）如，從隨也。（《説文·女部》）

（5）項王使人致命懷王，懷王曰："如約。"（《史記·項羽本紀》）

（6）聞南方多水銀丹砂，雜他奇藥，鑢爲黃金，可餌以不死……得藥，試如方，不效。（唐韓愈《唐故監察禦史衛府君墓誌銘》）

"案如"道經文献常見，如：

（7）高上所撰紫清妙篇，子遇其文，金簡書名，案如玄科，七百年傳，傳至八人畢，加金簡封之五嶽，編于名山。（《上清丹景道精隱地八術經》卷上）

（8）先生王甲受氣合仙，清齋玄嶽，奉受玉篇，帝皇秘譚，拯妙訣言，案如禁戒，敢負盟文，違科犯律，身没河源。（《上清元始高上玉皇九天譜録》）

（9）輒謹清齋，身登靈山，盟天度文，案如明科，付授某身，不敢專輒。（《太上洞玄靈寶赤書玉訣妙經》）

（10）謹有讀詞，臣等案如某辭，言款事切，實可哀愍，謹相攜率，爲承天師旨教，建義涂炭，露身中壇，束骸自縛。（《無上秘要》卷五十《涂炭齋品》）

"案如"亦作"按如"，後者道經更爲常見，如：

（11）按如詞言，理宜開濟，臣等澡身奉教，結友登齋。（《靈寶領教濟度金書》卷三十八）《太上黃籙齋儀》卷一作"案如"。

（12）按如詞旨，已具敷宣，伏冀仙慈，俯垂省覽。（《洪恩靈濟真君祈謝設醮科》）《無上黃籙大齋立成儀》卷十六作"案如"。

（13）臣按如詞言，不容杜隱，昨爲膳申都省，已嘗飛奏天庭。（《修真十書武夷集》卷四十七）

（14）青童道君行其道，以訣出東華玉宫，付諸真人，按如明科。（《上清無英真童合游内變玉經》）

（15）按如章奏，已其告陳，大道無私，必垂省覽。（《先天斗母奏告玄科》）

（16）妄言虛誑，兩舌罵詈，是非彼我，按如此法，參以此篇，當知此曹，皆當得罪於太上者也。（《太上感應篇》卷二十一）

（17）及將死而言善，過盈而求悔，亦不可得，按如星君之言，棄順效逆，是可爲乎？（《太上感應篇》卷二十三）

按："科比"，《漢語大詞典》："科比：謂附具事例，援引律令條文，類推比較。"舉證爲《後漢書·桓譚傳》："今可令通義理，明習法律者，校定科比，一其法度。"李賢注："科謂事條，比謂類例。"此解釋迂曲且不確。今謂"科比"乃名詞，即法律條例，同義連文，李賢之注乃析言之，統言無別。"科"、"比"二詞兼具類別、條例二義，具有相同的引申路徑，屬於同一詞例。

"科"有類別義，如：

（1）科，品也。（《廣雅·釋言》）

（2）射不主皮，爲力不同科。（《論語·八佾》）朱熹集注："科，等也。"

亦有條例義，如：

（3）科，條也。（《廣雅·釋言》）

（4）至于奉尊科教，班揚明令。（《文選·吳質〈在元城與魏太子箋〉》）李善注引《爾雅》曰："科，條也。"

（5）上以方進所舉應科。（《資治通鑒·漢紀二十三》）

（6）若有作奸犯科及爲忠善者。（《資治通鑒·魏紀二》）胡三省注："科，律條也。"

"比"有類別義，如：

（7）比，輩也。（《廣雅·釋詁一》）

（8）比，類也。（《玉篇·比部》）

（9）宜寵異之，益求其比，以輔聖德。（《漢書·敘傳上》）顏師古注："比，類也。"

亦有條例義，如：

（10）比，例也。（清段玉裁《説文解字注·比部》）

（11）疑獄，氾與眾共之；眾疑，赦之。必察大小之比以成之。（《禮記·王制》）鄭玄注："已行故事曰比。"

（12）上智捷舉中事，必以先王之法爲比。（《韓非子·有度》）

（13）欲令官民子弟出錢以賑饑民，補太學生，古無此比。（明余繼登《典故紀聞》卷十四）

"科比"一詞文獻常見，如：

（14）得八生持身養形護氣之法，不違不犯，一如科比，功初至千，而無漏敗，乃得真人之位也。（《太上妙法本相經東極真人問事

品》卷九)

(15) 將吏千二百人等兵士五十萬人等,如天曹科比,無令失意,恩惟太上分別操之。(《正一出官章儀》)

(16) 所請衆官謁還天曹,列受功賞,進秩如常科比,無令失意。(《要修科儀戒律鈔》卷十六)

(17) 一切還中宮,言功舉遷,加秩等數,如天曹常科比,考召君吏,所考事立下,將軍吏兵,付授肉人,隨逐覆蓋。(《正一法文太上外籙儀》)

(18) 陳便宜之疏,朝乍上而夕行;除科比之條,奏未終而詔下。(清袁枚《小倉山房集》卷六《代祝兩江節相渤海公七十壽序》)

(19) 吏刑兩部侍郎公奏,寬科比以廣擢遷,添司曹以免推諉。(清袁枚《小倉山房集》卷七《東閣大學士蔣文恪公神道碑》)

例句尚多,兹不贅舉。

B

般唆

即"搬唆"，搬弄是非。

官事：少輩般唆事未寧，如今不用把心驚；公廳自有真明鏡，曲直無災免杖刑。(《玄天上帝百字聖號》36/342/b)

按："般唆"諸類語文工具書不載，文獻另有一例。

（1）他常常買些酒請他，他吃了酒，自然用回答，又常常暗地般唆是非，弄他相打相罵，兩邊過面，酒又有得吃，錢又有得送。(明毛晉輯《六十種曲·玉鏡臺記》第三十二齣)

今謂"般"當通"搬"，"般唆"即"搬唆"，"搬唆"一詞近代漢語常見，劉堅《近代漢語讀本》："搬唆，搬弄是非，以達到挑唆的目的。"《元語言詞典》："搬唆，挑撥，使跟別人鬧糾紛。""搬"乃"般"之後起增旁字，"搬運"本字作"般"。江藍生《唐五代語言詞典》："般，同'搬'。"《元語言詞典》："搬，又作般。""般調"也作"搬調"，"搬弄"亦作"般弄"。可資爲證。

保叙

保奏叙述。

真武真君，每年定於六庚申，六甲子，三元五臘，及逐月一日下降，常行欲求保叙事意供養者並於是日天弗明時，取井花水一盂，用楊柳枝一枝浸之，明燈或淨蠟燭一檠，棗湯淨茶各一盞。(《玄天

上帝啟聖録》19/581/b)

按："常行欲求保叙事意供養者並於是日天弗明時"一句,《中華道藏》斷句爲"常行欲求保叙事意供養者,並於是日天弗明時","常行欲求保叙事意供養者"義難索解,蓋《中華道藏》整理者因不曉"保叙"之義而斷句有誤。今謂"供養者"一詞當下屬,"保叙"猶言保奏叙述,"常行欲求保叙事意"謂真武真君常到人間走動,欲獲得向元始天尊保奏叙述的善人善事等事宜,下面是真武真君的供養者對其供奉活動,如此則怡然理順。文獻中有例可證"保叙"即保奏叙述,如:

(1) 君子大節,當爲世所取法,未可苟焉已也,所可幸者,聞尚在烏公幕府,未嘗署一官領一職,猶爲無害于義,將來功成之後,凡有保奏議叙,一概辭去,且豫將此意稟明烏公轉達賽公,再三懇告,如不保叙,則仍效力行間,終始其事,如不允,從則托疾歸去。(清曾國藩《曾文正公書札》卷一《致江岷樵》)

這段文字前面言"保奏議叙",後則説"保叙",可見,"保叙"義同與"保奏議叙"。"議叙"指清制對考績優异的官員,交部核議,奏請給予加級、記録等獎勵。

"保叙"常用在奏摺或公文中,如:

(2) 何大圭建炎末爲三省樞密院幹辦官,坐罪廢,及是宰相張浚爲之保叙,故遂復舊官。(宋李心傳《建炎以來系年要録》卷八十五)

(3) 劉錦棠敏鋭善戰,謀勇兼優,耐苦耐勞,爲一時統將之最,臣等不敢妄擬保叙,應如何加恩之處,出自聖裁。(清左宗棠《左文襄公奏疏》續編卷四十七《西寧剿匪大捷立解城圍折》)

(4) 兹有懇者,敝同鄉陳君舫仙,名湜弟,于役吉安時,即在敝營,襄治營務,嗣於七年秋,奉諱旋里,八年保叙主簿,蔣蔚泉兄募勇赴粵,遂强拉舫仙同行,令帶營勇,比以戰功,保叙知縣,留于粵西補用。(清曾國荃《曾忠襄公書札》卷一《致劉印渠中丞》)

(5) 公甫以八月二十四日抵任,省會距永昌千三百余里,方咨會,提軍張必禄就赴堵禦,又飭迤南道周某馳往督辦,而肅清内應,報至,公據以入告,并夾片保叙。(清羅汝懷《綠漪草堂文集》卷二十五《兵部尚書雲貴總督善化賀公傳》)

(6) 複能以餘力出境剿賊,斯皆義烈奮發炳耀鄉邦,不獨其納粟輸財，足膺保叙，臣之首先陳奏，原冀此邦人士，聞風興起益，鼓其忠愛之良。(清駱秉章《駱文忠公奏稿》卷六《查辦捐輸廣額裕道被參各款折》)

(7) 此次水陸兵勇，冒險深入，奮不顧身，籲懇天恩，由臣等擇尤保叙，以固士氣。(清王先謙《東華續錄（咸豐朝）》)

例句尚多，茲不贅舉。

本內

"本" 乃 "大" 之形誤，"大內" 謂皇宮。

忽一日辰時，百官陪駕升端明殿，方欲平章諸道王侯未納疆土爲慮，是時，不覺雲霧風雹，群臣各棄避，獨有宰相趙普與聖駕，被童子二人引召至本內孝成殿，太祖駕坐良久，於殿前雲空間，睹一神明。(《玄天上帝啟聖錄》19/588/a)

按："本內" 義難索解，今謂 "本" 乃 "大" 字之形訛，"大內" 謂皇宮。唐韓愈《論佛骨表》："今聞陛下令群臣迎佛骨於鳳翔，禦樓以觀，舁入大內。"《明史·輿服志四》："洪武八年改建大內宮殿，十年告成。" 在《玄天上帝啟聖錄》一書中，"大內" 一詞出現兩次，如：

(1) 尋同三司禮部進呈，奉聖旨，依仁宗朝皇祐年中五月五日，奉駕赴景靈官行禮，忽駕起回大內，令臣僚配享，禮畢朝賀。(卷二)

(2) 仍頒行德音，減除罪囚，又於大內熙聖殿，別致一黃錄道場四十九晝夜，每日聖駕躬幸，禱祝計都星君，及東方亢宿，並家堂真武福神，保求休證道場。(卷五)

例 (2) 中 "大內熙聖殿" 與 "本內孝成殿" 例同，可爲確證。

典籍中常有 "本"、"大" 二字互訛之例，如：

(1) 農家者流，衣食之本原也，四民之業，其次曰農。(宋歐陽修《歐陽文忠公集》卷五《崇文總目敘釋·農家類》)《四部叢刊》本在 "本" 字下注云："一作大。"

(2) 故自孟軻揚雄荀況之徒，又駕其說，扶而大之。(宋王堯臣《崇文總目》卷五《儒家類》) 四庫本 "大" 字下注云："一作本。"

宋歐陽修《歐陽文忠公集》卷五《崇文總目叙釋·儒家類》“大”字下亦注云：“一作本。”

可資比證。

本行

道教語詞，指先來、原本之修行，能爲後來因，故稱。

如此四十二劫，劫運乃出，出得爲人，六情不具，癡聾瘖啞，加復瘻癩，眼瞎脣缺，耳聾瘤背，折傴老患，鹿面獐脚，無有手足。人不喜見，見者吐逆，此之罪人，本行所來矣。（《太上洞淵神咒經》卷十 6/36/b）

按：《漢語大詞典》：“本行：指作爲立身之本的德行。”此乃傳統經典中之義項。《佛光大辭典》：“本行，指成佛以前尚在菩薩位（因位）時之行迹，乃成佛之因之根本行法。慧遠所撰之《維摩義記》謂菩薩所修，能爲佛因，故名本行。”“本行”本爲佛教詞語，被道教吸收後，指先來、原本之修行，能爲後來因，故謂之“本行”，是道教因果報應思想的體現。道教受佛教影響，在其教義中，宣揚因果報應，以達到勸善抑惡之目的。《瑜伽師地論》卷三十八：“已作不失，未作不得。”並認爲，現世人們的貧富禍福，是前生所造善惡諸業的後果。“因”有五種，即因、緣、行、業、根；“果”有三種，即果、報、對。“本行”即屬於“因”中“行”之類。

該詞道經常見，如：

（1）清微天上，大玄玉都。知時至而舉六神通，分法身而遍十方界。如無邊境，上天下地悉昭融；出大妙音，六道四生皆解脱。表以放光之瑞相，明兹本行之勝因；蕩蕩難名，巍巍無上。（《太上元始天尊説月光皇后聖母天尊孔雀明王經》）

“本行之勝因”即原本修行之善因。

（2）志心皈命禮請，北極真空，尊居無上，本行皆難行之苦行，是身即清淨之道身。（《太上元始天尊説月光皇后聖母天尊孔雀明王經》）

（3）清微天上，寶蓋會中，常面睹於慈光，亦親聆於妙法。以

本行之經教，萬代流傳；俾後世之民生，一忱受誦。(《太上元始天尊説月光皇后聖母天尊孔雀明王經》)

(4) 天尊又曰：夫欲安身治國，使門户清貴，天神祐護，地祇敬愛。當修善功，勤心齋戒，廣施法門，先人後身，有惠於萬物，功普於一切，功滿三千，白日昇天。修善有餘，天降雲車。弘道無已，自致不死。斯本行之上戒，可不尊奉之乎？(《傳授三洞經戒法籙略説》)

(5) 天尊是何劫生，值遇真文，得今太上之任？故是得度，何獨如之巍巍德宗，高不可勝？願垂賜告本行因緣，解説要旨，開悟後生。(《太上洞玄靈寶真文度人本行妙經》)

道教典籍有《本行經》，記録的都是因果報應之事，如：

(6) 昔有女人，奉受是經，晨夕誦習，夫恒供給香火，婦遂昇天，受號今爲梵行元君。夫後命過，經入大山，具陳供給之功，婦即來授夫是經，即昇南宫，百年得生國王之家，大受經法，令爲九官真人。又有賢士，受持此經，婦意吝惜，不與夫同，夫得昇天，婦後化爲餓鷹。夫以化度，還爲女身，受持經法，今爲南極元君皇妃。(《本行經》)

邊遊

邊遠之處，同義連文，"遊"通"流"。

道言：自今以去，道士悉行化他國邊遊之處，求覓病人，一一爲作齋法，轉經行道。吾當遣十方大兵八十萬人，助子治之，救一切大魔，令天下無惡風，雨不淋漓，人鬼如悦，百姓忻昕，國主信道。(《太上洞淵神咒經》卷十6/37/a)

按："邊遊"，敦煌 P. 2366 前同，義爲邊遠之處，同義連文，"遊"通"流"。"流"古代指邊遠地區，《漢語大字典》、《漢語大詞典》皆列此義項，《尚書·禹貢》："五百里荒服，三百里蠻，二百里流。"《禮記·王制》："千里之外曰采，曰流。"《字彙·水部》："流，荒服最遠之處。""游"乃"㫰"之本字，《説文·㫃部》："游，旌旗之流（㫰）也。"《周禮》："王建大常，十有二游。""㫰"又常作"流"，鈕樹玉《説文解字校録》："宋本及初印本'斿'作'流'。"《禮記·樂記》："龍旗九流，天子之旗也。"陸德明釋文："流，本又作斿，音流。"今本《禮記·樂記》作"斿"。"游"、"流"相通古籍常見，《史記·項羽本紀》："古之帝者地方千里，必居上游。"裴駰集解引文穎曰："游，或作流。"《詩經·蒹葭》："遡游從之，宛在水中央。"俞樾《群經平議》："游與流古字通。"《楚辭·大招》："東有大海，溺水浟浟只。螭龍並流，上下悠悠只。"聞一多疏證："'流''遊'古通。謂螭龍相傍而浮游也。"《説文·水部》"流"朱駿聲通訓定聲："叚借爲遊。"

便面

"面"當爲"曲"之訛，"便曲"即大小便。

或有不崇法戒，穢慢有妙之考。又有不敬父母師尊之考。又有向於三光，大小便面之考。又有不敬經法，泄露秘文之考。（《太上洞淵神咒經》卷十五 6/59/b）

按：《漢語大詞典》："便面：古代用以遮面的扇狀物。……後稱團扇、折扇爲便面。"該義項置此顯然不適。譚代龍云："古代漢語在表示排泄屎尿這個意義上，除了'便'字之外，還有旋、轉、回、還、曲這一組意義有關聯的字，而且，'便'可以與它們連用表示相同的意義。"[1] 這個觀點可以給我們一些啟發，即"便面"可能是"便回"或"便曲"之誤，義爲大小便。那麼，到底"面"是"回"之誤還是"曲"之誤呢？這裏需作一下辨析。

"便旋"、"便轉"、"便還"、"便曲"譚文均有舉例，但並未舉出"便回"的例句。遍查文獻，我們發現典籍中"便回"的用例甚少，在道經中僅見二例，如：

（1）太玄都四極明科曰：凡修上清之法，不得北向本命之上，二處便回，觸忤玉晨，穢慢本真。（《太真玉帝四極明科經》卷五《太玄都中宫女青律文》）

---

① 譚代龍：《"大便""小便"字面意義考》，《漢語史學報》第 8 輯，上海教育出版社2009 年版。

句中"便回"，道教類書《三洞珠囊》卷六《立功禁忌品》引作"便迴"。《洞真太上太霄琅書》卷三作"便曲"。

（2）《金書仙誌》云：夫學仙之人；勿北向便迴，仰視三光；勿北向理髮，解脫衣裳。（《三洞珠囊》卷六《立功禁忌品》）

句中"便迴"，《太微靈書紫文仙忌真記上經》、《上清修行經訣》、《道典論》卷三、《上清修身要事經》、《洞真太上太霄琅書》卷三均作"便曲"，《雲笈七籤》的各個版本（《道藏》本、《四部叢刊》本、文淵閣《四庫全書》本）卷四十均作"便曲"。

我們認爲以上二例中之"便回"很可能是"便曲"之形誤，《雲笈七籤》之《四部叢刊》本乃善本古籍，其可信度更大。

因此，"面"不當是"回"之誤，當爲"曲"之形誤，"便曲"在佛經中出現一例，如：

（3）有比丘於村外入草中便曲，有女人亦入草中，比丘先從草出，女人復從此草出，比丘女人各不相知。（北齊僧伽跋陀羅譯《善見律毘婆沙》卷十三）

"便曲"在道經中更爲常見，如：

（4）第十勿北向便曲，仰視三光；勿北向理髮，解脫衣裳；勿北向唾罵，犯破毁王。（南北朝佚名《太微靈書紫文仙忌真記上經》）南北期《上清修行經訣》所述同，《雲笈七籤》卷四十《説戒》引同。

（5）午前忌之，不得見血肉、死禽獸。寢臥櫛髮、飲食、便曲，並不得向北，便曲不得視三光。（《雲笈七籤》卷四十一《七籤雜法》）

該（4）、（5）例中"勿北向便曲，仰視三光"、"不得向北，便曲不得視三光"與上揭"又有向於三光，大小便面之考"所述意義大致相近，可證"便面"確當作"便曲"。

（6）或聾盲瘖瘂，七竅壅塞，便曲閉脹，穀水不通而死。（南北朝佚名《太上洞玄靈寶宣戒首悔衆罪保護經》卷中）

（7）立春在故年十二月者，仍以其日書佩，至正月朔乃更服之。佩此章符並不得以履穢，今便曲舉動，或致忘誤。（梁陶弘景《登真隱訣》卷上）

（8）第九，沐浴浣濯，當脫法服。第十，大小便曲，當脫法服。

第十一，泥雨濁穢，當脱法服。(明張萬福編《三洞法服科戒文》)

(9)《洞玄靈寶道學科儀》下卷目錄有《詣圊廁便曲品》

(10) 十三敗食五辛，十四敗向北便曲，十五敗對二衆脱巾冠，十六敗慢三光。(《洞玄靈寶道學科儀》)

(11) 七條於世供養奉師投禮訣，九條出入存念禁解忌穢卧息便曲救月蝕訣。(南北朝《洞真太上太霄琅書》卷三)

(12) 穢慢三光，不敬神祇；裸露五岳，便曲江海；毁廢靖祠，燒敗聖文。(南北朝《玉清上宫科太真文》)

譚文所述"大便"、"小便"的理據是"大回轉"和"小回轉"，該觀點可商，楊琳先生已駁之甚詳，[①] 可取。然對於"便曲"理據的探討譚文却可以給我們一些啟發，從詞例的角度考察，"旋"、"轉"、"還"、"曲"四字皆有旋轉義，而且都能和"便"組成意義相同的詞語，所以"便旋"、"便轉"、"便還"、"便曲"四詞有相同的詞語組配關係，即有相同的組合詞例。四詞今所見的最早例證多爲南北朝時期，然"旋"、"轉"、"還"、"曲"四字單獨表示大小便的例證我們尚未見到，譚文也未曾舉例。而"便"表示大小便在漢代就已經出現，如：

(13) 郎有罪小便殿上，主事白行法。(《漢書·張安世傳》)

(14) 越王因拜，"請嘗大王之溲以决吉凶"，即以手取其便與惡而嘗之。(漢趙曄《吴越春秋·勾踐入臣外傳》)

所以，據文獻事實而言，合理的解釋是："便"先有了大小便的意思，然後再和表示旋轉義的"旋"、"轉"、"還"、"曲"組合成主謂結構式的複合詞。而不是"旋轉"義的"便"和旋轉義的"旋"、"轉"、"還"、"曲"通過同義連文的方式組合成詞後表示大小便。這兩種構詞理據的不同直接會關係到這四個詞中語素"便"的字面意思，也會涉及"大便"、"小便"的來源。因此，譚文的説法恐是本末倒置。所以，"便旋"、"便轉"、"便還"、"便曲"四詞當有相同的理據，但不是同義連文，字面意思即"大便（小便）回轉彎曲"，又轉指名詞大小便。大小便排泄時皆回轉彎曲而下，故稱。

"曲"、"面"二字古籍常互訛，宋王安石《九日》："蔣陵西曲風煙慘。"《四部叢刊》本《臨川集》第二十七卷"曲"下注云："一作面。"

唐顧況《露青竹杖歌》："江面昆明洗刷牽。"清文淵閣《四庫全書》本《全唐詩》卷二百六十五"江面"下注云："一作曲江。"

病鬼

即病死鬼，指人病死後所變之鬼。病鬼常使人生病，危害人類。

王等各各敕下，收取世間一切小鬼。何者疾病主人，令病人危困病苦，甚爲困篤，恐不生。令汝等速收病鬼，急去千里，若不從令，吾大煞將軍九億萬人，次次逐汝等鬼，斬之不恕也。（敦煌 S. 3389《洞淵神咒經》卷四）

按："病鬼"即病死鬼，指人病死後所變之鬼。病鬼經常使人生病，危害人類，是道經中特有之詞彙。《道藏》本正作"病人之鬼"。《太上洞淵神咒經》中有"行病鬼王"，如卷十一："於是行病鬼王及諸眷屬，悉皆歡喜，頂禮道君及三昧神咒王。"可以比參。

"病鬼"一詞道經中尚有四例，如：

（1）令瓦解丁零鬼，山圖木子鬼，大殃走死鬼，六畜人形鬼，五木百魅鬼，蠻夷氏獠鬼，北狄羌虜鬼，山上鬼，山下鬼，水中鬼，火中鬼，射公萬種鬼，十二病鬼，六畜奴婢鬼，自刺自殺鬼，一切大小鬼子，自今以後入地千尺，勿復令人病困。（《太上洞淵神咒經》卷四）

（2）道言：壬午年以來，人民多病，病鬼交行，千萬爲群，欲煞惡人。（《太上洞淵神咒經》卷九）

（3）蜺蝦，爲人解縊鬼也，凡有縊鬼未經託生者，念一徧，掐訣書符，貼之；臬塊，凡有溺鬼處，以此符與之託化，念咒一徧，掐訣書之；胤缺，解病鬼，凡有復連蠱疰者用之，以此符與疾者吞帶，取東方氣三口，念咒三徧書之。（《太上靈寶淨明秘法篇》卷下）

例（3）中上面提到"縊鬼"、"溺鬼"，下面提到"病鬼"，即病死鬼。

（4）奎婁胃昂，畢宿觜參。流輝照西，萬神所欽。領兵七萬，佐助天心。伏屍故氣，病鬼妖淫。星光所指，何敢克當。（《靈寶領教濟度金書》卷一百二十七）

逋廢

失修而荒廢；逃避廢棄；拖欠租稅；隱居。

或世人社廟逋廢，晝夜擔沙負石，填江塞海，不得休息，亡人愁毒，訟訴天曹主者，求取生人自代，致令某疾病危厄、災殃患禍。（《太上洞神洞淵神咒治病口章》32/721/c）

按："逋廢"謂失修而荒廢，"逋"取逃避義，此義文獻時見，《楚辭·涉江》："聊兩東門之可蕪。"王逸章句："言郢城兩東門非先王所作邪？何可使逋廢而無路。""逋廢"在文獻中另有以下三個義項，今一並羅列如下：

（一）逃避廢棄。如：

（1）省告攝功曹事，一一屬以所求，寬逋廢守命，必欲肅之，是以間意其志既立，不得不必行。（晉王羲之《功曹帖》）

（二）拖欠租稅。"逋"有拖欠租稅義，《漢書·昭帝紀》："三年以前逋更賦未入者，皆勿收。"唐韓愈《南海神廟碑》："於是免屬州負逋之緡錢廿有四萬，米三萬二千斛。""逋廢"此義文獻常見，如：

（2）時石虎親征段遼，師次范陽，百姓飢儉，軍供有闕，虎大怒，太守惶怖避匿，續曰："郡帶北裔，與寇接壤，疆場之間，人懷危慮，聞輿駕親戎，將除殘賊，雖嬰兒白首咸思効命，非唯爲國，亦自求寧，即使身膏草野，猶甘爲之，敢有私吝而闕軍實，但比年災儉，家有菜色，困敝力屈，無所取濟，逋廢之罪，情在可矜。"[1]（北魏崔鴻《十六國春秋》卷三十二《前燕錄十》）

（3）至於租民踔物，逋廢積年，私自没入己，不傳奏上，自作一法，無所稟承，背違冥科，前後非一。（《玄都律文》）

（4）（高儒）九年陞山西石州，同知石州田賦，積年逋廢，儒廉慎仁信，凡利弊因革，力贊長吏爲之，而陰運其機，踰年大治。（清許容《（乾隆）甘肅通志》卷三十六）

---

[1] "逋廢"，《晉書》卷一百十《載記第十》、《通志》卷一百八十八《載記第三》、《資治通鑒補》卷九十六《晉紀十六》均同，《册府元龜》卷七百五十二《總録部》作"違廢"，誤。

（三）隱居。正如隱士稱作"逋隱"、"逋客"、"逋翁"，"逋廢"有隱居義，此義文獻十分常見。如：

（5）然談侍御公之遺烈，未有不鬚眉張而涕沾膺者也，予逋廢山中，辱長公貽以史乘讀之，悲肅感觸。（明陶汝鼐《忠殺劉公祀事詩有序》）

（6）聖朝逋廢愧虛名，豈謂高賢不見輕。（明趙南星《趙忠毅公詩文集》卷五《臨城沈明府見枉》）

（7）於是乃知知已之難遇，而自愧薄劣未有以圖報也，昨聞臺下得欒城，喜不可言，夫逋廢之人，豈能因臺下以報老師，惟是區區感恩之心，得以抒其萬一耳。（同上書卷二十二《與劉欒城》）

（8）入山既深，已無望於新知矣，不意又得門下，星知門下之賢久矣，聞門下之有意于星久矣，逋廢之人，義在屏縮，門下遂命膚使于山中，先之書幣，訂良覿之期。（同上書卷二十三《答文受寰太府》）

（9）不肖逋廢十年，台臺再過山中，喬木求于幽谷，古之道也。（同上書卷二十三《答劉健菴》）

（10）不肖閒人，日弄筆墨，不難以尺一道悾悾，逋廢遠迹，不敢輕涴在位，惟藏之心腹耳，臺下乃加書幣于巖中，修古賢之雅事，不肖何德以承之。（同上書卷二十三《答文受寰太府》）

補代

補充替代。

道言：大法師治病，但口章，不必紙，默招之也，但轉經無不差也。若病大重者，亦可并上口章，仰謝治病，羅縷拔罪捕代耳。（敦煌 P. 2366《洞淵神咒經》卷十）

按："捕代"之"捕"，《中華道藏》錄爲"捕"。"捕代"，《道藏》本作"替伐"，"替伐"不辭，伐乃代之形訛。"捕代"義不可解，今謂"捕"乃"補"之俗字。敦煌寫本中，"扌"、"衤"常混而不別，P. 2011《刊謬補缺切韻·虞韻》："袾，袍襦之類前襟，亦作扶。""補"敦煌文獻中有從"木"者，敦研 270《佛經》："往楠像額，還住視之，一無縫

際。"《漢語大詞典》："補代：入贅女婿的俗稱。"此義項置此不適，今謂
"補代"義爲補充替代。此義文獻時見，如：

（1）自軍興以來，征役及充運死亡叛散不反者衆，虛耗至此，
而補代循常，所在凋困，莫知所出，上命所差，上道多叛，則吏及叛
者席卷同去。（唐房玄齡《晉書》卷八十《列傳·王羲之》）

（2）營弊百端，未易悉數，若死病當醫，在救營伍之凋耗耳，
惟凋耗故欲拔選鋒，而選鋒何處可拔，欲汰弱兵而弱兵將何補代，教
武藝而所教原非其人，明賞罰而賞罰明於何地。（明施沛《南京都察
院志》卷三十三《奏議》）

（3）今宜厚加優恤，罷其衛所，除其補代，無事歸之，守令有
闕，增其召募，則應者必多，而保障可固矣。（明張萱《西園聞見
錄》卷七十九《兵部》）

不必

相當於"無論"，條件連詞。

入山之人，處處有之，汝等受法奉經，不必大小，不必老少，無
論男女，唯有心奉之者，天人移壽，終不橫死也，自然得入仙品矣。
（《太上洞淵神咒經》卷十6/36/c）

按：《漢語大詞典》"不必"條列有"沒有一定、未必"和"無須"
兩個副詞、動詞義項，[1] 置此皆不宜。此句中之"不必"和"無論"並
列出現，顯然當同義且皆爲條件連詞。該義項中古近代時期文獻常見，是
此時期新產生的義項。如：

（1）善人不必好醜，各有因緣，端正者，思善中來；大富者，
先身有布施貧乏中來；大貴者，建造功德、禮拜三寶中來。（《太上
洞淵神咒經》卷十）

（2）神真下教，七百年内三出傳授，授傳獲之，不必賢愚，精
心修行，皆得飛仙。（《上清俊塑道君列紀》）

（3）高氏婦女，不必親疏多與之亂，或以賜左右，又多方苦辱

---

[1]　"沒有一定、未必"是副詞義項，"無須"是動詞義項，例證詳見《漢語大詞典》。

之。(宋司馬光《資治通鑒》卷一百六十六《梁紀二十二》)

（4）嗟乎，吾視歲歉而官，勸分不具文應者，蓋寡也，以彼視此，舜申信善人矣，死而有人稱，不必殊常，甚偉之行也。(宋歐陽守道《巽齋文集》卷十二《送張伯深序》)

（5）民居城市，不必貧富貴賤，未免塵俗喧嚷，仰事俯毓，自有親朋交際，豈可逃世絕人，一事不復料理。(明汪砢玉《珊瑚網》卷十七)

"無論"義的連詞"不必"當是從"沒有一定、未必"義的副詞"不必"虛化而來，爲表述方便，義項"沒有一定、未必"記作"不必$_1$"，義項"無論"記作"不必$_2$"。作爲條件連詞，"無論"表示在情況不確定、在任何條件下結果都一樣，[①] 何金松《虛詞歷時詞典》："以'無論'、'不管'爲代表的同義詞，後接表示人或事物多項、兩極、矛盾對立的詞語、結構，在句子中起排除一定條件的作用，説明情況的存在或行動的發生，不受某種條件的限制。"[②]

"不必$_1$"最初並不表示無條件，它經常出現在一種並列雙命題結構中，如"不必大，不必小"，其核心謂語表示反義關係，出於表達的簡約，並列雙命題省略減縮爲一個命題，並列雙命題的核心謂語連在一起，通過兩個極端的情況來轉指所有情況。在這種結構中，"不必$_1$"重新理解爲"無論"[③]。在下面這兩例中，"不必"所在的雙命題結構中的核心謂語若連在一起，則"不必"即可當無論講，如：

（6）淨名云：不必坐，不必不坐，坐與不坐，任逐機宜，凝心運心，各量習性。(唐釋宗密《禪源諸詮集都序》卷上)

（7）我則異於是，無可無不可，亦不必進，亦不必退，唯義所在。(宋王欽若《册府元龜》卷八百二十六《總録部·品藻第一》)

經考察，這些"以'無論'、'不管'爲代表的同義詞"與"不必$_1$"的虛化路徑相同，這一語法詞彙現象具有一定的普遍性，如：

---

① 黃伯榮《現代漢語》（增訂四版）把"無論"、"不論"列爲表無條件的條件關係複句連詞；王忠良：《"無論……都"複句及其承載的邏輯意義》，《東疆學刊》1990 年第 3 期；史錫堯：《試論"只要"、"只有"和"無論"所表示的條件》，《語文研究》1982 年第 1 期。

② 何金松：《虛詞歷時詞典》，湖北人民出版社 1994 年版，第 393 頁。

③ 此處關於語法化的相關問題，承南開大學文學院谷峰副教授指點，謹致謝忱。

"不分"

（8）不分王侯宰相軍民人家，但要十五以上二十以下者，容貌端正，盡選將來，以充后宫，有何不可。（元馬致遠《漢宫秋》楔子）

"不辨"

（9）不辨貧窮富貴，急難中總則一般。（《古今小説·楊八老越國奇逢》）

"不拘"

（10）想夫人處必有佳饌，煩汝敬謁，不拘多寡，以療宿飢，可乎？（金董解元《西廂記諸宫調》卷五）

（11）他可心細，不拘聽見什麽話兒，都要忖量個三日五夜才算。（《紅樓夢》第十回）

"不問"①

（12）雀兒出來，不問好惡，拔拳即搓。（《敦煌變文集·燕子賦變文》）

（13）不問官妓私科子，只等有好的來你客店裏，你便來叫我。（元關漢卿《救風塵》第三折）

"無問"

（14）凡甕，無問大小，皆須涂治。（北魏賈思勰《齊民要術》卷七《涂甕》）

（15）破皮履、鞋底、格椎皮、靴底、破鞍、靷，但是生皮，無問年歲久遠，不腐爛者，悉皆中煮。（同上書卷九《煮膠》）

"莫問"

（16）治旱稻赤米令飯白法：莫問冬夏，常以熱湯浸米一食久，然後以手按之。（同上書卷九《飧飯》）

"不論"②

（17）不論高下皆如下，此個名爲真道場。（《敦煌變文集·維摩詰經講經文》）

---

① 王雲路、方一新《中古漢語語詞例釋》（第66頁）"不問"條有更多舉例，可參看，此不贅舉。

② 蔣禮鴻《敦煌變文字義通釋》（第468頁）云："'不論'、'未論'、'無論'，就其初義來說，應該是'不要説'、'不用説'。"由此進一步虛化爲表無條件的連詞。

"未論"

（18）未論分封邦國，未論分符鄉國，晚節且圓全。（宋吳潛
《水調歌頭》）

"無論"

（19）游人杜陵北，送客漢川東，無論去與住，俱是一飄蓬。
（隋尹式《別宋常侍》）

C

唱引

大聲陳説、稱舉；引導；倡導。

道言：吾今告汝衆生，汝從年七以來，乃有呵風罵雨之考，又有不敬天地之考，或有唱引冥神忌諱之考，或有不崇法戒，穢慢有妙之考。（《太上洞淵神咒經》卷十五6/59/a）

按：《漢語大詞典》"唱引"條云："吟詠歌曲；唱曲。"此義項置此不適，今謂"唱引"乃大聲陳説、稱舉義，義同"唱陳"，《漢語大詞典》"唱陳"條云："大聲陳説。清吳敏樹《書謝禦史》：'引見時，唱陳名貫畢，皇上問曰：汝湖南人，作京語何也?'""唱"有喊、呼義，① 如：

（1）居大言不遜，脩義命左右牽曳之，居對大衆呼天唱賊。（《北史·孫脩義傳》）

（2）適有大駕前，鷙獸自路左叢林間躍出，於萬人中攫將一夫而去，其人銜到溪洞間，尚聞唱救命之聲……遲明，有軍人尋之，草上委其餘骸矣。（《太平廣記》卷二百四十一引唐無名氏《王氏見聞》）

（3）有情人叫不出情人應，爲甚麼不唱出你可人名姓？（明湯顯祖《牡丹亭·魂遊》）

"引"有陳述義，《爾雅·釋詁》："引，陳也。"邢昺疏："引，伸陳

---

① 王鍈《唐宋筆記語詞匯釋》"唱、唱叫"條及方一新、王雲路《中古漢語讀本》"唱"條（第123頁）對此均有解釋，可參。

也。"王引之述聞:"《王制》、《內則》並曰;'凡三王養老皆引年',引年者,陳叙其年齒之多寡也。"《文選·潘岳〈悼亡詩〉》:"衾裳一毁撤,千載不復引。"唐李善注:"引,陳也。""唱陳"、"唱引"組合詞例相同。

"唱引"另有二義項:①引導;②倡導,皆爲同義連文,義同"唱導"、"倡導/道",《漢語大詞典》"唱導"、"倡導/道"條均列此二義項,可詳參。"唱"有引導義,《説文·口部》:"唱,導也。"桂馥義證:"或借爲倡字。"《廣雅·釋詁三》:"倡、唱,導也。"晉向秀《難嵇叔夜〈養生論〉》:"神農唱粒食之始,後稷纂播植之業。""引"亦有引導義,《廣雅·釋詁三》:"引,導也。"《集韻·準韻》:"引,道也。"

"唱引"之引導義文獻經見,如

(4) 今姚府所置之官,既無安邊靖寇之心,又無葛亮且縱且擒之技,惟知詭謀狡算,恣情割剥,貪叨刮略,積以爲常,扇動首渠,遣成朋黨,折支諂笑,取媚變夷,拜跪趨伏,無復慚恥,提挈子弟,唱引兇愚,衆會蒱博,一擲累萬,劍南逋逃,中原亡命。(唐張柬之《請罷姚州屯戍表》)

(5) 或衣純青純皂以至鞋襪皆純青皂者,或裹交脚幞頭,或錦爲繩如蛇繞繫身者,或數人唱引持大旗行過,或執大斧胯劍銳牌持鐙棒者。(宋吴自牧《夢粱録》卷五《駕詣景靈宫儀仗》)

(6) 應山疏既不行,意欲俟朝時面奏,外廷遂喧傳其説,一日早朝,鴻臚卿展自重請于應山曰:"面奏當于何時,以便唱引。"時有武内闈數百人,因聞面奏之言,皆持斧瓜等器眈眈注視。(明文秉《先撥志始》卷上)

(7) 直侍中俛伏起,乘輿登輦還衞從如常儀,大司馬鳴鼓,散屯以次就舍,車駕將至,威儀唱引,留守填街,先置前部從官就位,再拜車駕至殿前回輦。(清朱銘盤《南朝宋會要·軍禮》)

(8) 贊禮唱引,詣五嶽神位前,協律郎舉麾,奏中和之曲、武功之舞,贊禮引至神位前,跪,搢笏,三上香,三祭酒,奠爵出笏,俛伏,興,平身少退,鞠躬,拜。(清秦蕙田《五禮通考》卷四十八《吉禮》)

"唱引"之倡導義文獻時見,如:

(9) 其好古博物之士,出於餘力,習晚醨薄,或未暇究于精微,其視古文虆如書者於篆籀蟲鳥然,略取形似,傲然謂能而群,目淺短

眩，所希見者，高相唱引，遽以爲鍾跨王，罷斥虞柳，而不知草隸之
變蓋久矣。（明陶望齡《徐文長三集序》）

（10）願以聖學爲先，講讀之臣陛下親邇，以求多聞者也，詳延
精義之學，切磋琢磨，疏瀹心源，斟酌義味，王功帝績自此流出，法
度政事迺土苴爾。今淺夫佻士以雕組之末技，更相唱引，使一日得
志，必指聖學爲迂闊，而不切治務。（明楊士奇《歷代名臣奏議》卷
八《聖學》）

“唱引”之引導、倡導二義項亦作“倡引”，《漢語大詞典》“倡引”條
云：“薦引，宋周密《齊東野語·紹熙內禪》：‘何澹、胡紘疏汝愚倡引僞
徒，謀爲不軌。’”今謂此說不妥，考察“倡引”出現的所有用例①，皆無
可作“薦引”解者，舉證中之“倡引”當作引導講，今摘録原文如下：

（11）於是右正言李沐首疏其事，劾汝愚以同姓居相位，非祖宗
典故，方太上聖體不康之時，欲行周公故事，倚虛聲植私黨以定策，
自居專功自恣等事，遂罷汝愚相位，出知福州。既而臺臣合奏，罷郡
與祠，於是祭酒李祥、博士楊簡、府丞呂祖儉等有疏，太學生周端朝
等六人共一書，訴汝愚有大功不當去位，皆被黜謫。未幾，何澹、胡
紘疏汝愚倡引僞徒，謀爲不軌，乘龍授鼎，假夢爲符，且言與徐誼輩
造謀，欲衛送太上過越爲紹熙皇帝等事，遂責汝愚永州安置，至衡州
而卒。（宋周密《齊東野語》卷三《紹熙內禪》）

這段史實在諸多文獻如《宋史紀事本末》、《通鑑續編》、《宋元資治
通鑑》、《通鑑輯覽》、《資治通鑑後編》中都有類似記載，據上下文義
“倡引”皆不當作“薦引”解，“倡引”在《宋史》、《宋史全文》、《宋
史新編》、《慶元黨禁》、《弘簡録》、《續通志》中均作“唱引”，亦可爲
證。文獻中有“倡引生徒”句，清張夏《雒閩源流録》卷九：“如此之
人，今世不少，嘗見褒衣博帶高冠而羨然者，相率號爲道學，倡引生徒，
號召黨與，或匿跡于古僻幽深之寺，或招搖于通都廣衆之堂。”顯然，此
“倡引”當釋爲引導，可資比證。《漢語大詞典》釋“倡引”爲“薦引”，
概編者受文中“倚虛聲植私黨以定策”等字眼誤導所致。

“倡引”之引導義文獻常見，如：

（12）黃門侍郎從護駕在後，不鳴鼓角，不得諠譁，以次引出，

---

① 以愛如生公司“中國基本古籍庫”收録之一萬多種圖書爲考察範圍。

警蹕如常儀，車駕出驂，讚陛者再拜，皇太子入守，車駕將至，威儀倡引，先置前部，從官就位，再拜，車駕至行殿前回輦。（清朱銘盤《南朝宋會要·軍禮》）

句中"倡引"，《宋書》、《通典》、《文獻通考》、《五禮通考》均作"唱引"。

（13）（黄采）哀痛盡禮，年八十四卒，著有性圖、願學録、聖學彙編、會語詩古文，居家以小學家禮，倡引後進，風俗爲之一變，與弟暾以學道相勸勉。（清謝旻《（康熙）江西通志》卷八十四《人物》）

（14）況陛下一身乃宗廟社稷之主，縱不爲身惜，獨不爲宗廟社稷計乎，此必有左右群小，貢諛希寵，倡引事端，蠱惑聰聽。（清夏燮《明通鑒》卷四十六《紀·武宗毅皇帝》）

（15）陳氏伯仲，百藥箟墩，並負時名，百藥長于説經，篇什無多，箟墩少耽吟哦，才尤矯異，將于月田諸老，後繼爲倡引，而領袖之風雅不亡，其在于斯乎。（清阮元《兩浙輶軒録》卷二十八《陳宣》）

"倡引"之倡導義文獻亦常見，如：

（16）三代之文，姑置不論，西漢之初，文極渾厚，東漢漸趨對偶，傑然如范，蔚宗反爲之倡引，漢末歷三國六朝，俳體益盛，唐興積百餘年。（明桑悦《玉笥集序》）

（17）象山于禪學以求伸其説，且自以爲有助于晦庵，而更相倡引，謂之扶持正論，不知晦庵乃君子之過，而吾反以小人之見而文之。（明王守仁《答徐成之論朱陸書》）

（18）蠹政亂法，黷貨淫刑，援引憸邪，殺害忠正，一切欺君誤國之事，瑾意未發，而未遂者倡引助成，無所不至。（清毛奇齡《西河集》卷八十三《傳》）

（19）古音鏗鏘不可得，學步嘗向邯鄲愁，清江浦上暫維楫，苦相思憶聊爲訕，此道君須亟倡引，旗鼓能讓他人不。（清劉榛《訕介山山言送別》）

抄注、抄題

（施主）在化緣册上題寫；僧道求人施捨財物。

揚州江都縣白砂村吳元嗣，家豪積善，每秋冬間，用師巫燒獻三界醮紙，内用鵝鴨血肉活命雜供祭祖。有泰州天慶觀道士唐慶餘到來，抄注齋糧，偶見本家賽願，稱云：何得天曹衆聖與中下界神道，用物命交雜供養，莫非觸犯諸天，如何獲福。(《玄天上帝啟聖録》卷三 19/587/a)

爲本宮儀國夫人臨産憂危時，有一道士齋疏，來問大王抄題重修西應鎮道觀，荆王不采，云：爲夫人産憂。其道士却言：有一法，即令便産，子母雙美。荆王聞之大喜，云：果有靈驗，其觀宇獨捨鼎新建造。道士將朱砂書黄紙符一道，燒灰水調，令夫人服之，移郟間，誕下一男，荆王題疏，道士辭謝出門，遂尋不見。(《玄天上帝啟聖録》卷六 19/616/a)

按：句中"抄注"、"抄題"義同，皆指僧道求人施捨財物，字面意思爲（施主）在化緣册上題寫。"抄"、"注"、"題"皆爲抄録、題署義，"抄本"即寫本，"抄名"即録入名册。《廣韻·遇韻》："注，注記也。"唐無名氏《南嶽魏夫人傳》："虚皇鑒爾勤感太極，已注子之仙名於玉劄矣。"《集韻·齊韻》："題，署也。"南朝宋劉義慶《世説新語·方正》："太極殿始成，王子敬時爲謝公長史，謝送版，使王題之。""荆王題疏"之"題疏"即施主將自己的名字或要施捨的財物數目題寫于疏簿册，如清康熙十三年陸貽典鈔本《新刊元本蔡伯喈琵琶記》卷下："［淨］尊兄小子不貪豪富。［末］枉了教人題疏。［旦］你衣裳敢是借來？"

"題疏"也叫"題緣"，如：

（1）興醫院以濟疾苦，係富貴好善，仰體天父天兄聖心者，題緣而成其舉。(太平天國洪仁玕《資政新篇》)

"疏"指僧道募化用的化緣册，如：

（2）蓋忠臣烈士，每詔條有致祭之文；豈狂子野僧，擾國典出募緣之疏。(明陶宗儀《輟耕録·岳鄂王》)

也叫"疏簿"，如：

（3）不管貧富，就送過一個疏簿，募化錢糧，不是托言塑佛粧金，定是説重修殿宇。(《醒世恒言·汪大尹火焚寶蓮寺》)

也叫"疏頭"，如：

（4）故此一來走謝，二來就要商量斂資造廟，難得秀才官人在此，也是一會之人，替我們起個疏頭，説個緣起，明日大家裏了縣里，一同起事。(《初刻拍案驚奇》卷二十四)

　　與"抄注"、"抄題"義同者有"抄化"一詞,王學奇、王静竹《宋金元明清曲詞彙釋》"抄化、募化"條云:"僧道沿街募集齋糧,叫作'抄化'或'募化'。"

　　(5)今日寺中建大會,怕有官員貴客來此遊翫,不免將着號頭①,就此抄題幾貫錢,添助支費。(清康熙十三年陸貽典鈔本《新刊元本蔡伯喈琵琶記》卷下)

　　(6)奴家將此彈一兩段曲兒,抄題幾文,就此寺中追薦公婆則個。(同上)

　　(7)一斟一酌莫非前定,奴家準擬今日抄題幾文錢,退薦公婆,誰知撞着兩個風子。(同上)

　　以上(5)、(6)、(7)三處"抄題",明末毛氏汲古閣刻本《六十種曲》所收《琵琶記》均作"抄化",可見二詞同義。《六十種曲》所收《琵琶記》第三十四齣:"〔末〕便是官人休怪冒瀆,今日天與之,幸得遇兩位貴客到此,斗膽抄化幾文香錢,添助支費則個。〔丑〕五戒,你要抄化,將疏頭來看,錢是儻來之物,那裏不使,那裏不用。"此句中"抄化"、"疏頭"同現,與上面例中"號頭"、"抄題"同現類同,亦可證"抄題"、"抄化"義同。

　　"抄注"、"抄題"二詞兼有"(施主)在化緣册上題寫"的字面義和"僧道求人施捨財物"的引申義。

　　"抄注"的第一個義項常見,如:

　　(8)唐廣明皇后功德玄都觀,年深隳壞,道衆累疏募緣,無一抄注,自歎如何有此阻障。(《玄天上帝啟聖録》卷六)

　　(9)苾芻承乏此來,擔子推去不得,硬欲爲祖師爭氣,暗自與伽藍合謀,豈無他人,不如熟悉做因果事,但是一家繼繼承承,發布施心,便是十分歡歡喜喜,即可開手抄注,免得回頭較量。(宋陳著《本堂集》卷九十二《代淨慈寺修屋干洩董伯和抄助疏》)

　　例(9)篇名中"抄助"義同"抄注","抄助"文獻僅見此一例,"助"乃"注"之同音假借。

　　"抄題"的第一個義項,例句如:

---

① "號頭"義不可解,明毛晉汲古閣刻本《六十種曲》所收《琵琶記》作"疏頭",當是。

（10）然次第發頭，又須同共出力，輒持短疏，遍叩高門，便應喜喜歡歡贊助，不問多多少少信手抄題，檀諾才上毫端，屋圖已掛眼底。（《本堂集》卷九十二《代天寧寺起大殿疏》）

（11）要做佛前勝事，然使我不明以告，則在人如何得知，善果善因，切勿當面蹉過，大根大量，要即開手抄題，或倒橐金，或捐廩粟，便可以尺水起丈量，何妨把衆毛爲一衮。（同上《代上乘寺主僧一乘修大殿疏》）

"抄注"的第二個義項經見，如：

（12）爲神立捧獻之事寖淫傳，一府爭先瞻敬，天祐正爲廟史，藉此鼓唱抄注民俗錢帛，以新室宇，富人皆樂施，凡得萬縉，天祐隱沒幾半。（宋洪邁《夷堅支志》甲卷九《關王幞頭》）

（13）寺院大小凡四十六所，有如井邑，闠闠之地，檀那輻輳，殿宇鱗差，金碧交輝，固不費經營抄注之力，若夫僻壞荒郊，古刹孤立，自非賢厚長者與之。（明顧清《（正德）松江府志》卷十八《寺觀上》）

（14）蘊方不敢近前，方欲回轉，被適見童子相召云：真君喚蘊方。既面拜真君，蒙問抄注手巾，收上疏目，恐爾難尋吾之住所，令童子將隨身淨巾一條與蘊方，略充結緣。（《玄天上帝啟聖錄》卷三）

（15）夫人云：纔服符水，眼前有符吏判官交衛，暗中被一披髮金甲仗劍神人一喝，其子隨聲而下。又聞得報言：此子從西應鎮玄都觀中來，急往彼處，保扶荆王。因獻錢馬等，并驗本觀虧損，還有道士入京抄題否。道衆云：不曾有人入京抄注。荆王遂齎表奏聞，發遣金銀錢帛，前去重新修蓋。（《玄天上帝啟聖錄》卷六）

此（15）例中前言"入京抄題"，後言"入京抄注"，可證"抄注"、"抄題"同義。

"抄題"的第二個義項常見，如：

（16）紹熙三年六月，平江境內大旱，東西舟船不通，西館橋鬻生果主人出力抄題衆鋪錢，得二十餘千，命工塑龍於橋上，創造洞穴，繪畫雲氣，作飛龍取水之狀。（宋洪邁《夷堅支志》卷五《西館橋塑龍》）

（17）僧道設計哀斂民財，尤爲精緻，每一歲間招誘農商工賈，遞分節次，各以時會，名曰燒香，就稠衆中察其猾黠好事者，分俵疏

且請爲勸首，抄題錢物，每疏以數百緡，經年積蓄，今已浩大。(宋陳淳《北溪大全集》卷四十六《與李推論海盜利害》)

(18) 前後亭臺，要使行人喝采；西東廊廡，須教觀者點頭，小道人不免抄題，大夫士慨然樂助。(元舒頔《貞素齋集》卷五《登源祖廟疏》)

(19) 久聞譚府好善樂施，今爲黄沙渡口橋造未成，正要到施主府上抄題結緣，幸喜偶遇，分明是天假良緣，望乞樂助樂助。(明鄭之珍《目連救母勸善戲文》卷上《行路施金》)

(20) 今聞傳羅卜性好佈施，又見黄沙渡橋造未成，我而今假寫化緣疏簿，某大人捨多少，某財主捨若干，抄題他幾百叉銀子。(同上書《拐子相邀》)

(21) 人以遊手遊食病我釋氏之流，上人在山自食其力可也，何用抄題？(同上書《和尚下山》)

典籍中有“題注”一詞，《漢語大詞典》：“題注：指僧道之進見。宋吳自牧《夢粱録·茶肆》：“僧道頭陀欲行題注，先以茶水沿門點送，以爲進身之階。”① 今謂該解釋不確，該句“題注”與“抄注”、“抄題”義同，皆爲僧道乞討募化財物義，“題”、“注”同義連文。《夢粱録》原句如下：

(22) 巷陌街坊，自有提茶瓶沿門點茶，或朔望日，如遇兇吉二事，點送鄰里茶水，倩其往來傳語耳，有一等街司衙兵百司人，以茶水點送，門面鋪席乞覓錢物，謂之齪茶。僧道頭陀道者欲行題注，先以茶水沿門點送，以爲進身之階。(宋吳自牧《夢粱録》卷十六《茶肆》)

“題注”在典籍中尚有兩例，皆不當作僧道之進見義，如：

(23) 每歲修補漏爛，整築墙籬，潔淨道路，肅清壇宇，蓄簇山林，使神明有所依栖，四眾亦獲安逸，如田糧所用不敷，或資於經醮，或藉於題注，眾力經營，隨宜整葺，亦不得假此名色，在外交結官貴，誘透商賈。(明張宇初《道門十規》)

此句“題注”乃僧道乞討募化財物義。

___

① 清《學津討原》本及文淵閣《四庫全書》本《夢粱録》“欲行”前均有“道者”二字，《漢語大詞典》所引例句無，不知據何版本。

（24）張操發心，自爲勸緣，欲就天慶觀，建此二殿，首得其疏題注，捨錢五百貫，次及官員士庶，樂然捨施，興工塑造，不日而成。（《玄天上帝啟聖録》卷二）

此句"題注"乃施主在化緣册上題署義。

"題注"與"抄注"、"抄題"皆兼有此二義項，具有相同的詞義引申軌跡，處於同一詞例之中，彼此互證，《漢語大詞典》之誤無疑。《漢語大詞典訂補》亦未糾正此條之誤。

策寶

即"册寶"，指册書和寶璽。

東京四聖觀，本是國家天元祖氏之宅，自太祖策寶郊祀，捨爲四聖護國建隆觀。（《玄天上帝啟聖録》卷二 19/583/c）

按："策寶"即"册寶"，《漢語大詞典》："册寶：册書和寶璽。"皇帝在郊外舉行祭祀乃國家大事，《漢書·郊祀志下》："帝王之事莫大乎承天之序，承天之序莫重於郊祀……祭天於南郊，就陽之義也；瘞地於北郊，即陰之象也。"郊祀需頒布册書和印璽，"策寶郊祀"即此義。策、册相通典籍時有用例，《集韻·麥韻》："册，通作策。"《漢書·諸侯王表序》："武帝施主父之册，下推恩之令。"王先謙補注引錢大昭曰："册與策同。"《資治通鑒·漢宣帝神爵元年》："不戰而字破之册也。"胡三省注："册，與策同。""策寶"文獻中有數例，如：

（1）火之精，贈同德佑理至惠誠重感慈普濟陽辯武聖，右正侍雲騎護國保静輔肅守玄太一天大將軍，封贈如前，奉御製讚入閣，謚爲策寶。（《玄天上帝啟聖録》卷八）

（2）肅宗召拜中書舍人，詔令多出其手，時方事殷，遣詞贍速，書楷至精，上悦其能，加兼尚書右丞，參預兩朝文誥，傳位策寶，龍章鳳誥，冠絶一時，寵遇罕比。（清羅惇衍《集義軒咏史詩鈔》卷三十七《徐浩》）

"策寶"與"册寶"文獻中常作爲異文出現，如：

（3）宋興二百有三年，封陲載寧，狼烽不驚，上乃高揖凝旒，樓神泰清，天之與子，法舜承堯，祗載夔夔，齋慄以朝，帝被衮章，

舁策寶，列旄麾，羅羽葆，太師輔前，少師保後，工瞽登歌，奉常贊道。（劉宋薛士隆《靈芝賦》）

例（3）中"舁策寶"文獻中亦作"舁册寶"，如：

（4）内侍捧册寶前導，置綵輿中，内贊，鞠躬，樂作，四拜，樂止，執事者各舁册寶以次前行，引禮導，皇太子繇東階降，持節。（明俞汝楫《禮部志稿》卷十二《皇太子册立儀》）

（5）通事舍人分引百官入，立班東西相向，次引侍中、中書令、門下侍郎、中書侍郎及捧舁册寶官詣殿後幄，次前立，少頃奉册寶出幄。（清嵇璜《續文獻通考》卷八十九《王禮考》）

（6）封我成祖文皇帝第五子櫨爲吴王，第六子禎爲楚王，第七子槫爲齊王，第八子梓爲潭王，第九子杞爲趙王，第十子檀爲魯王，姪孫守謙爲靖江王，皆授以策寶，設置相傳官屬，凡諸典禮，已有定制，於戲衆建諸藩，所以廣磐石之宗，大封同姓，所以眷親親之厚。（明佚名《秘閣元龜政要》卷六）

例（6）中"策寶"，《明文衡》卷一、《昭代典則》卷六、《皇明詔令》卷一、《明書》卷五十一、《明文在》卷二十一、《明經世文編》卷四均作"册寶"，可爲確證。

沉隱、憑委

隱瞞；沉溺；隱退。
憑靠、依托。

張守真既得真君降言，不敢沉隱，遂往陝西經略安撫司，面稟使相張希古，憑委具表奏聞，時皇帝御覽，驚喜交集。後果於庚戌年辛巳月辛丑日，明德宫降慶太子，即仁廟是也。（《玄天上帝啟聖錄》卷三 19/588/c）

按：《漢語大詞典》"沈隱"條列有三個義項：（一）隱晦不明顯；（二）深沉；（三）幽深。這三個義項置此皆不適，除了以上三個形容詞義項外，"沉隱"在典籍中尚有三個動詞義項，今一並羅列如下：

（一）隱瞞義。上揭"不敢沉隱"即不敢隱瞞。

（二）沉溺義。

（1）平世之士，沈隱於詩酒者多放逸，危世之士，沉隱於詩酒者多廉隅，蓋以執義爲上，安貧而恥進。（清金堡《徧行堂續集》文卷四《顧空山集序》）

（三）隱退義。如：

（2）釋法性，兗州人，少習禪學，精厲行道，少欲頭陀，孤遊海曲，時復入俗，形骸所資，終潛林皐，沈隱爲任。（唐釋道宣《續高僧傳》卷二十六《感通下》）

（3）夫聖人者應現世間，心不華薄，及其源故，出現此身，何爲沉隱，處在幽谷？（《太上一乘海空智藏經》卷一）

（4）此閣之中，惟有小院廻廊，深鎖寂寂之春，此閣之下，惟見浴鳧飛鷺，閒適悠悠之晚，是何幽靜有餘，昭曠不足，沉隱之士允爲相宜，若欲進求上達，攀躋絕頂，以見諸天盛大光明之相，則登陟爲難。（清佚名《杜詩言志》卷九《涪城縣香積寺官閣》）

（5）此寫戴處士沉隱高致也，市朝熱鬧，不妨大隱之心，東坡所謂萬人如海一身藏也。（清許培榮《丁卯集箋注》卷三《五言律·尋處戴士》）

（6）或至沉隱山林，驚心曹寧，本多畏事，反託名高夫。（清查繼佐《罪惟錄》卷之十二下《祁彪佳》）

按："憑委"謂憑靠、依托，該詞典籍常見。如：

（1）汝等應當恭敬朝禮，懇倒殷重，求受妙法，彼心智辯，莫不周赴，我今悉授此無上法，憑委付囑海空智藏，汝等大衆，及未來世，一切學人，若有所疑，可從諮決，自然悟解，無復疑滯。（《太上一乘海空智藏經》卷三）

（2）貧道灰壞雖謝，願留心佛法，詢訪勝德，使義門無廢，深窮佛教，治道益明。遍行遍學是菩薩行，如來滅度法付國王。貧道何人，慧門憑委，欣然就盡，没有餘榮，但著述延歲，文義不同，悵然自慚。生來所以周章者，皆爲佛法爲國土爲衆生。（隋灌頂《國清百錄》卷三《遺書與晉王第六十五》）

（3）陰盛陽潛遁，隄防失丈夫；四方鷄唱曉，憂氣釋然無；一事已成空，作事還宜退；若遇口邊人，心下堪憑委。（宋陳搏《河洛真數·詩斷秘訣》卷上《豫卦》）

（4）某指某人係是本家在逃驅奴，追到元申官判，憑委某官辦

驗，得別無詐冒及在逃拐帶物色，與某處元申相同。(元佚名《元典章》吏部卷六《典章十二》)

(5) 秦隴岷洮藉重臣，惟公忠勇堪憑委，志殱群盜靖西陲，不教花馬作潢池。(清張英《文端集》卷七《輓陝西提督陳忠愍公》)

(6) 功成不受爵，棄之如敝屣，拂衣從此辭，巖壑堪憑委，好古慕喬松，探元契妙理。(清文昭《擬古遊仙》)

充扶

即 "充浮"，充滿、充盈義，同義連文。

若學仙道士，誦念是經，智慧開通，六覺明了，久病痼疾，誦念是經，真氣充扶，自得康健。(《太上洞淵神咒經》卷十二 6/64/a)

按："充扶"古籍罕見，今謂"扶"通"浮"，"充扶"即"充浮"，義爲充滿、充盈，同義連文，證據有二：

其一，"浮"有充足義，唐柳宗元《爲裴中丞伐黃賊轉牒》："全體許國，一心在公，兵精食浮，爲日固久。"蔣之翹輯注："浮、足也。"《正字通·水部》："浮，盛貌。"《字彙·水部》："浮，溢也。"漢應瑒《靈河賦》："衝種石之重險兮，披山麓之溢浮。"

"扶"、"浮"相通古籍常見，如：

(1) 積雨浮舟減石鱗。(宋蘇軾《八月七日初入贛過惶恐灘》)清查慎行《補注東坡編年詩》卷三十八在"浮"下注云："一作扶。"

(2) 蒟子可以調食，故謂之醬，乃蓽茇之類也，故孟詵《食療》謂之土蓽茇，其蔓葉名扶留藤，一作浮留，莫解其義。(明李時珍《本草綱目》卷十四《蒟醬蒟音矩唐本草》)

"充浮"文獻時見用例，如：

(3) 民以食爲先，地利戒飢荒之變，惟戾氣充浮於郊野，故妖蝗生育於田疇。(《靈寶領教濟度金書》卷二百五十七)

(4) 虎躍龍騰，瑞氣充浮於法界；鸞翔鳳翥，靈風鼓振於珂奇。(同上書卷二十一)

(5) 熱病先膚痛，窒鼻充面，取之皮，以第一鍼五十九苛軫鼻，索皮於肺，不得索之火，火者心也。（明張介賓《類經》卷二十一《諸熱病死生刺法》）下注云：“熱病先膚痛，窒塞於鼻、充浮於面者，邪在膚腠肺經病也。”

其二，從文例的角度來看，[①] 在道經中，與“真氣”搭配且和“充扶”意義相同者，還有以下表述，有“真氣充盈”，如：

（6）鬼道消亡，陰氣零墜，六天運歇，六合之内，真氣充盈，上極九霄，旁周萬寓。（《上清靈寶大法》卷五十七）

（7）乃想臍下如火輪炎炎，自覺丹田火熾，真氣充盈，顏色異常，形體堅固。久而行之，内可消百病，外可淨妖魔。（《道法會元》卷七十六）

例（7）句“形體堅固、内可消百病”與“自得康健”義正相同，可資比證。

有“真氣充溢”，如：

（8）心主坎離，上朝三清，然後九宫羅列，真氣充溢，萬神敬聽，九幽矓毀，混成一氣，回尸返生，故書曲敕。（《上清靈寶大法》卷四十五）

（9）説經八遍，五神守正，威用宣張，真氣充溢，蠲蕩不祥。説經九遍，五精固養，保育靈光。（《靈寶無量度人上品妙經》卷五十三）

有“真氣充滿”，如：

（10）端簡正立，復静念，回視規中真氣充滿，舉念上升，五户俱發，目光一運，存真氣成一大圓象。（《道法會元》卷十四）

也作“真氣滿充”，如：

（11）神光神光，赫赫四方，動吾真性，在天即還天，在地即還地，在吾身中，真氣滿充，化爲真人。（《道法會元》卷一百八十五）

有“真氣充全”，如：

（12）上學之士，修誦是經，山谷之邪，世間瘟疫，不敢爲害，真氣充全，皆即受度，飛昇南宫。（《靈寶無量度人上品妙經》卷四十五）

---

① 文例指遣詞造句的慣例，指同樣或同類的詞句在不同語境中有規律地重複出現的語言現象。關於文例的更多論述，請參見楊琳師《訓詁方法新探》“文例求義法”一章。

有"真氣充實", 如：

（13）書符時全在閉氣, 必要鼻先收清氣送納黃庭, 閉九竅, 方得真氣充實。（《道法會元》卷六十九）

有"真氣充周", 如：

（14）宣威布武, 掃內外之氛祲, 真氣充周, 妖魔滅試, 令臣等百關和暢, 五體虛融。（《靈寶領教濟度金書》卷三十八）

蠢類

禽獸; 邊疆的少數民族。

金壇馬跡山道士王纂, 常以陰功濟物, 仁逮蠢類。（《太上洞淵神咒經·序》6/1/a）

按："蠢類"指禽獸,《漢語大詞典》"蠢類"條云："愚蠢的一伙, 指犯法者。唐劉禹錫《代賀赦吳少誠復官爵表》：'敷鴻霈而覃及蠢類, 鼓仁風而臻於大和。'"今按, 此解釋欠妥。"蠢類"在古籍中有兩個義項：一是禽獸; 二是邊疆的少數民族。"蠢"非愚蠢義, 而是爬動、騷動義。《說文》："蠢：蟲動也。""蠢"本義是蟲類爬動, 晉傅玄《陽春賦》："幽蟄蠢動, 萬物樂生。"引申爲騷動, 動亂, 《爾雅·釋詁》："蠢, 動也。"《後漢書·李膺傳》："今三垂蠢動, 王旅未振。"因此禽獸叫作"蠢類"。因邊疆地區的少數民族經常寇邊, 中原人蔑稱爲"蠢類"。上古邊境少數民族騷亂常用"蠢"字,《詩經·小雅·采芑》："蠢爾蠻荆, 大邦爲讎。"毛傳："蠢, 動也。"《尚書·大禹謨》："蠢茲有苗, 用天之伐。"孔安國傳："蠢, 動也。"《尚書·大誥》："有大艱於西土, 西土人亦不静, 越茲蠢。"孔安國傳："四國作大難於京師, 西土人亦不安, 於此蠢動。"

"蠢類"的禽獸義古籍中常見, 如：

（1）君子曰：白藏肅殺, 天高野清; 玉樹始落, 金藥初榮; 幕鶩北反, 沙鴈南征; 實秋收之美節, 將校獵以娛情; 使櫪無伏馬, 巷靡遺行; 執戈於芊眠之野, 彎弧於曠浪之陰; 養由輕盼則林摧鷙獸, 蒲且效技則虛下翔禽; 騰猿歷其足, 虓虎不擇音。掩兔轔鹿, 既纎古之烏有; 填坑滿谷, 亦蔑昔之上林; 至於輕繳纚飛則連鴻解羽, 微纖始放則並鱗失波；豈論玄泉之則，寧願將遨之歌；弭節言旋，禽不可筭；周旋眺覽，足爲京觀。子雖山栖，其從此玩。逸士曰：解網垂仁，殷王美則；聞聲不食，孔聖淑音；害蠢類而爲樂，豈君子之用心？（梁昭明太子《七契》）

這段文字完整地記錄了打獵的經過，"蠢類"顯然指禽獸。

（2）安清字世高，安息國王政后之太子也，幼懷淳孝，敬養竭誠，惻隱之仁，爰及蠢類。（梁釋僧佑《出三藏記集》卷十三《安世高傳》）

（3）俗無疵癘，野有謳歌；幽府冥司，神輝朗徹；飛行蠢類，惠渥滋濡。（唐杜光庭《廣成集》卷十一《都監將軍周天醮詞》）

（4）于以遷神，于以化蝶，樂彼形之蠢類，忘我目之交睫，于是飄粉羽，揚翠鬣，始飛飛。（唐張隨《莊周夢蝴蝶賦》）

（5）宇宙間小大飛走，蠢然何知，有知而靈者，唯人爾，夫以蠢類無知之物，若蜂之牖于房，蟻之國于垤。（宋劉學箕《方是閑居士小稿》卷下《寓室記》）

（6）聖欽明治同三光，萬歲垂強，下及蠕動蠢類，一切衆生永斷五惡趣，常捨六道光。（清端方《陶齋臧石記》卷七《汝南王王元悦造塔記》）

（7）是故禽獸蠢類有知覺，亦有運動，生同大原，成襲偏氣。（清黄宗羲《明儒學案》卷三十八《甘泉學案二》）

"蠢類"的邊境少數民族義古籍亦常見，如：

（8）頃歲，蕞爾蠢類，寇虐公行，侵軼郊疆。（梁王筠《習戰備教一首》）

（9）或慮朔風漸勁，塞外草俱腓，乘大漠之苦寒，率窮邊之蠢類南下，燕趙復恣憑陵。（宋李燾《續資治通鑑長編》卷三十一《太宗》）

（10）自奸朋寢令，猺首輒擾邊圍，欲恤民而除暴……余威布宣，蠢類懷附，按圖而歸。（宋佚名《宋朝大詔令集》卷二百十九《政事》）

（11）召公奭于燕，叔鮮于管，叔度于蔡，余各以次受封，爾父師備厥天道，用克化誨于蠢類。（明邱兆麟《箕字》）

（12）偏師出擊，以少勝多，士飽馬騰，必有余力，正可爲朝廷

建久大之功。況念兹蠢類，無非宇下黔愚，則防撫之余，首在預謀民業。(清陳錦《勤余文牘》卷一《上準軍統帥請疏通運河疏》)

(13) 雖有土城一座，但土性浮松，一經淋雨，易于傾塌，殊非久遠鞏固之計，且易啟蠢類覘覦之心，應請改造。(清鄂爾泰《云南通志》卷二十九《籌酌普思元新善後事宜疏》)

(14) 海國金湯鞏遠圖，荔雲紅處黑霧鋪。鬼方豈耐三年克，蠢類難寬兩觀誅。(清潘衍桐《兩浙輶軒續錄》卷六《感賦十二首》)

(15) 欲昭文德，載奮武功，大勇宣威，蕩諸蠢類，中樞肅政，詰爾戎兵。(清史澄《廣州府志》卷四《訓典》)

《漢語大詞典》所舉唐劉禹錫《代賀赦吳少誠復官爵表》中的用例亦當作第二義，原文兹摘錄如下：

(16) 臣某言：中使宋惟澄至，奉宣聖旨存問兼賜臣墨詔及昭示洗雪吳少誠等事。天地弘覆燾之恩，雷雨施渙汗之澤，瑕累咸滌，危疑獲安。臣伏以少誠擅興兵戈，事生詿誤，自王師致討，天威下臨，曾無悖辭，但聞引咎，初懷疑懼，雖擁眾以偷生，旋感聖神，屢拜章而請命，陛下仁深解網，慮軫納隍，念餽餉飛輓之勤閔，戰爭暴露之苦，舉兹宥過之典，副彼效順之誠，一方承再造之重恩，九有覩惟新之化，敷鴻霈而覃及蠢類，鼓仁風而臻于大和，罷柝銷鋒，自兹而始，臣謬膺寄，虔守退藩，不獲稱慶瑤墀，陳露丹懇，仰瞻宸極，倍百常情無任。

文中的"蠢類"可以訓爲禽獸，但提到擅興兵戈、戰爭、九有、罷柝銷鋒等詞，似解釋爲邊境少數民族爲佳，總之，"愚蠢的一伙，犯法者"之說不可取。《漢語大詞典訂補》亦未糾正此條之誤。

次苦

即"咨苦"，指哀嘆痛苦。

江佐劉復係矣，天下不樂，人鬼次苦，下人憂悲。遊魂之鬼，日來取人民，人民死盡。(敦煌 P. 2959《洞淵神咒經》卷二)

按："次苦"古籍僅見此一例，今謂"次"當是"咨"的假借，"次苦"即"咨苦"，指哀嘆痛苦。"次"上古屬清母脂部，"咨"屬精母脂部，語音相近。"次"、"咨"古籍中常相通假，《易經·萃卦》："齎咨涕洟，無咎。"漢帛書本"咨"作"次"。《易經·夬卦》："臀無膚，其行次且。"《新序·雜事五》引"次且"作"咨且"。

"咨苦"一詞文獻常見。如：

（1）元穎每欲中帝意以固幸，乃巧索珍異獻之，踵相躡於道，百工造作，無程斂取，苛重至削軍食以助哀畜，又給與不時，戍人寒飢，乃仰足蠻徼，於是人人咨苦，反爲蠻內覘，戒備不脩。（宋歐陽修《新唐書》卷九十六《列傳·杜如晦》）

（2）稼多大田，將興於穡事，民咨苦雨，懼害於場功，閔茲襏襫之勤，遽缺坻京之望，輒因民欲仰瀆天心，即郡治以修禳，按科儀而錯事。（宋張嵲《紫微集》卷三十四《祈晴文》）

（3）谷風搖搖澹蕩，協氣湧湧亨嘉，熒熒乎有象，浩浩乎無涯。于時人神欣慶，品彙用休，百禮既至，萬籟和柔，凍餒載興，咨苦咸瘳，揚爾反陋，振爾陰幽，蕭蕭云調，纓緌諧儔，士女騰懽，幼艾優游。（明劉繪《陽春賦》）

（4）欲問江南事，災黎未敢言。不因勤補救，那得給饔飧。既憫其咨苦，頻施再造恩。村閭猶菜色，父老有啼痕。（清尹繼善《尹文端公詩集》卷一《恭和御賜赴兩江總督任元韻》）

殂兵

"兵"乃"丘"字之訛，"殂丘"謂死亡。

南方赤帝君，炎帝何幽幽？三天玉女妃，仙真下來遊。天地長且久，人道短殂兵。玄妙化明世，愚徒不知修。（《太上洞淵神咒經》卷十四 6/51/b）

按："殂兵"義不可解，且"兵"字不入韻。今謂"兵"乃"丘"字之訛，"丘"字入韻。"丘"有坎墓義，"殂丘"猶言"徂丘"，即歸於其丘。《方言》第十三："冢，自關而東謂之丘。小者謂之塿，大者謂之丘。"唐韓愈《祭女挐女文》："飲食芳甘，棺輿華好，歸于其丘，萬古是保。"宋王安石《鳳凰山》詩："青山滿天地，何往爲吾丘。""丘"、"兵"形訛典籍常見，魏酈道元《水經注》卷四《河水四》：

"魏景初二年二月，帝遣都督沙兵。"明朱謀㙔注箋："謝兆申云：沙兵，一作沙丘。"唐嚴識玄《潭州都督楊志本碑》："七羌九兵，時聞暴梗，徵師鍊卒，式張威防。"《文苑英華》卷九百十二在"兵"下注云："一作邱。"

D

打慢

"慢"乃"攙"之形訛或假借，"打攙"謂擊打，同義連文。

吾今遣十方力士三千萬人，一合逐此道士，所行之處，安人斷邪。若有欺辱道士，罵詈、打慢、圖謀、偷盜者，一一收此人等魂魄，付所近地獄治之。令自知罪負，以明天憲矣。(敦煌 P. 2366《洞淵神咒經》卷十)

按："打慢"，《道藏》本作"拍打"，葉貴良《敦煌道經詞語考釋》(P132)云："'慢'在此不知何義，但從異文'拍打'可知，'打慢'也是捶打之義。"此言甚是，但仍未達一間，今謂"慢"乃"攙"之形訛或假借。《玉篇·手部》："攙，莫辦切，打也。"《集韻·諫韻》："攙，擊也。"《類篇·手部》："攙，莫晏切，擊也。"《正字通》："攙，擊打。"明李文鳳《越嶠書》卷十《書疏移文》："殺國主孫，罪七；侵雲南之寧遠州七寨，罪八；殺土官，猛攙虜其女，徵其銀，罪九；威逼近邊土官，致其駭散，罪十。"

"攙"、"慢"相通之例古籍常見，"傲慢"或作"傲攙"，宋真德秀編《文章正宗》卷九《王嘉論董賢封事》："臣聞咎繇戒帝舜曰：'亡敖佚，欲有國，兢兢業業，一日二日萬幾。'"下注云："師古曰：'《虞書·咎繇謨》之辭也，言有國之人，不可傲攙逸欲，但當戒慎危懼，以理萬事之幾也。"'"慢詞"或作"攙詞"，宋朱淑真《羞燕》："花外飛來雙燕子，一番飛過一番羞。"宋鄭元佐新注："古聲二攙詞，又雙舊家燕子文，飛來清明池閣。""閑慢"或作"閑攙"，宋黃魯直《求書得詩》："吾師莫訝無書去，閑攙編題不必看。"

但自、共自

"自" 無實義，"但自" 謂秖、秖是。
"共自" 謂共同、一起。

道言：富貴貧賤，俱人耳，亦禀一命，何有殊？但自富貴貧賤，先身之緣耳，有先世習道來，故中國衣食，自然而已。(《太上洞淵神咒經》卷九 6/33/c)

按："自" 是詞尾，無實義，"但自" 義爲秖、秖是。該詞道經常見，如：

(1) 一切衆生，不存廉直，若以財物，一草一葉，不可無故而取，何況盜竊。但自衆生，爲見在利，故以種種非理而取。(《太上慈悲道場消災九幽懺》卷五)

(2) 至於問安期以長生之事，安期答之允當，始皇惺悟，信世間之必有仙道，既厚惠遺，又甘心欲學不死之事，但自無明師也，而爲盧敖徐福輩所欺弄，故不能得耳。(葛洪《抱朴子内篇》卷三十二《極言》)

(3) 候氣通暢，然後漸漸加之，直至於小成也，一年後始可流通，三年功成，乃可恣服。新服氣之人，氣既未通，咽或未下，須一咽以爲候，但自郁然有聲，汨汨而下，直入氣海。(《雲笈七籤》卷六十《幼真先生服内元氣訣法》)

(4) 凡吐血後，體中但自惔惔然，心中不悶者，輒自愈。(《千金要方》)

(5) 情欲從念中生出，生出無時，以無形故不得斷絕，但當曉知其本，自當斷止其意，不復生，爲道當熟明此意，若不明知此，但自勞傷其精神耳。(《雲笈七籤》卷十《三洞經教部》)

文獻中有 "共自" 一詞，義爲共同、一起，"自" 亦爲詞尾，如：

(6) 士人共自謀曰："昔我奉天子拒兇逆，勝敵則家國兩全，不勝則家國兩亡。"(唐元結《次山集》卷八《時論中篇》)

(7) 遂敗入城，城陷復巷戰，格殺百人，尋敗入舍，聚家屬共焚死胡婦二十人，共自伏中室，同開其門。(明錢□《甲申傳信錄》

卷二《疆埸裹革》)

(8) 壬寅，曹翔暴薨，丙午，昭義兵大掠晉陽坊，市民共自擊之，殺千餘人乃潰。(明嚴衍《資治通鑒補》卷二百五十三《唐紀六十九》)

(9) 健三人皆以顧命大臣同疏極諫，凡再上皆報聞，乃共自劾上奏曰。（明尹守衡《皇明史竊》卷六十八《彭徐丘劉謝王李列傳》)

(10) 總兵官一員，自備馬十六匹；標下遊擊三員，共自備馬十八匹；守備三員，共自備馬十二匹；千把總十八員，共自備馬三十六匹；兵三千名，共給官馬三百匹。(清王棻《（光緒）永嘉縣志》卷八《武備志》)

(11) 城西之賊望風而靡，官軍邀截掩殺者无算，共自東北逃竄者，則塔軍扼之于洪山。（清謝山居士《粵氛紀事》卷七《全楚掃氛》)

“自”的詞尾用法前人多有談及，“大約從漢代開始，‘自’還虛化爲無義的副詞後綴，但這一用法並沒有沿用至今。……（自）用在副詞附加成分之後，無實義，有使語音頓挫的作用，可不必譯出。”① “‘自’在漢代已開始用作副詞詞尾，沒有具體的意義，只起音節的作用，六朝以後應用普遍。”② 劉瑞明列舉了大量例證證明了《世說新語》中“自”的詞尾用法。③ 朱慶之《佛典與中古漢語詞彙研究》：“自，主要用在單音節副詞以及連詞之後，構成該詞的雙音節形式……根據性質和功用，我們把‘行’、‘取’、‘切’、‘毒’和‘復’、‘爲’、‘自’等主要起擴充音節作用的語素稱爲‘自由構詞語素’。”④ 王雲路《中古漢語詞彙史》：“‘自’是習見的副詞後附加成分。”⑤

① 中國社會科學院古漢語教研室：《古代漢語虛詞詞典》，商務印書館1999年版，第872頁。

② 向熹：《簡明漢語史》（下）（修訂本），商務印書館2010年版，第441頁。

③ 劉瑞明：《〈世說新語〉中的詞尾“自”和“復”》，《中國語文》1989年第3期。

④ 朱慶之：《佛典與中古漢語詞彙研究》，文津出版社1992年版，第157—159頁。

⑤ 王雲路：《中古漢語詞彙史》，商務印書館2010年版，第351—360頁。

得替

指卸任，官吏任满後，另派他官接替此職。

徐州陳昭倚，任明州通判時，因遊天童山，見鑴真武一身，用朱綠裝填，立山路塵穢處，一龜四足皆折，過者不顧。昭倚備錢募匠，接續聖相，添修龜足，蓋造殿屋一間。昭倚得替，在西門湖塘，見道人從水面來，叩船求相見。（《玄天上帝啟聖錄》19/590/c）

按："得替"即卸任，官吏任滿後，另派他官接替此職謂之得替。該詞典籍常見，如：

（1）時監鎮向釴，與巡檢宣旦聚廳，見嗣昌脚懸地面三寸許，浮空行，立於廳前，附神而語：吾是真武真君。……向釴與宣旦，得替歸京，將此因緣，鎮板印施，勸誠殺生，仍終身崇敬真武香火，致上達聖聰，蒙宣向釴臨見，逐一聞奏。（《玄天上帝啟聖錄》卷八）

（2）兄彥先，於明州具狀，遞申朝廷，願納官罷任，贖弟過愆，續蒙回降，候任滿，則聽指揮。彥先在事公正，吏民贊揚，知通及提轉等司，皆同罪保舉。又蒙中書指揮，候裴彥先得替到京，令有司引見，莫測聖意。（同上）

（3）大中五年九月中書門下奏：望令應刺史得替，已除官者，即敕到後，交割了便赴任，如未除官者，敕到後，與知州官分明交割倉庫及諸色事，便離本任。（宋王溥《唐會要》卷六十九《刺史下》）

（4）分廳言事，或有異同，將狥至公，願頌永式，欲請自今外任得替到闕，及在京掌事官，有公事許巳前至中書樞密院聚廳相見，其事關急速者，不在此限，非因公事，不許到廳，詔從之。（宋李燾《續資治通鑒長編》卷六十五《真宗》）

（5）庚戌詔，嶺南新得替官如在任知山川要害者，雖已受代，宜續給俸料，令與新官同掌其事，賊平乃罷。（同上書卷十六）

（6）馮軫，紹興九年八月二十八日，以左朝請大夫知紹興，十年六月十二日罷任；鄭滋，紹興十年六月十五日以顯謨閣學士左大中大夫，知紹興，十二年三月二十一日除官觀；蘇紹興十二年三月二十四日，以右朝散大夫權發道，紹興十四年三月二十六日滿；孫蓋，紹興十四年四月二十六日以左朝奉大夫權知，當年九月二十七日得替。（宋陳公亮《（淳熙）嚴州圖經》卷一《賢牧》）

此例（6）中"罷任"和"得替"同現，顯然，"得替"非罷官。

帝代

朝代。

西京崇福宮，有北極紫微閣，唐則天時建，仿效天宮，有二勝四將之院，有前後帝代御書，每年係故老重臣監提，并使命管掌，非同常處。（《玄天上帝啟聖錄》卷三 19/594/b）

按："帝代"猶言朝代，歷來辭書均未見載。該詞典籍常見，如：

（1）物以同聲相應，人以同志相親，聖明之君乃愛賢臣，無道之世惡人得寵，古先帝代，莫不盡然。（唐孔穎達《毛詩注疏》卷十八）

（2）通玄寺看像背銘，一名維衛，二名迦葉，莫測帝代，而書迹分明。（唐釋道世《法苑珠林》卷二十一《敬佛篇第六之二》）

（3）又舍利應現，值者甚多，皆敬而得之，慢而失之，舍利東流，綿歷帝代，傳記所及，略陳萬一。（同上書卷五十三）

（4）鷲山法藏萬倍而何窮，今之所纂，蓋少多耳，考其帝代，尋其圖史，典誥明據，奚可致疑。（唐釋道宣《廣弘明集》卷十二《決對傅奕廢佛僧事》）

（5）有高句麗國大丞相王高德力，深懷正法，崇重大乘，欲播此釋，風被于海曲，然莫測法教始末緣由，西徂東壤，年世帝代。（唐釋道宣《續高僧傳》卷八《義解篇四正紀十四》）

（6）《大涅槃論》一卷，右檢《唐前錄》云：達摩菩提譯，不顯帝代，疑故附此。（唐釋道宣《大唐內典錄》卷四下）

地欸

猶言地理，指區域、區劃。

時太祖皇帝於燈燭之下，見一黃衣武士，告謂是北極四聖殿下直日符吏，言西川若非四聖降靈，卒未有意歸順，今已獻上地歀圖經，付使相侯元質等訖，相將回京進呈，不消聖慮。(《玄天上帝啟聖錄》卷三 19/589/a)

按："歀"，《正統道藏》原卷作歀，《中華道藏》錄作"欵"，誤。"歀"乃"款"之俗體，《玉篇·欠部》："款，俗作歀。""地歀"文獻僅見此一例，今謂"地款"猶言地理，指區域、區劃。證據有二：

其一，"地里"、"地歀"出現語境多相同，如：

(1) 今西梁城已是招伏通和，更無作亂之意，再犯神怒。所獻地里，願求授真武，分降入蕃，依例供養。奉聖旨，令四聖觀編錄真武下降，一切供養儀範，回答及下雄州，交割所進地里入籍，拘收其胡知從、知遠，至今通和，兵革永息，以致雄州減退三分兵級支賜。(《玄天上帝啟聖錄》卷三)

該句中"所獻地里"、"所進地里入籍"與"獻上地歀圖經"出現語境相同，都是指歸降後進獻土地。而典籍中"地里圖經"常見，如：

(2) 長清舊志云：按唐宋天文志地里圖經皆云，齊之分野在元枵之次。(清成瓘《(道光)濟南府志》卷一《星野》)

或作"地理圖經"，如：

(3) 惟念方志爲外史所領，義備國史，取裁猶春秋之必資百國寶書也，而世儒誤爲地理圖經或等例於纂輯，……司會掌其書契版圖，斯乃地理圖經類爾，古人截分官守而世儒乃于一方全書，輒以地理圖經視之，非其質矣。(清章學誠《(嘉慶)湖北通志檢存稿》卷一《爲畢制府撰湖北通志序》)

故"地款圖經"與"地理圖經"、"地里圖經"義當相同。"地里"、"地理"皆有區域、區劃義。如：

(4) 以高皇之明聖威武也，既撫天下，即天子之位，而大臣爲逆者，乃幾十發，地里早定，豈有此變。(漢賈誼《新書·制不定》)

(5) 莽好空言，慕古法，多封爵人，性實遴嗇，託以地理未定，故先賦茅土，用慰喜封者。(《漢書·王莽傳下》)

(6) 地理廣大，四海八方，邈遠別域，略以難詳。(晉張華《博物志》卷一)

其二，從詞例的角度考察，"地理"即得名於地之條理，《易·繫辭上》："仰以觀於天文，俯以察於地理。"孔穎達疏："地有山川原隰，各有條理，故稱理也。”“款”亦有條理義，如：

（7）（齊賢）命具款，乃召兩吏，令甲家入乙舍，乙家入甲舍。（《宋史·張齊賢傳》）

（8）你家漢子説條念款説將來，我趁將你家來了？這也不難的勾當，等他來家，與了我休書，我去就是了。（《金瓶梅詞話》第七十五回）

（9）奏爲條陳款列，善輔國政，以新民德。（太平天國洪仁玕《資政新篇》）

故“地理”、“地款”具有相同的詞義組配關係，所處詞例相同。

動用、行用

行動。

官事：若求動用不須來，守分依稀可免災；官事宜和方是吉，兩家纔免掛心懷。（《玄天上帝百字聖號》36/346/c）

按：《漢語大詞典》：“動用：使用。”《宋語言詞典》：“動用，同動使，日用器具。”此二義項置此皆不宜。今謂“動用”有行動義，同義連文。“用”有行動義，《周易·乾卦》：“初九，潛龍，勿用。”《詩經·邶風·雄雉》：“不忮不求，何用不臧。”高亨注：“用，猶行也。”唐杜甫《戲作花卿歌》：“成都猛將有花卿，學語小兒知姓名。用如快鶻風火生，見賊惟多身始輕。”明徐渭《贈張君序》：“經稱鵬之用，其將飛也必待海之運，其飛也必以怒。”

“動用”此義項道經、佛經中常見，如：

（1）劫煞亡神，鬼門鉤絞，禄遭破敗，馬落空亡，動用凶危，行藏坎壈。（《九天應元雷聲普化天尊玉樞寶經》）

（2）此課三位俱陽，剛健盛大，富昌之極，故宜建功立事，占者得之，大宜動用，行軍最吉。（《靈棋本章正經》卷下）

（3）至陰無陽，窮之極也，動用顛躓，無所用其力也。（同上）

（4）翁姑恩德比蒼天，動用因何敢自專。（《聖母元君靈應寶籤》）

（5）東斗蒼靈帝君，主算；西斗白標帝君，籍名；北斗七政，

司其生聚；南斗六司，宰其動用。(《太上説玄天大聖真武本傳神咒妙經》)

(6) 南斗位主離官，名同日曜，降神於人，名之爲魂也，主司陽官，宰御火帝，將濟動用，德莫大焉。(《無上玄元三天玉堂大法》卷十一)

(7) 次誦娑擔婆，能禁伏一切魔事，若誦兩遍能禁他軍，全無動用如壁畫人。(劉宋釋法賢《佛説妙吉祥最勝根本大教經》卷上)

(8) 我佛得之妙踐真覺，廓淨塵習，寂寥於萬化之域，動用於一虛之中也。(唐澄觀述《華嚴經疏》卷一)

"用"、"行"、"作"義同，故文獻中"動行"、"動作"二詞亦皆有行動義，辭書已收，可資比參。

文獻中另有"行用"一詞，《漢語大詞典》："行用：動用；使用。"《宋語言詞典》："行用：通行、使用。"從詞例的角度考察，"行用"與"動用"一樣，亦當有行動義，此義項各類工具書均未收，兹舉三例如下：

(9) 子曰：學而不思則罔，思而不學則殆。(《論語·學而》)皇侃義疏："罔，誣罔也。言既不精思，至於行用乖僻，是誣罔聖人之道也。"

(10) 故君子戒慎，不失色於人。(《禮記·曲禮上》)唐孔穎達注疏："上既言內外宜稱，故君子接人，凡所行用，並使心色如一，不得色違於心，故云不失色於人也。"

(11) 四暢交於中而發作於外。(《史記》卷二十四《樂書第二》)唐張守節正義："四，陰陽剛柔也。暢，通也。交，互也。中，心也。今以樂調和四事，通暢交互于中心，而行用舉動發於外，不至散密。"

鬭氣

呼吸短促、氣息翻滾，難以接續。

或有身體寒熱，反目白黑，狂走妄語，歌噪哭泣，四肢癱腫，惚惚鬭氣。(《太上洞淵神咒經》卷一 6/4/b)

按："鬪氣"，敦煌 P. 3223 作"𥎞气"，P. 2576 V 前作"短气"。按："𥎞"乃"短"之俗字，《廣韵·緩韵》："𥎞，同短。"《童子逢盛碑》："命有悠𥎞，无可奈何。""鬪（鬥）氣"、"短（𥎞）氣"義近，皆謂指呼吸短促、氣息翻滚，難以接續。《靈樞經·癲狂》："短氣，息短不屬，動作氣索。""鬥氣"這一意義文獻有以下用例。如：

(1) 趙玨字雲翰，號雲澗，祥符人。洪武丁卯舉人，歷官刑部尚書，公爲郎署時，一人犯大闢，死獄中，出其屍，實鬥氣詐死也。越四十年，公爲司寇，其人復犯法，公一見呼其姓名，駭曰："汝非曩死獄中者乎。"即訊之，伏辜，人以爲神。(明張萱《西園聞見録》卷八十六《刑部》)

(2) 復有一鬼，鬼名大野，三頭一身，身長七尺，萬萬爲群，手提白刃，專行天下，取人小兒，游行雲中，臃腫赤氣，令人寒熱，吐血心脹，鬥氣慴協。當爾之時，得三洞之師來轉經者，病人則瘥，官事自了。(《太上洞淵神咒經》卷八)

(3) 但聞他呻呻吟吟，嘴内説出許多夢話，真是無掛無礙適性安眠。不覺歎了一口氣道，你看我憑的痗氣，枉有了這廝作伴，遇着事情只憑着自己粗魯，通無商量。除了這吃睡兩項，其外一件也不曉，半點也不賞，寔爲可惱，因此又添了這一段憂愠，不覺鬭氣，氣食相攻，固結不解，漸漸的頭發重，眼發昏，那心頭一似炭火般的發燒起來，一夜里呼唤呻吟何曾合眼。（清吴璿《飛龍全傳》第十三回）

《漢語大詞典》："鬥氣：賭氣。《初刻拍案惊奇》卷三三：'大嫂休要鬭氣，你果然拿了，與我一看何妨？'"僅列這一義項，當補"氣息短促、翻滚"一義項。

都章

道經中特有之詞彙，指管理諸神官吏的一種章表。

所請君將吏兵士衆用事，收捕救濟諸有功勞者，隨臣等三會吉日，三月一時，都章言功舉遷，千萬不負信誓。(《太上洞神洞淵神咒治病口章》32/723/b)

按："都章"乃道經中特有之詞彙，指管理諸神官吏的一種章表，該詞道經常見，如：

（1）都章畢印者，都諸籙也。言都者，管也。章者，記數之名。畢者，盡其事也。以都諸官將吏兵，印署而行。（《靈書肘後鈔》）

（2）科曰：書章正一科法，有用十二小印，印於太歲年辰章中首尾，稱爲合用，緣其章草本於年終，或季終，用都章繳天曹，方下此十二印。（《靈寶玉鑑》卷十七）

（3）本司今爲雷帥龍神城隍社令等，拜發謝雨言功都章一函，重封印全，徑詣三天金闕門下上清天樞院，請進外須至。（《道法會元》卷一百四十四）

（4）正一受道威儀：次當詣師奉受都章畢印、四部禁氣，不受之者，奏章行符，禁制方術，神氣不從，關啟不聞。受之者，符章禁祝，莫不如言。（《正一威儀經》）

"都章"常用來作爲衡量諸神官吏功勞的依據，如：

（5）下請諸官證明，將助有功，依都章言功，不負效信。（《玄靈寶道學科儀》）

（6）天醫將吏，六甲衆神，有功勞者，三會之日，都章言功，克保全生，以爲效信。（《道門定制》卷七）

（7）所請天官，勞屈君吏，三會吉慶日，都章言功，加官、益祿、遷賞，不負效信。（《赤松子章曆》卷三）

（8）所請天官，依都章言功，不負丹誓，恩惟太上分別。（同上書卷五）

（9）天地水三官君將吏兵，主爲用力有功，隨臣三會都章，言功舉遷，不敢負信，恩惟太上省理。（《太上宣慈助化章》卷一）

度賣

猶言轉賣、倒賣。

或偷牛盜馬，誘人奴牌，或掩縛良善，度賣生口，或殺人父母、夫妻、子女。（《太上洞神洞淵神咒治病口章》32/730/a）

按："度賣"文獻僅見此一例，考察文義，猶言轉賣，轉賣活動乃商品由買方過度到另一買方，故稱。

從詞例的角度考察，文獻中有"傳賣"一詞，《戰國策·秦策二》："百里奚，虞之乞人，傳賣以五羊之皮，穆公相之，而朝西戎。"《文子·自然》："百里奚傳賣，管仲束縛。"《漢語大詞典》："傳賣：轉賣。""度"有傳送、授與義，該義前人多有論及，《唐宋筆記語辭匯釋》"度"字條云："送、遞，動詞。"袁賓《禪宗著作詞語匯釋》"度"字條云："遞，交。"《詩詞曲語詞例釋》"度"字條云："送，動詞。"

文獻中另有"倒賣"一詞，"倒"亦輪轉、轉換義。如：

（1）（長髯野叟）遂問今將何往，陳對以學正滿替，欲倒解由，別注他缺。（宋周密《癸辛雜識續集·陳諤搗油》）

（2）（劉媽媽）見老公倒前倒後，數説埋怨，急得暴躁如雷。（《醒世恒言·喬太守亂點鴛鴦譜》）

"傳"、"度"、"倒"同義，故"傳賣"、"度賣"、"倒賣"詞例相同，亦當同義，可資比證。

對應

對答；對付、應付。

唯願今日直符執案主者，導候令使，左右宣直，官治從事，上下素女功曹，與左社右稷，擎案主簿，各七十萬人，與章俱上，對應天曹，令事事判決，文書傳達，了了分明。（《太上洞神洞淵神咒治病口章》32/720/c）

按：《漢語大詞典》："對應：一個系統中某一項在性質、作用、位置或數量上同另一系統中某一項相當。如：對應措施；對應行動。"《中文大辭典》"對應"條列有兩個義項：①幾何學中相似多邊形或相似多面體，其相似之部分謂之對應部分或相當部分；②比例中第一項與第三項、第二項與第四項目爲對應項。這幾個義項都是該詞在現代漢語中的意義。"對應"在古代文獻中有對答義，同義連文，亦作"應對"，如：

（1）與左社右稷土地之君，與章俱上，應對天曹，素男素女，必令通達。（《太上洞神洞淵神咒治病口章》）

二詞爲同素逆序詞，意義相同，《漢語大詞典》："應對：酬對，對答。"甚是。"對應"此義古籍常見，如：

(2) 嚴陵方氏曰："言略而語詳，對應而問倡，言而不語，對而不問，以居憂有所不暇故也。"（宋衛湜《禮記集説》卷一百零三《雜記》）

(3) 張溫以詔書召卓，卓良久乃詣溫，溫責讓卓，卓應對不順。（元郝經《續後漢書》卷四十九《列傳・孫堅》）下注曰："謹案：今志作對應，宋本作應對，與此合。"

例（3）"對應"、"應對"以異文的形式出現，顯然義同。

(4) 然君性剛褊，好直行已志，不能習時套，嫭婭以希世好，俯伏對應，多不適上官意。（明王升《昆明令賀君朝用墓志銘》）

(5) 一事無成空手去，先人垂問對應難。　（清呂留良《祈死詩》）

"對應"又有對付、應付之義，如：

(6) 命其門下侍郎傅伳至館中，具言金人今造舟將往二浙，若引使者至其國，異時欲假道至浙中，將何以對應。（宋李心傳《建炎以來繫年要録》卷十六）

"應對"亦有此義，如：

(7) 醇積之學，應對鄰敵，折衝伐謀，備禦盛秋，據險知要，惟其卓犖之度，曾無肯綮之經。（宋蘇籀《雙溪集》卷十二《賀富樞密啟》）

例句尚多，兹不贅舉。

E

阿污、土未

歪曲玷污；弄臟、污染。
"土未"當爲"土木"之訛誤。

或有犯塚觸墓、驚動靈識之考，或有觸犯宅神、穢慢井竈之考，或有穢污投於水火之考，或有穢慢土未之考，或有阿污金銀銅鐵之考，或有借貸不還、口是心非之考，或有笑人作善、欲人爲惡之考。（《太上洞淵神咒經》卷十五 6/59/b）

按："阿污"文獻用例不多，常指歪曲玷污義，如：

（1）宰輔爲天下表率，源之不潔，流何以清，守法度者以爲固滯，工弥縫者以爲有才，勵節介者以爲矯激，善奔走者以爲練事，阿污成習，牢不可破，此壞天下之風俗十大罪也。（明查繼佐《罪惟錄》卷十三《列傳·楊繼盛》）

（2）公被謗大約由雙溪雜記，而最不可解者，則復寧藩護衛一事，其云止請楊先生一位者，至今天下傳之。夫公果陰右逆夫，則何地不可投款，而乃授長隨大，阿污其迹，又何暇獨請？茲事實錢寧主之。（清張萱《西園聞見錄》卷二十六）

此義置"阿污金銀銅鐵之考"句中不適，考察上下文義，"阿污"當爲弄臟、污染義，今謂"阿"通"屙"，"屙污"即排泄大便，排泄大便於金銀銅鐵即是對其污染。文獻中"阿"、"屙"相通常見，如：

（3）古山和尚自言："喫古山飯，阿古山矢，只是看得一頭白水牯。"（《朱子語類》卷一百二十一）

（4）好高山，好明月，我且阿一堆尿。（元楊暹《西遊記》第四

本第十四出）

吴語中，"污"有大便、屎之義，1929 年《崇明縣志》："屎曰污。"上海崇明話，"昨夜那堆污還没清除，早浪被那個青年踩著了"。上海松江話，拉稀叫作"折爛污"，明范寅《越諺·格致諺》："窮人氣大，小豬污大。"清茹敦如《越言釋》："越人以糞穢爲污。"糞坑松江話叫"污坑"，清郭友松《玄空經》第四回："青竹頭掏污坑，越掏越臭。"便秘浙江温州話叫"污硬顯"。"阿污"疑爲古吴方言詞，據道經研究成果顯示，《太上洞淵神咒經》後十卷乃晚唐道士所撰，[①] 雖然不能斷定就是晚唐著名道士杜光庭所造作，但杜光庭曾經給該經作序並詳細闡述了該經之源起和流傳經過，無疑他是該經流傳過程中的一個至關重要的人物。而杜光庭正是浙江麗水人，麗水屬於吴方言的上麗方言片，跟温州話比較接近，而"阿污"出現於第十五卷，所以很可能就是杜光庭所在地區的方言詞，《太上洞淵神咒經》後十卷很可能是杜光庭所續。

按："土未"義不可解，"土未"之上句出現"水火"，下句出現"金銀銅鐵"，乃五行中之金，加上"土木"，五行齊備，因此"土未"當爲"土木"之訛誤。道經中"土木"連文常見，如：

（1）自此而合天地之鬼神，無施不可，若認土木爲神，指虚空爲將，以血牲爲禮，所謂妖中生妖，引惹魔黨，害道敗法。（《無上玄元三天玉堂大法》卷二八）

（2）又有天象火土木金水五字於符上者，又有一本分爲五段，各有明訣，加以五行辰，聚爲一符。（《太極祭鍊內法議略》卷中）

（3）天元海神，蒼伯虎母，流陽降災，土木金火，風伯雨師，電馳雷火。（《太上三洞神咒》卷九）

"木"、"未"文獻中常互訛，如：

（4）月射雲煙散，風吹草木榮。（唐無可《送薛秀才遊河中兼投任郎中留後》）《全唐詩》卷八百一十四在"木"下注云："一作未。"

（5）高崗微雨後，未脱草堂新。（唐裴説《訪道士》）《文苑英華》卷二百二十九在"未"下注云："一作木。"

---

① 參見《道藏提要》、《中華道教大辭典》。

F

犯解

"解" 乃 "觸" 之形誤。

或移徙葬埋，犯解大將軍，太歲太陰，衝破劫殺，五部刺奸，十二司命，十二月建，五虛六耗。（《太上洞神洞淵神咒治病口章》32/722/a）

按："犯解"不辭，文獻亦不見用例，今謂"解"當爲"觸"之形訛。"觸"的俗字作"觕"，與"解"形體相似，故相訛。"觸"訛作"解"文獻亦常見，唐顧雲《投刑部趙郎中啟》："一別楚山，四凋秦葉，進惟角觸，退則羈棲。"《文苑英華》卷六百六十四在"觸"下注云："一作解。""犯觸"在道經中常見，如：

（1）若某家七祖父母三十六世以來，移徙嫁娶，造宅所爲，犯觸惡星醜宿，不得道理，逢逆劫殺。（《太上洞神洞淵神咒治病口章》）

（2）恐亡人生存之日，取婦移徙之日，葬埋之時，犯觸禁忌。（同上）

（3）二十八宿，三十五官，死人所屬諸官，天兵隨事解釋。又恐某家先亡後死七祖父母，從無極世界以來，有諸犯觸。（同上）

以上三例與"犯解"均出自同一道經，且出現語境相同，可資比證。

方宜

某方位的需要；泛指方位；佛教語，謂以靈活方式因人施教，使悟佛法真義；達成理想目的所作的善巧之事；方法、訣竅。

今若能普告眷屬，不害人民者，我令世人，逐所方宜，稱家所有

珍味飲食，或晝或夜，於其城邑村落治舍清靜之處，爲汝設食，令汝飽滿，永無飢渴。(《太上洞淵神咒經》卷十一 6/41/b)

按：《漢語大詞典》："時宜：當時的需要或風尚。""時宜"、"方宜"屬類例詞例，"方宜"指某方位的需要，此義道經、佛經中常見。如：

（1）又有四方之氣不同，而爲病各異，故經有異法方宜之論，以得病之情者是也。(宋劉温舒《素問入式運氣運奥》卷下)

（2）然此五運六氣藥石補泄之宜，亦當順其四方之人，稟受所養不同，故經有異法方宜之論。(同上)

（3）若復比丘知其時節，不失時宜，此名爲隨其方宜，如是，比丘知其時宜。(東晉僧伽提婆譯《增壹阿含經》卷三十三《等法品》)

（4）我等隨其辯而説，各隨方宜，善説此義，今各相將往問世尊，云何比丘得樂此牛師子園，若世尊有所説，我等當奉行。(同上書卷二十九《六重品》)

（5）一方便多門歸元無二，如千迳九達咸會王城故；二通論十方各隨方宜，如香積味塵不瞬眼根等。(清通理述《楞嚴經指掌疏》卷六)

"隨其方宜"、"各隨方宜"與"逐所方宜"義正同。

又泛指方位，如：

（6）苟知病之虛實，若不能達藥性之良毒，辨方宜之早晚，真僞相亂，新陳相錯，則何由去道人陳宿之蠱。(《圖經衍義本草》卷三)

（7）桑寄生，今處處有之，從宦南北，實處處難得，豈歲歲窠斫摘踐之，苦而不能生邪？抑方宜不同也？(同上書卷二十一)

（8）若以皮緊慢，分別橘與柑，又緣方宜各不同，亦互有緊慢者。(同上書卷三十五)

（9）太子自念，我遭困厄，勞煩主人恒供養我，今者瘥差，小能行來，當更方宜，求易處所。念是事已，因語主人："爾所時節，共相勞煩，感念主人，恩難酬報，我欲前行。"到於城中，展轉行乞，以自供活。(魏慧覺譯《賢愚經》卷九《淨居天請佛洗品》)

"方宜"在文獻中又有以下三個義項，該三個義項也爲"方便"一詞所有，二詞具有相同的組合詞例。兹一並歸納羅列如下：

（一）《漢語大詞典》："方便：佛教語，謂以靈活方式因人施教，使悟佛法真義。”“方宜”亦有此義，如：

　　（10）金剛大士以發本緣，今者可愍，方便方宜救濟得免此人病苦，世稱如來大慈大悲。（《救濟經》）

　　（11）設聞他方曠野之處，彼有苦行斷欲之人，便能方宜誘導眾生到彼方域，輒見苦行斷欲之人，心意清涼不懷熱惱。（姚秦竺佛念譯《最勝問菩薩十住斷結經》卷三《童真品》）

　　（12）復以喜心念諸世間，皆有憂苦恐怖之難，吾當方宜永使安隱，常以守護之心，願度三界八難生者。（同上）

　　（13）知行此施具一切智，明見因果施而無悔也，見毀戒人起救護想者，見造惡毀梵之人，起方宜救接之想。（《維摩經義記》卷四）

　　（二）《佛光大辭典》：“方便：達成理想目的所作的善巧之事。”“方宜”亦有此義，如：

　　（14）阿難白佛：“頗有方宜令此長者不生涕哭地獄乎？”佛告阿難：“有此方宜可使長者不入地獄耳。”阿難白佛言：“何等因緣使長者不入地獄？”佛告阿難：“設此長者剃除鬚髮，著三法衣，出家學道者，便得免此罪也。”（東晉僧伽提婆譯《增壹阿含經》卷三十四《七日品》）

　　（15）昔有人遇事閉在鐵牢，竊作方宜以自免罪，或依豪強，或用財貨，或依姓族，用免其愆。（姚秦竺佛念譯《出曜經》卷四《欲品》）

　　（16）王曰：“吾大夫人病困經久，不知何故？”諸婆羅門言：“星宿倒錯，陰陽不調故使爾耳。”王曰：“作何方宜使得除愈。”（梁寶唱《經律異相》卷二十六《恕黑王因母疾悟道大行惠施》）

　　（17）我父昔來廣作方宜，修治家業，劬勞積聚，倉庫財寶是父所爲，生育我身，見有委付。（唐釋道世《法苑珠林》卷三十五《述意部》）

　　（18）其處甚大，見佛滅度，心甚喜悅，瞿曇法衰，無怨仇對，當設方宜，滅此殘法。（《撰集三藏及雜藏傳》）

　　（三）《漢語大詞典》：“方便：方法；訣竅。”江蓝生《魏晉南北朝小說詞語匯釋》：“方便：方法，辦法，方術。”“方宜”亦有此義，如：

　　（19）今此沙門欲入村乞食，我今當以方宜教諸男女不令與食，是時，弊魔波旬尋告國界人民之類，無令施彼沙門瞿曇之食。（東晉

僧伽提婆譯《增壹阿含經》卷四十一《馬王品》)

（20）五人又念，夫人生計，種種方宜求覓財物，雖受施主如是供給，日富歲貧，迭差一人遊諸聚落，宣告衆人。（唐湛然《止觀輔行傳弘決》卷一）

（21）如有良醫善拔毒箭，先觀毒箭入之淺深，次設方宜拔之令出，後傅妙藥令毒無餘。（唐玄奘譯《阿毗達磨順正理論》卷六十九）

（22）譬如猛風伐無根樹，久而不蘇，乃以種種方宜救之，漸得蘇息。（唐般若共牟尼室利《守護國界主陀羅尼經》卷十《阿闍世王受記品》）

方頭

方向，"頭"爲詞尾。

失物：勸君更改不依從，失去求神問吉凶；子午方頭人旺處，好交仔細問來蹤。（《玄天上帝百字聖號》36/344/b）

按：《漢語大詞典》："方頭：謂性梗直而不通事宜。"明郎瑛《七修類稿·辯證九·方頭》："今人言不通時宜而無顧忌者曰方頭。"《漢語方言大詞典》"方頭"條列有三個義項：①藥方；②方劑；③不適時宜的人，以上義項置此皆不宜。今謂"方頭"謂方向，"頭"爲詞尾，該義項諸類語文工具書皆不載。"子午"指南北，古人以"子"爲正北，以"午"爲正南，如：

（1）揆陰陽之中，居子午之直，叢依觀閣，層立殿堂。（唐蘇頲《唐長安西明寺塔碑》）

（2）南陽孔定製銅儀，有雙規，規正距子午以象天；有橫規，判儀之中以象地。（《宋史·天文志一》）

"子午方頭"即南北方向。"方頭"在《玄天上帝百字聖號》一書中常見，然不見于其他文獻，如：

（3）失物：東北方頭水路行，蹤由尋見物還生；莫交怠慢多疑慮，財散人離有改更。

（4）失物：東北方頭古路通，逢人更好問知風；君今休要辭勞苦，仔細眼尋未落空。

（5）家宅：伊家何事起悲哀，南北方頭犯上來；酬謝福神更改吉，不然安得皺眉開。

（6）失物：暫時失去莫驚憂，急急歸家計後求；西北方頭去路處，有人對面説蹤由。

放今逐便

"今"乃"令"之形訛，"放令逐便"謂放走人，令其隨便。

若非虞候袁政獻陳道法，任以至誠，蒙真武降臨兵陣，現火光萬道，露神獸萬形，大敗蕃衆，仍獲渠魁。如此顯應，三司禮部，定到虞候袁政出給公據放今逐便又奉聖旨賜酬獎錢五百貫。（《玄天上帝啟聖録》卷三 19/594/a）

按："定到虞候袁政出給公據放今逐便又奉聖旨賜酬獎錢五百貫"，《中華道藏》斷作"定到虞候袁政，出給公據放，今逐便又奉聖旨賜酬，獎錢五百貫"，如此斷句頗難索解。今謂"今"乃"令"之形訛，故導致斷句失誤，當斷作"定到虞候袁政，出給公據，放令逐便，又奉聖旨賜酬，獎錢五百貫"。"出給公據"乃公文用語，謂給與官府的憑證，公文中常見，如：

（1）禮部貢院置簿，各分逐路，鈔録本人姓名，注舉主官位姓名於其下，仍下本州出給公據，付本人收執。（宋李燾《續資治通鑑長編》卷三百七十一《哲宗》）

"放令逐便"謂放走人，令其隨便。如：

（2）（何詮）聚蓄資財，及二千餘貫，忽告其妻，兒年幼，身卑賤，雕面作軍，請天禄三十年，不曾負國背公，幸有宿緣，得遇真武生辰聖會，致蒙國家放令逐便。（《玄天上帝啟聖録》卷六）

（3）見雇役人候差到役，人各放令逐便。（宋司馬光《申明役法劄子》）

（4）逐便：既量移，如又該恩，則放令逐便。（宋趙昇《朝野類要·降免》）

（5）臣今月三日躬親至江頭，喚上在船上人，逐一審問，數内孫元等二十七人各乞歸鄉，再令王先審辨，稱係是新近虜到之人，即非元來徒伴，並各供責文狀，臣已支散錢米，出給公據，放令逐便。
(宋洪适《盤洲集》卷四十二《第三劄子》)

例 (5) 中"出給公據"與"放令逐便"共現，可爲明證。

分臨

散佈來臨；分派莅臨、任職；臨別。

天尊告諸侍真衆曰：吾賦此偈頌，乃欲永示我徒，預審凶年荒
歲，則以積穀禦之，若遇災殃分臨，則乃展吾讓祈之法。(《太上洞
淵神咒經》卷十八 6/63/a)

按："分臨"謂散佈來臨，此義文獻常見。如：

(1) 洗光朝日上旋旋，瑞色分臨此地先，門回帆收江市密，山
深龍卧海潭圓。(宋郭三益《遊日山》)

(2) 六甲威靈藏瑞檢，琅書暫閟於天宫；萬魔奔走聽神符，儀
仗分臨於醮席。密邇龍鸞之御，願歆豺獺之誠。臣等瞻望天階，恭迎
聖駕。(《伏魔經壇謝恩醮儀》)

(3) 伏以文當啟運，於昭大國之風；道重作人，式侈嘉賓之頌；
惟龍光之遠照，適燕喜之分臨。(明鄧原岳《請各撫院鹿鳴宴啟》)

"分臨"義同"散臨"，如：

(4) 騰瑞玉之佳色，映靈壇之四隅；待族以分傍，亭亭而鬱律；
崇朝而散臨，繹繹以芬敷；是知白者潔之祥，雲者和之瑞。(宋夏竦
《白雲起封中賦》)

(5) 金陵山水四方聞，天闕嵯峨更不群，臺殿散臨雲外起，岡
巒遥向日邊分。(明顧璘《還家同金士希諸君游牛首》)

"分臨"另有二義，兹羅列如下：

(一) 分派莅臨；分派任職。"分"有分任、分派義，如：

(6) 卿等夙分邊寄，深識虜情。(宋蘇軾《賜臣寮茶銀兼傳宣撫
問口宣制》)

"臨"有莅臨、任職義，如：

(7) 歷臨大邑，惟政有聲。(唐韓愈《祭故陝府李司馬文》)

(8) (古之君子) 立乎朝廷而正君臣，出入宗廟而臨大事。(宋

歐陽修《章望之字序》)

《漢語大詞典》:"出臨:舊指朝廷官員出任外職。""邪臨:謂輾轉升任地方長官。""分臨"此義文獻常見,如:

(9)順俗慈悲須假相,出塵神力亦非胎;紹名早授昔師記,救苦分臨末世來;蓋是性堅無變易,會逢高鑒豈淹材。(遼僧智化《玉石觀昔像唱和詩碑》)

(10)奉符試守,聞命自天,竊食叨恩,措躬無地,況分臨於奧壤,尤重愧於非才。(宋周紫芝《太倉稊米集》卷五十三《興國軍到任謝表》)

(11)分臨偏郡,何補事功,寵貺華文,遂光衰朽,自笑陳人之陋,遽蒙長者之稽,稱實出于過情,意甚慚于掠美。(同上書卷五十六《謝王效正》)

(12)聖主憂民,暫分頗牧,遠方願治,思見龔黃,乃親擇於侍臣,俾分臨於近甸,兒童舊識,不妨騎竹以來迎;父老何知,便欲遮道而願借。(同上書卷六十三《燕太守汪內相》)

(13)一命青衫,僅脫虀鹽之苦;雙親白髮,顧艱菽水之羞;適鐘官鼓鑄之司,廣幕吏分臨之職,尚稽除授,猥使攝承,雖曰時乎,爲貧安能久居此也。(宋吳儆《通信守徐侍郎啟》)

(14)開公府之儀併,侈將旆之寵務,隆異數特越常規,視人望以爲宜,在朕心而無歉,矧分臨於巨屏,煩坐鎮於長江。(宋綦崇禮《賜新除建康府路安撫大使兼知池州呂頤浩再辭免恩命不允詔》)

(二)臨別。相當於"臨分",《漢語大詞典》:"臨分:猶臨別。""分臨"文獻用例不多,今舉所僅見之一例,

(15)攜手看花深院,扶肩待月斜廊,分臨少佇已悵悵,此段不堪回想。(清佚名《江月》)

糞雜

糞便。

如此之人,當復入無間地獄幽牢檻棚之中,億劫不原,復後乃得出,爲禽獸六畜之身,人所惡賤,不欲喜聞,食諸穢惡不淨之物,乃

至糞雜。(《太上洞淵神咒經》卷十六 6/61/a)

按："糞雜"即糞便，糞便是各種食物殘渣的排泄物，用現代醫學解釋，糞便的四分之一是水分，其餘大多是蛋白質、無機物、脂肪、未消化的食物纖維、脫了水的消化液殘餘，以及從腸道脫落的細胞和死掉的細菌，還有維生素 K、維生素 B，故稱"雜"。

"糞雜"一詞，諸類詞典未見收，古籍尚有三例，如：

(1) 疳瀉膨臍腹，肌膚日漸衰，脾虛難化食，腸滑又經時，糞雜腥多臭，頭垂冷四肢，唇紅因渴熱，進退極難醫。(明朱橚《普濟方》卷三百五十九《嬰孩門·病源歌》)

(2) 糞雜元因積，酸酸是食驚，傷深青澱沫，疳白臭非常。(同上)

(3) 至月餘，目炮乳腫，面黃消瘦，腹大氣龐，渴飲不食，糞雜不化，腥臭肥膩。(同上書卷三百八十三《嬰孩諸疳門》)

伏須

下對上之敬辭，奏章結束時的慣用語，"伏須"字面意思是趴著等待。

臣等謹爲男女生某甲家，不利父母兄弟妻息，甲乙疾病，性命危急，恐不生活，拜請天官，解除三十六世以來咒詛厭禱之氣，救急口啟露章一通，上詣太上三天曹，伏須告報，臣某誠惶誠恐，稽首頓首，再拜以聞。(《太上洞神洞淵神咒治病口章》32/730/b)

按："伏須"，下對上的敬辭，是奏章結束時的慣用語，類似奏章開頭的"伏惟"（字面意思是趴著想），"伏須"字面意思是趴著等待。"須"有等待義，《爾雅·釋詁》："須，待也。"《詩經·邶風·匏有苦葉》："人涉卬否，卬須我友。"毛傳："人皆涉，我友未至，我獨待之而不涉。"王安石《上杜學士言開河書》："方夏曆旬不雨，則衆川之涸，可立而須。"文獻中與"伏"組合構成的敬辭頗多，亦多用於奏章或書信中，如"伏乞"、"伏候"、"伏望"等，可資比證。"伏須"在道經文獻中極爲常見，且多以"伏須告報"形式出現，如：

(1) 科曰：世中章本習而成風，皆有伏須告報四字，蓋緣傳寫

舛誤，豈有臣子遬君之命，伏須告，伏，願字也，當宜改之。(《靈
寶玉鑑》卷十七)

"蓋緣傳寫舛誤"的説法雖不當，但這段文字客觀反映了"伏須告
報"乃奏章中很常用的慣用語。

(2) 臣爲弟子某上章，上詣某天曹官，伏須告報以聞，臣某告
報之下，去以聞三行太歲某云。(同上書卷十八)

(3) 臣謹爲某拜上某章一函，上詣某曹治，伏須告報，臣某誠
惶誠恐，稽首頓首，再拜以聞。(《上清靈寶大法》卷十二)

除"伏須告報"外，其他組合也偶見道經及其他文獻，今各舉一
例，如：

(4) 奏簡靈嶽，録聞玉清，高上帝尊，記甲真名，伏須告御，
身謁紫庭，三官九府，靡不順聽。(《洞真太上三九素語玉精真訣》)

(5) 可否之宜，要以靈瑞爲證，願特賜告效，伏須感應，謹啟，
臣修静誠惶誠恐，稽首再禮以聞。(《太上洞玄靈寶授度儀》)

(6) 具位小兆真人臣某，上啟太上元君、仙都大神、三皇真君，
今欲授某郡縣鄉里某三皇寶文，未知可否，伏須告命。(《太上洞神
行道授度儀》)

(7) 朝太帝，向北奏青繒章，覆奏，伏須報應。(《太上洞神三
皇儀》)

(8) 立臣拜章報授畢，各還臣宮室中，伏須效應，匍匐當刺。
(《正一法文法籙部儀》)

(9) 大神重戒，所照衆多，知慮廣博，無所不包，唯大神重戒，
欲蒙其德，不逆所言，唯復顧意，伏須重戒。大神言："是語可知天
上之施與，中知地下傍行，等耳法律，相應無有差也。"(《太平經》
卷一百一十)

(10) 海内數蒙聖恩，得見貰赦，今立自知賊殺中郎曹將，冬月
迫促，貪生畏死，即詐僵僕陽病，微幸得踰于須臾，謹以實對，伏須
重誅。(《漢書·文三王傳》)

(11) 臣弘忝承人乏，位副朝端，若復謹守常科，則終莫之糾
正，所以不敢拱默，自同秉彝，違舊之愆，伏須準裁。(梁沈約《宋
書》卷四十二《列傳·王弘》)

福袜

"袜" 乃 "神" 之訛字。

家宅：久淹陋室欲更新，争奈伊家少福袜；不悍虚驚憂怪夢，更防小口及陰人。（《玄天上帝百字聖號》36/338/b）

按："袜"，《中華道藏》錄爲 "袜"。《玉篇·示部》："袜，即鬼魅也。"《正字通·示部》："袜，同魅。"《中華字海》認爲 "袜" 乃 "袜" 之訛字（見 "袜" 字條），《篇海·示部》（正德本）："袜，音媚，即鬼魅也。" 因此，"袜"、"袜" 二字皆 "魅" 之異體，然 "福魅" 義難索解，文獻也不見用例。今謂 "袜" 乃 "神" 字之形訛，證據有三：

（一）"福神" 一詞在《玄天上帝百字聖號》一文中多次出現，如：

（1）家宅：六畜有時作怪聲，無端惡夢又驚人；要知因甚人多事，只爲人求少福神。

此句 "少福神" 與 "少福袜" 出現語境相同。

（2）家宅：家門興旺福神多，人口無災百事和。

（3）若得福神添力祐，輕帆風送岸頭舟。

（4）家宅：自有福神陰力佑，秋冬財喜兩三重。

（5）家宅：勤修香火福神歡，瘟疾無侵邪不干。

（6）凶災已過福神來，莫慮家貧不發財。

（二）"神" 作爲韻脚字和 "新"、"人" 正可入韻。

（三）"袜"、"神" 形體相似，"未"、"申" 作偏旁時的草書形體極爲相似。[①] 敦煌文獻中，"神" 有作神者（見敦研 007），字下部有兩筆，亦可爲參證。

負口

失信。

汝等道士，勤化萬民，受經道士治病之處，大魔王、小鬼王等，

---

① 參見《行草大字典》、《明清行草字典》之 "昧"、"妹"、"眛"、"神"、"紳"、"呻" 等字。

助此道士治病，治病瘥者，令汝等上遷，終不負口。(《太上洞淵神咒經》卷八 6/29/b)

按：《漢語大詞典》："負口：謂飲食差，有負於口。"置此不適，今謂"負口"另有失信義。如：

(1) 壯士報知己，垂老心彌丹，千秋泗江水，照客髻與顏，霜髻不負口，霜顏不愧天。(清王止敵《雜詩》)

"負口"又作"負金口"，如：

(2) 若有刑獄，天遣力士、三天玉女、十方大神仙人，來助道士，令此病人，速得治瘥，官事解了，令主人萬願從心。若爾者，上遷汝等萬等千等，不負金口。(《太上洞淵神咒經》卷八)

"負口"義同于"負口信"，如：

(3) 有道士男女之官，來救此主人者，小王鬼等，來告大魔，魔王合力士助道士化之，令鬼衆釋解、官事了了。無他之日，吾等上遷，千等萬等，不負口信。(《洞淵神咒經》(敦煌本) 卷九)

例 (3) "負口信"，《道藏》本作"負金口"。

G

敢健

勇敢剛健。

又請剛健大將軍十二萬人，官將千二百人，又請赤天中宮南營大兵赤兵，丙子敢健士吏兵七十萬人，主收某家宅中，若有五方惡氣注鬼者，次次斬其根種。（《太上洞神洞淵神咒治病口章》32/729/a）

按："敢健"謂勇敢剛健，此義道經常見，各類辭書未見收載。如：

（1）中宮敢健剛武，強伐商天萬丈百鬼，中王都官從事，高功司馬中騎大將軍，八極排天延壽六星斗君，中黃司政君，元黃九仙司直君。（《赤松子章曆》卷四《三五雜錄言功章》）

（2）上清玄君，五炁經君，朱雀君，日月天醫，和醫，太始剛武敢健吏，百蟲君，神男神女，玄男玄女。（同上書卷四《三月一時言功章》）

（3）重請天中敢健吏兵君官將百二十人，主收捕某家先亡遲留逆殺考害之鬼，付女青北獄治罪。（同上書卷六《收魘夢章》）

（4）赤縣須神手，蒼頭敢健兒。（清張九鉞《強項侯祠》）

（5）中宮遊邏大將軍，科車武騎大將軍，鋒火虎賁大將軍，監天敢健大將軍，邀遮大將軍。（《太上濟度章赦》卷上）

（6）願請剛武敢健嚴能吏兵百二十人一合下，收攝斷截，分別真偽，皆使罷散。（《太上宣慈助化章》卷二）

（7）又請赤天中宮、南營大兵、赤兵丙子、敢健士吏兵七十萬人。主收某家宅中，若有五方惡氣注鬼者，次次斬其根種。（《太上洞神洞淵神咒治病口章》）

例句尚多，茲不贅舉。

宮分

指天宮、神殿，因爲天宮有不同分類，故名。

蒙真武授記云：汝尚有凡胎，功行未滿，又差爲北元七君，下權掌校量諸天宮分神仙，差遣一次，部歸佑勝院，喻言因此忘歸，無音信回鄉。（《玄天上帝啟聖錄》19/580/c）

按："宮分"指天宮、神殿，因爲天宮有不同分類，故名。該詞道經文獻常見。如：

（1）或如帶，或如練，須應於天文；或是之，或是玄，各司乎宮分。（《儒門崇理折衷堪輿完孝錄》卷一）

（2）此之玉契也，諸天宮分，如人間官曹所治，各有拘遏，安可便造，故上天立此玉契，以付學仙之士。（《靈寶無量度人上經大法》卷四十）

"宮分"分類衆多，有"十二宮分"，如：

（3）諸位帝座星君，十一曜星君，三台華蓋星君，二十八宿星君，十二宮分星君，周天星斗群真，上清宮主照某本命星君，照臨星衆。（《北帝伏魔經法建壇儀》）

（4）紫微，天虛，天貴，天印，天壽，天空，紅鸞，天庫，天貫，文昌，天福，天禄。（《紫微斗數》卷一《十二宮分》）

有"北斗七王宮分"，如：

（5）右具如前，除當院已依式於甚處某方上，建立罷一座，具狀飛奏，及申寄北斗七王宮分外，謹錄本人事由。（《太上助國救民總真秘要》卷十）

（6）貪狼，子，太上宮太尉府；巨門，丑亥，中元宮上宰府；禄存，寅戌，真元宮司空府；文曲，卯酉，紐幽宮遊擊府；廉貞，辰申，綱神宮斗君府；武曲，巳未，紀明宮太常府。（《道法會元》卷一百九十四《北斗宮分》）

有"十地王宮宮分"，如：

（7）是時衆等稽首禮拜，惟願天尊演留十地王宮宮分姓名，廣以示之，即説寶號曰：啟請地府一宮，太京妙廣真君；啟請地府二宮，陰德定休真君，……啟請地府十宮，五化威靈真君。（《聖母孔雀明王尊經祈白儀》）

有跟逐月、逐日相關的"宮分"，如：

（8）正月、十二月，上詣太上虛無丈人宮；二月，上詣太上九老仙都宮；三月、四月，上詣太上三天太清宮；五月，上詣太上重道宮；六月、七月，上詣太上九原文昌宮；八月，上詣太上天帝宮；九月、十月，上詣太上大道宮；十一月，上詣太上侍中左右監諸將軍宮。（《無上黃籙大齋立成儀》卷十《上章逐月所詣宮分》）

（9）一日，建玉曹治，赤靈宮；二日，太京曹治，太微宮；三日，太微曹治，北平宮；……二十八日，直使曹治，休明宮；二十九日，司直曹治，陽明宮；三十日，集都曹治，啟明宮。（同上書《逐日曹治宮分》）

貢章、扶章

**進奏章表，乃道家祈愿、齋戒時的一種儀式。
即符章，"扶"通符，"符章"即符籙章表。**

作章一通，隨事取生人口中辭語，三師若八師，五師若一師，上治東向，貢章步虛，詠誦便止，自然鬼兵消憩，亦須餅果麵食扶章也，自今以去，一一扶章，禮畢再拜。（《太上洞淵神咒經》卷二十6/78/c）

按："貢章"謂進奏章表，乃道家祈愿、齋戒時的一種儀式。"貢"有進獻義，《書·顧命》："思夫人自亂於威儀，爾無以釗冒貢於非幾。"蔡沈集傳："貢，進也。"《逸周書·大戒》："謀和適用，覆以觀之，上明仁義，援貢有備。"朱右曾校釋："貢，進也。"漢王符《潛夫論·本政》："選舉實則忠賢進，選虛僞則邪黨貢。""貢章"一詞道經常見，如：

（1）請乞披雲降雨，潤物滋生，臣謹依靈寶大法，貢章上聞，願垂省理。（《上清靈寶大法》卷十二《請雨章請官式》）

（2）持誦經號，敷宣科儀，行香修齋，建壇貢章，頒符請命，召攝顯現，以伺感通。（同上書卷三十一《齋法總説》）

（3）謹伏地貢章一通，上詣三天曹治，上請北斗天罡萬丈神王。（《道法會元》卷一百七十三）

也作"貢章文"，如：

（4）臣所據某人，勵志精勤，投詞激切，乞貢章文而上達，欲祈穹極之垂慈。（《上清靈寶大法》卷二十五）

也作"貢章表"，如：

（5）宣科告戒，並從古制節度，貢章表敷露五方真文，依式鎮信金玉。（《靈寶無量度人上經大法》卷七十一）

也作"貢章書"，如：

（6）爲此謹依師旨，建立法壇，拜貢章書，上聞雷府，伏望聖慈，允臣章奏，哀憐下苦。（《道法會元》卷二百一十五）

也作"貢章詞"，如：

（7）冥心靈化，邈想寶壇，陳醮禮以肅恭，貢章詞而精禱。（《廣成集》卷十）

按："扶章"即符章，"扶"通符，"符章"即符籙章表，如：

（1）謹按太真科及赤松子曆，漢代人鬼交雜，精邪遍行，太上垂慈下降鶴鳴山，授張天師正一盟威符籙一百二十階，及千二百官儀，三百大章法文秘要，救治人物。天師遂遷二十四治，敷行正一章符，領戶化民，廣行陰德，爾後年代綿遠，寶章缺失，今之所存，十得一二。又按赤松子問天老平長："己丑上章，何不報？"平長答云："見扶章齋到天門，門閉。"復問一日一夜何時開何時閉，平長具答，悉如科文。（《赤松子章曆》卷一）

這段文字中，前面言及符籙、大章、章符，後面出現"扶章"，顯然，"扶章"即符籙章表。

"扶"、"符"相通文獻常見，唐段成式《酉陽雜俎·前集》卷八《夢》："日有甲乙，月有建破，星辰有居直，星有扶刻也。""扶"下注云："一作符。"清姚之駰《後漢書補逸》卷二十一《符拔》："符拔形似麟而無角。"下注云："案：符亦作扶，章和中月氏曾進獻。"

"符章"一詞道經常見，如：

（2）妬賢害能，不信天真，疑貳符章，訾燬寶文，妄説天地，宣泄祕篇。（《四極明科經》卷一）

（3）上清天有六天宮，俯仰之格，上道寶經三百卷，玉訣九千

言，符章七千篇，此玉清寶文，藏於太上靈都之宮。（同上）

（4）志士學道，方術厭禳，符章禁斷，乃保利貞。（《女青鬼律》卷六）

“符章”亦作“章符”，如：

（5）今祖述李叟則教失如彼，憲章神仙則體劣如此，上中爲妙猶不足筭，況效陵魯，醮事章符，設教五斗，欲拯三界。（南北朝釋僧祐《弘明集》卷八）

（6）廬舍十餘坊而學上道者甚寡，不過修靈寶齋及章符而已。（梁陶弘景《真誥》卷十一）

（7）解墓陰責、開心聰明、過度災厄宜西向，疾病垂死、章符治救宜北向。（《赤松子章曆》卷二）

供由

供詞、供狀。

官事：吾今報汝不須憂，官事雖凶未到頭；但得貴人開口笑，不教賢者寫供由。（《玄天上帝百字聖號》36/352/a）

按：文獻中有“犯由”一詞，宋周密《武林舊事·元夕》：“京尹幕次，例占市西坊繁鬧之地，……其前列荷校囚數人，大書犯由云：‘某人爲不合搶撲釵鐶，挨搪婦女。’”《宋元語言詞典》：“犯由：罪狀。”《元語言詞典》：“犯由：罪名，罪狀。”典籍中另有“由狀”、“款狀”二詞，《漢語大詞典》：“由狀：原由與情況。”“款狀：供狀。”“供”皆能與“狀”、“款”結合成“供狀”、“供款”，義皆爲供詞、供狀（解釋參見《漢語大詞典》、《近代漢語大詞典》等）。因此，我們認爲“供由”與“供狀”、“供款”詞例相同，亦當爲供詞、供狀義。

“供由”之此義典籍多有用例，如：

（1）上覽之怒甚，抵於地，已復取再讀之，爲感動歎息，留中數月餘，會上有疾，煩懣，遂批下錦衣衛拿問，衛具謗訕供由，奏行法司，從重擬罪。（明徐昌治《昭代芳摹》卷二十七《世宗肅皇帝》）

（2）近時法司罪囚，或取付鎮撫司改問，其鎮撫司取問供由，徑自奏請，發落如此，則法司皆爲虛設矣。（明賈三近輯《皇明兩朝

疏抄》卷六《應詔陳言以荅天戒疏》)

（3）上令緝事者再訪失事緣由，因知選（人名）輪繫通罕父子，以致挾恨勾虜，情跡着錦衣再問，該鎮撫司審取供由，以通罕勾虜入寇，由選致恨而然。（明黃光昇《昭代典則》卷二十八《世宗肅皇帝》)

（4）本月二十六日牌，仰淮安府即行把總潘準，提取臣（人名，王臣）等人卷到府，掌印官虛心逐款對審，務究錢糧下落明白，有罪人犯照依律例從重問擬，具招申詳，聽參發落。本月二十八日，把總潘準，備將審過臣等供由，回呈到院批，仰淮安府掌印官覆審詳奪。（明鄭曉《鄭端簡公奏議》卷八《參廠官侵欺船料疏》)

（5）查得王直即王五峰，本以華人，甘爲夷役，剽掠海上，潛行鬼蜮之謀，荼毒海邦，公肆虎狼之暴。往時傳説之流言，若不足憑，于今直倭之供由，良有可據，但昭揭黃榜，事體重大，擅難輕議。（明楊博《本兵疏議》卷二《覆巡江御史金溮等請懸賞格購倭逆首疏》)

關契

契約。

或有縱心妒忌，打罵下人，不與衣服之考；或有惡心改換關契，取人田地之考；或有醉時，或是急難，許其良願，後以負心不酬之考。（《太上洞淵神咒經》卷十五 6/59/c)

按："關契"文獻僅見此一例，考上下文義，"關契"當指契約。從詞例的角度考察，文獻中有"關約"一詞，即契約。如：

（1）或止食館券而已，館券未詳，疑即浙東俗所謂關約也。（清蔣維鈞《義門讀書記》卷五《元豐類稿》)

（2）凡祖父母父母在堂，子孫別籍異財者，並將關約呈首，抹毀不遵者，依法斷罪。（清李紱《別籍異財議》)

（3）楊天常乃楊提舉之幼子，出爲伯統領，後本不當再得楊提舉下物業，今其親姪楊師堯等訴謂天常占提舉位一千三百頃穀田，今索到干照，得見提舉訓武妻夏氏，立爲關約，稱訓武在日，借天常金銀錢，會五千餘貫，訓武臨終遺言撥此田歸還。（清翁浩堂《姪與出繼叔爭業》)

文獻中還有"關書"一詞，指舊時聘請家庭私塾教師的文書，載明教學時間及報酬若幹，實際也是一種契約。如：

（4）關書聘禮何曾見，自雇驢車搬進來。（清佚名《都門竹枝詞·教館》）

（5）我如今要把關書定下來年約，恐怕有鑽刺的蒙師來把館圖。（清李渔《蜃中楼·惑主》）

"關書"又指舊時進商店當學徒或進戲班學藝時訂立的一種契約。如：

（6）一紙關書，像賣身契一樣，被關進科班學唱戲科班中，她們受了何等樣的苦啊！（徐遲《牡丹》）

（7）舅舅帶他到華春社科班報了名，立了"關書"。（《人民文學》1981 年第 8 期）

"關書"也作"關聘"，如：

（8）官保説："那們就下個關聘去請。"兄弟説："若要請他看病，那是一請就到的；若要招致幕府，不知他願意不願意。"（《老殘遊記》第三回）

（9）她的關聘，原來是寄漏了，據説緩一兩天就可補送。（沙汀《困獸記》十八）

以上諸詞"關契"、"關約"、"關書"、"關聘"之"關"皆取交合義，立契約是兩方之行爲，契約起到溝通兩方之作用，《洪武正韻·刪韻》："關，聯絡也。"《説文·門部》："關，以木橫持門户也。"清段玉裁注："凡立乎此而交彼曰關。"清朱駿聲通訓定聲："事不覯面相隔而由中人通達謂之關。"漢揚雄《太玄經》："升降相關，大貞乃通。"范望注："關，交也。"《後漢書·西羌傳》："通道玉關，隔絕羌胡，使南北不得交關。"

廣漢

道家謂廣大浩瀚、虛無縹緲的地方；
廣闊的天空；誇誕迂闊、不切實際。

百姓官吏，門丞户尉，左右亭長，是諸上下九卿大夫，宅中三十萬神，守宅三將軍，屋上廣漢：户主某，并家口等，所有不利，夢寐顛倒，妖怪屢見，爾來已久，無有休泰。又恐户主先亡後化，七祖九玄，前死後逝，值以日惡時凶，達天負地，干犯三光、十方大神、八極其聖。（《太上洞淵神咒經》卷十四 6/50/c）

按：道家謂廣大浩瀚、虛無縹緲的境地爲“廣漢”，如：

（1）上元將軍，中元將軍，下元將軍，五行無忌，掐子午卯酉煞文，何煞敢行安起汝，天煞地煞，年煞月煞，日煞時煞，屋上廣漢，地下伏龍，遊命撞關，太歲九良。（《法海遺珠》卷三十八《雷霆辛都督秘法》）

（2）玉輿登廣漢，金鈴步斗飛。四宿循周度，九土尊天威。（《元始天尊説十一曜大消灾神咒經》）

（3）龍漢者，元始初劫之名，蕩蕩廣漢無際也。當祖劫之初，大朴未散，渾然本性之真，豈有精粗純雜之别。（《元始無量度人上品妙經通義》）

（4）下通風澤，上徹雲層。召和氣於虛玄，静妖塵於廣漢。（《靈寶領教濟度金書》卷一百四十三）

（5）縹緲丹輿，降玲瓏之玉闕。翩翩緑輦，御廣漢之瑶空。（同上書卷一百四十六）

（6）運應滅度，疾登廣漢之鄉。神證超淩，無墮幽寥之境。（同上書卷一百七十一）

（7）俱乘日月玉輪之車，遊於太元明霄廣漢之上，周眄八浩之外，歷觀九元之煙化。（《無上九天丈人三尊譜録》）

（8）須延天帝總攝三魂長靈明仙之炁，實自玄元始分，化落落廣漢之象。（元華陽復撰《洞玄靈寶自然九天生神章經註》卷下）

（9）皇清，乃上清三仙皇之真人也。洞真，乃上清元老之君也。皆俱合生於太無之外，俱合死於廣漢之上。能生能死，是以皇清、洞真三帝合生，理出於此矣。（《雲笈七籤》卷八《三洞經教部·經釋》）

“廣漢”又謂廣闊的天空，該義項古籍亦常見，如：

（1）黄腸既毁，便房已積，循題興念，撫俑增哀，射聲垂仁，廣漢流渥。（劉宋謝惠連《祭古塚文并序》）

（2）樂共爐煙合，班隨翠袖招，閬風游廣漢，玉局道逍遥。（元

張雨《元日雪霽早朝大明宮和辛良史省郎二十二韻并序》）

（3）仙郎此去同誰伴，浮英落縷争相半，丹衢九道接重樓，紫陌千條橫廣漢。（明韓上桂《紫陌行并序》）

（4）繁暑鬱廣漢，役思衆山裏，靈石結古根，清陰感君子。（清吳邦治《懷松岡短松》）

（5）平生有微恨，不見黄叔度；頗欲慰兹懷，憑君理紈素；廣漢静無瀾，高空下寒露。（民國楊鍾羲《雪橋詩話續集》卷四）

文獻中有“寥漢”、“穹漢”、“迥漢”、“遠漢”等詞，與“廣漢”具有相同的組合詞例，皆指高遠的天空，可資比證。

“廣漢”又有誇誕迂闊、不切實際義，此義項從第一、第二義引申而來，天空有廣闊虛空、無邊無際之特點，故引申出此義。[①] 如：

（6）蓋欲步步踏實地，不作廣漢鶻突難行之事，苟能談之不能明之，或撞報應於一時，實無所學。（《道法會元》卷八十四）

（7）或以强淩弱，以貴虐賤；或出言廣漢，執心不專；或輕慢法師，穢賤靈文；或心懷陰賊，安忍嫉妒。（《太上説北帝神咒妙經》卷六）

（8）乃以愚人之心，道説妙典，作廣漢之言，言世無神，心懷兩端，壞亂真心，此之罪人，罪合萬死。（《九元真人説靈符經》）

（9）蘇王二氏雖宋人，然于周張之思想全不相涉，而各由其形而上學以建設人性論，周子之語最爲廣漢，……周子謂誠者聖人之本，純粹至善者也，通書誠上，然人之本體既善，則其動也何以有善惡之區别乎？周子未嘗説明之，故其性善之論，實由其樂天之性質與尊崇道德之念出，而非有名學上必然之根據也。（民國王國維《静庵詩文集·論性》）

過次

路過、經過。

吾係天都北極真武靈應真君，蒙加賜祠殿於瀛州，又承遣使醮

---

① “寥漢”、“穹漢”、“迥漢”、“遠漢”等詞雖然和“廣漢”義同，但我們尚未發現其有誇誕迂闊、不切實際義及道教中之詞義，這體現了同義詞引申中的不平衡性。關於此問題的更多論述，詳見楊琳《訓詁方法新探》“詞例求義法”一章。

謝，今者遊奕過次，所以因來報謝。(《玄天上帝啟聖錄》19/588/b)

按：《漢語大詞典》："過次：超越次序；越級。"此義項置此不適。今謂"過次"有路過、經過義，該義項典籍僅見此一例。文獻中有"路次"一詞，王紹峰《初唐佛典詞彙研究》："路次：經過，同'路由'。"①項楚《敦煌歌辭總編匡補·望江南》："'路次'和'路經'義同，都是指上句的'暫經過'，不過從避免複字的角度考慮，作'路次'更佳罷了。"② 可資比參。

過尋

探訪。

壬寅金，猛獸結群侵。種植依山阜，庭户闕過尋。稻出高田里，逢災是魏秦。(《太上洞淵神咒經》卷十八 6/66/a)

按："過尋"謂探訪，同義連文，該詞文獻尚有數例。如：

(1) 玄亭今在否，竹馬舊過尋，尚憶人如玉，那禁雪滿簪。(明吳麟徵《簡友》)

(2) 過尋又相左，會面定何期，人在梅花閣，門臨洗硯池。(清張五典《訪趙耘松觀察里居知去維揚矣》)

(3) 過尋自昔多乘暇，酬唱從頭再紀年。(清張五典《過簡簡齋疊韻再答一首》)

(4) 客窗坐憶東溪友，暇日過尋不待招；屋後荷花紅繞郭，門前楊柳綠遮橋。(清張秉彝《懷埜堂》)

(5) 一榻眠峰影，雙扉扃鳥音；到能生靜想，莫恠屢過尋。(清許溶《至薇令兄園》)

---

① 王紹峰：《初唐佛典詞彙研究》，安徽教育出版社 2004 年版，第 182 頁。

② 項楚：《敦煌歌辭總編匡補》，巴蜀書社 2000 年版，第 19 頁。

H

号

"號（号）"之俗體。

善神來守户，力士交萬靈；家親乃得住，百鬼不相聽；相與弘至跡，俱遊些風城；南方炎帝君，八表号閻浮。（敦煌陽 83《太上洞淵神咒齋儀》）

按："号"，《中華道藏》録爲"予"，誤。該字隸定當作上口下丁，清刊本《集韻》收有号字，同皊，音 tǐng，空義，與号不是同一字。今謂号字乃"号"之俗體，亦即"號"之俗體，證據有四：

（1）"號"之俗字有作䉁者（見漢《孔彪碑》），左部構件正可對應"号"字。

（2）"号"、"號"在《説文解字》中分爲二字，《説文·号部》："号：痛聲也。"《説文·号部》："號，呼也。"但在古代文獻中，"号"是"號"很流行的俗字。① 如号（見魏《雲峰山題字》）、号（見齊《高睿修寺碑》）、号（S. 5594《開元釋教大藏經目録》）；"號"或作䉁（見魏《無瑅妻穆玉容墓誌》）、䉁（見唐《房寶子墓誌》），或省去右部構件作号（見魏《元液墓誌》）、号（見魏《七兵尚書寇治墓誌》），所以䉁省去右部構件則爲皊。張涌泉先生指出："有些漢字字形構件比較繁雜，俗書往往會把那些表面上看起來不那麼重要的構件加以省略，形成俗字。"② "號"這幾個俗字當符合這一

---

① 此處蒙張涌泉先生在中國文字學會上（北京，2015）指點，謹致謝忱。

② 張涌泉：《漢語俗字研究》（增訂本），商務印書館 2010 年版，第 79 頁。

規律。

　　(3) 俗字中部件 "丂"、"丁" 相通現象常見, 如 "考" 或作**考**
(見敦煌陽 83)、**考** (見 S. 298《太上靈寶洞玄滅度五煉勝過屍經》),
顏元孫《干祿字書》: "考考, 上通, 下正。" "巧" 或作**玓** (見齊《劉
碑造象》)、**玏** (見齊《是連公邢阿光墓誌》), 或作**玏** (見魏《內司楊
氏墓誌》)、**玓** (見齊《法義優婆姨等造像記》)。"朽" 或作**朽** (見隋
《造龍華碑》)、**朽** (見隋《弘秤墓誌》), 或作**杇** (見魏《南石窟寺
碑》), 顯然部件 "丂" 與 "丁" 相應。

　　(4)《太上洞淵神咒經》卷十五有 "**号**閻浮" 之異文作 "號閻浮",
可爲確證。

和喻

教導、開導; 調解、調和。

　　若今世間有男女之人, 有厄急之者, 此法師持經到家救者, 汝等
鬼王收汝下鬼, 一切勿令犯此主人。當爲和喻中外之神, 家親丈人、
殃殍嫉妬, 分別解脱, 使令病人得差, 官事解散。(《太上洞淵神咒
經》卷一 6/4/a)

　　按: "和喻" 義爲教導、開導, 義同於 "化喻", 葉貴良《敦煌道經
詞語考釋》: "化喻, 教化開導。" "和喻" 在《太上洞淵神咒經》一書中
常見, 如:

　　(1) 皋陶、木索之君, 十二令吏, 十方主者, 急開獄門, 出其
囚繫之人, 迴化和喻, 令時君歡喜。(卷六)

　　(2) 鬼王等助之, 力士爲令, 部此小鬼賊, 和喻家鬼, 井竈之
君, 中表之鬼, 一切分別之。(卷七)

　　(3) 自今有病者, 及轉此神咒經之處, 當遣萬和力士四十萬人,
百舌吏三十六萬人, 爲此主人疾病之家、刑獄囚徒之人, 和喻家親、
太祖父母、內外殃殍, 及祠之者, 不祠之者, 悉爲分別遣之, 悉令了
了。(卷七)

　　(4) 此鬼妄食人豬雞, 詐作大神, 欺誑愚人, 愚人信之, 殺六
畜享祀此鬼, 此鬼得便, 因成習俗, 若乃不得, 便生病痛。自今以

去，有奉此經之者，吾當遣三萬九千天丁，和喻此鬼等，令斥去千里。(卷七)

(5) 吾當召百鬼，考問病人之鬼何鬼也。一一告下，三官問之，得便和喻令瘥。若不瘥者，一一收斬之不恕。(卷八)

(6) 若有奉三洞道士，為轉經行道，三五辟邪之氣，收縛此鬼，斥逐他方，和喻家親丈人，社竈之神，悉得無他。(卷十九)

"和喻"在文獻中另有調解、調和義，如：

(7) 汝不和吉言于百姓，惟汝自生毒。(《尚書·盤庚》) 孔傳："責公卿不能和喻百官，是自生毒害。"

(8) 將軍事務極多，擁護三洲之佛法，有關諍淩危之事，無不躬往和喻令解。(唐釋道世《法苑珠林》卷二十二《敬佛篇》)

(9) 以遵學聲早，舉策授為斷事沙門，時青齊諸衆連諍經久，乃徹天聽，無由息訟，下勅令往，遵以法和喻，以律科懲，曲感物情，繁諍自弭，由是更增時美。(唐釋道宣《續高僧傳》卷二十一)

(10) 比丘逐賊奪得本物無犯，又闇逐賊彼藏物去，比丘即取將來。又賊漸近村落，比丘逐賊。若和喻得，若恐嚇得無犯，知有死事不應告人。(唐釋道宣《四分律行事鈔》卷中)

和闌

和解。

官事：得和闌處且和闌，到處人心有惡奸；莫信酒中胡説易，豈知臺上對詞難。(《玄天上帝百字聖號》36/340/c)

按：考察文義，"和闌"當是和解義，然該詞文獻罕見用例，無法排比歸納其義。從詞例的角度考察，"闌"、"解"、"寧"、"息"以下四詞皆有相同之義項，並且都能與"和"字組合成詞，表示和解的意思。

"闌"有分散、衰落、消散等義，《玉篇·門部》："闌，散也。""闌散"同義連文，謂消沉、消散；"闌縱"謂散放 (解釋均見《漢語大詞典》)。《廣韻·寒韻》："闌，希也。又飲酒半罷曰闌。"《史記·高祖本紀》："酒闌，呂公因目固留高祖。"裴駰集解引文穎曰："闌言希也，謂飲酒半罷半在，謂之闌。"南朝宋謝靈運《長歌行》："亹亹衰期迫，靡靡壯志闌。"晉潘岳《笙賦》："疏客始闌，主人微疲。"唐李頎《送司農崔丞》："邑裏春方晚，昆明花欲闌。"

"解"亦有以上諸義項，《廣雅·釋詁三》："解，散也。"《玉篇·角部》："解，散也。"陸機《吊魏武帝文》："紐大音之解徽。"呂延濟注："解，失也。"《莊子·徐無鬼》："鶴脛有所節，解之也悲。"郭象注："解，去也。"《經義述聞·周禮·解舍》："解舍，猶休止也。"

"息"亦有消失、停止義，《廣韻·職韻》："息，止也。"《廣雅·釋言》："息，休也。"《淮南子·覽冥》："火爛炎而不滅，水浩漾而不息。"高誘注："息，消也。"

"寧"亦有停止義，"寧息"同義連文，《國語·晉語八》："聞子與穌未寧。"韋昭注："寧，息也。"

而"和寧"、"和息"皆有"和解"義，《漢語大詞典》："和寧：謂和解，平息。""和息：猶和解。"因此，"和闌"亦當爲和解義。

另外，從《玄天上帝百字聖號》一書"官事"類的實際情況考慮，和解例甚多，"和闌"出現在"官事"類，當作和解講爲宜。如：

（1）官事：自古剛強解悟身，誰知有理反遭嗔；如今未必官刑責，何不私和做好人。

（2）官事：休聽人唆入縣衙，兩邊徒爾結冤家；不如撒手平和去，免得階前叫老爹。

（3）官事：橫事無憂驀地來，心中愁悶幾時開；如今不惹和爲貴，免得將錢到憲臺。

（4）官事：人鬼交橫事求和，難分曲直及奔波；不如忍却心頭火，免得渾身受折磨。

（5）官事：橫事臨門豈可逃，提防小口笑中刀；遷延不肯平和了，終久纏身到憲牢。

（6）官事：若求動用不須來，守分依稀可免災；官事宜和方是吉，兩家纔免掛心懷。

（7）官事：事須有理見官遲，若不私和有是非；事到公廳難解脫，文詞反覆更難爲。

（8）官事：本來無事惹非災，只爲他人做出來；若到公廳難理直，不如私下勸和開。

（9）官事：小輩無端弄是非，却教有理反成虧；如今急早平和了，莫待牽連入獄圍。

（10）官事：官事從和便好休，莫教自己作牢囚；勸君且把心量度，虧你些兒有甚差。

（11）官事：有理番成失理虧，吁嗟好事到頭非；托人勸解方爲吉，免得牽連到獄圍。

（12）官事：人鬼交橫事未諧，如今急急早安排；見官不如私和好，贏得之時也損財。

"還" 之俗字。

中元更立，明王治化，無有刀兵惡心之人矣，流居之民，**逻**復中都，天下安樂，唯集太平也。（《太上洞淵神咒經》卷二十 6/67/a）

按："**逻**"，涵芬樓《道藏》本作**逻**，《中華道藏》録作"邏"，蓋以**逻**爲簡體的"邏"而回改，誤。"邏復"義難索解，文獻亦不見用例。今謂此字乃"還"之俗字，"還"在文獻中有衆多俗體，如高麗本《龍龕手鑒·辵部》："還、還，二俗，還正。"《字彙補·辵部》："還，與還同。"在碑刻中，還（見隋《劉則墓志》）、還（見北周《邊惠墓志》）、還（見唐《獨孤仁政碑》）等皆爲"還"之俗體。"回"的俗字有作回、回者（見《宋元以來俗字譜》），《干禄字書·平聲》："回、回，上俗下正。"顯然，還之右上部構件"回"和"還"之右上部構件"罒"在俗字中通用。因此，**逻**與還皆當爲"還"之俗體。"還"的草書字形，有作还、迁（見《行草大字典》第654頁）迁（見《明清行草字典》第819頁》）等字形者，和簡體"迁"字極似。字形既辨，詞義亦豁然，"還復"文獻用例甚夥，無煩贅舉。

昏皂

暗黑色。

　　五人各變相於雲端内，有一身紅光籠罩，披頭跣足，全帶金甲械冑，著昏皂袍，手執縧鞭，騎青鬃白馬，面部純秀。（《玄天上帝啟聖録》19/584/c）

　　按："昏皂"文獻僅見此一例，各類語文工具書均未見載。"昏皂"猶言暗黑色，文獻中有幾個相關的語詞可爲參證，如"昏黄"，唐韓偓《曲江晚思》："水冷鷺鷥立，煙月愁昏黄。"明汪道昆《洛水悲》："空山晚翠，古渡昏黄，日雲暮矣。"《漢語大詞典》："昏黄：暗淡模糊的黄色。"如"不皂"，清高士奇《天禄識餘·退紅不皂》："宋時縑帛中有淡皂色，謂之不皂。"《漢語大詞典》："不皂：深灰色。"如"毛皂"，《西遊記》第三十二回："老藍氈笠，遮煙蓋日果稀奇；毛皂衲衣，樂以忘憂真罕見。"許少峰《近代漢語大詞典》："毛皂：灰黑色。"以上可證"昏皂"即暗黑色。

回化（迴化）

教化、感化；轉化、化解。

　　一切魔王及今世人有病之者，道士救治之處，汝等悉回化其主人家親、太祖父母、三十六世以來，悉爲拔之。令主人病瘥，官事釋散，萬願從心。（《太上洞淵神咒經》卷八 6/31/c）

　　按："回化"義爲教化、感化，此義道經常見，如：

　　（1）天下地上，及山川水土洞天靈岳之内，蕩滅六天九醜、五瘟拒逆故氣、傷害生民、變怪殊常及興起刀兵者，我等力能摧滅，迴化其心，絶諸妖氣。（《太上洞淵神咒經》卷十一）

　　（2）開運度十方無極世界無量恒沙衆生生死苦魂，迴化十惡，拔諸罪根。（《太上洞玄靈寶誡業本行上品妙經》）

　　（3）謹請太白君迴化惡人之心，願切伏匿消滅摧伏，急急如律

令。(《正一出官章儀》)

(4) 向臣求乞迴化厭伏奴某, 背某乙逃叛, 即日尋訪, 不知所在。(同上)

此義其他文獻中亦常見, 如:

(5) 蠻夷所處, 日入之部, 慕義回化, 歸日出主, 聖德深恩, 與人厚富。(明杜應芳《補續全蜀藝文志》卷五十二《志餘》)

(6) 數月盡平其地, 俘獲不可勝計, 自是溪峒夷獠畏威懷德, 革心回化, 輸租賦奉法令, 同內地焉。(明徐紘《明名臣琬琰錄》卷五《汪國襄烈吳公神道碑銘》)

(7) 兩人灑淚而別, 李述甫同了黑蠻龍, 領了苗兵自回化外國而去。(《説岳全傳》第五十八回)

"回化" 另有轉化、化解義, 如:

(8) 道士化人, 我亦助之, 有疾病亦佐助之, 有口舌官事之者, 當爲迴化之爾。(《太上洞淵神咒經》卷五)

(9) 得嘘其氣, 則致七晨降房, 盼接靈顏, 得食其精, 則能迴化陰陽, 興雲召龍, 飛昇華堂。(《上清元始變化寶真上經九靈太妙龜山玄籙》卷中)

(10) 解患大將軍, 散事大將軍, 鎮訟大將軍, 七部大夫官將吏兵, 主迴化官事, 悉令消散。(《太上濟度章赦》卷上)

(11) 請則天意可回化, 驕暘而爲霖雨, 殆猶反掌之非難, 嗚呼。(宋劉燴《雲莊集》卷二《祭大仙祈雨》)

(12) 故往進則不能前, 惟能不牲而來, 則獲見幾而作之譽矣, 來非謂既往而役, 回化不往即來也。(明胡經《胡子易演》卷十一)

(13) 婦人乳臃, 多因小兒斷乳之後, 不能回化, 又有婦人乳多, 孩兒飲少, 積滯凝結。(明楊清叟《仙傳外科秘方》卷三)

J

基讁、基考、基罰

道教兩種罪過級別，一千四百過爲一"基"，
一千六百二十過爲一"讁"。"基讁"泛指罪過懲罰。

"基考"、"基罰"亦謂罪過懲罰。

今請東方角亢氏房心尾箕，拔出某家亡人七世父母三十六世以來
殃考基讁，悉令除判，消然解脱，上生天人之中，衣食自然。（《太
上洞神洞淵神咒治病口章》32/721/c）

按："基"和"讁"在道教文獻中有特殊的文化意義，指道教中的兩
種罪過級別，一千四百過爲一基，一千六百二十過爲一讁，對於"基"
的懲罰是"令人殃流五世"，對於"讁"的懲罰是"令人斷世無後
嗣"，如：

（1）人身中常有神，隨時上天曹白人善惡，一百九十過爲一漏，
漏者，善致疾病；百二十過爲一吹，吹者，無男多女；九百二十過爲
一殃，殃者，暗啞聾盲；千八十過爲一禍，禍者，暴夭死亡；千二百
六十過爲一咎，咎者，絶後嗣無子侄；千四百過爲一基，基者，殃流
於五世；千六百二十過爲一讁，讁者，斷無後嗣；二千五百二十過爲
一曾，曾者，家出死肥惡病；二千四百二十過爲一倖，倖者，家出都
市乞丐。（《至言總》卷五）

（2）千四百過爲一基，基者令人殃流五世；千六百二十過爲一
讁，讁者令人斷世無後嗣。（《赤松子章曆》卷二）

"基讁"連文泛指罪過懲罰，道經文獻常見，如：

（3）甲欲改惡爲善，願從太玄上一君乞丐原赦罪過，解除基讁，度脫灾難，辟斥縣官。（《登真隱訣》卷下）

（4）四方各七合成二十八，人修三皇齋，請二十八宿，以釋天羅地網基讁，增延年筭也。（《三洞珠囊》卷七《二十八中法門名數品》）

（5）得上謝北方八帝君，解某生死所犯，天羅地網，基讁除散，增延年算，與之更始，自今已後，福業興隆。（《洞玄靈寶河圖仰謝十六天齋儀》）

或作“千基萬讁”，如：

（6）若亡人有犯甲子旬中千基萬讁、千殃萬考、千罪萬過，神將天蓬吏陰阿君與太玄玉女，請解釋之。（《太上洞神洞淵神咒治病口章》）

或作“基考讁罰”，如：

（7）臣等吉日謹拜，遷達先亡，解除基考讁罰口章一通，上詣太上某官曹治。（《赤松子章曆》卷五）

道經中另有“基考”，義同於“基讁”，如：

（8）願除億會罪，赦貫代兆軀，基考一切解，福德當歸流。（《正一指教齋清旦行道儀》）

（9）陳力殖穀，裁令自足，天與之，無基考，可得福。（《老子道德經想爾注》）

或作“千基萬考”，如：

（10）願以是功德，爲臣七世父母解脫憂苦，上魂生天，除臣千基萬考，宿對重愆。（《無上秘要》卷五十六）

（11）上生天堂，免離五苦，受福南宮，輪轉成真，利祐現在，除臣某等千基萬考，宿對惡緣。（《洞真太上八道命籍經》卷下）

或作“億基萬考”，如：

（12）億基萬考，千咎百禍，十凶九厄，三灾八難之中，特爲解救，增益算壽，更著生錄。（《赤松子章曆》卷六）

道經中另有“基罰”，義亦同於“基讁”，如：

（13）願以是功德，爲齋主家七世父母先過後亡，一切神爽，消釋殃對，和解基罰，拔長夜魂，贖永劫罪。（《正一指教齋清旦行道儀》）

急景

急忙、急時。

占病：破舟過海又遭風，失楫逢危在險中；問卜求醫都是妄，不如急景扣陰功。（《玄天上帝百字聖號》36/345/a）

按：《漢語大詞典》：“急景：急馳的日光。亦指急促的時光。”此義項置此不適。考察文義，“急景”猶言急忙、急時，“景”有時光義，南朝宋謝靈運《登江中孤嶼》：“懷雜道轉迥，尋異景不延。”宋梅堯臣《四月二十八記與王正仲及舍弟飲》：“孟夏景苦長，與子舟中飲。”“急景”之急忙、急時義當從“急促的時光”義引申而來，然此義項典籍僅見此一例。

文獻中有“急節”一詞，該詞有二常用義項（參見《漢語大詞典》）：①指急速而過的時節，如唐李白《古風》之二十二：“急節謝流水，羈心搖懸崖。”②猶匆促、急忙，如元關漢卿《玉鏡臺》第三折：“則見他無發付氳氳惡氣，急節裏不能勾步步相隨。”明湯顯祖《南柯記·偶見》：“他三回自語，一顧傾人，急節中間，難以相近。”“急節”之二義項當與“急景”之二義項具有相同的引申軌跡，屬於同一詞例，可資參證。

家類

家族之人或家人。

乙丑春，瘟災害萬民；夏首災疫起，偏傷楚魯人；家類悉糊口，吳地又分張；民奔千里外，六畜悉逢殃。（《太上洞淵神咒經》卷十八 6/64/b）

按：“家類”猶言家族之人或家人，此詞文獻少見，文獻另有一例，清曾晼《投徐静菴督學》：“二千日外黃河曲，劈面霜風七日來，蕎麥枯泉鹽斷絕，滑溝衰草馬徘徊，詩因窮極工何益，家類投荒（指貶謫、流放至荒遠之地）久不回，欲假高岡雙羽翼，南飛直到鳳凰臺。”文獻中有

"親類"、"族類"、"宗類"等詞，分別指"親族之人"、"同族之人"、"宗族、族人"（參見《漢語大詞典》），與"家類"屬於類義詞例，可資比證。

加證

加重病情。

占病：有方無藥病難安，問卜求神説禍端；及早歸家修善福，莫教加證變脾寒。（《玄天上帝百字聖號》36/351/a）

按："加證"文獻僅見此一例，考察文義，"加證"猶言加重病情，"證"乃"瘂"之本字，"瘂"乃後起字，《列子·周穆王》："其父之魯，過陳，遇老聃，因告其子之證。"宋葉適《翰林醫痊王君墓誌銘》："未嘗多用藥，病雖數證，亦纔下一藥。"《老殘遊記》第十九回："請先生照證施治，如果好了，自當重謝。"

文獻中另有"減瘂"一詞，謂減輕病情，明曾異《二月十五日病起》："病賣文醫難減瘂，書因賤買倍增貧，愁時暗計三年事，卿相立談也五旬。"可資比證。

箋檀

箋香和檀香。

東京紫極四聖觀，童行洪知辯，捨俗出家，逐日掃併三門殿廊，夜間打鋪，宿於廊下。緣四聖畫於紫極殿兩軒四壁，除本觀常行香火外，知辯逐日自打化錢，收買箋檀，焚誦供養，二十年不綴。（《玄天上帝啟聖録》19/591/b）

按："箋檀"指箋香和檀香，如：

（1）箋香一兩，檀香一兩，零陵香一兩，藿香一兩，甘松一兩，茅香半兩，大黃半兩，右杵羅爲末，用如常法，凡作印篆，須以杏仁末少許拌香，則不起塵，及易出脱後，皆倣此。（宋陳敬《陳氏香譜》卷二《定州公庫印香》）

（2）篆香三兩、檀香二兩、沉香二兩、黃熟香二兩、零陵香二兩、藿香二兩、土草香半兩去土，茅香二兩。（同上書卷二《百刻印香》）

（3）許道壽者，本建康道士，後還爲民，居臨安太廟前，以鬻香爲業，做廣州造龍涎諸香，雖沉麝、篆檀亦大半作僞。（宋洪邁《夷堅丁志》卷九《許道壽》）

（4）得旨宣諭，制置屬侍郎，江州太平興國宮，八月十五日修設國醮，今賜去沉香三十兩，篆檀、降真各一十斤，充本宮醮建供燒使用。（《廬山太平興國宮採訪真君事實》卷三）

（5）朱待制詩：衆芳發越充南溟，梅花腦飛水弄沉，露積篆檀薪降真，薰陸光射琉璃瓶，山川草木一天芬，素質如玉備衆馨。（明彭大翼《山堂肆考》卷二百一《花品·質備衆馨》）

句（3）中"沉麝"即指沉香和麝香兩種香，因此"篆檀"指"篆香"、"檀香"兩種香的合稱，或稱爲"篆檀香"，如：

（6）其地平坦宜稻麻粟豆，不産茶，煮海爲鹽，出金銀、犀牙、篆檀香、茴香，亦務蠶織，室宇壯麗，多飾金碧。（民國柯劭忞《新元史》卷二百五十三《列傳·爪哇》）

揀放

指兵卒經揀選後遣散爲民，或指宮人、公職人員及囚犯等。

（張佑之）奉聖旨下南康軍，委官往廬山天慶觀，建立真武并父母降真寶殿，及給公據揀放何詮。（《玄天上帝啟聖錄》19/579/b）

按："揀放"指兵卒經揀選後遣散爲民，或指宮人、公職人員及囚犯等。該詞文獻常見，多指兵卒，如：

（1）隋有虔州廂軍何詮，因隨安撫使張祐之往南康，遊廬山太清觀谷巖洞，過真武生辰，會父母於瑤玉天，嘗蒙申奏，揀放逐便，何詮從此用自彩畫真武一幀供養。（《玄天上帝啟聖錄》卷六）

（2）文公爲相，龐公爲樞密使，以國用不足，同議省兵，于是揀放爲民者六萬餘人，減其衣糧之半者二萬餘人，衆議紛然，以爲不可。（宋司馬光《涑水記聞》卷五）

或指宮人、公職人員，如：

（3）右伏見大曆已來四十餘載，宮中人數稍久漸多，伏慮驅使之餘，其數猶廣，上則虛給衣食，有供億糜費之煩，下則離隔親族，有幽閉怨曠之苦，事宜省費，物貴遂情。頃者已蒙聖恩，量有揀放，聞諸道路，所出不多，臣伏見自太宗玄宗已來，每遇災旱，多有揀放，書在國史，天下稱之。（唐白居易《白氏長慶集》卷四十一《請揀放後宮內人》）

（4）自古嬪御之多，率皆無益而有損，陳隋之失，唐之中圮，皆以婦人也，臣乞陛下特令揀放疏冗之列，任其自安，以全天地生生之德。（宋蔡襄《端明集》卷九《蕭治家政》）

（5）辛卯諭，駐藏大臣凡遇噶布倫缺，出會同達賴喇嘛秉公選定，出力人員奏請揀放，著爲令。（清王先謙《東華續錄（乾隆朝）》卷一百十四）

或指囚犯，如：

（6）朕臨馭海內，念憂元元，冒以至仁，期於遂性，比因郊祀，赦宥闢刑，顧惟羈隸之人，特解錮留之負，或能悛省，不仍舊惡者，選移便地，或加□；老不能自力者，去籍遣原。（宋蔡襄《端明集》卷十《廣南東西十一路轉運使提點刑獄揀放配軍勑》）

（7）命官使臣令刑部，將昨經明堂人各具已經赦數，并今月五日赦，與理一赦，申尚書省樞密院移放，已上並依揀放條約施行。（宋李燾《續資治通鑑長編》卷四百九十一《哲宗》）

薦巽

"巽"通"饌"，"薦巽"即"薦饌"，謂進獻食物，爲祭祀或齋戒之儀式。

道士之法，自非師徒，大者爲兄，小者爲弟，不得稱□僕也，生鬼誅人，道士慎之焉。欲八節日齋者，但擇野水島洲之上，清淨簡寂之所，一薦巽也。（《太上洞淵神咒經》卷二十6/79/a）

按："薦巽"義不可解，今謂"巽"當爲"饌"之假借，"薦巽"即"薦饌"，謂進獻食物，爲祭祀或齋戒之儀式。"薦"進獻義，《爾雅·釋詁》："薦，進也。"《儀禮·鄉射禮》："主人阼階上拜送爵，賓少退，薦脯醢。"鄭玄注:"薦,進。"晉袁宏《後漢紀·桓帝紀下》:"臣實懷愚,不憚瞽言,使身死名著,碎體糞土,薦肉狐鼠,猶生之年。"

"巽"、"饌"相通常見,王輝《古文字通假字典》"巽"字條云:"巽,讀爲饌,上博楚竹書《孔子詩論》簡九:'《天保》其得禄蔑疆矣,巽寡,德故也。'影本巽讀爲饌,'饌寡'謂孝享的酒食不多,但守德如舊。"又"簨"字條云:"鼏字應讀如算,且字形爲手捧鼎,即《説文》訓'具食'的簨字初文,《説文》簨或體作饌,算、巽古音均爲元部字。又《駒父盨蓋》:'鼏逆王命。'鼏應讀巽,義爲順伏。馬王堆帛書《六十四卦》有筭卦,即《易》之巽卦。"

在傳世文獻中,"巽"、"選"常相通,清朱駿聲《説文通訓定聲·乾部》:"選,叚借爲巽。""選懦"亦作"巽懦","選奭"亦作"巽奭"(見《漢語大詞典》);而"饌"、"選"亦常相通,《墨子·明鬼下》:"官府選效,必先祭器。"孫詒讓閒詁:"選,當讀爲饌具之饌。"段玉裁《説文解字注·金部·鎋》:"古文《尚書·吕刑》作鎋,今文作選,亦作饌。"可資比證。

"薦饌"一詞文獻常見,如:

(1)自古在昔,先民有作,温恭朝夕,執事有恪。(《詩經·商頌·那》)唐孔穎達疏:"大古而有此助祭禮,禮非專於今也,其禮儀温温然恭敬,執事薦饌則又敬也。"

(2)宗人告事畢,賓出,主人送拜稽顙,無尸則禮,及薦饌皆如初。(唐杜佑《通典》卷八十七《禮·兇九》)

(3)若事屬本曹而歷郡縣監司不能直,則受其訟焉,大享祀薦饌,則尚書奉俎飲徹之。(宋潘自牧《記纂淵海》卷二十七《户部尚書》)

(4)已而進錦衣一襲,貂帽襪履各一事,視生盥櫛已,乃呼酒薦饌,幾榻裙衣不知何名,光彩射目。(清蒲松齡《聊齋志異·嬌娜》)

降慶

降生的美稱。

張守真既得真君降言,不敢沉隱,遂往陝西經略安撫司,面稟使相張希古,憑委具表奏聞,時皇帝御覽,驚喜交集。後果於庚戌年辛

巳月辛丑日，明德宮降慶太子，即仁廟是也。(《玄天上帝啟聖録》19/588/c)

按："降慶"即降生的美稱，"慶"無實義。該詞典籍尚有數例。如：

(1) 又有一青衣童子，引手指朕，駕回方歸禁掖，聞化成宮降慶，即荊國長公主是也。令於內庭别立真武祠堂，爲保扶香火之所，後三日夜，中庭又見元指回駕童子，再來告言：伏因皇帝駕出景靈宮，化成宮已生公主。(《玄天上帝啟聖録》卷二)

(2) 大師俗姓錢氏，法號令因，即今天下都元帥吳越國王第十九子也，宿根拷業，降慶王門，□卞玉於庭中，耀□珠于掌上。(清陸心源編《唐文拾遺》卷五十二《吳越國故僧統慧因普光大師塔銘并序》)

(3) 右臣伏以佳月吉辰，皇嗣降慶，此蓋陛下寶慈，降儉仁育庶邦，惠澤遠流，天下蒙福，故昊乾顯鑒宗祐，默助挺生聖子，以示無窮之待。(宋韓琦《安陽集》卷三十三《奏狀·進皇子降生詩狀》)

(4) 老母太恭人三月二十一日生，是日仍遇己卯本命，作千歲會祝壽，子孫三十八人。九九之年逢降慶，生年生日同時，金花紫誥鬢銀絲，乞身香火地，日戲老萊衣。(宋李石《臨江仙》)

降生美稱爲"降慶"，猶如别人的生日美稱爲"慶旦"，如：

(5) 下車初，逢慶旦，聽歡傳。(宋楊無咎《水調歌頭·韓倅九月八日生辰》)

誕育皇子美稱爲"慶育"，如：

(6) 昔文王一妻，誕致十子，今宮女數千，未聞慶育。宜修德省刑，以廣《螽斯》之祚。(《後漢書·襄楷傳》)

帝王的誕辰美稱爲"慶誕"，如：

(7) 臣故略而不言，唯序慶誕、贊休明而已。(唐白居易《三教論衡序》)

可資比證。

結會

締結姻緣；聚集。

婚姻：撞著姻緣那用媒，有心何必急相催；皆非今日能相見，五

百年前結會來。(《玄天上帝百字聖號》36/347/b)

按：“結會”謂締結姻緣，辭書未見載。該義項文獻常見，如：

（1）三生石之結會，夫婦幸全；一滴水之流傳，兒孫爲重，奈因緣之不到，而泡影之莫留。(宋陳著《本堂集》卷九十三《代前人還聖齋疏》)

（2）西山楚水路非賒，結會良緣更可佳；合巹盃中浮蟻首，玉欄桿下醉春花。(明安遇時《包公案》第二十四回)

（3）五百年前結會，今生共成連理枝，配合成一對，從今改門閭。(明程明善輯《嘯餘譜》卷三《天下樂》)

（4）我和他重續鸞膠無盡期，做一對美滿夫妻，倘秀才往常時，初相見如膠似漆，我和他相結會，如魚似水，則他那惜玉憐香更整齊。(明郭勛輯《雍熙樂府》卷三《端正好·美愛》)

（5）小願祝花貌，一雙兩好，百歲來同諧，老五百年前分定了，結會在今宵。(同上書卷十六《三十腔·慶壽》)

（6）喜筵前滿堂和氣，五百年前結會，郎才女貌多俊美，配合成一處，如今但願取，夫榮與妻貴。(明毛晉輯《六十種曲·白兔記上》第七齣)

“結會”另有聚集義，如：

（7）陰陽既交，二炁降精，化神結胎，上應於九天，九天之炁，則下布丹田，與精合凝，結會命門。(《無上秘要》卷五《人品》)

（8）兆發心肝之氣，結會在外，有陰風玄霧騰騰之象，若呼召，則心感神虎吟嘯而臨，隨兆遣役召魂也。(《道法會元》卷二百四十五)

（9）經云：在脊骶端，足少陰少陽所結會，治腸風下血五種痔疳蝕，下部置鍼入三分，抽鍼以大痛爲度。(《銅人腧穴針灸圖經》卷中)

（10）此華蓋等皆是無生法忍之所生起，或佛言彼時鹿王者，即我身，是即結會古今，明自心一際之法。(五代釋延壽《宗鏡錄》卷二十五)

“締結姻緣”義當由“聚集”義引申而來，文獻中有“結合”一詞，亦有此二義項，《漢語大詞典》：“結合：①凝結在一起。②指結爲夫妻。”二詞具有相同引申軌跡，處於同一詞例當中，可資比證。

觧

"解" 之俗字。

道言：甲申垂至，水來不久，今有疫鬼煞人。中國多惡，惡人聚
生，不識真言，三洞久布，不觧求受，自招苦惚。奈何奈何，衆生可
愍。(敦煌 P. 2959《洞淵神咒經》卷二)

按："觧"，《中華道藏》録爲"辭"，誤。"不辭求受"不合上下文
義，"觧"，《道藏》本異文作"知"。今謂此字乃"解"之俗體，"知"、
"解"義同，"解"有明白、知曉義，《莊子·天地》："大惑者，終身不
解。"成玄英疏："解，悟也。"《三國志·魏志·賈詡傳》："(曹操) 又
問詡計策，詡曰：'離之而已。'太祖曰：'解。'"《太上洞淵神咒經》卷
二："道言辛巳、壬午年，已有八千萬大鬼，來煞兩舌之人、誹謗道士之
人、指師名道之人、評論經文之人、嫉妒勝己之人、惡言毀法之人、不解
信三洞之人、不肯受道之人。""解"，敦煌本 P. 2959 即作觧。"解"敦煌
寫本中有作觧者 (S. 388《正名要錄》)；有作觧者 (P. 2536《春秋穀梁
經傳》)，可資比參。"辭"，《敦煌俗字典》中收録字形頗多，並無和觧形
體相似者，可參看。

戒伏

"伏" 通 "符"，"戒伏" 即 "戒符"，乃 "經戒符籙" 之省稱。

即命侍童披九光之韞，以經及三五大齋之訣，授之於纂，纂遂按
經品齋科行於江表，生民康乂，疫毒消弭。……修奉之人，慎遵斯戒
伏，況此經浩博，元皇之金口親宣，其理淵深。(《太上洞淵神咒
經·序》6/1/c)

按："戒伏"一詞文獻僅此一見，今謂"伏"當通"符"，"戒伏"即
"戒符"，乃"經戒符籙"之省稱。"符"、"伏"常相通，王輝《古文字通
假字典》(P152)："伏，讀爲符，雙聲。""戒符"一詞道經常見，如：

(1) 洗心静識，保鍊元神，信節行修，當期領祖，遵九真戒符，

疏示開具。(《道法會元》卷一百七十四)

(2) 咸稟天符，遵依告戒，除冤拔罪，啟路開局，釋放上件亡魂，整肅形儀，經歷次第，來詣壇席，聽法參真，傳授戒符，領沾功德。(《太上三洞表文》卷中)

(3) 某日清旦，正齋闡事三日，普施斛食，廣濟孤魂，鍊度靈識，傳示戒符。(《上清靈寶大法》卷二十三)

(4) 恭俟本壇，依時導引。朝禮上聖，懺謝罪愆。祇受戒符，用憑超度。(《無上黃籙大齋立成儀》卷一三)

(5) 願賜慈悲，俯垂降鑒，證盟功德，傳授戒符。庶令九夜之沉魂，獲證三乘之真果。(同上書卷二十八)

(6) 師溫厚凝重，道貌偉然，事佛齋衆戒符嚴密，每升堂説法，音吐如鐘。(明釋大壑《南屏净慈寺志》卷三《建置》)

或作"經戒符籙"，如：

(7) 或高座説法，得以襯施，惟將己用，或不參經戒符籙法文，便作人師，受以施財。(《太上慈悲道場消災九幽懺》卷三)

或作"經戒符録"，如：

(8) 夫受道，須詣有經戒符録之師，不得虛傳聲譽，妄受真經，此道大禁，魂考九幽。(《正一威儀經》)

或作"經誡符録"，如：

(9) 科曰：凡道士女官入道，即須受持經誡符録，須則作受道院。(《三洞奉道科誡儀範》)

津極

涯岸、邊際。

或宗李而爲姓，或繼郭而爲姓，或從裴而爲姓，累代欽崇，至于今日，普天衆生，感帝恩者，高厚如天地之廣，豈筆舌究其津極者哉。(《玄天上帝啟聖録》19/576/b)

按："津極"猶言"津際"，謂涯岸、邊際，同義連文。"津"有涯岸、邊際義，《吕氏春秋·求人》："日出九津青羌之野。"高誘注："津，涯也。"唐釋元康《肇論疏》卷中《般若無知論》："將心於大乘水中得浴，將懷於幽玄之津取悟，亦可劉公自云，今尋此論，有如此也，而言津者，《爾雅》云：‘津，極也。’”唐陸龜蒙《木蘭堂》：“洞庭波浪渺無津，目目征帆送遠人。”宋陸游《讀王摩詰詩愛其散發》：“滄波浩無津，天遣遂微尚。”“津極”一詞文獻中尚有三例，今一並羅列如下，如：

（1）制斷惡根，消攘劫運，接物利生之便，不問方來，從粗入妙之微，莫窮津極。（《靈寶無量度人上經大法》卷七十二）

（2）功滿德就，名書上清，逸響高上，翱翔太明，德化之大，豈可議其津極者哉。（《靈寶無量度人經符圖》）

（3）二廣者，山寇之藪也，溟渤巨浸，渺無津極，環接島嶼，風翔潮游，舟楫匪力，是故二廣者，海寇之匯也。（明王漸逵《賀陶中丞平連寇序》）

精好

安好、吉祥。

老君敕群魔，皆令伏大道；若見轉經人，衛護令精好；丁靈與羌虜，木索并氐獠；大頭爲大濕，夷鬼作乾燥；聞咒須急去，遲迴劈破腦。（《太上洞淵三昧神咒齋懺謝儀》9/831/a）

按：《漢語大詞典》：“精好：精良美好。”此義項多指器皿、物品，置此不適。考察文義，“精好”猶言安好、吉祥，同義連文。《廣韻·清韻》：“精，善也。”《説文·誩部》：“善，吉也。”蔣禮鴻《敦煌文獻語言詞典》（P174）：“精：好，善。”江藍生《唐五代語言詞典》（P195）：“精：佳，好。”可參。“精好”此義項僅見道經中一例。

居生

生活、生存。

唯言某家親太祖父三十六世以來，有犯天詛地詛、日月之詛、星辰之詛、五社之詛、水火之詛、五盟七詛之罪，先世所犯，讁在三

官，來耗害生人，致令居生轗軻，事云云。(《太上洞神洞淵神咒治病口章》32/721/a)

按："居生"謂生活、生存，辭書未見載。此義文獻常見，如：

(1) 冬無複襦，夏無單衣，居生不樂，不如早去。(漢佚名《孤兒行》)

(2) (薛夏)位至秘書丞，居生貧甚，帝解御衣以賜之。(東晉王嘉《拾遺記》卷七《魏》)

(3) 文帝所愛美人，姓薛名靈芸，常山人也，父名鄴，爲酇鄉亭長，母陳氏隨鄴舍於亭傍，居生貧賤，至夜每聚隣婦夜績。(同上)

(4) 南巢之戀倍增，北風之悲愈切，居生坎壈，稟命迍邅，空詠七哀，徒吟九歎。(唐釋法琳《與尚書右僕射蔡國公書》)

(5) 羽毛之居生也，縱橫乎林莽之間，而順適乎天地之內，同而異，異而同，彼其鷹類，非一種聚而已也。(宋呂南公《灌園集》卷十八《義鷹志》)

(6) 祖母在堂上，小孫方稚孩，俯仰見五世，居生豈悠哉。(元馬祖常《飲酒》)

例句尚多，茲不備舉。

舉注、注差

保舉授予官職。
吏部對地方官吏選派任命。

此五人真相既現於虛空，忽然不見。亨甫記筆，祇畫得一軸，裝背了畢，上有金色圓光，自然隱現，面相不常。亨甫驚惶，自以私家難留，齎呈州府。時知州蘇易簡，錄其詞，封其畫，差指使劉通，同亨甫赴京進奉。蒙宣公卿看驗，委實。除已留納爲鎮國遇聖名畫，充御殿香火家寶外，其孫亨甫，特賜三班奉職，聽從舉注施行。(《玄天上帝啟聖錄》卷二 19/585/a)

吳育乃自備錢裝修，將杜挂前因患眼罷官，後遇真武應化醫救情由，保明申奏，保舉注差，續降指揮，吳育裝修雲蒼山塑像，了畢，

申聞別議，勳贈其杜珪，可轉授揚州觀察判官。（同上書卷六 19/
613/c）

按："舉注"一詞文獻另有三例，如：

（1）宣詔舉廉吏，誠欲得真也，吏六百石，位大夫，有罪，自
今以來，毋得舉注，不復舉爲廉吏也。（唐白居易《白氏六帖事類
集》卷十二《得真》）

（2）爲獄官者，委監司守臣擇人保奏，兩易其任，待闕未上者，
改注他官，治獄稱者，監司守臣條其實狀以聞，與量減舉注之數，其
贓污不法者，令所屬按劾，重真典憲，盖注授不輕，則人知自重，激
勸有方，乃人知自勉。（宋劉熻《雲莊集》卷十七《戊辰四月上殿
奏劄》）

（3）弘正末造，專貴科名，歲察法廢，膺貢之士，惟視歷餞之
年，年餞積深，例爲應式，循次舉注，甄別靡聞，上不以賢待貢士，
貢士亦不以賢自待，甘污分卑，鮮克奮樹，稿首鬢邑，融臚路絶。
（明胡侍《胡蒙溪集》文集卷一《送李伯清謁春官序》）

考察以上例句文義，"舉注"謂保舉授予官職，古代授予官職前需要
登記備案，謂之"注官"，如：

（4）先輩注官甚便，想加慰喜，未期接待，倍希珍厚。（宋司馬
光《答薛虢州謝石月屏書》）

（5）古稱帥師，必有股肱羽翼以成威神，言將卒無相離也，故
視地建牙，豈徒注官已哉。（清顧炎武《天下郡國利病書·山東七》）

或謂之"注某職"，如：

（6）證聖元年，劉奇爲吏部侍郎，注張文成、司馬鍠爲監察御
史，二人因申屠瑒以謝之，奇正色曰：舉賢自無私，二君何爲見謝。
（宋王溥《唐會要》卷七十五《選限》）

（7）吏部員多闕少，今爲益甚，而選人當注職官簿尉，輒爲宗
室所奪。（宋洪邁《容齋三筆·宗室參選》）

或謂之"注册"，如：

（8）越歲舉行拔貢，銳意以君充選，而猾胥索百金，始註册，
弗得，竟以此不與試。（清鄧顯鶴《鄒君墓志銘》）

"保舉注册"典籍中十分常見，如：

（9）凡援例叙用人員，由生員例監吏員出身者，未經保舉注册，

不得升京官及正印官。京察一等大計卓異，或題升京官及外任正印官，一次均準以保舉註册。(清允裪《大清會典》卷五《吏部》)

(10) 授捐納各官無論正印佐雜，俱令試俸三年，保題實授，仍準接算試俸年月，照常陞轉至佐雜，陞轉正印，雖已銷試俸，仍令捐免保舉其有卓異，及俸滿保薦指缺，保題京官正印，方準以保舉註册。(清錫珍《吏部銓選則例·漢官則例》卷三《陞補》)

(11) 今兵部議，令遵照定例回避，自應仍復舊制，第念伊等既經保舉註册，必俟別省缺出，始行掣補，未免需次艱難。(清王先謙《東華續錄 (乾隆朝)》乾隆二十五)

(12) 所當酌量變通，嗣後行取，屆期該部將合例之人具題，後知會督撫，照武官保舉註册之例，仍留本任辦事，俟單月缺出，按俸銓補。(同上書乾隆三)

或作"薦舉註册"，如：

(13) 甲辰吏部議覆，左副都御史郝浴奏，各部院司官賢否不一，請令各堂官留心查驗，每歲終各舉劾一人，舉者照薦舉註册，劾者照例處分，以昭懲勸從之。(清王先謙《東華錄》康熙二十六)

或作"保舉注擬"，如：

(14) 崇寧四年以前，除市易外，諸州軍及縣鎮處增置官員，不係本年併廢，并崇寧新降吏部，格令並依舊法施行，其額闕可一併保舉注擬，庶使人無留滯之歎，以追多士以寧之美，播告中外，咸使聞知。(宋佚名《宋朝大詔令集》卷一百六十三《政事十六》)

"注擬"亦作"擬注"，《漢語大詞典》："擬注：宋代官制。應試入選者，由吏部注名於册，經考詢後擬定授官，稱爲擬注。"

或作"保舉注選"，如：

(15) 我皇上旁求俊彥，垂意列藩，於是郡國王孫先後蔚烝，應詔保舉爲刺吏縣令，在理以青聲，作略著者甚衆，就予所聞，睹於農畝歌頌，若宜黃朱侯其最也，侯故楚材，習經生言爲進取，將以激矢風雲已，乃遇當事保舉註選，得吾郡宜黃。(明陳孝逸《癡山集》卷二《宜黃朱侯朗源去思碑記》)

"註選"亦作"注選"，《漢語大詞典》："註選：猶注擬。唐朝選舉制度，凡應試獲選者，尚書省先注其名姓履歷於册，再經考詢而後選授官職。"

"注差"亦作"差注",此二詞《中國官制大辭典》、《中國科舉辭典》、《中國歷代職官辭典》等工具書均未見載。《漢語大詞典》收錄"差注"一詞,釋云:"差注:吏部對地方官吏的選派任命。注,注官,即按資敘授官。""注差"一詞典籍經見,如:

(16) 夫御史臺法司也,考而廢法,又焉用法,差而行私,何所不私,如是而風憲不稍損乎,臣請嚴實授之考公註差之例,使新進者習刑名之實,而杜規避之念。(明吳亮《萬曆疏鈔》卷十《言路類》)

(17) 都水司奉勅註差員外郎,三年駐通州,掌通會河漕政,自大通橋至通州迤南至天津止,其中閘埧之事皆隸焉,兼管修理通州倉厫,并灣廠收發木料事。(明何士晉《工部廠庫須知》卷十《通惠河》)

(18) 凡差三等,由吏部選授曰註差,疏名上請曰題差,劄委曰部差,或三年或一年或三月而代,初洪武元年置戶部,六年設尚書二人,侍郎二人,分爲五科。(清張廷玉《明史》卷七十二《志第四十八》)

(19) 今當於史院置六房吏,各專掌本房之事,如周禮官屬下所謂史幾人者,即是此類,如吏房有某注差,刑房有某刑獄,戶房有某財賦,皆各有册,系日月而書。(清王懋竑《朱子年譜》卷四)

(20) 奉差御史未經任事者,遇有事故,應更替,即就未註御史,挨次填補,其註定者不得移換。同日到任御史照臺規所載,各差地方,先後挨次註差。(清金之俊《金文通疏草》卷三《總憲疏草》)

例句尚多,兹不備舉。

枸閇

即"拘閇","枸"爲"拘"之俗字。

鬼兵枸閇生人魂魄,殘害天民,招喚死人,七世父母三十六世以來,盟詛不了,地下相引,逮及生人。(《太上洞神洞淵神咒治病口章》32/722/b)

　　按："枸閉"義不可解，今謂"枸"當爲"拘"之俗字，敦煌道經中"木"、"扌"常混用，《道藏》本《真誥》卷四："上真宴瓊臺，邈爲地仙摽。"《學津討源》本作"標"，《雲笈七籤》、《無上秘要》均引作"標"。馬王堆漢墓帛書《六十四卦·隋卦》："上六，枸係之。"今本《周易·隨卦》作"拘係之。"《荀子·性惡》："枸木必將待櫽括、烝矯然後直者。"蔡邕《郭有道碑文一首並序》引作"拘木"。

　　"枸閉"即"拘閉"，《漢語大詞典》"拘閉：拘禁，扣押。"舉證爲蕭軍《羊·羊二》："他們在上海爲了過節喝醉了酒，打碎了一家商店的玻璃，爸爸媽媽不負責任賠償，便被捕房拘閉了一夜一天。"例證太晚，今另舉道經中的幾個例證，如：

　　（1）精魂拘閉，問生時所爲，辭語不同，復見掠治，魂神苦極，是誰之過乎？（東漢《太平經》卷一百一十四《不用書言命不全訣》）

　　（2）九幽地獄解出幽魂，罪根散釋，三官九署不見拘閉，開度昇遷，得入福堂。（《無上秘要》卷五十二《盟真齋品》）

　　（3）律曰：弟子見師，不敬不恭無禮，語言我汝，魂魄在水官拘閉六十日，考竟減筭二紀。（《要修科儀戒律鈔》卷三）

　　（4）羅酆三十六泉，二十四獄，羈囚罪魄，拘閉窮魂，不覩光明，無由解脫。（《無上黃籙大齋立成儀》卷二十四）

　　（5）又若復有人，初雖信受，後復慢易，善惡童子上奏三官，黑簿添名，青編減筭，身歿之後，拘閉幽牢，往復三塗，無由解脫。（隋唐間佚名《高上玉皇本行集經》）

　　（6）天官不得此券，則拘閉天門，不使升進。（南宋蕭應叟《元始無量度人上品妙經內義》卷三）

K

秖

"科"之俗字。

道言：道士受此神咒經，不與餘經同受也，別自單受之也。書寫之別盛一物，行來佩之，刀鬼不近人也。作齋者，亦用無量秖令矣。（敦煌 P. 2959《洞淵神咒經》卷二）

按："秖"，《中華道藏》錄爲"神"，誤。"秖"左偏旁作"示"，今謂秖當是"科"之俗字，證據有三：

（1）"禾"部與"示"部常相通，敦煌文獻中"科"從"示"者，如 S. 214《燕子賦》："若欲據法秖懲，實即不敢咋呀。" S. 318《洞淵神咒經》卷七："此鬼王作冰刀，來祆動萬民。""祆"，敦煌 P. 4676 作"耗"，文獻常見"稔"作"祗"，"稽"作"楷"者亦可爲證。

（2）敦煌文獻中，"斗"有作𣏒者，S. 930《洞淵神咒經》卷六："道言：自今以去，有暴下病人、官事口舌，悉是鄧侯之鬼興劉𣏒烏，亦來煞萬人。"《道藏》本作"斗"。

（3）從異文的角度看，"秖"，《道藏》本正作"科"，敦煌 P. 2959《洞淵神咒經》卷二："一旦違秖，不敬聖言，縱其鬼兵，不令有妄煞害。""秖"，《道藏》本作"科"，《中華道藏》錄爲"神"，亦誤。

因此，"秖令"即"科令"，"科令"指法令，律條。辭書已收，兹不贅述。

考對、罷對、罪對

字面意思是拷打對質、拷打質問，泛指拷打。
罷除拷打。
罪報。

口出禍亦入，響應須臾間。死受荼毒報，罪結在赤連。轉輪五苦中，考對億劫年。出生無人情，六疾所嬰纏。（《太上洞淵神咒經》卷三6/11/a）

按：敦煌 P. 2004《老子化胡經玄歌第十》之《太上皇老君哀歌七首》：“朝與杖一百，暮與鞭一千，不堪考對苦，賣罪與生人。”曾良先生《敦煌文獻字義通釋》（第34—35頁）“對”字條認爲該句中之“考對”即“拷打，對取刺義。”釋“考對”爲拷打是正確的，但“‘對’取刺義”及下文“‘拷對’與‘拷楚’的用法同，‘楚’爲帶刺的刑具用來拷打，‘拷對’之‘對’也是取義於用帶刺之刑具拷打，故‘考對’復合爲拷打義”之説可商。首先，“楚”之荊條、帶刺之刑具義文獻常見，而“對”指帶刺之刑具於文獻無徵，“拷楚”、“拷對”之内部形式恐並不相同；其次，審訊拷問罪人時伴隨拷打動作是很常見的，故“考對”可徑釋爲拷打，但聯係到帶刺之刑具似顯迂曲。

今謂“考對”字面意思即拷打對質、拷打質問。“對”有對質義，如：

(1) 夫人之諱，雖質君之前，臣不諱也。（《禮記·曲禮上》）鄭玄注：“質，猶對也。”

(2) 面質吕須於平前。（《漢書·王陵傳》）顏師古注：“質，對也。”

(3) 鮮于冀爲清河太守，作公廨，未就而亡。後守趙高計功用二百萬，五官黄秉、功曹劉適言四百萬錢。於是冀乃鬼見白日，道從入府，與高及秉等對，共計校定。（北魏酈道元《水經注·淇水》）

(4) 他聽見俺娘説不拘幾時要對這話，他如何就慌了。（《金瓶梅詞話》第五十一回）

"考對"一詞道經常見,如:

(5)又刑法考對之官,在屈冤仇,任性聰斷。此人固從地府陰曹中來,但可移生中華,再得貴人,不可割符超度。(《無上玄元三天玉堂大法》卷二十)

(6)其間考對罪魂,長夜不息,悲苦之聲,充震天地。(《靈寶無量度人上品妙經》卷四十)

(7)或蒿里黃泉,或溟泠水界,或九壘重陰之內,或五嶽考對之司,或證結未終,或校量不盡。(《上清靈寶大法》卷三十一)

(8)六願八門五道,考對消除,惡緣永絶,善慶恒居,魂爽冠帶,衣食天廚。(《太上洞淵神咒經》卷十二)

(9)論訴神祇,稱怨理宜,得恩忘義,不賽神祇,殁命之後,淪墜三塗,受其考對。(《太上洞神洞淵神咒治病口章》)

(10)以今翻布符章,告行玉札,普詣幽冥之界,俱通考對之曹。(《上清靈寶大法》卷三十六)

"考對"亦作"對考",如:

(11)許賤者,戴石之女也,爲讎家薛世等所殺,又世殺賤抱小兒阿寧。賤今在水官,與兒相隨,骸骨流漂,亦訟在三官,求對考今生人也。(梁陶弘景《真誥》卷七)

(12)忽聞地獄死魂,受對考罰,痛聲號絶。又見死魂無託,冥闇之中,鬼官不錄。(《太上靈寶朝天謝罪大懺》卷五)

或作"拷對",如:

(13)天尊言:一切衆生,死經地獄,魂繫酆都,備受諸苦,時時拷掠,刀山屠割,銅柱鐵林,火翳寒池,無邊苦惱,吾今爲汝稱吟寶偈,舉無量音,響徹十方,聲聞九地,拷對悉皆解脱。(《地府十王拔度儀》)

(14)無邊聖力不思議,盡釋幽牢拷對詞;一道祥光來接引,亡靈隨逐上丹輝。(同上)

例(14)"拷對"有"詞",亦可證"對"當作"對質、對答"講。道經中有"執對"一詞,如:

(15)因在彼,則別無供賽,遂化爲妖黿,隨水而上,損壞軍民,計一萬來口,天道不容,合爲鄭圭一箭射死。……其妖黿猶作人言,要與鄭圭執對。(《玄天上帝啟聖錄》)

（16）三年前，於路州夾岸，遇見冤家姚孜，相纏至今，須要同往東嶽執對，幸遇真武今日下降，已荷授記，爲虎解脫冤魂。（同上）

"執對"乃同義連文，"執"、"對"皆對質義，王鍈《唐宋筆記語詞彙釋》（P232）"執、執對、執證"條云："執，即'對質'之'質'，'作證'或'證明'的意思。'執對'等於'質對'，'執證'亦同'質證'，均爲'對證'義，用作動詞。"所言甚是。"質"有對質、對問義，《資治通鑒·魏紀四》："曄可召質也。"胡三省注："質，證也，驗也，對問也。"此亦可證"考對"之"對"當取對質、對問義。

"罷對"乃"罷停考對"或"罷停執對"之省稱。如：

（17）若人持誦，能令地獄門開，關鎖自落，九幽罷對，六道停輸。（《北帝伏魔神咒妙經》）

（18）三願九祖盡生天，四願酆都皆罷對。（《北極真武佑聖真君禮文》）

（19）鬼吏奉命，魂識乘光；幽牢罷對，考掠停酸。（《三天玉堂大法》）

（20）請詳備去事理，將亡過某等，陰陽罪籍，子細考校，毋問重輕，咸宜稟赦恩。並與落滅惡根，罷停考對，關報冥曹陰獄，依時釋放。（《上清靈寶大法》卷六十）

（21）五道三途，四生萬類，一切沉靈滯爽。並與疾除罪薄，落滅惡根，解釋冤仇，罷停考對，悉行疏理，應召赴壇。（同上書卷三十一）

（22）五嶽四瀆之冥司，罷除考對，十地六天之夜府，開煥光明。（同上書卷三十七）

（23）使謫役停於陰境，考對罷於冥關。慶夾顯幽，福周寰宇。（同上書卷三十一）

（24）玉詔下酆都，拔度長夜魂。鬼官考對停，陽光燭九冥。（《靈寶元量度人上品妙經》卷八）

（25）玉清寶笈文，追度橫亡魂，開度長夜府，昇濟九幽沉，真符罷執對，和順出幽冥。（《靈寶玉鑑》卷三十五）

（26）九幽五苦，八難沉零，仇讎執對，展轉無停，神符一下，爲友爲朋。（《靈寶領教濟度金書》卷三百二十）

（27）執對停平，冤仇和釋，惡根落滅，罪籍捐除。（《太上三洞表文》卷上）

"對"由對問、對質義引申出報應義，李維琦《佛經詞語匯釋》（P91）云："對：（二）報應。詞義當來源於對答、回答，人生多作業，冥冥中必有所回答，這回答就是報應。……前句説'對'，後句説'報'，'報''對'相對成文，'對'即是'報'。善有善對，惡有惡對，不過經中多在惡報這個意義上使用'對'字，所以江藍生以爲衹是指'前世之孽報、冤債。'"江藍生《魏晉南北朝小説詞語匯釋》（P51）云："'對'爲佛家語，指前世之孽報、冤債。"

"對"之報應義被道家承襲，"罪對"猶言"罪報"，陳義孝《佛學常見詞彙》："罪報：罪惡之報應，即惡果。""罪對"典籍常見，如：

（28）六念損己布施，道士及飢寒者天下人民各得其所；七念蠕動跂行一切衆生咸蒙成就；八念赦貸前生今世罪對，立功補過。（《太上黄籙齋儀》卷五）

（29）慈光救苦太上慈悲，人生昏暗罪苦，以迷五苦五累，罪報無虧，今日大慶，天光下施，度出苦趣，罪對消除，登我場壇，受鍊生屍。（《玉堂大法》卷十五）

（30）凡人生前，造二十四種之罪，以致身亡之後，歷二十四報，化爲二十四獄。三途五苦，八難之場，能回三景之耀，曲降九泉之户，使水火消滅，毒苦金刃，摧劍惡鋒，鐵城鎔解，鬼官罷停，滅萬劫之罪對，拔億世之冤魂。（《上清靈寶大法》卷五十八）

（31）是故因親以教愛，使民知其有自然之恩；因嚴以教敬，使民知有自然之重。二者之來，實由冥應，應不在今，則宜尋其本，故以罪對爲刑罰，使懼而後慎；以天堂爲爵賞，使悦而後動。（南朝梁釋僧祐《弘明集》卷五《在家》）

例句尚多，茲不備舉。

篦眼

指機杼中篦齒與篦齒之間的空隙。

蘊方拜謝，將淨巾歸院納上，衹稱於曲阜山，不識姓名人家，求化得來，用勤接看，其巾長八尺，非凡俗布，入手如純纊，過冷處覺熱，暖處却涼，絲紋無接經篦眼，反覆有金光異香。（《玄天上帝啓聖録》卷三 19/587/c）

按：“篦眼”一詞，辭書均未見載。“篦”是古代織布機上的一個部件，即用來穿經線的“機杼”，《集韻·稕韻》：“𣚞，篦也，經絲具。”元戴侗《六書故·竹部》：“篦：織所以貫經而前却之者也。”明劉績《霏雪録》：“篦，扣音，《詩通釋》曹氏以爲梭者，非也。韻書注：梭，織具，所以行緯者，固非杼矣。吾友宛平任惟本云：嘗見北嫗呼篦爲杼，此一證也。盧陵張員外昱題乘槎卷，有‘織女弄機梭杼鳴’，非梭明矣，又柳待制《貫文集》有‘雙杼寒梭’之語，則愈明矣。又坡翁詩亦有‘絲穿杼’之語，即指今之篦也。”

“篦”由竹片或鋼片（即篦齒）按照一定的密度排列後予以固定，形狀類似梳子，經線即從篦齒間的縫隙中穿過。如：

（1）凡織帛羅紗，篦以八百齒爲率，綾絹，篦以一千二百齒爲率，每篦齒中度經，過糊者四縷，合爲二縷。（明宋應星《天工開物》卷上《經數》）

（2）吳仁傑《兩漢刊誤補遺》言：宋時織篦用六成至十五成，成四十齒，兩縷共一齒，是八十縷爲成，即升即稯也。（清俞正燮《癸巳存稿·升數》）

《玄天上帝啓聖録》句中“接經”謂緊挨著的經線，“篦眼”即指機杼中篦齒與篦齒之間的空隙。

（3）布一篦四十眼，著八十絲爲一升，今興化人能爲之云云，十升布已難做，至如三十升，不知古人如何做也。（宋黎靖德輯《朱子語類》卷一百三十八《雜類》）

（4）一升是八十縷，一眼篦用兩縷，千二百眼篦，極細布，如《禮》三月之服，十五升去其半，世俗以爲七升半，不知乃是一眼篦用一縷，如今單串黃草布。（宋陳埴《木鍾集》卷一《論語》）

（5）如此則營造尺之一寸爲縷幾二百，是一寸爲今百眼篦，其細密難成可見。（元許謙《讀論語叢説·子罕第九》）

“篦”字也作“筘”，《字彙補·竹部》：“筘，布筘也。”如：

（6）蛛絲兒密密的上不得筘。（明馮夢龍《桂枝兒·虛名》）

（7）吉服之用絲者，自中古始然，亦每每以布爲尚，故始冠亦

緇布冠，三十升布，則爲筓一千二百目，細密難成。（明顧夢麟《四書説約》卷八《論語五·子罕第九》）

也作"扣"，成語有"絲絲入扣"。

（8）脚踏踩杆手搬扣，我與哥哥没盛够。（《陝北民歌選·信天遊》）

故"篦眼"也作"扣目"，

（9）三十升爲二千四百縷，兩縷一扣，是用千二百目扣，凡布今一寸，爲縷百八十有奇，爲扣目九十有奇，必如是方見細密。（清陳鱣《簡莊詩文鈔》卷五《麻冕考》）"扣"下注云："俗作篦，《集韻》云：篦，織具。"

款辯、狀款、辯狀

認罪之供詞、供狀，偏義複詞。
供詞、供狀。
告狀的文書；辯解、辯護。

罪重不積，只在泰山十八地獄之中，晝夜鞭笞，時時考撻，款辯既定，案牘分明，獄卒攣叉，曹官引過。閻羅大怒，罪故難容，各准條章，償他業債。（《太上洞淵神咒經》卷十五6/55/b）

按："款辯"指認罪之供詞、供狀，該詞文獻罕見。如：

（1）款辯第六：明聽單辭、兩辭、師聽五辭、要契之辭（王叔氏不能舉其契）、書辭無頗、抵讕置辭（漢大鴻臚持節移梁王傅相曰：王陽病，抵讕置辭）、不知置辭（周勃下廷尉不知置辭）、南山之竹不足受我辭。（唐白居易《白氏六帖事類集》卷十三）

（2）法官、聽訟、議讞、察獄、舉按、拷訊、款辯、鬭傷、藥人、誣人、殺人、告人罪、從坐、相代罪、猜認、錯誤、文字誤、使吏供已、犯夜。（清張英《淵鑒類函》卷一百五十一《政術部》）

（3）原兩辭(《尚書》曰：無或私家於獄之兩辭)、五辭、（又曰：師聽五辭)、單辭（又曰：明清於單辭)、書辭、抵讕（漢大鴻臚持節移梁王傅相曰：王陽病，抵讕置辭)、會獄、追對、不舉其要

（左傳曰：王叔氏不能舉其要），……不足受辭（漢朱安世云：南山之竹不足受我辭。）（同上書卷一百五十一《政術部・款辯》）

"款辯"也作"款辨"，如：

（4）疑獄、留獄、冤獄、讞獄、察獄、失出、失入、議讞、推斷、拷訊、款辨、申理、獄空。（宋謝維新《事類備要》卷二十《刑法門・獄繫》）

（5）刑法總論款辨：諸獄結，正徒以上各呼囚及其家屬具告罪名，仍取其服辨，若不服者，聽其自理，更爲審詳。違者笞五十，死罪杖一百，囚辭皆獄官親聽，令自通狀，不能書者，典爲書之，書訖，讀示辭已窮盡即官，典同以關狀類合成款，惟具要切事情，不得漫錄出語，仍示囚詳認書字，能書者親書結款，若重罪大情已明者，其餘並據招結款。（同上書卷二十三《刑法門・款辨》）

（6）皆以恢張憲綱，表正隄防，欲奸吏盡絕于析言，齊民不憂于惧陷。蓋念刑難復續，死不更生，獄成兩造，律正五刑，款辨既周，杳不可變，哲王所以惟恤，良臣所以疚心。（明楊士奇《歷代名臣奏議》卷二百一十《法令》）

"款辯／辨"乃偏義複詞，和"服辯／辨"、"伏辯／辨"類同，"辯／辨"的辯解、分辨義僅爲陪襯，"服辯／辨"、"伏辯／辨"即認罪之供詞、供狀，"服辯／辨"本來指法律中或服從或辯解兩種行爲，如：

（7）臣以爲巡按御史欲審罪囚，先行掌印正官將在監重犯就近拘提，原證逐一細審明白，仍親責本囚服辯，服而不辯者，取無冤結狀；辯而不服者，具可釋緣由，仍將在獄囚冊俱送巡按衙門，聽候取止。（明呂坤《去僞齋文集》卷一《摘陳邊計民艱疏》）

（8）獄囚取服辯：服者，心服；辯者，辯理。不當則辯，當則服，或服或辯，故曰服辯。（清三泰《大清律例》卷三十七《刑律斷獄下》）

（9）服者，心服；辨者，辨說。擬罪不當則辨，當則服矣。然或服或辨尚未可知，故名服辨。（清凌銘麟《律例指南》卷十《獄囚取服辨條贅言》）

後來辯解義隱没，衹剩下服從義，引申爲供詞、供狀。清代梁章鉅下面這段話可爲明證：

（10）今之遵依即古之服辨也，《元典章》："凡府司官對衆審訖必取服辨文狀。"按："今律仍有獄囚取服辨條，注：服者心服，辨者分辨。近易其名曰遵依，則有服而無辨矣。"(《浪迹續談》卷一《遵依》)

下面這些例句都是表示"有服而無辯"的動詞服從義或名詞供詞、供狀義，如：

(11) 如有招情未明，擬罪不當，稱冤不肯服辯者，駁回再問若；招情明白，擬罪合律，輸情服辯者，本寺將審允緣由，奏奉欽依，準擬依律，處决方纔回報。(明申時行《大明會典》卷一百七十七《刑部·朝審》)

(12) 諸獄結竟，徒以上各呼囚及其家屬具告罪名，仍取囚服辨；若不服者，聽其自理，更爲詳審。(唐長孫無忌《唐律疏議》卷三十《斷獄》)

(13) 怎麼樣？先寫服辯，後來是打，打了大半夜，再打折了腿。(魯迅《呐喊·孔乙己》)

"伏辯/辨"亦僅指供詞、供狀，如：

(14) 不過引囚讀示，再取伏辯而已。(宋呂陶《奏爲乞複置糺察在京刑獄司並審刑院狀》)

(15) 你如今只將我這三百兩利錢出來還我，修理莊居，寫一紙伏辨與我，我們便淨了口。(《初刻拍案驚奇》卷十五)

(16) 捉到一個賊，總要留個伏辯的。(許傑《賊》)

同樣，我們認爲"款辯/辨"一詞中的"辯/辨"亦無實義，"款"有招供、供認義，如：

(17) 婢采音不款偷車欄、龍牽，請付獄測實。(南朝梁任昉《奏彈劉整》)

(18) 未知獄所測人，有幾人款？幾人不款？(《陳書·沈洙傳》)

(19) 湖州佐史江琛取刺史裴光判書，割字合成文理，詐爲徐敬業反書以告。差使推光，款書是光書，疑語非光語。(唐張鷟《朝野僉載》卷五)

引申有供詞、供狀義，如：

(20) 來俊臣鞠之，不問一款，先斷其首，仍僞立案奏之。(《資治通鑒·唐則天后天授二年》) 胡三省注："獄辭之出囚口者爲款。"

"款占"猶供詞，如：

（21）惟忠始下獄，即請服罪，臣不忍希旨致人于法，亂陛下邦憲。因抱款占，羅列指摘，詞氣不撓。（宋王禹偁《監察禦史朱府君墓誌銘》）

所以，“款辯/辨”和“服辯/辨”、“伏辯/辨”爲同義詞，且皆爲偏義複詞。

文獻中有“狀款”一詞，亦是供詞、供狀義，如：

（22）沖從甥陰始孫孤貧，往來沖家，至如子姪，有人求官，因其納馬於沖，始孫輒受而不爲言，後假方便借沖此馬，馬主見沖乘馬而不得官，後力自陳始末，沖聞之大驚，執始孫以狀款奏，始孫坐死。其處要自屬，不念愛惡，皆此類也。（北齊魏收《魏書》卷五十三《列傳·李沖》）

（23）大理丞諸獄結正，徒以上各呼囚與其家屬，告以罪名，問其狀款，不伏則聽其自理。（唐李林甫《唐六典》卷十八）“問其狀款”，清三泰《大清律例》卷三十七作“囚取服辯”，清薛允升《唐明律合編》卷三十作“囚取服辨”，可爲明證。

（24）卿掌審讞，允反刑獄之政令，少卿寺丞爲之貳，凡刑部十三道推問刑名按律例，慮而復問其狀款，服則決之，否則駁訊，必服乃決。（清張岱《石匱書》卷二十八《百官志》）

“狀款”亦作“款狀”，“款狀”《漢語大詞典》已收錄，茲不贅言。

文獻中有“辯狀”一詞，辭書未見收載，有兩義：

（一）告狀的文書。如：

（25）于秀才我正要來與你説知，如今新大爺已到任，是個正直明白的，你可詳悉寫一張辯狀，待我看機會與你遞上，倘然準了提出去詳審一番，就是你的生路了。（明阮大鋮《春燈謎》卷上《傷繫》）

（26）你可就詳明寫下一箇辯狀，我明早好來取。（同上）

（27）如今大爺前日見你的辯狀，審過你口詞，心上十分憐憫你，已將招情細細辯駁，又密申到察院裏替你開豁。（同上書卷下《籲觸》）

（二）辯解、辯護。

（28）只是審錄一事重大，其中情真者多，止有斬罪强犯一，名于俊，下官到任時已準他辯狀回審一番，情有可疑。（明阮大鋮《春

燈謎》卷下《釋纍》)

(29)（武后）是時誅唐宗室貴戚數百人及大臣數百家，其刺史郎將以下不可勝數，……狄仁傑、姚崇、宋璟、王及善相與論垂拱以來酷濫之冤，太后感寤，由是不復殺戮，大定元年，乃詔法司及推事使，敢多作辯狀而加語者，以故入論。（清閻鎮珩《六典通考》卷一百七十七《刑典考》）

(30) 看得馮友恭與馮友善相毆乃初七日事也，果交襠受踢，其死難逾時刻，果腰眼中傷，其病不能起立，況無棍無石未有拳擊腰骨而殺人者，且以帶傷殘喘又能于初九日赴會府辯狀受重刑二十乎？受責無恙至十五日而殂。（清梁熙《晳次齋稿》卷十二《文稿》）

括摘

搜集、選取；搜刮。

伏惟上界真武真君，於今治世，助國安民，欲報恩德，已於內庭建立寶應閣，及括摘到前後感應事跡，共計一百四件，合隨勳贈入閣。（《玄天上帝啟聖錄》卷三 19/581/b）

按："括摘"謂搜集、選取，辭書未見載。義同與"搜摘"、"摘索"，《漢語大詞典》："搜摘：搜集摘取。""摘索：搜索。""括"有搜集義，如：

(1) 玩圖籍於絕跡之藪，括藻麗乎鳥獸之群。（晉葛洪《抱樸子·嘉遁》）

(2) 括天下私藏天文、圖讖，有私習及收匿者罪之。（清畢沅《續資治通鑒》卷一百八十六《元紀四》）

"括摘"此義文獻另有一例，如：

(3) 後人括摘摩詰，退想其遊輞川，某句則謂之傲睨閒適，某句則謂之蟬蛻浮游，某句則謂之詩中有畫畫中有詩，又何其摹寫之無已也。（宋馬廷鸞《碧梧玩芳集》卷十六《跋董秀夫輞川圖後》）

句中"括摘摩詰"謂搜集選取王摩詰之詩句。

典籍中"括摘"的搜刮義更常見，如：

(1) 蓋自檜再相，密諭諸路暗增民稅七八，嘗建言國家經費惟仰二税，聞乞蠲免，理宜禁絕，雖經界之行，或謂但求括摘漏税，亦無實惠及民，故民力重困，饑死者衆，皆檜之爲也。（元馬端臨《文獻通考》卷五《田賦考五・歷代田賦之制》）

（2）夫近世言政之家，其失可知也，大抵以神自蓄，銳師刻隱，務爲操切，喜日計之績，棄祀代之謀，工括摘之慘，病覆盖之厚，獎名法之家，後仁義之用。（明王廷陳《夢澤集》卷十六《文・長厚》）

（3）又爲疏通河渠，開百年之利，不費民間一錢也，南國之人疇不舉手加額，安所得周公愛利我如此，振明作之功而不入於括摘，務覆蓋之厚而不狃於姑息，解目前之網不忽於祀代，蓋惟恐公之去我南國。（明鮑應鰲《瑞芝山房集》卷五《賀周懷魯公祖榮考序》）

"搜刮" 義當由 "搜集、選取" 義引申而來，典籍中有 "搜括" 一詞，亦有 "搜集"、"搜刮" 兩個義項，"括摘"、"搜括" 二詞具有相同的詞例。"搜集" 義用例，如：

（4）凡諸郡國舊族，邦内無在朝者，選官搜括，使郡有一人。（《梁書・武帝紀中》）

（5）兩縣除將庫積銀兩並節年存留通融支盡外，搜刮先年庫貯黑漆銅錢，申允搭支，少救燃眉。（明沈榜《宛署雜記・契税》）

"搜刮" 義用例，如：

（6）官吏往往更行收糴，所給官錢既少，百姓不肯自來；中糴則遣人編攔搜括，無異於寇盜之鈔劫。（宋司馬光《言蓄積劄子》）

（7）傾倉倒甕恣搜括，排墻墮壁掘餘藏。（明周岐《官兵行》）

括賣

搜求。

後揚州依稟朝旨，括賣老人，召赴聖節宴席，惟元嗣家子孫壽年八九十，百歲以上，兄弟八人内，吳琬壽過一百，步履康健，視聽不衰。州府問勞，據稱翁父元嗣在日，義聚不分，及醮祭因依。（《玄天上帝啟聖錄》卷三 19/587/a）

按："賣"，《中華道藏》錄爲 "貴"，"括貴" 不辭，"括" 有搜求義，若"貴"字連下讀，即"括/貴老人"，則朝廷爲何唯獨搜求尊貴的老人亦不好理解。今謂貴字當錄作"責"，"括責"，《太上説玄天大聖真武本傳神咒妙經》卷六異文作"根括"，"根括"謂徹底搜求，與"括責"義近。《中華道藏》整理者因不諳"括責"之義而誤錄。"括責"謂搜求，同義連文，該詞道經中多有用例。如：

（1）或有冤愆執對，未得釋放者，並脱拘囚，併括責諸處沉滯孤魂罪爽，交付承行官將，同泰山神吏，仍傳報沿路水陸關津。（《上清靈寶大法》卷六十四）

（2）牒請照應，火急關報所隸去處，括責九州十道應係有主無主孤魂，囚徒苦爽，不問新久遠近，有無冤對，普行放釋。（同上）

（3）遵承敕旨，括責在會係薦男女亡魂，并九州孤爽，不問死於非命，喪於天年，凡隸拘錄者，例行釋放。（同上）

該詞典籍常見，辭書亦收，不贅。

L

来久

已久、很久，"來"是詞頭。

道上之鬼名烏子丁，舍宅之鬼名玄子都，一合來下，遠人舍宅萬重，不爲一人，殺害萬民來久。自今以去，斥遠萬里。(《太上洞淵神咒經》卷三 6/12/b)

按："來久"謂已久、很久。王鍈《唐宋筆記語辭匯釋》(P106)："來，用在各類實詞之後，組成一個指示時間的詞組，作用相當於一個時間名詞，來在其中表示'……時'或'……以後'的意思。"其中所舉的一個例句爲"唐元宗遷爲果州司馬，有婢死，處分直典云：'遷家老婢死，驅使來久，爲覓一棺木殯之。'"並言："'驅使來'猶云'驅使時'。"此說欠妥，斷句有誤。"驅使時久"義不可解，今謂"驅使來久"義爲役使了很久，所以死後爲之覓一棺木，以作回報。"來久"道經中常見，皆爲已久、很久義。如：

(1) 遂令仕官不遷，宅中虛耗，口舌妄起，觸物不吉，連遭刑獄，囚繫來久，田蠶不得，萬願不果。(《太上洞淵神咒經》卷七)

(2) 學仙道士，貧而樂道者，此先身習學來久，不化於人，故令人大貧困。(同上書卷九)

(3) 道言：師徒弟子，先世之重緣，亦如父子耳。皆是先身相逐一處來久，結誓累劫，非只今相親。作惡緣者，亦復然也。若國主、大臣、方伯、二千石，今與此道士學仙，善者亦先世緣耳。自不重緣，不得爲師宗父子矣。今之聰明，樂經就書，皆以先世習來久也。師徒亦耳，共同一心，積來久矣。誓爲師友，以見此經，今乃受

之。受之智者，此人先身以學來故也。時不知世之事，謂其人聰明，此亦明矣，然伏讀來久矣。(同上書卷二十)

(4) 右目上瞼旦瞤，得財。下瞼夕瞤，有喜。左目上瞼旦瞤，遇善人語。下瞼夕瞤，有憂來久。面熱，有鬥爭。嚏噴，憂事。(《靈信經旨》)

(5) 右目上瞼旦瞤，有喜事；下瞤同，亦有婦女事。左目上瞤，有人相問，下瞼夕瞤，有徵異事來久，憂。面熱，亦有憂。(同上)

(6) 右目上瞼瞤，得財及憂，下瞼瞤，有兒女憂來久，憂死。嚏噴亦同。面熱，有酒食，頰癢，有亡遺。(同上)

(7) 十者專誠於道，十一者誓弘大道，十二者志宣經教，十三者習道來久，十四者清淨身心，十五者無健羨心。(《三洞奉道科戒營始》卷二)

(8) 俄有叩者，乃清溪鄭思遠與太華施真人由東南而來，緩步凌虛，體凝金碧，相揖共坐，曰："契闊來久，適尹思逸煉丹所，遂造仙扉。"(《呂祖志》卷一)

(9) 老君曰："善，吾所以留子者，以子居世來久，深染恩愛，初受經訣，未克成功，是以待子於此。"(《歷世真仙體道通鑑》卷八)

"來"有用在形容詞後面表示程度者，如：

(10) 那作怪的書生，坐間悄一似風魔顛倒。大來沒尋思，所爲沒些兒尌酌。(金董解元《西廂記諸宮調》卷一)凌景埏注："大來，絕大，十分的意思。"

今謂"來久"之"來"用在形容詞前表程度，如：

(11) 橫渠(張載)將這道理擡弄得來大，後更奈何不下。(《朱子語類》卷九十三)

(12) 遮莫待攂怨鼓、撅皇城、撞死金階，覷了他拆的來分外，不由我感嘆傷懷。(元無名氏《謝金吾·鵲踏枝》)

《宋金元明清曲辭通釋》云："此'來'字用作甚詞，猶'忒'，猶'太'，'來分外'謂太過分也。""來久"之"來"亦是用作甚詞。

利通

順利、無阻礙。

　　婚姻：不將年命合相同，勉强求成豈利通；縱若有緣成一處，終須離別各西東。（《玄天上帝百字聖號》卷三 36/339/c）

　　按：《漢語大詞典》："利通：顯達。《管子·法禁》：'交於利通而獲於貧窮。'"此義項置此不適，今謂"利通"有順利、無阻礙義，同義連文，故也作"通利"，《漢語大詞典》："通利：通暢，無阻礙。"王雲路、方一新《中古漢語語詞例釋》（P368）："通利：疏通；使……暢通。"二詞屬同素逆序詞，義同。"利通"此義文獻常見，如：

　　（1）蒼梧鬱林，道易利通，元龜象齒，寶貝南金，爲吾歸功。（漢焦延壽《易林·噬嗑》）

　　（2）秋冬夜行，照覽星辰，道理利通，終身何患。（又《咸卦》）

　　（3）夫小兒大小便不利通者，內經曰："三焦約也，約者，不行也。"可用長流水，煎八正散，時時灌之，候大小便利即止也。（金張從正《儒門事親》卷五《大小便不利》）

　　（4）甚者至於厥逆，或面青口禁，當先以蘇合香丸灌之，欠（按：欠當爲次之訛）投此藥，治惡心嘔逆，全不納食，此藥微微利通，方服溫脾之藥。（元王好古《醫壘元戎》卷六《海藏十餘證脉并藥》）

　　（5）雞鳴散治瘰癧疼，結核煩悶熱相乘，粉牽消黄爲細末，井水調服便利通。（清吳謙《醫宗金鑒》卷六十四《外科心法要訣》）

兩偶

兩頭、兩邊。

　　行人：關山疊疊路崎嶇，客旅憂心掛兩偶；今日憂危都散盡，忽然歸輿到門閭。（《玄天上帝百字聖號》36/348/a）

　　按："兩偶"一詞文獻僅見此一例，今謂"兩偶"猶言"兩隅"，謂兩頭、兩邊。在《玄天上帝百字聖號》一書中"行人"類有兩條旁證，如：

（1）行人：一心常卦兩頭憂，路阻關心不自由；惆悵幾多寬恨事，更無消息到楊州。

"一心常卦兩頭憂"與"客旅憂心挂兩偶"義當相同。

（2）行人：人去他鄉未到家，兩頭心緒亂如麻；誰交雲散蟾光現，方見人財免嘆嗟。

"偶"、"隅"相通古籍常見，《隸釋·漢酸棗令劉熊碑》："養□之福，惟德之偶。"《詩·大雅·抑》作"維德之隅"。馬瑞辰通釋："漢《劉熊碑》：'維德之偶。''偶'即'隅'之叚借。"《説文·人部》："偶，桐人也。"朱駿聲通訓定聲："偶，叚借爲隅。"清陳鴻墀《全唐文紀事·推挹二》："涵爲子文，無偶無邊。"《漢語大字典》："用同'隅'。"

"兩隅"文獻常見，如：

（1）開府當朝杰，論兵邁古風，先鋒百勝在，略地兩隅空，青海無傳箭，天山早挂弓。（唐杜甫《投贈哥舒開府二十韵》）

（2）自中夏而布德，總八方而爲極，披路三條，則桂柢森以相連；立觀兩隅，則罘罳儼以並飾。（宋李長民《廣汴賦》）

（3）賜書一函，他物一器，出發，視玉帶一，首末爲玉，十有三，方者七，挫兩隅者六，每綴環焉。（唐韋端符《衛公故物記》）

（4）西南落漢日，楊益奮兩隅，山河裂地軸，星象分天衢。（宋胡宏《觀建安七子詩》）

（5）及觀首飾，則各垂旒冕，以至衣裳幃帳，望之偉如也。傍觀兩隅，則星位草仙各衣凡衣，鮮艷殊异。（宋沈庭端、黄彌堅編《華蓋山浮丘王郭三真君事實》卷五）

料剩、糧剩

徵收的物料、雜物税。
徵收的糧食税。

失物：失却凡財問聖真，汝今莫把衆人嗔；天曹料剩分毫定，衣

食隨求不害身。（《玄天上帝百字聖號》36/339/c）

按："料剩"文獻用例不多，另見有兩例，如：

（1）陸年巡撫殷從儉題，要將原派丁貳米肆、銀肆、萬貳千兩，自陸年分限滿，免其徵派，其寺租、弓兵、糧剩、倉折、魚課、料剩、商稅，共壹拾貳萬伍千伍百兩，存留備用。尚書張守直覆，該省倭寇雖寧，防衛不可少懈，前項銀兩姑照舊徵派，以爲兵餉，待地方寧謐，即行停免，其寺租、弓兵、糧剩、倉折、魚課、料剩、商稅等銀，相兼支用。（明張學顏《萬曆會計錄》卷五《福建布政司田賦》）

這兩處"料剩"皆與"糧剩"同現，且與"寺租"、"魚課"、"商稅"同現，可見"料剩"、"糧剩"亦當屬稅收之類。今謂"糧剩"指徵收的糧食稅。"剩"有稅收義，此義未見有人作過解釋，文獻中有"蹙剩"、"出剩（出賸）"二詞，如：

（2）宋徽宗大觀五年，……五月，臣僚上言：朝廷推行方田之初，外路官吏不遵詔令，輒於舊管稅額之外增出稅數，號爲蹙剩。（《文獻通考·田賦五》）

（3）比來州縣受納租稅，務加概量，以規出剩，可令禁止。（《宣和遺事》後集）

（4）江西諸路州軍體例，百姓納米一石，出剩一斗，往往有聚斂之臣，加耗之外，更要一斗。（《續資治通鑑·宋仁宗慶曆七年》）

（5）國家錢糧加耗，其來已久，往時謂之出賸，猶今關榷之稱盈餘也。（清姚瑩《寸陰叢錄·賦稅加耗》）

《漢語大詞典》："蹙剩：指浮收的田賦稅。""出剩：舊時百姓向官府納糧，超出規定多交一定數量，稱爲出剩。"個人收入的剩餘部分上交給國家即是賦稅，因此，"剩"可引申出稅收義。

"糧剩"此義項文獻常見。如：

（6）糧剩備用，三百七十九兩五錢一分九釐五毫六絲九忽。（明葉春及《石洞集》卷四《版籍考》）

（7）隆慶肆年，巡撫何寬題，歲用備倭餉銀，壹拾捌萬捌千兩，乞將該省丁米等銀照例留用，叁年，尚書劉體乾覆，除丁糧、魚課、弓兵準留外，其糧剩等銀，照舊徵解。（明張學顏《萬曆會計錄》卷五《福建布政司田賦》）

（8）照數催覓外塘兵船，委官總領，專一防守，以免流江顧此失彼之慮。其軍兵口糧工食等用，軍餉不足，聽于本州糧剩銀內動支，惟復別有定奪，伏乞照詳。（明陳子龍《明經世文編》卷二百六十《議處海防事》）

（9）近者數月兵益少而糧益乏，臣所未解也，臣嘗見福建歲派糧剩銀止十萬兩，至四川兩廣皆無，之大抵百姓逋負。（同上書卷三百二十二《論理財疏》）

（10）臣昔嘗巡撫福建四川及總督兩廣軍務，於稽其數，止見福建每年尚派有糧剩銀十萬兩，彼之所謂糧剩，即臣所謂額餉也。臣按福建爲衞，凡十六爲所，凡十二共該額軍十萬六千四十名，乃所存不能四萬，其派糧剩銀當不止十萬兩，而數止於是。要之，除水旱蟲蝗蠲征之外，餘皆逋負於民時。臣嘗建議與繼臣巡撫者悉心清查，以備水陸兵餉，至今賴之。比至四川兩廣查通無糧剩一項，及考其留存之數，與見在軍伍則餉額常盈。以是而推之，天下當不相遠，大抵多逋負於民耳。（明譚綸《譚襄敏奏議》卷七《懇乞聖明講求大經大法以足國用以圖安攘以建久安長治疏》）

由此推之，“料剩”當指徵收的物料、雜物稅，“料”亦爲徵稅的一個对象。如：

（11）貢（賦稅名）今謂之料者，盖具其物料云，有額辦，原有定額，又有謂之歲辦，其雜辦，歲無常數，藩司承部不時之派也。名色孔多，各志不同，郡新志似詳之矣。初本里甲，所辦後出之于丁，舊謂之八分丁料，自嘉靖末年米雖仍舊而丁口隱耗，今省至七分矣，但舊派成丁邑之不成亦派非也。內若夏稅、農桑、絹、鐵課咸在本稅課，而謂之料者，料多而并徵之耳。（明葉春及《石洞集》卷四）

可見，“夏稅”、“農桑”、“絹”、“鐵”都屬於“料”類賦稅。

“鹽”亦屬於“料”，如：

（12）原造丁口既與黄冊實在殊，清冊實在又與糧單殊，故向祗據清冊，於不成丁用其半以准，丁料用其全，以入鹽糧則請司冊覈焉，故牒鹽料，故者免，男不成免，女小免。（同上）

“採煉”、“酒醋”、“窑冶”亦屬於“料”，如：

（13）洪武乙亥，罷官冶，令民得採煉，每分輸課三十八取二，今附于料，商稅各有程，郡新志詳之，如酒醋窑冶等，謂之正辦；敷于里甲，宜于料内具之，其商稅窑冶等謂之帶辦，出于徭役，編之巡欄是也，邑志謂額派于料非矣，若農桑絹，雖附于料而徵，不宜列之于課，故郡新志附之田稅焉。（同上書卷十）

（14）公上之派靡定，而私賦之復無常，難以爲表。若料若徭，若兵若餉之屬，各論之而數別，具以萬歷之元爲。（同上）

（15）夫男丁算賦，幼待十年而登，女大小口蓋爲給鹽，自鹽弗口給而鈔納如故，徭且叢集，視宋之身丁錢不減矣，故余所修版籍户減舊而丁稍加，庶乎料與縣稍輕，然尚不及嘉靖之元以萬云。（同上）

此（14）、（15）二例 "料" 與 "徭"（勞役）並論。

"天曹料剩分毫定" 之 "料剩" 亦爲此義，國家的賦稅有嚴格的規定，一分一毫皆有定數，以下例證可爲之注脚，如：

（16）糧剩備用，三百七十九兩五錢一分九釐五毫六絲九忽。（《石洞集》卷四《版籍考》）

（17）起解折料：官米二百三十七石四斗五升五合八勺，每石撥正價銀二錢七分四釐五毫九絲三忽，該銀六十五兩二錢三釐三毫，每兩水脚銀四錢，該銀二十六兩八分一釐三毫二絲。（同上書卷四《糧料》）

（18）解司備用銀，三百八十兩七錢一分六釐四毫八絲九忽，比案驗多銀一兩一錢九分六釐九毫二絲，内官折餘銀二百七兩三錢九分四釐八毫二絲二忽，民折餘銀一百七十三兩三錢二分一釐六毫六絲七忽。（同上）

例證尚多，茲不備舉。

潦留

"潦" 爲 "淹" 之形訛。

行人：去時曾約便相逢，今日音書又不通；阻滯**潦**留三五日，管交財車樂時豐。（《玄天上帝百字聖號》36/343/a）

按："**潦**"，《中華道藏》録爲 "潦"，"潦留" 義难索解。今謂 "潦" 當爲 "淹" 之形訛，證據有三：

（一）二字字形相似，在《玄天上帝百字聖號》一書中，"淹"有以下俗體，如**澹**、**淹**、**淹**、**淹**等，與"潦"字形頗似；典籍中亦有"奄"、"尞"構件相訛之例，如唐杜牧撰《昔事文皇帝三十二韻》："撩頭雖欲吐，到口卻成吞。"清馮集梧集注："撩，一作掩。"唐韋應物《橬櫚蠅拂歌》："橬櫚爲拂登君席，青蠅掩亂飛四壁。"《全唐詩》卷一百九十五在"掩"下注云："一作撩。""掩"、"撩"在唐詩中互訛例極多，茲不贅述。

（二）在《玄天上帝百字聖號》一書中，"淹留"共出現十次，如：

(1) 家宅：些小淹留無星礙，田疇十倍在秋深。

(2) 家宅：君家陰德合天門，些小淹留禍不侵。

(3) 行人：慢勞回首望青天，去客淹留在路邊。

(4) 行人：歸期限促恨悠悠，爭奈淹留事未週。

(5) 官事：莫交成事難回避，只恐淹留到憲臺。

(6) 占病：數載淹留運未通，災星正照汝家門。

(7) 占病：伊人不告神天祐，老者淹留少者亡。

(8) 占病：天醫自有靈丹藥，些小淹留病得瘥。

(9) 占病：星辰不順禍臨身，莫待淹留變骨癥。

(10) 官事：秋冬若有淹留滯，春夏人財總遂心。

由此普遍現象推之，《玄天上帝百字聖號》一書似不當另有同義的"潦留"出現。

（三）"阻滯潦留"類表述典籍不經見，而"阻滯淹留"類甚多，如：

(11) 父發兄搖歸未得，鬼搖阻滯更淹留。（明姚際隆《卜筮全書》卷五《行人章》）

(12) 小民爭先博易者，爲無遲滯淹留之患。（元劉孟琛《南臺備要》）

(13) 公又相繼應鄉貢進士舉，獨淹留沈滯于小官簿領之中，二十餘年無所芥蔕。（元蘇天爵《題劉光遠文稿後》）

(14) 石至靜而无欲，此語極好，无欲則私邪无所惑，所以見幾无欲，則美好无所戀，所以見幾而作，又何濡滯淹留之有哉。（清刁包《易酌》卷十二《繫辭下傳》）

(15) 侯拯溺恤飢也，奈何以吾民故，重陷賢侯淹留底滯於茲。

（清李祖陶《存樸居士傳》）

“潦留”文獻中另見一例，如：

（16）你門不三思，紅日漸西流，兩人沒來由，只管此迤逼，爹行聽分剖，奈擔兒難擔受，更驢兒不肯快走，致令得兩人途路恁潦留。（《永樂大典戲文三種·宦門子弟錯立身》）

竊謂該句之“潦留”很可能也是“淹留”之訛。因爲“路途淹留”類的表述文獻很多，而“路途潦留”則不見，可資比證。如：

（17）前行塗路阻，踪跡且淹留。（明鄭作《登高》）

（18）千里飄零又明發，方長塗路畏淹留。（清張際亮《十二月十五夜蘭溪舟中對月》）

（19）因悲行路險，徒御共淹留。（清邢昉《稽溝嶺二首》）

（20）山腰好精舍，歸路重淹留。（清施閏章《梓山》）

臨背

背離、背棄。

後三日夜，中庭又見元指回駕童子，再來告言：伏因皇帝駕出景靈宮，化成宮己生公主，其公主生時，主於父宮，臨背子息之位，上天令避其時，乃是真武特加保護，不受一切驚危。今蒙真君令報陛下，其女降世祇一紀合歸天宮，後果十三歲而卒。（《玄天上帝啟聖錄》32/722/b）

按：“臨背”文獻僅見此一例，考察文義，“臨背”猶言背離、背棄。“父宮”即父宮位，“子息之位”即子宮位，都是依據生辰八字來推測吉凶的算命學術語，如：

（1）父宮曜得，子宮曜生，則父慈子孝；忤逆不孝者，羅技犯于太陽。（《星學大成》卷二十六《通星賦》）

（2）上胞爲父，下胞爲子，父宮胞硬則父送其子，子宮胞硬則子送其父。（《月波洞中記》卷上）

（3）辰丑二土皆爲濕土，況且父宮甲木，土旺木折，逢水出頭的歲運，將要克父。丑位相沖父宮位，墓門打開，甲木入未墓，亡父

之期于冬季。(李順祥《四柱集錦》)①

公主降生，本應居子宮位，而今却背離子宮位，居於父宮位，此乃不祥之事，對父不利，所以真武大帝讓皇帝去景靈宮，避開公主降生的時間。

"臨"有背靠義，該義項《漢語大詞典》、《漢語大字典》等諸類語文工具書均未見載。文獻中有一確證，《史記》卷一百二十九《貨殖列傳》："夫燕亦勃碣之間一都會也，南通齊趙，東北邊胡，上谷至遼東，地踔遠，人民希，數被寇，大與趙代俗相類，而民雕捍少慮，有魚鹽棗栗之饒，北鄰烏桓夫餘，東縮穢貉朝鮮真番之利。"唐司馬貞索隱："鄰，一作臨，臨者，亦却背之義，他並類此。……縮者，縮統其要津，則上云臨者，謂却背之也。"司馬貞兩次提及"臨"乃却背之義，"却背"即背靠，如：

(4) 于後則却背華容，北指昆侖。(晉左思《蜀都賦》)

(5) 聞道君牙帳，防秋近赤霄，下臨千仞雪，却背五繩橋。(唐杜甫《寄董卿嘉榮十韵》)

"臨"在文獻中常用的義項是面對，而面對和背靠義恰相反，郭在貽先生在《唐詩中的反訓詞》一文中列舉了"校(較)"、"僅"②、"剩(賸)"、"乞"、"可"、"歸"、"沽"、"傷心、腸斷"、"逡巡"等皆有相反二義的十個反訓詞，正如郭先生所言，"歸既有歸來之義，又有歸去之義，來、去乃相對而言，實際是一個事情的兩個方面，……買與賣也是一件事情的兩個方面，從甲方來說是買，從乙方來說則是賣，於是'沽'字便成爲具有買、賣兩種相反意義的反訓詞"③。"臨"的這兩種義項跟這種情況類似，"面對"和"背靠"也是一個動作的兩個方面，所以"臨"具有此相反二義項。

① 李順祥：《四柱集錦》，珠海出版社2007年版，第41頁。

② 董志翹先生在《也論中古漢語詞彙研究中的推源問題》一文中不同意郭先生的觀點，並從詞語分佈與搭配的角度認爲"'僅'所謂表'甚言其多'的用法乃'幾'、'近'的通假"，此觀點亦可立一家之説。(詳見《中古文獻語言論集》，巴蜀書社2000年版，第125頁。)

③ 詳見《訓詁叢稿》，上海古籍出版社1985年版，第129頁。

零林

"林" 爲 "淋" 或 "霖" 之假借，"零林" 即
"零淋" 或 "零霖"，指雨下不止。

天蠱、地蠱、青蠱、赤蠱、黃蠱、白蠱、黑蠱，覆水污池，零林之鬼；營傳符廟，飲食之鬼；殺生血食、愛錢、邪濁不正之神。（《太上洞神洞淵神咒治病口章》32/722/b）

按：文獻中有 "零林" 一詞，指零落蕭條的樹林，如：

（1）蘿徑封行跡，雲門閉野情，零林秋露響，穿竹暮烟輕。（唐釋靈一《秋題劉逸人林泉》）

（2）千盤仄徑穿雲入，百道飛泉落澗深，碧漢開樽承曉日，青天吹笛響零林。（唐宋儀望《登山紀行》）

該義項不合此句文義，考察上下文，和 "營傳符廟"（解釋見後 "營傳符廟" 條）相關的是 "飲食之鬼"，和 "覆水污池" 相關的是 "零林之鬼"，所以 "零林" 當與水有關。今謂 "林" 當爲 "淋" 或 "霖" 之假借，"零林" 即 "零淋" 或 "零霖"，指雨下不止，"零淋之鬼" 猶言興風作雨之鬼。"零淋"、"零霖" 文獻常見，如：

（3）察寡孕於嘉類，悟繁產於蟲豸，喻零霖其猶希，若幡囊之倒米。（晉王該《日燭》）

（4）時逢初夏雨零淋，每日滂沱苦滯霝。（清顧永年《再遊南湖遇風雨有作》）

因 "零"、"霖" 或 "淋" 同義連文，所以 "零淋"、"零霖" 又作 "淋零"、"霖零"，乃同素異序詞。如：

（5）簽際雨淋零，不奈人聽，何來哀鴈又聲聲。（明俞士彪《夜怨》）

（6）不聞唱渭城，但聞雨淋零。（清張際亮《眉仙行》）

（7）介子龍蛇亦大靈，禁煙猶復雨霖零。（宋薛季宣《寒食遣興》）

（8）離火便生紅芍藥，坎泉傾下雨霖零。（金王重陽《得道陽》）

"林"、"淋"、"霖" 三字相通文獻常見，如：清吳襄《子史精華》

卷一百四十《動植部六》：“焦氏《易林下》：‘田種黍，芳花當齒，大雨淋集，紛榮滿壅。’按：淋，一作林。”《别雅》卷一：“林離，淋灕也。”《史記·司馬相如列傳》：“騷擾衝從其相紛挐兮，滂濞泱軋以林離。”馮其庸、鄧安生《通假字彙釋》（P338）：“林，當讀爲淋，林離，猶淋灕，雨水充沛貌。”清馮桂芬《（同治）蘇州府志》卷一百三十：“錢春林，妻尹氏。”下注云：“一作霖。”《莊子·大宗師》：“子輿與子桑友而霖雨十日。”唐陸德明釋文：“霖雨，本又作淋。”

“留”之俗字。

北帝降生道戮鬼滅精之法，令天人修之，故出三五步綱攝紀正法，豁落七元真符。（《七元璇璣召魔品經》344/47/a）

按：“”，《中華道藏》徑録作留，未識何字。此字形《中華字海》及諸類字書均未見載。今謂此字乃“留”之俗字。“留”有作“畱”者（見《敦煌俗字譜》），有作“畄”者（見隋《弘秤墓志》）；有作“畄”者，亦有作“畄”者（見晉《王浚妻華芳墓志》），可見“留”之俗字中部件“田”、“日”可混用。“田”、“日”部件混用的情況俗字中常見，如“泉”有從日作“杲”者（見魏《桑乾太守宋虎墓志》），有從田作“畘”者（見高麗本《龍龕手鑒》）；“旮”字有作“旭”者（見《俗字背篇》）；“旯”字有作“旯”者（見民國修《壽光縣志·方言》）；“暴”有作“暴”者（見唐《城父縣尉盧復墓》）、有作“暴”者（見《篇海》（正德本））、有作“暴”者（見《篇海》（正德本）），可資比證。

“路”之俗字。

行人：行人心急意徘徊，阻牽連尚未回；寅卯待交辰巳日，依然平地一聲雷。（《玄天上帝百字聖號》36/342/b）

按：“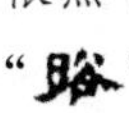”，《中華道藏》録爲“跲”。《正統道藏》“踪”、“跡”二

字原卷作 **踪跡**，可證 **蹯** 之左部偏旁爲"足"。然"跲"字不見於字典辭書，"阻跲"義難解，今謂此字當是"路"之俗字。"各"、"谷"常混用，如《龍龕手鑒·支部》（高麗本）："攱，正，攱，俗。音摑，手打也，與摑同。""塈"有作 **墍**（見魏《張猛龍碑》）、塈（見魏《敬史君碑》）、墍（見魏《陸紹墓誌》）等字形；敦煌文獻中，"俗"有從"各"作佫者（見俄096《雙恩記》），以上皆可資比勘。

"阻路"即阻礙於道路，在《玄天上帝百字聖號》一書"行人"類中，路途阻隔例常見，如：

（1）行人：一心常卦兩頭憂，路阻關心不自由；惆悵幾多寬恨事，更無消息到楊州。

"路阻"和"阻路"義正相同。

（2）行人：去時急速轉時遲，何事遷延到此時；爭奈途中身有阻，早求洪福保災危。

（3）行人：非是其人不戀家，只因阻隔在天涯；敬尋無路終朝望，十二巫山鎖暮霞。

（4）行人：坐想行思去路賒，重山阻隔未還家；如今要見親人面，直待蟾光轉海涯。

此皆可爲旁證。

"阻路"一詞文獻常見。如：

（5）一旦颶風阻路，音耗莫通，糧餉莫繼，士卒散亡，縱竭將軍一人之力，難以敵獩貐百萬之師。（清昭槤《嘯亭雜錄》卷三《李壯烈戰蹟》）

（6）環邑七里，溝水阻路，人不得行，余詢土人，問何不建橋。（清許乃穀《七里溝建橋歌·序》）

（7）今有一十八家反王，六十四處烟塵齊集會兵，現有三個先鋒，帶雄兵百萬在前阻路。（清鴛湖漁叟《説唐全傳》第三十五回）

（8）一紙淋灘別後情，窮愁翻出古秋聲，音書阻路黃金盡，患難持家白髮生。（民國楊鍾羲《雪橋詩話餘集》卷八）

例證尚多，茲不贅舉。

蠃

“蠃”之俗字，“蠃”通“蠃”，即騾。

行人：欲問行人尚未還，歸期重隔幾重山；策鞭蠃馬登程去，只爲
絲絲有貴攀。（《玄天上帝百字聖號》36/349/a）

按：“蠃”，《中華道藏》録爲“蠃”，誤。細察字形，下部中間構件
顯然爲“虫”字上面有一筆點乤，故此字當爲“蠃”之俗字，“蠃”又
爲“蠃”之通假字，“蠃”即騾之異體，《説文·馬部》：“蠃，驢父馬母
者也。”朱駿聲通訓定聲：“蠃，俗字作騾。”“蠃馬”即“騾馬”，“策鞭
騾馬”義甚明了（“㧚”，《道藏》作㭭，即“策”之俗字，《中華道藏》
録爲“榮”，誤。）

“蠃”、“蠃”常相通，《史記·衛將軍驃騎列傳》：“單于遂乘六蠃。”
《漢書·衛青傳》“蠃”作“蠃”；“蠃”、“蠃”相通亦常見，《詩經·小
雅·小宛》：“螟蛉有子，蜾蠃負之。”《禮記·中庸》鄭玄注引“蠃”作
“蠃”。《爾雅·釋蟲》：“果蠃，蒲盧也。”《經典釋文》“蠃”作“蠃”。
以上二例可爲參證。

M

門例、切緣

門類。
"切緣"即"竊緣"，謂因爲，表示個人意見的謙辭。

中書門下三司禮部，同奉聖旨，遍行根討，真武前後於國於民，或因供養，或自然得遇，靈驗事實，共成奏章，總爲一百四件事，各有門例切緣今來内庭創換殿閣，立于五方五門，中門分管求謝感應奏章三十一件；東門分管祈感助戰奏章一十三件；西門分管晴雨顯化奏章一十六件；南門分管疾病應驗奏章二十七件；北門分管災疫應時奏章一十七件。（《玄天上帝啟聖録》19/581/a）

按："各有門例切緣今來内庭創換殿閣"，《中華道藏》整理者因不曉"門例"、"切緣"之義而斷此句爲"各有門例切緣，今來内庭創換殿閣"，誤。今謂該句當在"門例"後斷開，"切緣"一詞當下屬。

"門例"猶言門類，同義連文。"例"有類別義，《玉篇·人部》："例，類例也。"《字彙·人部》："例，類也。""門例"古有用例，如：

（1）古來醫有十三科，分例分明證治多，何事幼科門例少，豈因難治廢吟哦。十三科：大方脉科、小方脉科、婦人科、傷寒科、風科、眼科、口齒咽喉科、瘡腫科、針灸科、正骨科、金鏃科、祝由科、養生科。右上一十三科，分門分例，詳悉俱備，惟小方脉一科，錢陳二先生外不多見也。（明萬全《萬氏家傳育嬰》卷一）

該例前言"門例"，後言"分門分例"，可證"門例"爲同義連文。"門例"文獻中尚有二例，如：

（2）類題以物理，分章有題法，又互之訛，今將二百四十六問，

分別門例，使後學亦可周知也。（宋楊輝《詳解九章算法·附纂類》）

（3）庚申、丁未、己未、甲寅、癸丑、五日爲八專，爲陰陽共處相克，如常課占之，若無相克，剛日從日上，陽神順數，三辰爲用，柔日從辰上，陰神逆數，三辰爲用，第二課是辰之陰神，次傳末傳皆日辰之上，重臨之，以上門例，各得用起三傳。（宋曾公亮《武經總要》卷二十《八專例》）

"切緣"之"切"通"竊"，表示個人意見的謙辭，猶言私下。"切緣"表因爲義，常出現于奏摺或書信中，如：

（1）昨聆座主侍郎主銓東洛，道路不通，且在襄州，行李極困，早欲發遣專使，切緣力未副心，今有諸兄弟裴璙遠將窮懇相告，輒具別狀，干瀆臺階，下情無任戰灼之至。（唐崔致遠《桂苑筆耕集》卷十八《與恩門裴秀才求事啟》）

（2）臣據詞虔切，不敢抑遏，謹爲祇按典章，擇日修建，已于某月幾日，預期申告外，切緣黃籙齋法，事極崇嚴，而臣肉質凡夫，庸才淺學，謬當重任，力豈能勝。（《上清靈寶大法》卷二十八《奏申文檄品》）

（3）臣勘會本路州軍令錄判司簿尉等，年老及懦弱不曉民事者甚多見，不住體量行遣，次右具如前，切緣本路久經灾傷，流亡稍複，而科率不能盡絶，雕敝益甚，州縣之職尤在得人。（宋包拯《包孝肅奏議》卷三《請選差河北令錄》）

（4）臣伏蒙新除，恩命已具，奏辭免所有措置討捕黄誠楊太等賊徒事，切緣臣所管軍馬並系西北之人，不習水戰，今蒙聖旨驅使，不敢辭免，謹已遵奉指揮。（宋岳珂《金佗稡編》卷十一）

"竊"、"切"二者通假古籍多有用例，如：

（5）切以趙氏之冤，搏膺入夢；良夫之枉，披髮叫天。（五代何光遠《鑒誡録·鬼傳書》）

（6）切以謂可畏憚而有望其助我者，莫如此君。（宋王安石《與崔伯易書》）

（7）切嘗以爲激者辭溢，誇者辭淫；事謬則語難，理誣則氣索，人之情也。（宋秦觀《會稽唱和詩序》）

（8）臣切料成都之兵，尚有數萬。（《三國演義》第一一八回）

以上諸句，"切"本字皆當爲"竊"，"切緣"、"竊緣"常作爲异文互現。如：

（9）貼黃發運司奏云：淮南宿亳等州灾傷，米價高處七十七文，江東米價高處七十文，切緣臣元奏，乞于豐熟近便處收糴。（宋蘇軾《蘇文忠公全集·東坡奏議》卷九）《續資治通鑒長編》卷四百五十六作"竊緣"。

（10）切緣臣從來都堂聚議，嘗以爲軟堰不可施于北流，利害甚明，伏望聖慈，特賜詳察。（宋楊仲良《宋通鑒長編紀事本末》卷百十二《哲宗皇帝》）《續資治通鑒長編》卷四百八十一、《欒城集》卷十六均作"竊緣"。

（11）切緣馬橋關南是石晉所割，迄至柴氏以代郭周，興一旦之狂謀，掠十縣之故壤，人神共怒，廟社不延。（宋李燾《續資治通鑒長編》卷一百三十五《仁宗》）《太平治迹統類》卷八作"竊緣"。

（12）内政崇班劉滬，著作佐郎董士廉，被狄青械送司理院，切緣此二人元稟四路都部署節制，往修水洛城，即非是二人擅興，及四路罷後，本路部署司押下軍馬，其人即合依稟罷修，不合堅執抗拒。（宋彭百川《太平治迹統類》卷十《劉滬城水洛》）《宋通鑒長編紀事本末》卷四十六作"竊緣"。

孟長、孟

長官。

山林孟長，十二溪女，男孟女孟，大孟小孟，青孟赤孟，白孟黑孟黃孟，百獵鬼，行破殺下官故氣，山川廟祠，衆邪鬼神，祈禱咒詛。（《太上洞神洞淵神咒治病口章》32/722/b）

按："孟"作長官解，《漢語大詞典》、《漢語大字典》及諸類字典辭書均未見載。"男孟女孟，大孟小孟"即男、女、大、小長官。"孟長"義爲長官，同義連文，"孟長"此義爲道經所獨，道經中常見。如：

（1）疾速行下管屬靈壇典祀，社稷神司，里域衆靈，山林孟長，應干合屬去處，依法照應。（《上清靈寶大法》卷三十一）

（2）火速通會泰山、沿路土地、丘丞墓伯、蒿里丈人、河伯河侯、山林孟長，即今引上所薦亡某。（《道法會元》卷三十三）

例（2）"河伯河侯"與"山林孟長"連文，"孟長"顯然與侯伯同義。

（3）是時即有左右官使者、三十二天真仙帝君、十方靈官、五嶽將吏、九州社令、山林孟長、水府靈祇、十二溪女、飛天神王、諸天童子、無鞅數衆，一時同會念戒之所。（《太極真人説二十四門戒經》）

此句中"孟長"顯然也是長官義。"孟"之"長官"義當由"居於首位的"義引申而來，文獻中"伯"、"長"亦具有此二義項，三個詞引申路徑相同，屬於同一詞例，可資比證。

明能

精明能幹；擅長；精明能幹者、擅長者。

道言：甲子旬年中，有八千赤疫鬼，有三萬九千來殺人。人有知者，時得明能道士受此三洞之人，爲其轉經，疫鬼自然禁絶。（《太上洞淵神咒經》卷五 6/17/b）

按："明能"在文獻中有三個義項，今歸納羅列如下：

（一）精明能幹。

（1）太上有真言，敕諸妖魅鬼。暴亂號白頭，寒熱去瘟尾。尋常依木石，亦有附山水。佩法明能師，受籙女男子。轉經救官解，修齋治病起。（《太上洞淵三昧神咒齋懺謝儀》）

（2）宋登字叔陽，長安人，爲汝陰令，爲政明能，號稱"神父"，遷趙相入爲尚書僕射。（《後漢書·儒林傳》）

（3）凡書判鬼神斷案，並依公當理，如是，冥官詳案，材力明能，得冥官保一舉，昇超仙職。（《道法會元》卷二百六十六《正令法格》）

（4）雖陳冤州郡，而牧守不爲通理，閼庭悠遠，不能自聞，含怨呼天，無所叩愬，故邑落相聚以叛戾，非有謀主僭號以圖不軌，今但選明能牧守，自然安集，不煩征伐也。（宋朱熹《通鑒觸緒》卷十三《漢》）

（5）陛下誠得如皇甫規之有威信者爲師帥，程苞之明能者爲州

郡則，三鎮之復爲王土，可指日而期也。（明唐順之《右編》卷二十三《鎮三》）

（6）綏和二年，哀帝即位，領河隄使平當言，宜博求能浚川疏河者，下丞相孔光、大司空何武奏請，部刺史三輔三河弘農太守舉吏明能者，莫有應書。（清王士俊《（雍正）河南通志》卷十三《河防》）

（7）錢楷號裴山，嘉興人，中乾隆己酉會試第一人，翰林官至安徽巡撫，巍科碩望，政事明能，爲海内稱重，而不知其詩之精畫之妙也。（清錢泳《履園叢話》卷十一《畫中人》）

（二）擅長。義同於"妙能"，《漢語大詞典》："妙能：擅長。"如：

（8）劉圖，字文剛，年十五，佩七十五將軍符籙。少小明能計算，身作江夏縣吏，則履行貞謹。（唐佚名《劉圖佩籙靈驗》）

（9）太上老君敕圖曰：知汝奉道，信真守善而死，以明能計算，故往喚汝，欲令校定天下萬人簿書。（唐佚名《劉圖佩籙靈驗》）

（10）旗東則東，旗西則西，隨其所指，千隊如一，鼓動則行，金動則止，行止合節，萬舟無錯，是一陣之主也。至于一舟之主，又在舵工，舵工明能辨風力，能逆濟乃能不離于隊。（明施沛《南京都察院志》卷九《職掌二》）

（11）世間多有病人，親友故舊交游來問疾，其人曾不經事，未讀方書，自騁了了，詐作明能，譚說異端，或言是虛，或道是實，或云是風，或云是氣，紛紛謬說，種種不同。（清喻昌《醫門法律》卷一《明望色之法》）

（三）精明能幹者、擅長者。

（12）朕前論道，陳謀而已，不須復親有司苦劇之職，其令皇太子嗣理萬機，總統百揆，更舉賢良以備列職，皆取後進明能，廣啟選才之路，擇人授任而黜陟之。（魏太武帝《令皇太子總百揆詔》）

（13）都講，其職也，克明正典，詮舉職任。至如行道時節，禮誦容止，先鳴法鼓，次引朋衆，法則執儀，敬憑唱說。夫以建齋行事，都講要用明能：一則參詳法師，二則知主人齋意，三則先定時節，四則擊鼓鳴鐘。（宋佚名《敷齋威儀》）

（14）寫生之法大與繪畫異，妙在用筆之遒勁，用墨之濃淡，得化工之巧，具生意之全，不計纖拙形似也。宋自黃崔而下，鮮有明

能，至我明得沈石田，老蒼而秀潤，備筆法與墨法，獨步藝苑。（清卞永譽《式古堂書畫彙考》卷五十六《畫》）

末民、天民

道教稱天民中之地位低下者爲"末民"。
居於三十二天之民衆。

今某郡縣鄉里，男女某甲辭列，昔日百官子孫，習俗常人，千載之運，得在道門末民之例，奉屬大道，私自欣慰蒙恩，某口辭奉神不明，多有考氣，招延不祥。（《太上洞神洞淵神咒治病口章》32/720/b）

按：《漢語大詞典》："末民：古稱從事工商業的人。"這是該詞在傳統儒家文獻中之義，在道經文獻中，道教稱天民中之地位低下者爲"末民"。如：

（1）先身實緣，千載之運，來染法教，奉屬大道，草苗之次，得在天民，私自欣慰，但某肉人，百行多違，罪過狼藉，考重三官，以招不利。（《太上洞神洞淵神咒治病口章》）

本句"得在天民"與"得在道門末民之例"義正像類，可資比證。

道經中"末民"尚有一例，如：

（2）如此之鬼王等，與司馬季主，雲中司命，地下長子，八十萬人，軍行師止，耗亂百姓，禍害無端，請魔天萬丈五百萬人來下，禁此等鬼王，令不縱橫妄殺良善，太上末民收攝，鬼王各各自止。（同上）

施行抓捕任務的是"太上末民"，可見"末民"在天民中的地位並不高。

《漢語大詞典》"天民"條列有兩個義項：①賢人；②指人民、普通人，竊謂這兩種解釋亦是局限於傳統文獻，在道經中"天民"另有內涵，指居於三十二天之民衆。道教稱神仙所居的天界有三十二重（或稱三十六重），每重都有天神統轄，都有所居之民衆。如：

（3）三界之內，一切群生，無量天民，或有身雖得道，未脫冥數，爲陰陽五行六氣之所陶冶者。（《靈寶無量度人上品妙經》卷五十一）

（4）玄化蕩蕩，流結真精；肇立諸天，生育神靈；茫茫三界，無極天民。(同上書卷二十三)

（5）自大皇黃明天至上明七曜摩夷天，此六天爲欲界也；自虛無越衡天至無極曇誓天，此一十八天爲色界也；自皓庭霄度天至大素秀樂禁上天，此四天爲無色界也，是謂三界。自太虛無上常融天至太極平育賈奕天，此四天爲種民之天。今考本經，分爲一十二事：一曰天名劫，二曰帝號，三曰帝諱，四曰天帝所主，五曰所居宮，六曰所治分，……十一曰分界，十二曰天民。(《上清靈寶大法》卷一《三十二天總括》)

每一天之"天民"皆有壽命，如"太皇黃曾天，……天民壽數九百萬歲。""元明文舉天，……天民壽數一億四千四百萬歲。""玄明恭華天，……天民壽數四十二億八百萬歲。""天民"還有日常生活的規範，《高上神霄玉清真王紫書大法》卷一就有此方面的記錄，如"天民齋粥法"、"天民梳頭法"、"天民沐浴冠帶法"、"天民盥漱法"、"天民出入法"、"天民解衣法"等，"天民"若有病，還有天醫爲之治療，天界宛然就是一個活生生的人間世界。"天民"道經文獻中極爲常見，無煩贅舉。

惱、惱怖

恐懼。

動欲作祟，祟耗田蠶，凡百不利，惱人家親，張生異端。令生人大小疾病，六畜暴死。……鳥獸妄作妖怪，夭橫生人，求其血食。俗師所占，恐怖生人，卜言家親，共作其禍，遂生俗道。（《太上洞淵神咒經》卷四 6/13/b）

按："惱人家親"，敦煌 S. 3389 異文作 "恐人家親"，"恐怖生人" 作 "惱怖生人"。葉貴良先生《敦煌本〈太上洞淵神咒經〉輯校》（P62）云："'恐' 與 '惱' 義近，'恐' 指恫嚇、使之害怕，…… '惱' 指麻煩、打擾。" 此說可商。葉貴良先生《敦煌道經詞語考釋》（P316）"惱怖" 條云："惱怖：恐怖；煩惱恐怖。" 釋 "惱怖" 爲 "恐怖"，甚是，但未點明 "惱" 爲何義。並謂 "'憂惱怖懼'、'煩惱怖畏' 可能是 '惱怖' 的展開說法"，似認爲 "惱" 爲煩惱義，總之，對該詞理據的解釋尚未達一間。

由同義連文方式構成的詞在古代很常見，然其詞義多被後人誤解，俞樾《古書疑義舉例》卷七列有 "兩字一義而誤解例"，利用同義連文的規律糾正了很多舊注錯誤。今謂 "惱" 有恐懼義，"惱怖" 即恐懼、害怕，同義連文。證據有二：

（一）除了 "惱怖" 連文外，文獻中還有 "惱懼"、"惱恐"、"惱畏" 連文的用法，皆爲恐懼義。

"惱怖"，如：

（1）若打比丘，舉擬欲打便止，以打不滿故。此戒本意不規打，直欲掌擬，令其惱怖。（唐懷素撰《四分律開宗記》卷五《次明

尼律》）

"惱懼"，如：

（2）天寶末，安禄山擁幽陵之師南向，以光禄卿賈循爲留後，公以畫干循，勸誅逆將向潤客、牛庭玠等，然後傳檄，伏順可覆而取之。循疑留不决，竟及於禍，踰月間行至于常山時，河朔擾攘，物情惱懼，公方以褒衣居裾游談，感激因其謀而扶義建節者，衆矣。（唐權德輿《權載之文集》卷十九《行狀》）

（3）唐明宗詔張從賓發河南兵數千擊范延光，遂與延光同反引兵入洛陽，又扼氾水關將，逼汴州時，羽檄縱横，從官在大梁者無不惱懼，獨桑維翰從容指畫軍事，神色自若。（宋孔平仲《續世説》卷三《雅量》）

"惱恐"，如：

（4）五臺山阿羅漢所在，謂許生爲五臺賓，因其隱迹五臺而名之，遂云出石壁，乃所以神異之也。黄魯直却變用入石壁事。自贊其畫云："前世寒山子，後身黄魯直。"頗遭俗人惱恐，欲入石壁，夫石壁之可出可入，非神異者能之乎？（宋郭知達《九家集注杜詩》卷二《古詩》）

"惱畏"，如：

（5）一切衆生有三毒畏，死畏、病畏、破梵行畏，作十惡業，牢獄繫閉，水火鬼神所逼惱畏，皆當歸依觀世音菩薩。（唐釋道世《法苑珠林》卷七十四《觀音部》）

（6）奈何一朝殺三卿，而又相報以私，本非國法所不貸者乎。當此之時，凡爲卿者人人惱畏，而欒書中行偃爲尤甚。既殺三，却不可不并殺欒中行，劫而不殺，爲害滋甚。（清嚴啟隆《春秋傳注》卷二十《成公三》）

（二）"惱"有恐懼義符合由"憂慮"義引申出"恐懼"義這一詞例。文獻中，許多詞身兼憂慮、恐懼二義。

"憂"有恐懼義，如：

（7）吴越受令，荆楚惛憂，莫不賓服。（《晏子春秋·問上三》）于省吾《雙劍誃諸子新證·晏子春秋》："荆楚惛憂，言荆楚聞而恐懼也。"

（8）吾受命於天，竭力以養人。生，性也；死，命也。余何憂

於龍焉！（《呂氏春秋·知分》）

"懼" 有憂慮義，如：

（9）世衰道微，邪説暴行……孔子懼，作《春秋》。（《孟子·滕文公下》）

（10）凡愈之爲此文，蓋哀歐陽生之不顯榮於前，又懼其泯滅於後也。（唐韓愈《題〈歐陽生哀辭〉後》）

（11）見油簍微破，懼其溢也，別以他簍過之。（清沈曰霖《晉人塵·捏骨相》）

"恐" 有憂慮義，如：

（12）恐人倚乃身，迃乃心。（《書·盤庚中》）

（13）夫以諸侯之細，而樂萬乘之侈，僕恐百姓被其尤也。（漢司馬相如《上林賦》）

"惕" 有憂慮義，如：

（14）乖離令我感，悲欣使情惕。（晉盧諶《答魏子悌》）

（15）自頃喪亂，編户播遷，言念餘黎，良可哀惕。（《陳書·世祖紀》）

（16）抱拙終身，以死誰惕。（唐柳宗元《乞巧文》）

"畏" 有憂慮義，如：

（17）今卒少惰矣，秦兵日益，臣爲君畏之。（《史記·項羽本紀》）

（18）嬌兒不離膝，畏我復却去。（唐杜甫《羌村》詩之二）

（19）不畏浮雲遮望眼，自緣身在最高層。（宋王安石《登飛來峰》）

（20）有女初束髮，已知生離悲。枕我不肯起，畏我從此辭。（宋陳師道《別三子》）

可見，"憂慮→恐懼" 這一詞例是文獻中普遍存在的一種引申軌跡。

擬慮

猜想、料想；猶言疑慮。

忽數日前，有龜蛇出現於真武閣下，盤旋臺座之間，時出時入，識者曰：此乃真瑞，擬慮國家有文字到觀。（《玄天上帝啟聖録》卷二 19/584/b）

按：“擬慮”謂猜想、料想，同義連文，該義項文獻僅見此一例。“擬”有揣度、推測義，《說文·手部》：“擬，度也。”段玉裁注：“今所謂揣度也。”漢揚雄《法言·孝至》：“君子動則擬諸事，事則擬諸禮。”司馬光注：“擬，度也。”“慮”也有猜疑義，《增韻·御韻》：“慮，疑也。”宋無名氏《錯立身》戲文第二齣：“休道侯門深似海，說與婆婆休慮猜，祇道家中管待客。”“慮猜”即猜疑，同義連文，故可作“猜慮”，如：

（1）今昉知子黨之誕我，我内藏猜慮，外矜觀聽，追幸昔日之不焦溺也，怛然内熱，惕然震悸矣。（《列子·黄帝》）

“擬慮”文獻中另有懷疑、顧慮義，猶言疑慮。“擬”、“疑”相通，典籍極爲常見。如：

（2）枳棘之榛榛兮，蝯貁擬而不敢下。（《漢書·揚雄傳上》）顏師古注：“擬，疑也。”

（3）是以莫放幽閑，擬乎鬼神之有。（《墨子·明鬼下》）高亨新箋：“擬借爲疑。”

（4）這日阿難升座，現三十二相之身，衆聖觀瞻，有八十端嚴之貌，皆生異念，咸起擬心。（《敦煌變文集·維摩詰經講經文》）

“擬慮”典籍尚有兩例，如：

（5）書略曰：諸王親則太祖之遺體，貴則孝康之手足，尊則陛下之叔父，使二帝見陛下爲天子，而弟與子遭顯戮，彼雖可廢，而在天之靈其能安乎？臣每念至此，未嘗不流涕也，此皆豎儒病藩封太重，擬慮太深而至此，夫唇亡齒寒，誰不自危。（明沈國元《皇明從信録》卷十一《己卯建文元年》）

（6）試日，許齋所習文字就試，每日試一場，每場試案一道，每道刑名約十件以上十五件以下，並取舊斷案内，挑揀罪犯攢合爲案，至五場止，仍更問刑統大義五道，其所斷案具補陳，合用條貫，如刑名擬慮，即於所斷案内聲說，所試人斷案内刑名有失，令試官逐場具録，曉示錯誤。（清秦緗業《續資治通鑒長編拾補》卷七《神宗》）

年抵

即“年低”，年少。

婚姻：如今喜得自投機，正好成婚過禮儀；兩下相求無別慮，休

題年長與年抵。(《玄天上帝百字聖號》36/353/a)

按："年抵"與"年長"對文，顯然爲年少義，"抵"乃"低"之假借，正如年老謂之"年高"，故年少可謂之"年低"，這是一個反義詞例。然該詞諸類語文工具書皆不見載。"抵"、"低"通假典籍常見。《廣雅·釋詁四》："氐，低也。"王念孫疏證："抵與低通。"王引之《經義述聞》卷二十二《周秦名字解詁·宋公孫周字子高》："《説文》：'氐，抵也。'抵古低字。《史記·天官書》'其前抵者'，《漢書·天文志》引'抵'作'低'。"①

_____

① 按：今本《史記·天官書》作"其前低者"，蓋與王引之所見版本異。清梁玉繩《史記志疑》卷十五《天官書》作"其前抵者"，蓋與王引之所見版本同，並云："附案：抵字譌，一本作低，是與合。"

P

盤黨

集結成群。

人民康泰，老少安寧；益算延年，長生度世；田收再熟，蠶吐八絲；墓宅宜人，孳牲盤黨；公私靜貼，災瘴消沉。(《太上洞淵神咒經》卷十四 6/54/c)

按："盤黨"古籍鮮有用例，今謂"盤黨"猶言集結成群，"盤"有交結、連結義，如：

(1) 百官盤互，親疏相錯。(《漢書·穀永傳》) 顏師古注："盤互，盤結而交互也。"

(2) 盤互長干有絕陘，并包佳麗入江亭。(宋王安石《雨花臺》)

"盤亘"謂綿延連結。如：

(3) 黃氏之族最強，盤亘十數州。(唐李翱《嶺南節度使徐公行狀》)

"盤固"謂糾結牢固。如：

(4) 自唐末至於五季，方鎮之禍糾連盤固，每一動搖，環顧而起。(明歸有光《宋史論贊·石守信論》)

"盤錯"謂交雜交錯，如：

(5) 得崿谷陰生之樹，其樹千尋，文理盤錯。(晉王嘉《拾遺記·周靈王》)

"盤結"謂交錯連接，如：

(6) 高山扶層巔，下與地盤結。(宋蘇舜欽《別鄰幾予賦高山詩以見意》)

（7）千松互盤結，託根無一土。(清吳偉業《歸雲洞》)

"黨"有朋群義，今有"狐群狗黨"，如：

（8）（晉）遂殺平鄭、祁舉及七輿大夫……皆里平之黨也。(《左傳·僖公十年》)

（9）攝威擅勢，私門成黨，而公道不行。(《淮南子·氾論訓》)高誘注："黨，群也。"

（10）烏菟之族，犀兕之黨，鉤爪鋸牙，自成鋒穎。(晉左思《吳都賦》)

（11）嗟哉吾黨二三子，安得至老不更歸。(唐韓愈《山石》)

（12）物之黨來寄也。(《莊子·繕性》)陸德明釋文引崔譔云："黨，眾也。"

"墓宅宜人，孳牲盤黨"，《太上洞淵神咒經》卷十五作"孳牲繁盛，墓宅昌吉"。"孳牲盤黨"與"孳牲繁盛"義正相近，可資比證。

被差

批閱選擇，或辨析選擇。

吾在九天之上，時乘雲鶴，駕其赤龍，被差異典，五嶽洞府，天下名山。或遊世俗，隱遁塵中，鍊行修質，愚賢豈知？(《太上洞淵神咒經》卷十三 6/49/b)

按："被差"義難索解，古籍中多爲被差遣義，今謂"被差"義爲批閱選擇或辨析選擇。"被"乃"披"之古字，"差"有選擇義，《爾雅·釋詁》："流、差、揀，擇也。"《詩經·小雅·吉日》："吉日庚午，既差我馬。"毛傳："差，擇也。"戰國宋玉《高唐賦》："子將欲往見，必先齋戒，差時擇日。"

與"被差"義近似者有"披揀"，《漢語大詞典》："披揀：辨析選擇。"如：

（1）精者爲金頑者銅，由來披揀自良工。(清梁同書《行楷詩翰》)

（2）因爲披揀得五百六十首，皆清新婉縟，有六朝初唐之風。(清王士禛《池北偶談·談藝三》)

有"披擇"，如：

（3）太慎廢官，太精失士，望得彌失，務精益粗，鑒賞獨任于聖聰，披擇頗難于公舉。（明沈一貫《敬事草》卷十五《祈天永命保國安民事宜揭帖》）

（4）悉除像宇，聊易弊以宜，移失於得，披擇材木，艾虒絕繪，斲之築之，繩之斤之，登登丁丁，從如偶聲。（清胡聘之《山右石刻叢編》卷十三《聞喜縣夫子廟碑》）

有"披選"，如：

（5）地官披選天人，分別善惡，作六都大會于玉京山，誦老子經，十方大聖普誦。（清鄭泰《月令精鈔》下集《中元典》）

（6）堅翁先生亦求先致鄙忱，更有囑者，安溪先生名文前選架上，所有之文披選已竣，獨待文恪公未刻稿。（清何焯《義門先生集》卷七《與某書》）

"披差"、"披揀"、"披擇"、"披選"具有相同的詞義組配關係，詞例相同。

披動

披靡；披拂、拂動。

道言：自今以去，若有道士轉經一宿，説此三洞大法驅除大經，魔害披動，妖魅喪精；法雷聲鼓，天兵整伏；流火萬里，火鈴奔星；殺戮九醜，斬殺妖精。（《太上洞淵神咒經》卷十九 6/69/a）

按：考察文義，"披動"當爲披靡義，然此義項文獻罕見用例。從詞例角度考察，文獻中有"披蕩"一詞，《漢語大詞典》："披蕩，猶披靡。""蕩"、"動"同義，《左傳·僖公三年》："齊侯與蔡姬乘舟於囿，蕩公。公懼，變色；禁之，不可。"《禮記·樂記》："地氣上齊，天氣下降，陰陽相摩，天地相蕩。"鄭玄注："蕩，猶動也。"而"披動"、"披蕩"又皆有披拂、拂動義，可見二詞引申軌跡相同。

"披動"有披拂、拂動義，如：

（1）若畜生趣一切有情爲如來足之所觸者，極滿七夜受諸快樂，命終之後往生善趣樂世界中，舍利子，如來被服不著其身，如四指量

吠嵐婆風不能披動。(唐菩提流志《大寶積經》卷四十)

(2) 凡叔卿所論著，皆爲語上者也，世有大匠，不爲拙工，示率叔卿之縷旨雖多，而所隰寢尋得此解悟，儻亦僧寮之寂岑，有披動其天倪者乎？宜叔卿之以神首也。(明徐時進《武叔卿舉業巵言引》)

(3) 吾輩松籟聞松，近社之刻，與子將行卷野乘之選，實鼓吹其間，專心致志於道迎之氣，與天下共披動於穆如之風，偕茲同臭，明吾意，尚以遵王之路，著業之始。(明方應祥《與子將論文》)

"披蕩" 亦有此義，如：

(4) 有如水上萍，驅去還復至；因風一披蕩，暫得免蒙翳。(元揭傒斯《故中憲大夫嶺北行省左右司郎中蘇公志道哀詩》)

(5) 夫慈愛積於心而播之於威儀，宣之於話言，民是以則而象之，歌而思之，若春風之披盪，冬曦之薰炙。(明陶望齡《前邑侯翁公去思碑記》)

(6) 先生有異術，以火炙其津液，能療人風證，舟行江湖間，風少利，先生乃踞其上，煽動披蕩，瞬息千百里。(清李焕章《渭濱先生傳》)

由上面舉例可見，"披動"、"披蕩" 二詞多與 "風" 共現，因此，當與 "披拂" 同義，《莊子·天運》："風起北方，一西一東，有上彷徨，孰噓吸是？孰居無事而披拂是？"成玄英疏："披拂，猶扇動也。"唐韓愈《秋懷》："秋風一披拂，策策鳴不已。"可資比證。

"披蕩" 另有開裂激蕩義，此義項諸類詞典未見收載，茲附錄於此。如：

(7) 又下而當道築更衣館以便客遊，環以山中之秀，連以界外之觀，前空溟涵披蕩，吞吐烟光；中瞰山高澗流，雲浮霞繞。(明傅夏器《天心洞記》)

(8) 客有仰而觀焉者，駕我乎虯馭，招我乎絳關；引文虹而流艶，拂沈霧而藏霾；發皇耳目，披盪心顏；三壺懸圭，耀六岳八瀛之首；九龍銜燭，遊五光十色之間。(清劉鳳誥《泰山觀日出賦》)

(9) 嗚呼此何時，乃云誅國賊；全軍果東下，焚掠無遺孽；黃溢 (河名) 既披蕩，石鐘空峨嵽。(清費錫璜《過淝水王截左兵處》)

被將

披甲之將的省稱。

先祖太宗皇帝時，建北極四聖觀於京城，忽一夜，於寢室睹一聖使，頂冠佩服端簡，乃曰：北極紫微大帝殿前第四被將，承建立宮觀，欽崇吾等香火，故來告謝。帝曰：四聖例受朕之諦信，何獨君來謝。真武云：天蓬、天猷、黑殺，俱在雲空謝君，其三神將常騎龍虎，鬼兵群雜，恐驚聖駕，唯吾獨現。（《玄天上帝啟聖錄》卷二 19/583/a）

按："被將"文獻中另有一例，如：

（1）卒然之頃，兩軍相遇，彼勢方張，我力未敵，於此將何以應之，戰則不克，守則不固，捲甲而遯，被將傾國而來，躡踵而至，非唯三軍之死生，而社稷之安危，反覆掌耳。（明錢福《錢太史鶴灘稿》卷六《子儀單騎降虜》）

今謂"被將"乃披甲之將的省稱，"被"後作"披"。從道經文獻來看，四聖觀中北極紫微大帝的四大護衛——真武大將、天蓬大將、天猷大將、黑殺大將確實是披著鎧甲的，如：

（2）（房之才）後往州南新創壽先廟內，正壁畫北極紫微大帝，兩畔畫四聖，皆掛金甲立身，各帶箭篋，至真武箭篋當中，闕畫箭一隻，繼將蕃中送到者，灰壁畫色比對一同。（《玄天上帝啟聖錄》卷三）

而真武大帝披帶鎧甲的事實在道經文獻中更是常見，如：

（3）真武，真者，正也；武者，神也。本號玄武，避宋朝廟諱，改賜曰真武。玉帝遣鎮北方，及至降剉世六魔之日，敕慰披髮跣足，賜建皂纛玄旗，躬披鎧甲，功成而攝，踏龜蛇回天，而天稱元帥，世號福神。（《玄天大聖真武本傳神咒妙經》卷一）

（4）自在神通宜廣大，億千變化固難名；衣袍披甲儼威容，跣足攝罡騰玉步。（《北極真武佑聖真君禮文》）

（5）故知玄武者，老君變化之身，武曲顯靈之驗，本虛危之二宿，交水火之兩精，或掛甲而衣袍，或穿靴而跣足。（《玄天大聖真

武本傳神咒妙經》)

（6）眾睹太玄玄武至，奉聖命，元始上帝撫喻曰：大道宜有付
託，吾欽之哉，上遂賜金甲玄袍皂纛、玄旗，準敕降下方收魔也。
（同上書卷六）

（7）武當黑虎大神，乃北方天一之所化，護教守山之靈，正直
威顯，變化不一，或託相爲人，金甲皂袍，若將軍之狀。（《玄天上
帝啟聖録》卷一）

（8）上帝命玄帝曰：卿可當披髮跣足，攝踏龜蛇，建皂纛玄旗，
躬披鎧甲，位鎮坎宮。（同上書卷二）

（9）有一人身紅光籠罩，披頭跣足，全帶金甲械胄，著昏皂袍，
前有龜蛇，後有貂脚皂旗，認是真武遊奕真君。（同上書卷三）
例證尚多，不備舉。
而典籍中“將軍被甲”之例甚多，如：

（10）太微者，天庭也，太白行其中，宮門當閉，大將被甲，邪
臣伏誅。（漢班固《漢書》卷二十六《天文志第六》）

（11）大將以下各有統帥，大將被甲乘馬，教習士眾，少者在
前，長者在後。（宋歐陽修《新唐書》卷十六《禮樂志第六》）

（12）乃與師中麾兵渡橋，薄其右隅，敵陣動，有一將被甲躍
馬，指畫陣隊。（《宋史全文》卷二十一上《宋高宗十三》）

（13）鳴角伐鼓，諸將以爲出戰，被甲以待。（明馮琦編《宋史
紀事本末》卷二十八《二王之立》）

（14）將軍被甲承胄，率校士數十人，卒三千餘，擢樓船漕運軍
儲，粟米十餘萬斛。（明沈鍊《青霞集》卷一《贈戴將軍漕運序》）
以上例子可爲參證。

偏促

緊促、緊迫；氣量狹隘、性情急躁。

壬申候，高田難保守；乘車行瀆中，不見吳興部；倉儲多偏促，
家家無升斗；北地遭連厄，九離皆並受。（《太上洞淵神咒經》卷十
八 6/64/b）

　　按：“偏”通“褊”，“偏促”即褊促，義爲緊促、緊迫，同義連文。《説文·衣部》：“褊，衣小也。”段玉裁注：“引申爲凡小之偁。”金元好問《續夷堅志·驢腹異物》：“剖之，大腹内得物，非鐵非石，形如栝樓而褊，色深褐，其堅若鐵石。”清阮元《小滄浪筆談·封泰山論》：“上古水土未平，中國地褊。”

　　“偏”、“褊”相通，古籍常見。《荀子·不苟》：“通則驕而偏，窮則棄而儑。”梁啓雄簡釋引劉師培云：“偏當作褊，指局量褊淺。”“褊刻”亦作“偏刻”；“褊懷”亦作“偏懷”；“褊祖”亦作“偏祖”；“褊衫”亦作“偏衫”；“偏隘”亦作“褊隘”（均見《漢語大詞典》）。“偏”、“褊”常作为異文出現，《晉書·温嶠传》：“且祖約情性褊阨，忌克不仁。”《册府元龜》卷四百十五《將帥部》作“偏阨”。

　　“偏促”此義文獻常見，如：

　　（1）亂世時偏促，陰天日易昏，無言搔白首，憔悴倚東門。（唐楊義方《偶題》）

　　（2）臣朝夕所懼，錢糧不繼，糧運非不逐急措置，而地里隔遠，事力偏促，不能便得應手。（宋李曾伯《可齋續稿》後卷六《回奏宣諭》）

　　（3）秦王倒身拜謝，徐魏二人即忙跪地扶起説道：“主公，臣二人不久亦歸輔主公，今事在偏促，請主公作速前去，恐魏王早晚回來，那時難以脱籠矣。”（清鴛湖漁叟《説唐全傳》第四十三回）

　　（4）夢裏名山識主人，誰知訪古入邊塵，長憐車馬期偏促，老愛關河約未真。（清張開東《遥答渾源州嚴刺史慶雲》）

　　（5）頻驚入夢因相憶，偏促修文不少留。（清沈鍾《楚中聞山陰孫公甫作古詩以哭之》）

　　（6）塞曲歌偏促，鄉音聽轉哀，知君還自慰，官舍近蓬萊。（清董以寧《席上贈薛尉》）

　　（7）熟來田園君不見，繫絲孤燕聲偏促。（清蔡殿齊《聽鶯曲用韋左司韻》）

　　“偏促”另有氣量狹隘、性情急躁義。如：

　　（8）王世充亦門人也，頗得識之，是人殘忍，意又偏促，既乘此勢，必有異圖，將軍前計爲不諧矣。（明陳耀文《天中記》卷二十《師第》）

例（8）"偏促"，《舊唐書》、《弘簡錄》、《續通志》、《唐書合鈔》均作"褊促"，《漢語大詞典》："褊促：猶褊急。""褊急：气量狹隘、性情急躁。"《中文大辭典》："褊促：心地狹小氣量短淺也。"可參。

偏併

偏嚮一處聚集；偏頗、偏差。

一切白衣圖謀道士，欲偏併侵欺此法師之者，一一收其人生魂，斬殺之不恕。（《太上洞淵神咒經》卷二十6/75/a）

按："欲偏併侵欺此法師之者"，《中華道藏》因不諳"偏併"之義，斷句爲"欲偏併侵，欺此法師之者"，誤。蔣禮鴻先生《敦煌文獻語言詞典》（P242）云："偏併：偏袒，偏私。'併'通'比'。"今謂此説可商，"偏袒侵欺此法師"文義不通，既"偏袒"又何來"侵欺"？

今謂"偏併"字面意思爲偏嚮一處聚集，此義文獻常見，如：

（1）或手足偏痛，諸骨節解，身體發癰及瘡結核者，由寢處久，不自移徙，暴熱偏併，聚在一處故也。（唐孫思邈《千金翼方》卷二十二《飛鍊》）

（2）若衛氣被風吹之，不得流轉，所在偏併，凝而不行，則肉有不仁之處也。（唐王冰《黄帝内經素問》卷十二《風論篇》）

（3）右十四味並揀擇取州土堅實上者，颳削如法，然後秤大斤兩，各各別擣，以馬尾羅篩之，攪令匀調，重篩務令相入，不令偏並。（唐王燾《外臺秘要》卷三十一《古今諸家酒一十二首》）

例（3）"重篩務令相入，不令偏並"謂重篩配料使之均匀不聚集一處。"偏併侵欺此法師"猶言聚集一起、合伙侵欺此法師。

由"偏嚮一處聚集"引申爲偏頗、偏差義，此義文獻十分常見。如：

（4）黄帝座一星，在太微中，四帝四星，夾黄帝座内屏，古今同，四星在黄帝座南，即位舊取端正，均配行列，今有偏并不均。（唐瞿曇悉達《唐開元占經》卷一百零七《星圖二》）

（5）自立兩税，經今百年，或初定之時，已有偏併，或户口減耗，舊額猶存，輕重不均，流亡轉甚。（唐陸贄《冬至大禮大赦制》）

（6）當州田地，鹹鹵瘠薄，兼帶山原，通計十畝不敵京畿一二，

加以檢責年深，貧富偏併，税額已定，徵率轉難。（唐元稹《元氏長慶集》卷三十九《當州税麻》）

（7）諸營除六馱外火，別遣買驢一頭，有病疹擬用搬運，如病人有偏併，其驢先均當隊馱，如當隊不足，均抽比隊比營。（唐杜佑《通典》卷一百四十九《兵二》）

“病人有偏併”謂各地生病的人數不等，故下文云“如當隊不足，均抽比隊比營”。

（8）以諸州户口減耗三分去二，其官員合省，今員缺偏併，尚未均平，宜令所司依前件額，即分析州縣等第，與奏其左降官。（宋王溥《唐會要》卷六十九《州府及縣加減官》）

（9）凡人之七情生於好惡，好惡偏用則氣有偏并，有偏并則有勝負，而神志易亂，神志既有所偏，而邪復居之，則鬼生於心。（明張介賓《類經》卷十二《祝由》）

（10）朕以懷州去年偏併不熟，宜令刺史崔子源察審問，貧下不支濟者量加賑貸。（清董誥輯《全唐文》卷二十九《元宗》）

“偏併不熟”謂不熟程度偏頗不一，故下文有“貧下不支濟者”。

以上列舉的是“偏併”在傳世文獻中的例證，通過檢索愛如生公司研發的全文檢索電子數據庫《敦煌文獻庫》，下面我們再列舉“偏併”的偏差義在敦煌文獻中的例證。

（11）（前缺）一車，見折麥粟肆碩，願慶亦下檉一車，恰折豆粟伍碩，檉則共法德一般，折償中間，上人面孔不等，因兹願慶向老宿説此偏併之事。便乃老宿掉杖打棒願慶，不是四面人捉却，打死願慶，一賞萬了。（P. 3223 背《老宿紹建與僧法律願慶相諍根由責勘狀》）

“檉”即檉柳，以車爲單位計價。句子大義是，檉柳一車，折兑麥粟四石，願慶（人名）也兑一車檉柳，正好折兑豆粟五石，檉柳是按照一定的標準折换成糧食，但在折换過程中，負責的和尚們執行起來却不完全一樣。因此，願慶向老宿説了這種存在偏差的情況。這裏的“偏併”仍然是偏差義。

（12）太保上禀三光，下臨五郡，闡易俗移風之化，彰宵衣旰食之能，鈐黎早咏于重衣，品庶久歌于剩食，今乃仰懸明鏡，俯照幽盆，鑒東皋之隴畝不均，睹北阜之畦田偏併。（P. 3553《太平興國三年四月都僧剛惠等上太保狀》）

（13）税人各麥油一升，掘兩笙，呵梨敕兩頭，麻十兩，石一升，青灰一升，苴箕兩業，諸餘沿道場雜要數具，仍仰道場司校量差發，不得偏併，妄有加減。(S. 2575 背《乙丑年三月二十六日都僧統爲普光寺道場取税人糧物數目榜》)

（14）水下地高者，不得當渠堰聽于上流勢高處爲斗門引取，斗門皆須州縣官司檢行安置，不得私造其旁。支渠有地高水下須臨時蹔堰灌溉者，聽之，凡澆田皆仰預知頃畝，依次取用水遍，即令閉塞，務使均普，不得偏併。(P. 2507《開元水部式》)

（15）但仍就而行，自然兼濟，何必改作，有紊彝章，牒沙洲依比年收税訖申，但據頃畝均征，固無偏併。(P. 2942《唐永泰年間河西巡撫使判集》)

以上四句，"偏併"顯然皆是偏差義。

遍查文獻，我們尚未發現"偏併"有偏袒、偏私義的確鑿證據，蔣先生之解釋所舉例證爲《敦煌資料・宋乾德二年（公元九六四年）史泛三立嗣文書》："所有□資地水活□什物等，便共泛三子息，并及阿朵準亭，愿壽各取壹分，不令偏併。"今謂此句之"偏併"亦當作偏頗、偏差解，"各取壹分，不令偏併"即不令有所偏差。"偏併"既然不作偏袒、偏私解，"併"通"比"亦無所本，本字可通，無煩改字。

憑傳、錢馬

依靠某物進行傳遞；傳遞。
祭祀或求神時燒獻的紙錢與紙馬的合稱。

戌亥間，再焚香一炷，全金錢一陌，謂之五百貫。黑雲馬一匹，不用彩畫，爲恐犯牛膠。隨意願疏一通，外用圓封，庶人不得稱臣。内用羅彩散花，仍備金錢一葉，謂之五貫。符馬一匹，先次露天燒獻。今日直符神吏，憑傳上件數目並錢馬等，謹詣天門，直趨真武遊奕聖前，通放燒化紙錢，不得用油紙爐點火。(《玄天上帝啟聖録》卷二 19/581/c)

按："憑傳"猶言"寄傳"，《漢語大詞典》："寄傳：謂依靠某物進行傳遞。"在下列句子中，"憑"的依靠義還很明顯，依靠的對象還能找到，“憑傳”還帶有其構詞詞素本身意義的色彩。如：

　　（1）黃金莫問涓人馬，白鴈憑傳愛弟書。（明汪道昆《仲房赴戚將軍約》）

　　（2）君來備達鄉間訊，君去憑傳旅寓情，世世紛紛秋後葉，親知落落曉來星。（明葉饒《送鄉友王俊傑南歸四首》）

　　（3）連翩飛鴈破蒼煙，蕭瑟江南九月天，今歲稻粱難共飽，憑傳尺素上林前。（明梅鼎祚《江行見群鴈》）

　　（4）莫剪當簷葉，憑傳蕭瑟音，嶽峰窗外雨，滴碎汝翁心。（清王夫之《絕句》）

　　（5）故國蘋花勞遠夢，長隄柳色暎通津，使星明處滄瀛近，芳訊憑傳六六鱗。（清葉紹本《送俞苕琴侍御按視漕河即次花朝見贈原韻》）

　　（6）定有邊人驚再相，未容洛社屢銜盃，長途特勑軺車送，安信憑傳節使來。（清王鳴盛《送相國海寧陳公予告歸里次留別韻六首》）

　　（7）三徑憑傳問訊書，十年我受恩私厚，更傳消息語孫郎，莫向人前倚酒狂。（清洪亮吉《送趙表弟裹玉南歸即呈侍御舅氏兼寄孫大》）

但在下面的例句中，“憑”的依靠義已不明顯，“憑傳”可徑釋爲傳遞。如：

　　（8）雙龍紫誥承恩舊，五馬朱幡入郡睐，豈爲蒼生煩賈誼，憑傳幽意過長沙。（明張羽《送俞秋官宅仁赴衡陽太守》）

　　（9）天會三年十一月三十日，大金骨魯爾移賚勃極烈左副元帥致書於大宋宣撫郡王闕下：憑傳來信，復沐使音，未孚結約之誠，難避重煩之議，領兵前去之由，已載別牒，且兩朝之事，若不互相容會，須至戰爭，夫如是，則豈惟畜危轉甚，更恐生靈枉罹塗炭，是用遣人，以俟雅報。（清張金吾輯《金文最》卷二十六《書·童貫書》）

　　（10）常年揖別判東華，消息憑傳故里睐，不覺輕塵同駐馬，可憐高樹已藏鴉。（清徐書受《獻縣塗遇馮大百史訊知西河客遊長水》）

　　（11）高士牆東長避世，孤蓬天末獨離群，憑傳地下知音語，腸斷臨岐不忍聞。（清施閏章《于湖羅繡銘宅留別》）

　　（12）臂病去年妨畫手，鬢絲鎮日倚吟梅，憑傳林下粗粗狀，記

取春明問訊回。(清錢楷《百泉兄南歸寄呈蘀石從父二首》)

"錢馬"是祭祀或求神時燒獻的紙錢與紙馬的合稱,該詞道經常見。如:

(1)諸應傳度正法,以法中用日,設醮一座,名曰傳度醮,奏獻錢馬一百二十分,章醮儀中聖位列獻。(《上清骨髓靈文鬼律》卷下)

(2)治教四人,獻錢馬四分,以封狀具述治教人事宜,謝恩甚不可闕。(《太上助國救民總真秘要》卷七)

(3)凡遇散甲之日當旬玉女,即備一分錢馬祭之。(《六陰洞微遁甲真經》卷中)

(4)凡夫持前法者,須帳幕了淨房,用燈六十盞,錢馬六副,食六分。(《鬼谷子天髓靈文》卷上)

道經中"錢馬"種類繁多,有"金錢、雲馬","金錢"是用金色紙做的冥幣,"雲馬"則是在紙上畫的帶有雲狀的馬,如:

(5)次備淨水、時花、名香、細果、醇釀各九分,以彩畫雲馬九疋,馬為奔走之勢,雲作飛逸之形,於空隙處寫鄉貫姓名,隨意書所患災禍因依。每一疋雲馬上,書奏一星名,次於馬鞍上,各書斗符。又畫雲馬六疋,亦書南斗符,在斗經中,並同前式。仍朱書三天育局符三道,用一道令被災之人,於暗室中書平生密事,昧心之由,實封,并金錢九伯貫,同雲馬焚之,次以一道燒灰,服之。(《上清靈寶大法》卷十二)

(6)用大紙雲馬,於鞍上空處,朱書南北二斗符,每位獻狀一通,并馬一騎,逐星獻之,馬以奔走之狀,雲作飛逸之勢,或印板能如式,則傭工繪之。(同上書卷十二《飛斗》)

以上二例可證"雲馬"乃在紙上畫的帶雲狀的馬,而非紙紮的馬。

"金錢、雲馬"道經中最為常見。如:

(7)本院今據某州某縣某人投狀,為某人見患甚病,投院乞行救治,并乞行符水救治,本人自燒獻金錢雲馬若干,須至指揮。右本院除已差神將吏兵外,今給符水,付本人先次服食,所有本人燒獻錢馬,請淨明院束縛百邪,救治百病,行符咒水。符神符吏,分明受此本人所獻錢馬,疾速降臨真正狀,入於符水之中。(《靈寶淨明院行遣式·獻淨明院神將符水錢馬狀》)

(8)具法位,金錢若干,雲馬若干,香茶酒果,善供素食等,

右伏遇今月某日謹獻上。（同上書《獻錢馬申狀式》）

（9）靈寶淨明院外壇：當院某，遇某日，燒獻金錢雲馬，弄供養素食、酒果、香茶等，普伸陳獻，各開具錢馬下項：淨明院神王官將、靈官主宰、判官典者、膳籍典籍使者等衆，及節員甲馬吏兵，共化金錢若干，雲馬若干。餘院神將，依例列位，各獻錢馬若干。（同上書《獻錢馬牒式》）

（10）庚申夜，面北用棗湯七盞，金錢七分，雲馬七疋，香燈、五果鋪設供養。（《黃帝太一八門逆順生死訣》）

（11）年月日，具法位臣某狀，外用實封圓皮，金錢雲馬各六分，粘連本身六符、并印樣、并差將吏直符，用金錢焚之，齋持前去投達。（《六陰洞微遁甲真經》卷中）

有"金錢、甲馬"，"甲馬"即紙馬，指上面繪有神像、用來祭神的一種紙，因爲上面的神像大多披甲騎馬，所以又叫甲馬。清人梁章鉅《浪跡續談》卷七《通用字》："又紙上畫神佛像祭賽後焚之曰甲馬。"從民間流傳的甲馬實物來看（見下圖），紙上並非都畫有馬。

但從道經的實際情況看，"甲馬"有用量詞"疋"者，如：

（12）右作用書符畢，黃紙緊捲成筒，於香爐上點著，於患人疼痛處，如或在胸腹手足之間，先用甲馬七疋，按於衣上，却用符點著，於甲馬上灸三次，立應疼痛即止。（《道法會元》卷一百六十六）

（13）右符成，用五色紙錢一帖，甲馬一疋，同符安患人床頭或身上一日，至夜取於獄前焚化，必有報應。（同上）

（14）先備紙錢四帖，甲馬四五疋，燒剳，口云：法官遣神將在此，捉某人身中爲禍鬼賊。（同上書卷二百五十六）

可見，道經中這類"甲馬"上確實畫有馬，跟本文中提到的"雲馬"、"畫馬"、"從馬"、"素馬"、"烏馬"等相類，都是在紙上畫的馬。

"金錢甲馬"道經亦常見，如：

（15）冐字，鎮土，凡人犯土有病用此符，並金錢甲馬，於所犯方上燒之，仍書此字作符丸，與病人服。（《清微元降大法》卷一百一十五）

（16）凡書此符，步斗迎罡，存天罡在所緋紙，對日研朱，把罡訣，一氣書之，發符時，用金錢甲馬，焚末前。（《無上玄元三天玉堂大法》卷八）

（17）及作諸妖異，侵害生人者，宜書此符，用金錢甲馬，於中夜焚于中庭。（同上書卷二十七）

（18）皇人曰：祭印之法，用棗湯十二盞，淨茶十二盞，明燈十二盞，金錢甲馬各十二分，布列於天門之下。（《靈寶無量度人上經大法》卷六十七）

（19）右符用黃紙半幅，朱書符，墨批字，用金錢甲馬焚于竈中。（《道法會元》卷三十）

有"金錢、紙馬"，如：

（20）或只此燒亦持，可用金錢紙馬竈儀一副，燒於竈中。（《法海遺珠》卷十三）

（21）判投詞，寫白劄，付與土地，或判狀，令於患家竈中同金錢紙馬焚之，外給符水與之。（《道法會元》卷一百六十五）

有"金錢、寶馬"，如：

（22）瑤珮瓊裙，下雲霄之浩蕩；金錢寶馬，略塵世之恭虔，再運虔誠，禮伸二獻。（《諸師聖誕沖舉酌獻儀》）

（23）供冥王發錢馬：關無上黃籙大齋壇，本壇奉爲齋官某，崇建黃錢大齋，修設冥府淨供，所有進獻禮物，開具下項：龍車一乘，進獻狀一函，重封印全，謹上詣東極青玄左府請進，金錢幾貼，寶馬幾疋，獻狀幾封。（《上清靈寶大法》卷六十五）

（24）太上洞玄靈寶昇玄消災護命妙經，金錢一分，寶馬一疋，右謹隨狀上。（同上書卷六十六）

有"金錢、大馬"，如：

（25）神將驅遣前去，或行公牒往人家供養，用茶果、金錢一束，大馬三疋，中堂燒化，速有報應。（《高上神霄玉清真王紫書大法》卷四）

有"金錢、畫馬",如:

　　(26) 醮建法信:金錢六十束,龍車九座,鳳輦三座,畫馬十二疋,雲鶴六十乘。(同上)

有"金錢、從馬",如:

　　(27) 支錢馬狀單:靈寶大法司,今據齋主某,備到金錢幾分,從馬幾騎,右謹奉獻四直功曹使者,三界直符使者,諸法部承受官吏,當處受事土地正神,諸處城隍司下土地,泰山沿路土地,伏惟鑒納,謹狀,今月日常司支錢馬狀。(《上清靈寶大法》卷六十)

　　(28) 所有貢獻三界聖真,係醮主宰,龍車金錢從馬,除已各具專狀外,須至關發。聖位進獻狀若干通,金錢若干分,從馬若干疋,上詣某聖位。(同上書卷六十五)

"從馬"即隨從之馬,如:

　　(29) 下次小的每安排些紅乾臘肉,春盛擔子,鵓兒小鷂,粘竿彈弓,花腿閒漢,多鞁幾匹從馬,郊外打獵走一遭去。(元武漢臣《包待制智賺生金閣》第一折)

　　(30) 李肅騎了赤兔馬,帶二匹從馬,三個人投呂布寨來。(《三國演義》第三回)

　　(31) 親王護衛官二十三人,隨侍七人,從役十人,廩給每日銀六兩三錢五分,米三斗三升,坐馬十五匹,從馬四十匹,草料每日銀三兩七錢四釐一絲三忽。貝勒護衛官十一人,隨侍九人,從役十人,廩給每日銀三兩四錢米二斗二升,坐馬八匹,從馬三十匹,草料每日銀二兩五錢五分九釐一毫八絲六忽。(清張穆《蒙古遊牧記》卷一《內蒙古哲里木盟游牧所在》)

除了"金錢"外,還有其他幾種類型。

如"信錢從馬","信錢"即道教徒上供的紙錢,類似於"信米"、"信帛"等上供的物品,如:

　　(32) 奉道具位臣姓某,信錢,從馬若干分,右謹奏上聖號,伏望真慈,俯賜鑒納,謹狀。(《道門定制》卷三)

　　(33) 寶壇進貢:九皇至尊,凡信錢從馬龍車九分,羅天列真,信錢從馬一千二百分。(同上)

有"五色錢",如:

　　(34) 至再至三,則災重,每滅一燈,取位牌,以五色錢及代人

雲馬裹之。(《靈寶領教濟度金書》卷二百八十五)

有"銀錢"類,如:

(35)金錢、銀錢、雲馬、甲馬、神馬,及所祭香燭花果茶酒,醣肴盤饌,羅列齊備。(《道法會元》卷一百二十三)

(36)聖前逐項開列,一上獻狀若干通,銀錢若干分,從馬若干疋,上某神位,逐項開列。(《上清靈寶大法》卷六十五)

(37)若遇甲子旬,呼六甲神,本命日用銀錢紙馬祭之,依如軍令,中要精嚴。(《鬼谷子天髓靈文》卷下)

(38)將吏錢馬單:靈寶大法司,今據齋主某人備到金錢幾分,銀錢幾分,從馬幾騎,奉上靈寶大法司,靈官功曹、金童玉女、天將天兵,上清天樞院天將天兵。(《無上黃籙大齋立成儀》卷四)

(39)土地錢馬單:今據齋主某人備到銀錢幾分,從馬幾騎,支送天下都大城隍司下,沿路土地。(同上)

有"緋錢"類,即紅色紙作的冥幣,如:

(40)仍書火鈴符於牒內,用緋錢甲馬焚之,五方各一道。(《道法會元》卷一百一十五)

(41)謹有緋錢甲馬直符,仗火焚化,用助威靈。(同上書卷一百九十二)

(42)右用甲馬緋錢等,以大盆清酒雞鵝羊血瀝內,威德咒發之。(同上書卷一百四十九)

有"黃錢"類,即黃紙作的冥幣,如:

(43)凡有人欲吞符服水,七日前,用黃錢七貼,素馬七箇,先去閣室中供養,七日後,用時須擇庚申日或滿日,日未出時,面東禮拜了,燒錢馬等,使符服水上飄只一處,隨水吃了。(《鬼谷子天髓靈文》卷上)

有"黑錢"類,如:

(44)畢不祝白,即以錄劄,用皂錢雲馬代人於竈前焚之。(《道法會元》卷一百九十二)

(45)法官用酆都符命,並將黑紙黑書黑印燒化黑錢甲馬。(同上書卷二百五十六)

(46)太一神祇好樂:竹弓,蘆箭,印,甲馬,兵士,木刀,鎗劍戟,黑紙錢,五色繒線,時華細果。(《靈寶無量度人上經大法》

卷三十三)

有"白錢"類,如:

(47)面望天門,燒錢五分,一切錢馬於鬼門,用一小狀燒白錢三束,令五方四十大鬼,以眾收之。(《太清金闕玉華仙書八極神章三皇內祕文》卷上)

破痛

猶言裂痛。

此疫令人寒熱,氣上刺心,手足拘急,胸背徹燠,……利有霍亂,吐血鼻肉。百支破痛,節節枯落,氣熱驚走,悲思惚惚,雲中白眼,四支反覆。(敦煌 P. 2959《洞淵神咒經》卷二)

按:"破痛"猶言裂痛,《道藏》本作"碎痛"。"破痛"文獻僅見此一例,而"碎痛"則常見。如:

(1)(接骨散)治從高墜,下馬逐傷,折筋斷骨,碎痛不可忍,接骨續筋,止痛活血。(宋陳師文《太平惠民和劑局方》卷八)

(2)胸膈痞滿,頭目碎痛,飲食不下,腦項昏重,咽喉不利,涕唾稠粘,診其脉左右寸口沈結,實大者上實也。(舊題漢華陀《中藏經》卷上《虛實大要論第八》)

(3)其莖白,平滑,可作湯,主傷寒寒熱,骨肉碎痛,能出汗,治中風,面目浮腫。(唐孫思邈《千金要方》卷七十九《食治》)

(4)狍肉味辛平,有小毒,不可久食,令人徧體筋肉碎痛乏氣。(同上)

(5)姙娠血有餘,六脈大而疾,又緊而流利,表裏俱有骨力,主渾身碎痛,並腹內疼不可忍者,宜涼其血。(宋史堪《史載之方》卷上《論膈噎》)

(6)治一切打撲折傷,腹中碎痛,血氣昏悶,大腸秘熱,數日不出後,宜服此方。(明朱橚《普濟方》卷三百十《折傷門》)

(7)是以腹中常痛,而大便不實也,病延四月,身雖微熱,是屬虛陽外越,近增口舌碎痛,亦屬虛火上,炎津液消灼,勞損何疑。(清柳寶詒《柳選四家醫案》)

Q

愆

"愆" 之俗字。

聖意：鴻鵠摩天勢自然，未逢時至致災愆；此日升騰還自在，翱翔直上九重天。(《玄天上帝百字聖號》36/352/a)

按："愆"，《中華道藏》徑録爲愆，未達一間，此字乃"愆"之俗體。證據有三：

(一) 從字形看，"愆"之俗體有作𠎝者 (見北周《道民李元海兄弟造天尊象》)，省去部件"丁"，或作愆 (見魏《范陽王元悔墓誌》)，或作愆 (見魏《赫連悦墓誌》)，或作愆 (見齊《平等寺殘碑》)。同理，"愆"之俗體愆 (見魏《元懌墓誌》)、愆 (見魏《劉根造像》) 者，亦可省去部件"丁"。而"矢"、"天"、"无"在俗體中常相訛，如敦煌文獻中"駃"有從"天"作駚者 (見 Φ096《雙恩記》)，"侯"有從"天"作𠉂者 (見 P.2536《春秋穀梁經傳》)、𠋫 (見唐《契苾銘》)，可資比勘。

(二) "然"、"愆"、"天"可入韻。

(三) "災愆"一詞在《玄天上帝百字聖號》一書中時見，如：

(1) 占病：天星不順致災愆，有病占身不損年；若得明師及謬語，不如祈福謝蒼天。

(2) 占病：天星不順被災愆，何用臨危告聖賢；但要汝心存善念，能教百病自然痊。

"災愆"謂災殃，辭書已收，不贅。

朁

"潛"之俗字。

　　昔泰清大帝，第八十二次化身，托聖父淨樂國王，聖母妙祥天主，降生爲太子，纔七歲即離親去國，朁身入太和山中修道。（《玄天上帝說報父母恩重經》11/473/c）

　　按："朁"，《中華道藏》錄爲"潛"，誤。今謂此字乃"潛"之俗字。"潛"之俗體有作潜（見魏《元恭墓誌》）、朁（見魏《元天穆墓誌》）、潛（見魏《蕭正表墓誌》）等形體者，概朁與潜形體正同，潛左上構件"天"筆畫殘缺則作朁。"潛身"謂藏身隱居，文獻常見，如：

　　（1）潛身十八年，閉誦經不移。（《後漢書·袁閎傳》）
　　（2）得上高臺日已西，潛身一爲故人啼。（明馬鑾《銅雀伎》）
　　（3）間道復西來，潛身入吳市。（清顧炎武《贈于副將元凱》）

淺蕃

猶言近蕃，指距離中原較近的外國或少數民族。

　　河北雄州，有榷場要切關口，除屯馬步軍二十萬外，有敢勇白身指使二千，內有張琪，居常供養真武，得悟遁甲行軍之事，康定年中，北鄙淺蕃胡知從等，侵雄州榷場。（《玄天上帝啟聖錄》卷三19/590/a）

　　按："淺蕃"猶言近蕃，指距離中原較近的外國或少數民族。如：

　　（1）所以臣乞封博囉齊爲六谷王，及厚賜金帛，仍先敦諭，彼必嚮風，恐遷賊旦暮用兵，斷彼族賣馬之路，苟朝廷信使得達博囉齊，則尼瑪族西南遠蕃不難招輯，西蕃既已稟命，緣邊兵勢自雄，則鄜延環慶之淺蕃，原渭鎮戎之熟戶，自然齊心討賊，竭力聖朝。（宋李燾《續資治通鑑長編》卷四十九《真宗》）

　　該例中"遠蕃"和"淺蕃"同現，可見"淺蕃"即近蕃。"淺蕃"或作"淺番"，如：

（2）當時郎着淺番衣，淺番路近便回歸，誰知却入深番去，浪逐鴛鴦遠水飛。（元劉仁本《羽庭集》卷四《閩中女四首》）

此句"淺蕃"與"深蕃"對文，"深蕃"相當於"遠蕃"。如：

（3）肉荳蔻，出黃麻駐、牛崙等深番，樹如中國之栢，高至十丈，枝幹條枚，蕃衍敷廣，蔽四五十人。（宋趙汝适《諸蕃志》卷下《肉荳蔻》）

"黃麻駐"、"牛崙"（或作牛論、牛侖）即今東南亞班達群島中諸國，距離中原較遠。

（4）其山多雨雹，五六月閒，或有大雪深丈餘，此地間有沙陀，出肉蓯蓉，國人呼曰唆眼，水曰兀速，草曰愛不速，深入山陰，松皆十丈許，會衆白師曰：此地深蕃，太古以來，不聞正教，唯山精鬼魅，惑人自師。（清陳銘珪《長春道教源流》卷二《元李志常長春西遊記》）

"淺蕃"或"淺番"典籍中常見。如：

（5）胡知從是分土淺蕃，節鎮諸侯，近因動兵來劫摧場。（《玄天上帝啟聖録》卷三）

（6）天禧中，兵部侍郎充瀛州高陽關兵馬都總管知瀛州房之才狀奏：蒙差到任，經三月，有淺蕃萍蕪寨主魯繼成等二千餘人，於元年八月十六日夜，擅侵疆界，搶劫去青木堡糧草四千餘石。（同上）

（7）時帝自期年之後，於宮中間舉細聲女樂，及親征以來，日於左右召淺蕃軍校奏三絃胡琴，和以羌笛，擊節鳴鼓，更舞迭歌，以爲娛樂。（宋薛居正《舊五代史》卷八十二《晉書八·少帝紀第二》）

（8）南方諸蠻，馬皆出大理，國羅殿自杞特磨歲以馬來，皆販之大理者也，龍、羅、張、石、方五部蕃族謂之淺蕃，亦產馬。（宋周去非《嶺外代答》卷九《蠻馬》）

（9）周密《癸未雜識》云：南海諸國有泥油，今入海，淺蕃船皆蓄之，謂之併船，中用四人力拖斗上，以泥油着小瓶中，檳榔皮塞口，燃檳榔皮，自高投之，泥油着板遍延不息，以水沃之愈熾，所制者，乾泥與竈灰，今官兵船不能近淺番者，正畏此耳。（清李有棠《遼史紀事本末》卷八《舒嚕太后稱制》）

勤化

辛勤化度。

時世多病，男女之人，壬午年入山，**勤**化愚人。愚人不信道，不受三洞，水來煞人。（敦煌 S. 3389《洞淵神咒經》卷四）

按："**勤**"，《中華道藏》録爲"勸"，誤。此字當爲"懃"字。敦煌文獻常見，P. 2305《妙法蓮花經講經文》："公主聞兮苦死留連，慈母見兮慇**懃**安撫."雲 24《八相變文》："自別車匿住雪山，苦行殷**懃**志道專."S. 5584《開蒙要訓》："匡翊**懃**恪."P. 2959《洞淵神咒經》卷二："告魔王等，自今以去，**懃**爲衆生，遣一切疫鬼矣。"《道藏》本作"勤"。

誤録"勤化"爲"勸化"者，《中華道藏》中尚有三例，P. 2365《洞淵神咒經》卷八："自今以去，若有道士救之，官事疾病之處，天人玉女四十萬人，來下助人，不令有厄，道士**懃**化人焉。""**懃**"，《道藏》本作"勤"；P. 2366《洞淵神咒經》卷十："道士自今以去，**懃**化萬姓，愚人男女令悉奉道，鬼不近之。""**懃**"，《道藏》本作"勤"；又卷十："自今以去，若有道士男女之官，勸**懃**化萬民，遊行國界，救療百病者，汝等魔王、天人、子息小鬼主等，悉共佐助道士治病。""**懃**"，《道藏》本正作"勤"。

"勤化"一詞道經、佛經中常見，指辛勤化度。如：

（1）道言：大劫垂至，疫鬼流行。汝等道士，勤化愚人，令聞此經，令受此經契。受者，大水將來，九龍迎之，不有厄也。（《太上洞淵神咒經》卷一）

（2）汝等道士，勤化萬民，受經道士治病之處，大魔王、小鬼王等，助此道士治病。（同上書卷八）

（3）道士勤化人，大魔王、鬼主、一切主者、選官之神，當爲亡人追逐文書。（同上書卷二十）

（4）六念衆生，心樂經典，奉行師道，勤化愚冥，常爲唱導，開誤悔進。（《太上洞淵神咒齋儀》）

（5）絶工金師燒治煉金，以著火中其色益發，菩薩如是供養諸

佛，勤化衆生功祚轉茂。（西晉竺法護譯《漸備一切智德經》卷一）

（6）能爲衆生作如意寶，能令所在國土人民皆發十善，若國王勤化十善，所作悉皆圓滿。（唐菩提流志譯《文殊師利寶藏陀羅尼經》）

（7）世世所生，常識宿命，得善好辯，音聲美妙，亦不捨離，教化衆生，世世所生，勤護正法，勤化衆生。（姚秦鳩摩羅什譯《大樹緊那羅王所問經》卷四）

（8）甲申壬辰，凶運知之。道士勤自相化，化度一切。若有親受此經者，天人祐汝，終不橫死矣。（《太上洞淵神咒經》卷五）

（9）道言：汝等受此《大驅寶經》，經中之要，子等仙矣。勤相化度，傳受愚人。愚人倒見，甚可哀憫，來世大水將没之耳。（同上書卷二十）

（10）我告今書符治病，平等一心，憐憫一切，有心必當救濟。三龍之後，勤心勸化衆生，受經奉法，依師求道。（《七元璇璣召魔品經》）

以上例句中之"勤自相化"、"勤相化度"、"勤心勸化"與"勤化"義正相同。

頋

"頃"之俗字。

令人宅中神不安，每事不果，行萬種病痛急疾，乘風駕雀，妄作光怪，自**頋**以來，不唯一條。（敦煌 P. 2444《洞淵神咒經》卷七）

按："**頋**"，《中華道藏》録爲"須"，誤。"自須以來"義不可解，今謂**頋**乃"頃"之俗字，"頃"敦煌寫本有作**頋**者（見 P. 2524《語對》），可爲比證。"頃"有往昔義，如：

（1）頃所以闊無大害者，以屯氏河通，兩川分流也。今屯氏河塞，靈鳴犢口又益不利，獨一川兼受數河之任，雖高增隄防，終不能泄。（《漢書·溝洫志》）

（2）頃爲弟子曾同社，今忝星郎更契緣。（唐鄭谷《宜春再訪芳公言公幽齋寫懷叙事因賦長言》）

（3）臣竊見頃立義倉，至今已將十年。（宋蘇轍《乞賑救淮南饑

民狀》)

"自頃以來" 謂自往昔以來,此義文獻常見。如:

(4) 光武中興,修膳太學,博士得其五人,五經各叙其義,故能化澤霑洽,天下和平。自頃以來,五經頗廢,後進之士,趣於交俗,宿儒舊學無與傳業。(晉袁宏《後漢紀》卷十五《孝殤皇帝紀》)

(5) 臣猶記宋璟爲相,數進直言,天下賴以安平,自頃以來,在廷之臣以言爲諱,惟阿諛取容。(宋孔平仲《續世説》卷七《尤悔》)

(6) 我先以來本無事,與子同居之後,痛寐亦相持,移像累劫,而不自如,置我沙漠風霜之地,既令我歸東,又令我歸西,種種相魔,自頃以來,始蒙慧以室廬養,以調息,美則美矣,但晚也。(《玉清金笥青華秘文金寶內鍊丹訣·卷下》)

(7) 吾前授汝道助國扶命,憂念萬兆。而自頃以來,諸男女弟子託吾位號,貪財縱欲,驕倨自大,嫉賢拓才,更相是非,皆不當爾。(《歷世真仙體道通鑑》)

(8) 但弟子某宿有積幸,奉屬大道,常蒙覆蔭,伏用欣榮,而修奉多違,動招考責。某自頃以來,爲外殍鬼賊,妄相刑剋,數爲祟害,或更有事意,從此添入。(《道門定制》卷七)

(9) 某口釁奉神不明,多有考氣,招延不祥。自頃以來,家業不利,宅中凶耗,萬端不吉,灾祟云云。(《太上洞神洞淵神咒治病口章》)

"須"、"頃" 文獻中常互訛,杜甫《麗春》:"少須顏色好,多漫枝條膌。"清仇兆鰲《杜詩詳注》卷十在"須"下注云:"一作頃。"唐魚孟威《桂州重修靈渠記》:"固頃約公費,積刀布。"《文苑英華》卷八百一十四在"頃"下注云:"一作須。"

取復

猶言收復,謂奪回已失去的東西,多指奪回失地。

近曾親見上帝批鑒,並合歸宋朝爲一統,永昌萬世帝王之業,除淮漢已取復外,餘處注定年限,各有先後,不逾一紀,以河東爲首,次至南唐、西蜀、廣東、福建,然後兩湖,合依次收之。(《玄天上

帝啟聖錄》卷三 19/588/b）

按："取復"猶言收復，謂奪回已失去的東西，多指奪回失地。該詞歷來辭書均未見載。文獻中有以下數例。如：

（1）彊弱有時，今漢方盛，烏孫城郭諸國，皆爲臣妾，自且鞮侯單于以來，匈奴日削，不能取復，雖屈彊於此，未嘗一日安也。（《漢書》卷九十四《匈奴傳第六十四下》）

（2）莫酒、平番、關堡皆我中國地方，汝等豈得以取復原地爲詞，汝等有知事者，從長計議。（明張時徹《芝園集》卷一《撫諭番蠻告示》）

（3）後因縣廢而賊遂據以陸梁，是又往事之明驗矣，當賊猖獗之日，地方父老屢有取復縣治之議。（明王守仁《王文成公全書》卷十一《別錄三·添設和平縣治疏》）

（4）雖戰敗奔逃，而渝城未復，元惡在逋，萬一賄通鄰司，結連黨類，豕突鴟張，更難取復，今若乘破竹之勢，爲犁庭之舉，必得數十萬餉，先安各邊之心。（清官修《明臣奏議》卷三十六《請發帑金疏》）

（5）候將來師還，計議蔚應朔三州，則正兩朝出兵夾攻之地，今議先次取復。（清秦緗業《續資治通鑒長編拾補》卷四十一《徽宗》）下按語云："取復，《北盟會編》作收復。"

《詩詞曲小說語辭大典》："取復：復命，答復。"舉證爲《永樂大典戲文三種類·張協狀元》："欲待取復，欲待取復：昨蒙鈞旨，非不整肅。"該義同於"取覆"，乃"取復"之另一義項。

R

攘

"攘" 之俗字。

中國之人,有往往值經寶者,若有道士治病救人之日,子等助國,攘却驅逐之焉,未令斷其功德也。(敦煌 P. 2959《洞淵神咒經》卷二)

按:"攘",《中華道藏》録爲"攓","攓"有兩義,一爲裝有機關捕捉野獸的木籠;一爲捕捉,皆不合文義。今謂此字乃"攘"之俗字。"攘却"義爲驅除,文獻常見,如:

(1)武帝攘却胡越,開地斥境,南置交阯,北置朔方之州。(《漢書·地理志上》)

(2)有攘却之力,用和親之謀,則示弱而勞費矣。(唐陸贄《論邊緣守備事宜狀》)

(3)臣本無才術,誤膺眷渥,未能攘却夷狄,掃除僭竊。(宋岳飛《奏辭檢校少保第二劄子》)

(4)秦始皇攘却戎狄。(梁啟超《張博望班定遠合傳》)

敦煌 P. 2959《洞淵神咒經》卷二:"自非家祀之鬼,一切攘之,使永絕他方。若有不從吾令,鬼兵故不爲去,和魔王等,各各當受斬,斬之不想也。""攘",《中華道藏》録爲"攓",亦誤。《道藏》本異文作"禳","禳"、"攘"義同,可爲明證。

榮爲

"榮" 通 "營", "榮爲" 即 "營爲", 指作爲, 從事某種活動。

家宅: 是非重疊起虛驚, 畜産衰微百怪興; 若要榮爲不如意, 提防寇盜入門庭。(《玄天上帝百字聖號》36/346/c)

按:"榮爲" 義不可解, "榮" 當是 "營" 之假借, "榮爲" 即 "營爲", 指作爲, 從事某種活動, 同義連文。在《玄天上帝百字聖號》一書中 "營爲" 一詞屢見, 如:

(1) 謀望: 昔曾許汝到春來, 豈料營爲意不諧; 且待菊梅開綻月, 依然名利兩全哉。

"營爲意不諧" 與 "榮爲不如意" 義正相同。

(2) 謀望: 時逢暖律景和平, 謀望求財總遂心; 若要營爲當此際, 脱身易服取功名。

(3) 謀望: 若要營爲當此際, 管教奮發取功名。

"營"、"榮" 通假常見, 清朱駿聲《説文通訓定聲·鼎部》:"榮, 假借爲營。"《藝文類聚》卷四十一晉陸機《君子有所思行》:"善哉膏粱士, 榮生奧且博。"《文選》卷二十八、《樂府詩集》卷六十一並作 "營生"。《吕氏春秋·士容》"德行尊理而羞用巧衛。" 漢高誘注:"尊重道理而行, 羞以巧媚自榮衛也。" 陳奇猷集釋引畢沅曰: "'榮', 疑爲 '營'。"

如悦

"如" 爲 "和" 之形訛。

道言: 自今以去, 道士悉行化他國邊遊之處, 求覓病人, 一一爲作齋法, 轉經行道。吾當遣十方大兵八十萬人, 助子治之, 敕一切大魔, 令天下無惡風, 雨不淋漓, 人鬼如悦, 百姓忻昕, 國主信道。(敦煌 P. 2366《洞淵神咒經》卷十)

按:"如悦" 不辭, 今謂 "如" 當爲 "和" 之形訛。二字互訛古籍中極爲常見，如：

（1）却略欲一言，零淚和酒傾。（唐顧況《酬本部韋左司》）《華陽集》卷一在“和”下注云：“一作如。”

（2）好鳥傍花窺玉磬，嫩苔和水没金鉼。（唐貫休《山居詩二十四首》）《全唐詩》卷八百三十七在“和”下注云：“一作如。”

（3）向壽者，宣太后外族也，而與昭王少相長，故任用向壽如楚。（《史記·樗里子甘茂列傳》）裴駰集解：“徐廣曰：如，一作和。”

（4）芳草如花種，修篁帶筍移。（唐劉商《題楊侍郎新亭》）《全唐詩》卷三百三在“如”下注云：“一作和。”

“和悦”道經及敦煌文獻中常見，如：

（5）冢墓永安，鬼訟塞閑，魂魄和悦。（《三洞樞機雜説》）

（6）神志和悦，顏色自怡。（《諸真聖胎神用訣》）

（7）心安静則萬神和悦。（《道德真經藏室纂微篇》卷四）

（8）仁儒孝順，安庠徐審，和悦中雅，皆生氣也。（P. 2257《太上大道玉清經》卷二）

（9）上柱國果次子元祥立，性賢和悦，敦詩禮。（P. 2625《敦煌名族志》）

（10）心存泥丸宫上元赤子名字，容色和悦，及明堂中左日右月。（P. 2732《登真隱訣》）

（11）不敢含怒以罪之，言常和悦之故也。（P. 3736《尚書》卷九）

（12）所有言音，隨衆生意，聞皆和悦。（S. 391《相書》（八十種好））

S

生官

人世間之官吏；泛指仙官、神仙；道士；主生之官。

道言：五濁之世，生官僥急，不矜下人。下人吁嗟，萬民懷叛，天下悠悠。（敦煌 P. 3223《洞淵神咒經》卷一）

按：葉貴良先生《敦煌道經詞語考釋》（P360）："生官：一生官禄。"不確。《敦煌本〈太上洞淵神咒經〉輯校》（P24）云："'生官'與'世官'都指世俗之人。"仍未達一間。"生官"一詞道經常見，皆不可作"一生官禄"解，"生官"在道經中義項衆多，兹一並羅列如下：

（一）人世間之官吏。如：

（1）鐵券首云：父死子係何？是近世生官王者之法制耳。（南北朝寇謙之《老君音誦誡經》）

（2）老君曰：吾立天師，授署道教治籙符契，豈有取人一錢之法乎，喻如生官署職，有財錢若干，吾今並出新法，按而奉順，從今以後無有分傳。（同上）

（3）老君曰：請客就會，人習嚴整衣服，如生官天子殿會，恭肅共同，明慎奉行如律令。（同上）

（4）老君曰：其受治籙誡之人，弟子朝拜之，喻如禮生官位吏，禮法等同，明慎奉行如律令。（同上）

（5）音誦歌誡，宣勑諸官章書之法，如似生官文書，可得達理。（同上）

（6）炎明問曰：當來儻爲五濁惡世，衆邪野道、一切衆横擾亂良善，疾病死亡，不以道理。蒙天尊言：造諸功德，修行道法，功普成就，得度惡世一切衆生。爲生官逼迮，上擾下給，苦惱衆生，進不及功，退不免死，官事疾病，競來威虐。如斯之厄，奈何免脫？夫聖人大慈，應濟世苦，豈不勉之，豈不勉之。（南北朝佚名《洞玄靈寶本相運度劫期經》）

（7）道士若志慕山藪，不用生官，一切斷絶入山修道者，此是去仙不遠。如此道士，遊行世間，爲人治病，魔王助之。（《太上洞淵神咒經》卷九）

（8）如此之鬼，大水之運，國主酷治，便可殺人。有受經道士，心務山林，不取生官。如此之人及黃赤之男女，亦乃不殺矣。（同上書卷十）

（9）太上說此之時，坐中三萬九千人，天女十萬人，地下化人二十三萬人，道士及魔王男女四十九萬人，一時驚起，求受此經。自今以去，奉持此法，教化愚人，令不責生官，不用王位。（同上書卷二十）

"生"、"世"同義，"終生"亦即"終世"。從異文的角度看，"生官僥急"，《道藏》本作"世官撓急"，《漢語大詞典》："世官：古代某官職由一族世代承襲，谓之世官。"此義放在文中顯然不合適，五濁之世不矜下人的爲什麼單單是世代承襲的"世官"呢？此"世官"若釋爲人世間之官吏則怡然理順。另外《太上洞淵神咒經》中還有"不貪世業"、"不貪世榮"，如：

（10）道言：口不說惡，亦得飛仙。一心敬法，亦得飛仙。不貪世業，亦得飛仙。（卷七）

（11）道言：壬午辛巳年，有見道士入山，斷穀休糧，以求仙道。又見道士不貪世榮，追師勤苦，以求仙道。（卷二十）

（12）世人多不信道，有一人受經，衆共笑之。謂曰：妖魅不欲生活，入山避人，不求生官。不知此人天上生來，見世間濁惡，自求仙道，度一切人。（卷三）

"世業"、"世榮"中的世顯然指的是人世間，"不貪世榮"、"不貪世業"與"不求生官"可資比參。

從該詞出現的語境看，該詞出現的上下文總與人世間有關，如：

（13）道言：吾昔與文始赤松子，將諸梵王七十萬人，遊乎世間五嶺之郊，見刀兵而死者不唯一人，太上愍之，遣化人道士往問之……，世間不淨，五賊牽人，令入惡道，喪人神焉，將人入淵……，自今以去，奉持此法，教化愚人，令不貪生官，不用王位，各各自誓。(《太上洞淵神咒經》卷二十)

（14）世人多不信道，有一人受經，衆共笑之。謂曰：妖魅不欲生活，入山避人，不求生官。不知此人天上生來，見世間濁惡，自求仙道，度一切人。(同上書卷三)

（15）世人不知，貪惜財物，愛樂妻子，寧作罪事，不肯受經，不求仙道，生官自累，終日悠悠。(同上書卷九)

此二句中“仙道”與“生官”可形成對比。

（二）天上的官曹是模擬人間而設，所以道經中“生官”又可指仙官、神仙。① 該義項道經最爲常見。如：

（16）自今以去，若有不信吾言，徘徊此宅不肯去者，十方大煞將軍卅方人，來斬汝小鬼，不得復留，急急如生官口敕。(《太上洞淵神咒經》卷六)

（17）若不從命，汝魔王等，各各斬之萬段，令頭破千分矣。一一如生官口敕，急急如律令。(同上書卷十)

（18）得其法式，不移年而睹神行來出入之向方，生官司迎，魔靈消伏，不敢干前，心聰意慧，自審吉凶。(《靈寶無量度人上經大法》卷二十二《招靈求仙品》)

（19）東南明帝君，風神志峨峨。玄女來稽首，九龍度三河。人生一世間，猶如託松蘿。松死蘿亦枯，人命何足多。愚者恐不活，智者隨世波。生官不久停，須臾有吁嗟。自無大智聖，安能避世羅。(《太上洞淵神咒經》卷十四)

（20）洞淵洞玄混化內真生官寶名：元尊太仙君，諱浩思，字極元。璣星光君，諱混精，字浩真。上皇白人君，諱浩丹，字正綸。元華鬱單君，諱北浩，字停淵。(《上清衆經諸真聖秘》卷一)

（21）明真科云：盟用金錢二萬四千，以質二十四炁生官。重真之信闕，則三部八景之神不度人命籍。無金錢，銅亦可准。(《太上洞玄靈寶授度儀表》)

---

① 這一義項是我的師弟周學峰博士所發，詳見南開大學 2013 年博士學位論文《道教科儀經籍疑難詞語考釋》，文中認爲“生官”的理據是仿擬“生民”而造，可備一家之説。

（22）其仙名，聞於諸天，即陰司合除死籍黑簿，黑簿既除，生官上仙，名於金榜，榜仙名於太極南軒，此太上大道玉晨道君當勒繡衣使者下召，詣彼玉京金闕。（《玄珠心鏡註》）

（23）右某家三世先亡，今封以付無上三天天官將軍兵士等。此皆某所宗祠之限，自非常節，皆不得妄生責望生人飲食，作諸禍祟，疾病子孫後胤生人。若有犯者，俱同部送九都，永付律官。若爲福者利某家門，三天玉司生官並鎮宅將軍，即當爲舉遷，言名上三天，奏其功德，昇上九天元生福堂。（《無上三元鎮宅靈籙》）

（24）思元洞、元明、元曜、延靈、耀元君，玄混以陽霞朱明之符授與我身，次思洞天生官衣服諱字，如上法，並從素靈宮清微府中下，以次入兆身泥丸宮中。……思洞地、洞真、大熒惑星、大洞元生大靈機皇君景，化以通明四洞九元之符，以授我身，次思洞地生官衣服諱字，如上法，並從素靈宮蘭臺府下入兆身絳宮中。……次思洞淵生官衣服諱字如上法，並從素靈宮皇堂府下入兆身臍下丹田宮中。（《雲笈七籤》卷四十三《存思三洞法》）

（25）安某等三魂，定某等七魄，仙某等三魂，正五神生五藏，應五星，召還三萬六千餘神署生官，各安宮室，使仙道畢成，舉形飛昇，上爲真人，更定仙壽萬八千歲。（《正一法文法籙部儀》）

（26）五體真官功曹吏各二人出，上明嬰兒解厄使者二人出，上真嬰兒度厄使者二人出，上生丞中清沆使者二人出，上生河中生算使者二人出，中真三元度厄使者二人出，中真三官臨河使者二人出，中真生官臨江使者二人出，中真三官生命使者二人出。（《太上金書玉謀寶章儀》）

（三）道士。① 周學峰博士對該義項理據解釋云："依據道教規定，道士入教受法，有森嚴的法位、等第、尊卑之別，稱謂也各不相同。據《三洞奉道科儀》記載，常人稱男人女人，信道民衆稱大道弟子、天尊弟子、三寶弟子，受天尊戒者可稱清信弟子，受符籙戒文後稱男生女生、籙生、男官女官，後按受法之不同依次加以不同等級的稱號。審之，入道以受符籙戒文爲標志，未受符籙之前，只算是道教信仰愛好者，受符籙戒文以後便成爲真正的道教弟子，故男道士可稱男生、男官，女道士又稱女

————————
① 該義項亦爲周學峰博士所發，他對該義項理據的解釋也是可取的。

生、女官。生官之指稱道士，或源自男生女生和男官女官之號的合稱，即爲生官。"該義項道經亦時見。如：

（27）凡處女在家隨父母，教之從師受法，父母爲醮，稱鄉居男女民生官。姓名息女某年歲某月日時生，某父母名也。荷道重恩，得生子息，息女某年某歲，至心樂道，雖是愚蒙，庶有豪進，今歸師門，乞賜成就，依法操信，奉醮以聞，請受某籙，修行如法，伏願明師，特垂允許，謹醮。疾厄有代皆依前儀。（《正一法文太上外籙儀》）

（28）凡登天入洞，受位三清，遊三界之外，化三界之中，宜須挫銳顯異之時，則錦帔飛青，雲光綺繡，珠寶纓絡，種種莊嚴；宜須和光示同之日，則被褐懷玉，帶索鼓琴。同而有異，異不傷同，同不累異，是謂真人。女子治籙，及初受經，裙羅黃桂，與男不殊，絞綃布葛，生熟隨時。若受經法，俱得有帔，玄黃單複，布帛適人，裙褐及襦，唯單無複，被及褐條，各有所法，然隨人長短，大小相稱，勿令拘法，法施中人，至於條數，一切無異。男女生官，不得以帔奏章，啟齋得道，亦不得著帔，讀經聽講，帔皆可通。（《洞真太上太霄琅書》卷四《智慧要科》）

（29）天下太平，人民安樂，臣家國君陛下，上宰公王，下及兆庶，一切衆生，四海五嶽學仙道士，咸蒙昇度，天下男女生官祭酒，過度厄世陽九百六，真得侍聖君。（同上書卷六《齋戒要訣》）

（30）次讀章登壇時，凡是所付文板簡等悉次案，上某州縣鄉里係天師某治炁道士，男女生官、真人、先生、夫人、姓名年如干歲叩頭乞恩。（《太上洞神三皇儀》）

（31）自後皇天元年以來，轉生百巧，不信大道，五方逆煞，疫氣漸興，虎狼萬獸，受氣長大，百蟲蛇魅，與日而甚，日有千鬼，飛走亂行，不可禁止，大道不制，天師不劫，放縱天下，凶凶相逐，唯煞中民，死者千億，後有道士，男女生官，見吾祕經，知鬼姓名，皆保元吉，萬鬼不干。（《道要靈祇神鬼品經》）

（四）主生之官。該詞道經時見，如：

（32）考曇選，散騎常侍、太子右衛率、輕車將軍、陳車騎將軍、揚州刺史、建安郡公，食邑三千户，鼓吹一部。班劍二十人，一表華載鬱，台肩啟曜，動成儀表，肅以具瞻。法主鎮五石於生官，報

三田於命府，降靈以資妙氣，受鍊而浴蘭池。（《茅山誌》卷二十二《唐國師昇真先生王法主真人立觀碑》）

"生官"、"命府"對文，意義相類。

（33）天皇象靈，生官大神，運炁合神，開化亡人，上生真界，如律奉行。（《靈寶領教濟度金書》卷二百七十九）

（34）右天皇象符，以付生官大神桃孩合延，合元上氣，理胞運精。朱書青紙，月旦、月望夜半，北向服之。（《上清太極真人神仙經》）

時頃

頃刻、一會。

道士受三洞之秘，太上真要，將來之基，不用世貴財物、奴婢、宅舍一切榮華也。何以故？世間豪貴一切，時頃耳，不如學仙，方劫不死矣。（敦煌 P. 2793《洞淵神咒經》卷九）

按：《漢語大詞典》："時頃：時候。"此義項置此不宜，"時頃"義爲頃刻、一會，指時間很短。此義文獻常見，如：

（1）（彥思）平生無時頃輟讀書，後仕至建州通判。（宋洪邁《夷堅乙志》卷十六《徐偲病忘》）

（2）忽然天氣翳黑，自北而南，時頃開朗，可三十里。（宋張舜民《畫漫集》卷七《郴行録》）

（3）大父延祐與其昆弟勤力起家，閨門輯睦，間言不聞於外，與人約不踰時頃，閭里信之。（宋仲併《浮山集》卷四《夫人郴氏墓銘》）

（4）臣百拜展誦，仰見聖學高妙，留神帝王之道，蓋無時頃不在其中，此歷古帝王所甚難得者。（宋史浩《鄮峰真隱漫録》卷七《奏議回奏宣示御製原道辨》）

（5）水事最急，功不可緩，稍緩時頃，則難固護矣。（元脱脱《金史》卷二十七《志第八》）

（6）蓋電之光非如日星之明，有恒而不息，歘然而爲光於時頃之間。（明丘濬《大學衍義補》卷一百《治國平天下之要》）

（7）若無，有六畜，當先以酒數升滴灑井塚中，四邊畔停少時

頃，然後可入。(明朱橚《普濟方》卷二百五十五《雜震治門》)

"時頃"亦作"頃時"，《藝文類聚》卷七十一引晉曹毗《杜蘭香別傳》："(張碩)遙往造香，見香悲喜，香亦有悦色，言語頃時。"宋沈括《夢溪筆談·神奇》："(尹師魯)與炎談論頃時，遂隱幾而卒。"《漢語大詞典》："頃時：一段時間；一会儿。"可參。

首謝

猶言交代錯誤、道歉，是道經中齋醮懺悔時的常用語。

臣某等，謹爲某家奉修神咒，行道轉神咒妙經，首謝罪愆，斷截魔瘟，清安家國，保護人民。(《太上洞淵三昧神咒齋懺謝儀》9/830/a)

按："首謝"，猶言交代錯誤、道歉，是道經中齋醮懺悔時的常用語。"首"義同於"自首"之"首"，"首"有坦白交代義，董志翹《觀世音應驗記三種譯注》(P106)："首：自首，主動出面坦白交代。"方一新《東漢魏晉南北朝史書詞語箋釋》(P128)："'首出'猶'出首，自首之義。'"張萬起《世説新語詞典》(P721)："首辭：自首招供。首伏：自首認罪。"

"首謝"道經常見，如：

(1) 歸心至道，建齋祈福，首謝存亡萬罪千愆，穢污三景，伏乞大道降靈，諸天擁護。(《太上洞淵三昧神咒齋懺謝儀》)

(2) 若生人誤有觸犯，牽及神理，鑒證猥事，致生災難，亦許首謝，不得刑害居民性命至死。(《太上助國救民總真秘要》卷一)

(3) 或一日三日，或五日，或七日，皆當啟白上靈，首謝愆過。(《無上九霄玉清大梵紫微玄都雷霆玉經》)

(4) 三世結讐，累劫興仇，坿其咎尤，庫其執對，皆當首謝，即誦此經。(同上)

(5) 若能悔過首謝，誦經焚符，即得禍亂不生，人物安寧也。(《九天應元雷聲普化天尊玉樞寶經集注》)

屬户

統屬之居民、民户，猶言“屬民”。

此處有兩國祀典神壇靈跡，屬户乃稱正北方有山，曰青羅洞天，係大宋地分，其山常有光明，時復亦有風霧雨雹，兩界民户去此伐薪，隔山聞得神人語言。（《玄天上帝啟聖錄》19/581/c）

按：“屬户”謂統屬之居民、民户，猶言“屬民”，《漢語大詞典》：“屬民：指所統屬的百姓。”該詞文獻常見。如：

（1）群公同到魏懷信家，恭俟真聖垂決，忽於廳前現一蒼頭，遽然聲諾：某是北燕屬户小兒，爲見王允從，本販貨蕃客，寄居補州，却稱舉人。（《玄天上帝啟聖錄》）

（2）所有歲賜，自封册後，並依舊例，朝廷必當誡飭邊吏，約束屬户，各守疆場，不得交侵。（清張鑒《西夏紀事本末》卷二十三《綏城易砦》）

（3）琦在秦州，增廣州城以保固，東西市招集屬户，益市諸羌馬，討殺生羌之鈔邊者，厲兵以待賊。（清朱軾《史傳三編》卷三十《名臣傳二十二·韓琦》）

（4）既而索諾木旺爾吉之子諾爾布不能服其屬户，大囊謙欲兼并之，諾爾布訴於德爾格忒土司，大囊謙復以土司有欺凌小囊謙情事互控不已，下瑚松額按之，奏請仍遵原斷，大囊謙不得覬覦屬户，德爾格忒土司亦毋預鄰封事，以杜爭端。（民國趙爾巽《清史稿·列傳》一百六十九《瑚松額、布參泰、薩迎阿》）

水密

“密”通“祕”，“祕”有神靈義。
或“密”通“魅”，“水密”即“水魅”。

吾欲出行之時，身衣三五，足躡北斗。日月在吾前，五星在吾後，千乘萬騎，俠吾左右。震天動地，誰敢當者。山精水密，猛狩毒

蟲，一切執伏，勿當魁罡。（敦煌 P. 3223《洞淵神咒經》卷一）

按："水密"典籍僅見此一例。"山精"與"水密"連文，義當相類，然"密"無神靈精怪義。"密"當爲"祕"之假借，"祕"有神靈義。《廣韻·至韻》："祕，神也。"《漢語大字典》"祕"字條分列"神"、"神秘"二義項，反映出編者認爲"祕"字有神靈義。《文選》卷十一漢王延壽《魯靈光殿賦》："乃立靈光之祕殿。"李善注："張載曰：'《詩》云：祕宮有侐。'善曰：'毛萇《詩傳》曰：祕，神也。'""祕宮有侐"，今《詩經·魯頌·閟宮》作"閟宮有侐"，鄭玄箋："閟，神也。姜嫄神所依，故廟曰神宮。"顯然，鄭玄認爲此"閟"指神靈，即姜嫄之神。李善亦採取毛萇之說，認爲"祕殿"即神靈之殿。《說文·示部》："祕，神也。"段注："《魯頌》：'閟宮有侐。'箋曰：'閟，神也。此謂假借閟爲祕也。'"《漢語大字典》、《漢語大詞典》、《中文大辭典》"閟"字條下均列"神"這一義項，《漢語大詞典》："閟宮：神廟。""閟祠：神祠。"據段玉裁注，"閟"之神靈義之本字當爲"祕"。另外，從詞例的角度考察，典籍中"神"、"靈"、"鬼"、"怪"皆兼有神靈、神秘二義，"祕"亦可有此二義，可資比證。

"祕"俗作秘，《廣韻·至韻》："祕，密也，俗作秘。""密"、"祕（秘）"義同。潘岳《閑居賦》："窺天文之祕奧。"李善注引《字書》曰："祕，密也。"《集韻·質韻》："秘，密也。"江淹《知己賦》："理不啟問，而情焌諸密。"胡之驥注："密，秘也。"《集韻·質韻》："密，秘也。""祕"、"閟"可通，"密"、"閟"典籍亦有相通之證。《說文·山部》："密，山如堂者。"朱駿聲通訓定聲："密，叚借又爲閟。"典籍中"奧密"亦作"奧祕"，《三國志·蜀志·却正傳》："挺身取命，干茲奧祕。"宋秦觀《曾子固哀詞》："發天人之奧祕兮，約六藝而成章。""謹祕"亦作"謹密"，《初刻拍案驚奇》卷十九："水火之分，小心謹祕，並不露一毫破綻出來。"清蒲松齡《聊齋志異·愛奴》："從此尤宜謹祕，彼此遭逢詭異，恐好事者造言也。"此類例證尚多，茲不贅舉。

以上是一種解釋，"水密"的意義和理據還可以有如下另一種解釋，二者孰優孰劣，請方家裁擇。

按："密"當通"魅"，"水密"即"水魅"，文獻中"山精水魅"常見，如：

（1）陰沉靈氣静凝美，的皪龍綃雜瓊珮，山精水魅不敢親，昏明響像如有人。（唐韋應物《鼋頭山神女歌》）

（2）某後三日當來，言畢而去。書生覽詩，見筆札秀麗，尤疑其妖異。三日果來，生志彌堅，女子曰："妾非山精水魅，名列上清，數運冥合，暫謫人間，自求匹偶，以君閑澹，願侍巾箱。"（《雲笈七籤》卷一百一十三《任生》）

（3）趙希鵠《洞天録》云：山精水魅多歷年代，故能爲邪祟，三代鐘鼎彝器歷年又過之，所以能闢祟也。（《本草綱目》卷八《諸銅器綱目》）

"魅"、"密"相通，諸類通假字典均未收録，我們尚未找到直接證據，今有三條旁證，庶幾有所補裨。

（一）從反切和諧聲的角度考察，《廣韻·至韻》："魅，明祕切。"《廣韻·至韻》："祕（舊讀 bì），兵媚切。"魅以祕爲反切下字，祕後作秘，可證魅、祕二字同音。《説文·示部》："祕，神也。從示，必聲。"密亦從必得聲，可見，魅、密音近，存在通假的可能。

（二）音［mei］、［mi］的通假組例古籍常見。

"密"、"媚"相通，王雲路、方一新《中古漢語詞語例釋》（P277）："'密'通'媚'，'密'、'媚'一聲之轉，故得通借。"《太上洞淵神咒經》卷七："一切魔邪、百千萬魅、不正之殄、來害生人之家者，一一收捕打殺之。""魅"，敦煌 P. 2444、S. 318 均作"媚"。

"眛"、"眯"相通，《太玄·聚·次六》："狂作眯淫亡。"司馬光集注："范本眯作眛。"

"麋"、"眉"相通，《儀禮·士冠禮》："眉壽萬年。"鄭玄注："古文眉作麋。"《漢書·王莽傳》："赤麋聞之。"顏師古注："麋，眉也，古字通用。"

"麋"、"湄"相通，《詩經·小雅·巧言》："居河之麋。"《經典釋文》："麋本又作湄。"《爾雅·釋水》郭璞注引"麋"作"湄"。

（三）在方言中，［mei］、［mi］二音可互讀的例子也不少見。閩語，福建松溪話中"密子"讀作［mei²¹⁴ tsie³³］，"密朵主骨"讀作［mei⁴² tuo³² tsy²¹³ kuei²¹⁴］。吳語，浙江金華巖石下話中"密盛"讀作［mei¹¹⁸⁻¹¹ ʑiai²³¹］，"密糟糟兒"讀作［mei¹¹ tsə³³ tsəŋ²⁴］，在福州話中，"密"的白讀音爲［meiʔ］，在武漢、太原話中，迷、彌均讀作［mei］，在濟南、温州、長沙、福州話中，謎亦均讀作［mei］。晉語，山西忻州話中"鬼眉六眼"讀作［kuei^313-42 mi^31 liəu^53 niã^313］，四川成都話中"鬼眉鬼眼"讀作［kuei^53 mi^21 kuei^53 iã^53］，在南昌話中，梅、枚、媒、煤、眉、霉、每、美均讀作［mi］，在梅縣話中，眉、每、美亦均讀作［mi］。①

疏目

僧道募化財物用的化緣冊。

　　蘊方不敢近前，方欲回轉，被適見童子相召云：真君喚蘊方。既面拜真君，蒙問抄注手巾，收上疏目，恐爾難尋吾之住所，令童子將隨身淨巾一條與蘊方，略充結緣。（《玄天上帝啟聖錄》卷三 19/587/c）

　　按："疏目"即僧道募化財物用的化緣冊，也叫"疏"、"疏簿"、"疏頭"、"寫疏"（解釋見本書前"抄注"、"抄題"條），因上面寫有募捐的緣由、名目、條款等，故亦叫"疏目"。化緣的簿冊叫"疏目"，亦猶記錄錢物出入的簿冊叫"帳目"，名冊叫"牒目"，表冊叫"格目"等（參見《辭源》、《漢語大詞典》、《近代漢語大詞典》、《宋金元明清百部小說大辭典》等語文工具書）。"疏目"一詞典籍中尚有一例，亦出自道經《玄天上帝啟聖錄》。如：

　　（1）據稱：前宰相陳侍中知廣州，泛海歸泉州時，高琬隨行，其船將近鄉界，忽逆風漂蕩。侍中乃焚香禱告虛空，願求救護。風濤頓息，前望懸空，一蓬頭道者，告言："侍中到此，驚危甚矣，特為使轉其風，不至漂溺，今送侍中一行，骨肉早回泉州。"侍中焚香拜謝："敢問甚處聖賢，特現救護，誓當銘心篆骨，香火仰報。"答曰："信州龍虎山太極觀，火焚北極殿宇，已及七年，未得成就，吾係天帥委來，尋有緣者，今日幸救侍中，更不憑疏目，侍中便可發心。"遂於雲中不見，逡巡之間，人船已抵泉州界。舉家思惟，蓬頭聖相，必是真武真君，顯現救護，求造其殿。（卷六）

---

　　① 以上方言材料參見《現代漢語方言大詞典》、《漢語方言大詞典》、《漢語方言詞彙》、《漢語方音字匯》等工具書。

肅、供肅

供奉，同義連文。

道言：受道奉法之家，當供肅天租，年年自輸詣治，自當憂之，不可令師道也。（《太上洞淵神咒經》卷二十6/77/c）

按："供肅"即供奉，該詞文獻少見，今舉所見之另一用例。如：

（1）夫旌善表操，長吏之權也；搜潛采幽，吾儒之責也，業已彙呈清冊，固當改建，合祠仐看，綸綍恩隆，歿存均感，庶使栴檀供肅，新舊同符。（清譚瑩《樂志堂文集》卷十六《新建南海節孝祠募疏》）

"供肅"同義連文，"肅"當有供奉義，該義項諸類詞典多不載。《漢語大詞典》："肅，多用於饋贈或書信，表示尊敬。"詞性語焉不詳，舉證爲明張居正《答陳松谷相公書》："往者，肅幣奉祝，殊愧不虔，乃辱台翰遠貽，深用爲歉。""肅幣"其實即供送幣帛。

文獻中有"肅香"一詞，如：

（2）家所向爲關帝君祠，戚夫婦虔事之。月朔望，未辨明，即肅香祠下，二十年如一日。（清周亮工《书影》卷五）

《漢語大詞典》："肅香，供香。"顯然，"肅"爲供奉義。文獻中另有"肅函"、"肅柬"、"肅箋"等詞（參《漢語大詞典》、《中文大辭典》等，不贅），"肅"亦爲供奉義。"肅"在文獻中有送進、引進義，這當是供奉義的來源，如：

（3）肅，進也。（《爾雅·釋詁》）

（4）民有肅心，荓云不逮。（《詩經·大雅·桑柔》）鄭玄箋："肅，進。"孔穎達疏："民有進於善道之心。"

（5）客至於寢門，則主人請入爲席，然後出迎客，客固辭，主人肅客而入。（《禮記·曲禮上》）鄭玄注："肅，進也。進客，謂道之。"

（6）越三月，辛巳朔，水門成。三日癸未，大合樂，設水嬉，會監軍軍司馬賓佐僚屬將校熊羆之士，肅四方之賓客以落之。（唐韓愈《汴州東西水門記》序）

从詞例的角度考察，文獻中與"肅"同義的"敬"字亦有供奉、供送義，《漢語大字典》"敬"字條列有"有禮貌地獻上（酒、菜、煙、茶等）"義項，"敬"的此義項近代文獻中常見。如：

（7）太平軍，恩難忘，燒杯清茶敬遵王。（清佚名《燒杯清茶敬遵王》）

（8）（賈母）吃著酒，又命寶玉："來敬你姐姐一杯。"（《紅樓夢》第五十四回）

（9）非是邪，非白蓮，念咒語，法真言，升黄表，敬香烟，請下各洞諸神仙。（清佚名《庚子幷蜂録》卷下《妖言》）

文獻中有"敬香"一詞，義同"肅香"，可資比證。如：

（10）司香帛者捧香帛詣某祖顯之神位前跪，初上香，輔贊唱："初敬香。"引贊唱："初獻帛。"恭行亞獻禮奏樂，主祭詣酒尊所，司尊者舉羃酌酒，詣某祖顯之神位前跪，亞上香，輔贊唱："亞敬香。"引贊唱："亞獻爵。"恭行終獻禮，奏樂，主祭詣酒尊所，司尊者舉羃酌酒，詣某祖顯之神位前跪，終上香，輔贊唱："終敬香。"引贊唱："終獻爵"。（清黎庶昌《拙尊園叢稿》卷四《黎氏家祠記》）

可見，"恭敬嚴肅→供送供奉"是一條普遍存在的詞例。

T

臺連

“臺”乃“牽”之訛。

行人：行人去後未還家，同伴臺連有怨嗟；要見直逢壬癸日，故人方始出天涯。（《玄天上帝百字聖號》36/342/c）

按：“臺連”，《中華道藏》未出校記。“臺連”不辭，“臺”當是“牽”之訛。二字俗體相似，區別常在於下筆是否出頭，如：

“臺”有作（見《隋陳叔明墓誌》）者，“牽”有作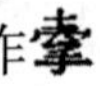（見唐《王慈善墓誌》）者；

“臺”有作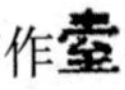（見唐《□寂墓誌》）者，“牽”有作（見隋《造龍華碑》）者；

“臺”有作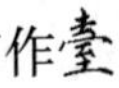（見隋《主簿張濬墓誌》）者，“牽”有作（見唐《王徵君臨終口授銘》）、（見隋《賈珉墓誌》）者，可資比勘。

在《玄天上帝百字聖號》一書中，“牽連”一詞多次出現，如：

（1）行人：行人心急意徘徊，阻踰牽連尚未回；寅卯待交辰巳日，依然平地一聲雷。

（2）官事：小輩無端弄是非，均教有理反成虧；如今急早平和了，莫待牽連入獄圍。

（3）官事：莫將文字入官凶，恐被牽連到獄中；不若抽身歸去好，任他風雨遍西東。

（4）官事：有理番成失理虧，吁磋好事到頭非；托人勸解方爲吉，免得牽連到獄圍。

"同伴牽連有怨嗟"謂同伴受到牽連有抱怨，如此則怡然理順。

貪柘

"柘"是"妬"之假借或形誤，"貪柘"即貪妒。

謀望：名利從來不易求，忙忙世事水中鷗；天公不欲人貪**柘**，枉使浮雲空白頭。（《玄天上帝百字聖號》36/339/c）

按："**柘**"，《中華道藏》錄爲"柘"，未出校記。"貪柘"義難索解，今謂"柘"當是"妬"之假借（皆爲端母鐸部）或形誤。"妬"爲"妒"之異體，《玉篇·女部》："妬，同妒"。《集韻·莫韻》："妒，或作妬。""貪妬"謂貪婪嫉妒，如：

（1）儒説葆旅宫中之象，收斂貪妬之象。（《後漢書·五行志六》）

（2）常懷柔弱，莫生貪妬。（金王丹桂《青蓮池上客·贈烏林答德潤》）

"柘"、"妬"假借或形誤未見確證，兹有旁證一條，可爲參考。宋蘇軾《和蔣夔寄茶》："柘羅銅碾棄不用，脂麻白土須盆研。"清查慎行補注："柘，一作拓。"元稹《哭女樊四十韻》："撩風妬鸚舌，凌露觸蘭英。"《全唐詩》卷四百四十在"妬"下注云："一作拓。"

貪作

"作"通"詐"，"貪作"即貪詐。

雖爲道士，不行香火，不趨人急，急疾民喚，貪作不往，令人怨心。與師作食，不精誠盡意，或有而不出，出而不好。（《太上洞淵神咒經》卷八 6/30/c）

按："作"通"詐"，"貪作"即貪詐，"作""詐"相通，古籍極爲常見。如：唐韓愈《唐故司徒兼侍中中書令贈太尉許國公神道碑銘》："李師古詐言起事，屯兵于曹以嚇滑帥，且告假道。"宋魏仲舉《五百家注昌黎文集》卷三十二在"詐"下注云："一作作。"《爾雅·釋言》："作，爲也。"郝懿行義疏："作，與詐古通用。"《禮記·月令》："毋或作爲淫巧，以蕩上心。"鄭玄注："今《月令》'作爲'爲'詐僞'。"《管子·法法》："倨傲易令、錯儀、畫制作議者盡誅。"郭沫若集校："作議當讀爲詐譌。"《莊子·盜跖》："爾作言造語。"《太平御覽》卷六百八十四引作"詐"。《史記·孟子荀卿列傳》："作先合，然後引之大道。"《史記會注考證》引李笠曰："作，同詐。"《史記·五宗世家》："多設疑事，以作動之。"《漢書·膠西王端傳》作"詐"。《潛伏論·浮侈》："作爲笥囊，裙襦、衣被，費繒百縑，用功十倍。"清汪繼培箋："作，舊作詐。"

"貪作"一詞時見，如：

（1）（城上烏，尾畢逋）二句《五行志》所解晦甚，唐解駁之，以爲烏乃貪殘之鳥，城上烏喻君居高位，畢逋皆亡也，烏皆無尾，喻君無後嗣也。愚謂謠意止刺政貪作，民窮失庇、逋負甚多之比，尤直截也。（清張玉穀《古詩賞析》卷七《城上烏謠》）

且"貪作"、"貪詐"常用在相同的上下文語境中，如：

（2）往我居省垣時，兩人各送一卮，皆白物耳。今則黃爵二，進或二對不納，不已無恥孰甚。噫若輩無恥，固應厭薄，然身實爲貪作，此鄙夷奸狠，出人意表。（清李清《三垣筆記》卷下《弘光》）

"實爲貪作"亦作"實爲貪詐"，如：

（3）上疏論軍事吏治略曰：湖北軍務不飭已久，無論賊之多寡強弱，聞警先驚，接仗即潰，上下相蒙，恬不知恥，誤於使貪使詐，而實爲貪詐。（民國趙爾巽《清史稿·列傳》一百九十三《駱秉章、胡林翼》）

例句尚多，茲不備舉。

同法

一起信奉道法之人。

又本師懸遠，告訴不及，見臣等同法，馳來迎臣等到宅，求乞口章，以自救治。（《太上洞神洞淵神咒治病口章》32/728/c）

按："同法"謂一起信奉道法之人，該詞道經常見。如：

（1）至甲戌之年，當有一種黃衣而行使，與惡人無別，子等勤其香火，不得瞢惑，同法之中，共相此形，香燈之前，自見太平。

（《太上洞淵神咒經》卷十三）

（2）科曰：凡在路同法相逢，於尊者下路揖禮，同輩但揖而已。
（《三洞奉道科誡儀範》）

（3）四者非是同學同法，隨情借換。（《洞玄靈寶道學科儀》）

（4）若同志、同法、朋友相送，冠服微變，尋常入室後，撤一
有哀。（同上）

（5）若請疾救厄，宜以自戒，仍不忌嫌疑，爲識士所譏，遂令
同法橫爲其哂笑。（《太上洞玄靈寶法身制論》）

（6）臣謹率同法都講道士某等幾人，謹依下元黄録簡文靈仙科
品。（《道門定制》卷一）

該詞佛經中已出現，後借入道經，如：

（7）猶勵諸比丘親自下接，況同法義重，如何相棄，乃至送終
意同斯述。（唐釋道宣《四分律刪繁補闕行事鈔》）

例句尚多，此不備舉。

投命、質命

把性命交給某某，義同於"歸命（或皈命）"。

不有違道，亦得飛仙；投命爲師，亦得飛仙；種樹千根，亦得飛
仙；渡頭渡人，亦得飛仙。（《洞玄靈寶飛仙上品妙經》6/306/b）
按：《漢語大詞典》"投命"條列有兩個義項，①捨命，拼命；②猶
亡命，此二義項置此皆不適。今謂"投命"謂把性命交給某某，義同於
"歸命（或皈命）"，《漢語大詞典》："歸命：归顺；投诚。""皈命：犹
皈心。"

（1）或某月日夜，夢見某物，準之前後，唯凶無吉，自非大道，
期濟莫因，謹至心投命，憑仰玄真，緝熙百靈，矜恤億兆。（《洞真
太上太霄琅書》卷六）

"至心投命"道經中亦常作"至心歸命"，如：

（2）今至心歸命上相青童君，仍禮三拜。（《洞真太上八素真經
三五行化妙訣》）

（3）志心歸命一太玄女青上元明真曹仙官。（《太上太玄女青三

元品戒拔罪妙經》卷上）

可資比證。

"投命"此義項是道經中特有之意義，在道經中常見。如：

（4）臣等敬披玄蘊，敷露真文，投命南方無極太上靈寶天尊、三氣天君、南鄉諸靈官，今故立齋，燒香然燈，上謝天地。（敦煌本《靈寶金籙齋儀書》）

（5）今操辭立誓，投命詣臣，求受太上靈寶至真五篇太真道經。（《洞玄度靈寶自然券儀》）

（6）垂教度世之科，則有條緒，必先致詞于高功法靖，投命主行，蒙師允從，剋日修建，宜先飛奏三天，告盟十極。（《靈寶玉鑑》卷二）

（7）受經之後，普弘宣化，道德可師，引人投命，餐化受旨，克成師資，計度九人，乃得自取。（《洞真太上太霄琅書》卷六）

（8）寶玉之尊，洞一之真，上真要訣，實所希聞，甲投命束首，乞丐成就，恩惟明先生垂恩授度，不敢輕露，告盟之後，七祖爲誓約，自閉塞寶玉。（《太上洞玄靈寶八威召龍妙經》卷上）

（9）百姓男女並見命根罪福緣對善惡之報，莫不震惶，一時歸心，宗奉大法，修行眾善，投命天尊，伏從禁戒，無復退轉。（《太上洞玄靈寶智慧罪根上品大戒經》卷下）

與"投命"同義者還有"質命"一詞，亦是道經中特有之詞彙，姑附錄於此。如：

（10）子欲拜受北酆都山大帝圖籙神咒，章醮驅邪除鬼，得修真之道，當以信帛香油質命，方與子受此，是太京元君玄母之道，不可妄傳於迷亂之夫、行屍走骨之輩。（《太上元始天尊說北帝伏魔神咒妙經》卷一）

推諱

推辭、推諉。

臣僚上言：若欲本人指說，願先賜披剃蘊方爲僧，必須肯通，奉聖旨依，其蘊方爲受恩，推諱不能，即依前據實面奏。尚未句終，不

覺口墜聲咽，語漸喑啞，其報果是立應。(《玄天上帝啟聖錄》卷三
19/587/c)

按："推諱"謂推辭、推諉，猶言"推避"，《宋語言詞典》："推避：
推辭。""避"、"諱"同義，組配關係亦同。"推諱"文獻中另有一
例，如：

(1)今所見行，與焞前曆不異，玄前擬獻，年將六十，非是忽
迫倉卒始爲，何故至京未幾，即變同焞曆，與舊懸殊，焞作於前，玄
獻於後，捨己從人，異同暗會，且孝孫因焞，胄玄後附孝孫曆術之
文，又皆是孝孫所作，則元本偷竊事甚分明，恐胄玄推諱，故依前曆
爲駁，凡七十五條，并前曆本俱上。(唐魏徵《隋書》卷十八志第十
三《律曆下》)

W

爲化、行化

推行教化、感化。

道言：爾等一切魔王，若中國男女，自今以去，能有信道，受吾三洞，化行萬國，爲一切人治病轉誦之處。汝等爲化愚人，佐助作福力，回風止雨，勿令近之。(《太上洞淵神咒經》卷二 6/7/c)

按："爲化"指推行教化、感化。該詞道經常見，如：

(1) 道言：大劫欲至，人民多愚，不知災來，道士先見此文，急爲化民，令入三洞。三洞之人，天人迎之，聖不虛言也。(《太上洞淵神咒經》卷八)

(2) 道言：大災垂至，水來不久。愚人不知，悠悠過日。天帝綵女十二萬人，仍來化之，人不知之矣。若辛巳之年，有值此女子化者，子等即得仙度。若有人疾病、官事、口舌，法師道士但爲化之。練女等亦來助子，終不令主有厄矣。(同上書卷十)

(3) 大劫運至，天地將壞。不久水來，蕩除九億萬衆。人民崩散，與泥同流。如水歸海，何可以爲化？天尊大慈之心，不審如此薄頑之人，何以救之？當有異法，可得聞不？(《洞玄靈寶飛仙上品妙經》)

(4) 天王當知爲化有情及自修習，少欲喜足著糞掃衣，心常清潔信力堅固，寧失身命於戒不犯；心離憍慢遊行城邑，雖服弊衣而不生恥。(唐玄奘譯《大般若波羅蜜多經》卷五百六十八《第六分念住品》)

"爲化"亦作"行化"，該詞道經亦常見，如：

（5）甲辰、甲寅年，有三十六萬疫鬼，來殺惡人，惡人多故。天遣力士來下誅之，道士急行化愚人。愚人不信，此爲大迷，迷人不悟矣。（《太上洞淵神咒經》卷五）

"爲化愚人"與"行化愚人"義正相同。

（6）道言：自今以去，若有道士受此三洞經，力行化求道、遵奉三尊、救度愚人者，我亦遣十方天丁、三十六天力士覆護，法師所治之處爲禁。（同上）

（7）吾今幸當救民之任，不忍見汝衆生受斯苦病，災厄常縈。吾今專遣明羅真人，持經行化天下，爲諸衆生拔度五苦，解災却患。（同上書卷十五）

（8）汝當尋聲赴感，救度衰危，使致康寧，保終天年，輔道行化。（《太上洞淵北帝天蓬護命消災神咒妙經》）

（9）拜受太上北極伏魔神明殺鬼籙一階，佐天行化，助國救民。（《太上北極伏魔神咒殺鬼籙》）

（10）若有一切强精故魅，犯觸吾禁令，當付酆都，治罪殺鬼，生人佐助道士行化，有靈感矣。（《七元璇璣召魔品經》）

"爲化"、"行化"二詞《漢語大詞典》及《訂補》均未載，《漢語大詞典》"行化"條云："'行平化寶銀'的簡稱。1933年廢兩改元前，天津市場通行的一種記賬貨幣。"與本文的"行化"蓋爲同形詞。

違攝

身體失於調養，義同於"違和"。

旬日間，聖上似覺違攝，是夜，夢見黃衣武士云：是靈都觀符吏，蒙真武差來，報帝曆數之兆，因何殊無延展之心，已曾有槁木發穗之報。次日臣僚龐籍等，共奏此事，正當聖躬違和，宜加攝理，永延天禄，亦在讓祈之誠。（《玄天上帝啟聖錄》卷二 19/582/c）

按："違攝"文獻僅見此一例。文獻中有"違和"一詞，《漢語大詞典》："違和：身體失於調理而不適。"考察文義，"違攝"當與"違和"義近。"攝"有調養、保養義，《老子》第五十章："蓋聞擅攝生者，陸行不遇兕虎，入軍不被甲兵。"河上公注："攝，養也。"南朝梁沈約《神不滅論》："虛用損年，善攝增壽。""違攝"即身體失於調養，文中前言"聖上似覺違攝"，後言"正當聖躬違和，宜加攝理"，可爲明證。文獻中"違於攝養"之類的表述甚多，如：

（1）伏念臣亡男，草茅賤質，蒲柳微資，偶違攝養之方，久困沉綿之疾，遂同夫主，仰告皇天。(明佚名《萃善録》卷下《就普度會酬聽超度詞》)

（2）如此則傳聞四方，未副盛德，外之則嫌怠于政事，有遊觀之好；内之則疑酣于酒德，違攝生之理。（宋李燾《續資治通鑒長編》卷一百八十八《仁宗》）

（3）伏念臣某高年耄矣，衰髮皤然，少違攝養之方，稍至虛羸之疾。(宋王望之《爲父禳災設醮青詞》)

（4）自余違攝養，憂切倚閭心，親老慈彌篤，兒疏咎實深。(清王柏心《百柱堂全集》卷十六《病中志惕》)

可爲參證。

翁父

祖父；丈夫的父親，即公公；父親；公公和父親的合稱；祖父和父親的合稱。

後揚州依稟朝旨，括責老人，召赴聖節宴席，惟元嗣家子孫壽年八九十，百歲以上，兄弟八人内，吳琬壽過一百，步履康健，視聽不衰。州府問勞，據稱翁父元嗣在日，義聚不分，及醮祭因依。（《玄天上帝啟聖録》卷三 19/587/c）

按："翁父"謂祖父，"翁"有祖父義，唐玄應《一切經音義》卷十六："鳥頭上毛曰翁。翁，一身之最上；祖，一家之最尊。祖爲翁者，取其尊上之意也。"宋王安石《久雨》："城門晝開眠百賈，飢孫得糟夜哺翁。"典籍中"阿翁"、"翁翁"、"祖翁"皆可指祖父。漢語方言中，如閩語福建浦城、石陂話中，祖父稱作"翁爹"，可資比參。"翁父"表祖父，典籍中尚有一例，亦出自道經《玄天上帝啟聖録》一書，如：

（1）鳳翔府有豪民鍾守安，全家貪財好殺，凡事欺曲，惟玄孫進明，自恨難以謙之，……自後，又遇一人，手擎檀香雕裝真武貨

賣，進明用錢七貫文贖下，却爲本家翁父不喜神佛，將就天慶觀道士陸元質房，寄附供養，逐日早晚，親到添換香。（卷六）

"翁父"在典籍中尚有以下四個義項，歷來辭書均未收錄，茲一並羅列如下：

（一）丈夫的父親，即公公。"翁"有公公義，"翁婆"、"翁姑"即公婆。該義項文獻常見。如：

（2）能推陰女盛衰將：八卦推婦女之象，乾老陽，主翁父，坤老陰，主婆母，艮少男，震辰男。（晉郭璞撰，張顒注《玉照定真經》）

（3）凡女命以年爲翁父，胎爲婆母，月爲妯娌，日爲夫，己身時爲子孫。（明萬民英《三命通會》卷七《招嫁不定》）

（4）官宋氏供詞支離閃鑠，前後不符，先云王士民，又云董士民，種種可疑，且門上有鎖，既不能出，忽而跑出，在家云無飯吃，想找好主，忽又思想翁父婆母，其言難信。（清莊綸裔《盧鄉公牘》卷三《官殿南控董士民案堂判》）

以上"翁父""婆母"共現，顯然"翁父"指公公。

（5）又十二年，翁父死，寢疾四十餘日，牀褥污穢，不可近前滌藥餌，節婦皆身任之，又六年，姑得痢疾月餘卒，節婦侍湯藥亦如翁父，時雖逾月如一日，翁父卒前三歲，粵賊竄至，至姑死時凡九年，里中兵火，繼以兇年，其艱辛有人所難歷者，節婦事其舅，處之裕如也。（清蕭穆《敬孚類稿》卷十三傳《朱節婦傳》）

（6）豫撫奏：鄧州民婦田祁氏，拒姦致傷翁父田萬喜身死一案，查律載，妻毆夫之父，殺者，凌遲處死。又例載，子婦拒姦，毆斃伊翁之案，如果實係猝遭強暴，情急勢危，倉猝捍拒，確有證據，毫無疑義者，仍照毆夫之父本律定擬。（清潘文舫《新增刑案匯覽》卷十三《親屬相姦》）

"民婦"叫田祁氏，婦隨夫姓，"翁父"亦姓田，顯然指公公。

（二）指父親。"翁"有父親義，《廣雅·釋親》："翁，父也。"《史記·項羽本紀》："吾與項羽俱北面受命懷王，曰'約爲兄弟'，吾翁即若翁，必欲烹而翁，則幸分我一桮羹。"該義項文獻常見。如：

（7）自高力士有權寵，外庭目之爲翁父，而肅宗亦以父呼李輔國，李揆非諂士也，身爲宰相，於輔國亦執子弟禮。（宋胡寅《致堂讀史管見》卷二十一《肅宗唐紀》）

（8）工部侍郎王佑憸邪小人，極盡諂媚，王佑貌美無鬚，媚事王振，振甚眷之，一日問佑曰："王侍郎爾何無鬚?"佑對："翁父無鬚，兒子豈敢有鬚?"（明徐昌治《昭代芳摹》卷十六《英宗睿皇帝》）

（9）達蘭提兵而南也，命檜以任用偕行，檜與其妻密，計留妻於燕山，而已獨南，其居與達蘭比隣，妻故詬罵檜曰："我家翁父嫁我時，有貲財二十萬貫，期汝與我同甘苦盡此生，今汝爲任用，棄我耶?"（明李日華《六研齋二筆》卷四）

（10）自此而天子深居大內，不得與群臣相接議政矣，自此而公孤屍素，拱承瑣命，票擬不得與聞矣，自此而天子呼宦官爲先生，舉朝尊宦官爲翁父，上無紀綱，下無廉恥。（清汪有典《史外》卷三《劉忠愍傳》）

（11）永樂中，差內官到王府六部，俱離府部官一丈作揖，途遇公侯駙馬，皆下馬旁立，今則呼喚府部官如屬吏，公侯駙馬途遇內官，反廻避之，且稱以翁父，至大臣則并叩頭跪拜矣，此可見有明一代，宦官權勢之大概也。（清趙翼《廿二史札記》卷三十五《明代宦官》）

（三）公公和父親的合稱。如：

（12）女笑曰："兒疑遭棄，必新婦有失德處，若因良人病，即若此，恐有乖女子從一之義，兒來事舅姑，兼視夫疾，抵死不願歸矣。"言已自起雜家人操作，（閭）賢急延子良來正計議，女奔出伏地，叩曰："翁父俱在，此兒既非失德，安用此離婚書哉。"（清宣鼎《夜雨秋燈錄》卷二《東野砧娘》）

"（閭）賢"乃砧娘之公公，"子良"乃砧娘之父，故曰"翁父俱在"。

（13）楊氏亡其夫，名少寡，父欲奪其志，往與翁議，楊治酒殽供翁父歡飲，夜分，投繯死。（清曾國荃《（光緒）湖南通志》卷二百十二《人物志五十三》）

（14）陸淑清，長洲人，許字楊紹，紹貧不能娶，執役遠出，惡少豔其容色，謀妻之，集黨撼其翁父，兩家懼禍，諾焉，氏聞自縊。（清趙宏恩《（乾隆）江南通志》卷一百七十七《人物志》）

（15）孫某聘妻徐氏：郡人，夫名失，年十四許聘，以翁父俱歿，不能嫁娶，康熙十三年，偽弁孫龍韜微糧於蒙，聞其美，遺以金帛，遣悍卒登門逼娶，母兄無計，女自度不免，因紿曰：少待梳粧。
遂扃戶，取孫姓聘物洱海紅布纏身自縊死。(清鄂爾泰《(雍正)雲
南通志》卷二十二《列女》)

(四)祖父和父親的合稱。該義項文獻僅見一例，如：

(16)黃巢五時，侍翁父爲菊花聯句，翁思索未就，巢信口應
曰："堪與百花爲總首，自然天賜赭黃衣。"巢父怪欲擊之，翁曰：
"孫能詩，但未知輕重，可令再賦一篇。"(明朱孟震《汾上續談·黃
巢菊詩》)

另臺灣《中文大辭典》："翁父：即老人。"蓋義同於"翁甫"，然未
舉證，典籍中也未見用例，當刪去此義項。

無明

無緣無故、不明不白。

知州蔣庭堅，通判田遠，同狀保明，并匣封上件金片，進奏赴
闕，因看詳隰州陸諒，無明宰殺，業報疾患，警示於人。(《玄天上
帝啟聖錄》卷二 19/586/c)

按：《漢語大詞典》等辭書"無明"條共列有"目不見"、"梵語的
意譯，謂癡愚無智慧"、"指無明火"三個義項，置此均不適。今謂句中
"無明"乃無緣無故、不明不白義，此義項道經中尚有一例。如：

(1)(王)衮屆邢州，思慕魚鱉供廚，緣邢州不產此物，遂至決
責從人，無明杖楚。(《玄天上帝啟聖錄》卷八)

《漢語大詞典》"無明"條之"指無明火"義項下舉例爲《醒世恒
言·勘皮靴單證二郎神》："睡至半夜，便覺頭痛眼熱，四肢無力，遍身
不疼不癢，無明頓發熬煎，依然病倒。"陸澹安《小説詞語匯釋》
(P335)："無明：佛家語，本是癡呆的意思，小説中常作'無明火'的簡
詞，指'怒火'或'欲火'。"亦舉該例爲證。今謂這條例證與義項不符，
例中之"無明"不當作"無明火"解，該例句原文如下：

(2)過了兩月，却是韓夫人設酒還席，叫下一名説評話的先生，
説了幾回書，節次説及唐朝宣宗官内，也是一個韓夫人，爲因不霑雨
露之恩，思量無計，奈何偶向紅葉上題詩一首，流出御溝。

詩曰：流水何太急，深宮盡日閒，殷勤謝紅葉，好去到人間。

却得外面一個應試的人，名喚于佑，拾了紅葉，就和詩一首，也從御溝中流將進去，後來那官人一舉成名，天子體知此事，却把韓夫人嫁與于佑，夫妻百年偕老而終，這裏韓夫人聽到此處，驀上心來，忽地嘆一口氣，口中不語，心下尋思，若得奴家如此，僥倖也不枉了爲人一世，當下席散收拾回房，睡至半夜，便覺頭痛眼熱，四肢無力，遍身不疼不癢，無明頓發熬煎，依然病倒，這一場病比前更加沉重。（明馮夢龍《醒世恒言》卷十三《勘皮靴單證二郎神》）

《漢語大詞典》、《小説詞語匯釋》"無明火"條下列二義項：一欲火；二怒火。此二義項置例句中皆不能貫通文義。今謂此句中之"無明"亦當作"無緣無故"講，與前句"遍身不疼不癢"意義正可連貫。《宋元明清百部小説大詞典》（P1044）："無明：不清楚什麼原因。"舉證正是此例，甚是。《漢語大詞典訂補》"無明"條僅補充了金董解元《西廂記諸宫調》中一條更早的例證，並未對此錯誤予以糾正。

"無明"之無緣無故、不明不白義是從動詞義虛化而來，"無緣無故"即不明白其中原因。"無明"典籍中有不明白、不理解義，如：

（3）先王之遺文雖在，皆輟而不講，況至於秦，爲世之所大禁哉，漢興六藝皆得於散絕殘脱之餘，世復無明先王之道以一之者，諸儒苟見傳記百家之言，皆悦而嚮之，故先王之道爲衆説之所蔽，闇而不明，鬱而不發。（宋湯漢輯《妙絕古今》卷四《曾南豐新序目録序》）

（4）自別足下來，僕口不曾言文，非不好也，言無所益，衆亦未信，秪足以招謗忤物，於道無明，故不言也。（宋王霆震《古文集成前集》卷十七前丙集三《荅皇甫湜書李翱》）

（5）聖人與我同類，而我不類，天地能成其大，我無成焉，聖人能明其大，我無明焉。（宋員興宗《九華集》卷二十《送陳平甫楊嗣賢劉德修序》）

（6）或問今之典禮議者，必以我皇，上宜考孝宗而以興獻王爲叔父，謂之崇大統也，割私恩也，漢宋之故事也，舉朝無明，其非子獨以爲言者，何也？（明陳子龍《明經世文編》卷一百七十六《正典禮第二疏》）

（7）右是吕伯恭語，與不肖最爲對癥，偶一事，甚是無明，家兄催促再三，以爲不理不白，不肖但云："如白者雖不理之自白。"
應拈伯恭體察持養二段以示家兄，家兄微以爲迂。（清方濬頤《夢園
書畫録》卷十五《明黃石齋法書册》）

漢語方言中"無明"亦有此動詞義，海口話中，"無明"即表不明
白，不理解義，如："變目戲變一個鴨出來真無明。""我無明即樣作有乜
好帶（有什麽好處）。"（參李榮《現代漢語方言大詞典》（綜合本）），可
資比參。

無觜

不可计數、不可估計。

道言：道士受道經，得明師三洞經具者，亦如世之大富人矣。何
以故？大富貴之人，田宅無觜，吏兵數百，錢財足用，奴婢供使，天
下貧人悉爲己作。（敦煌 P. 3309《洞淵神咒經》卷九）

按："無觜"，《道藏》本作"廣有"，今謂"無觜"義爲不可计數、
不可估計，"觜"通"貲"。"貲"有估量義，《後漢書·陳蕃傳》："脂油
粉黛，不可貲計。"李賢注："貲，量也。""無貲"文獻常見。如：

（1）靈太后曾令公卿已下任力負物而取之，又數賚禁内左右，
所費無貲，而不能一丐百姓也。（《魏書·食貨志》）

（2）（君）召丁氏而命之曰："吾有無貲之寶於此，吾今將有大
事，請以寶爲質於子。"（《管子·山權數》）

（3）閔世之亂，憂主之危，以無貲之身，涉蔽塞之路……豈不
惑哉！（漢劉向《説苑·雜言》）

亦作"無訾"，如：

（4）虞氏者，梁之富人也，家充殷盛，錢帛無量，財貨無訾。
（《列子·説符》）

亦作"無資"，如：

（5）賣柴之利，已自無資，況諸器物，其利十倍。（北魏賈思勰
《齊民要術·種榆白楊》）

"無貲"義同於"不貲"，如：

（6）藉交雖有不貲恩，漢法歸成棄市論。（宋王安石《郭解》）

（7）至雍正七年，營成水田六千頃餘，雖糜帑不訾，而行之有驗，惜功未竟，後漸廢弛。（《清史稿·食貨志一》）

亦作"不訾"，如：

（8）百姓之不田，貧富之不訾，皆用此作。（《管子·七臣七主》）

（9）其先得丹穴，而擅其利數世，家亦不訾。（《史記·貨殖列傳》）

亦作"不資"，如：

（10）凡人見絲毫之利，至相爭奪；今皇子辭不資之富，已三百餘日不受命，其賢於人遠矣。（《續資治通鑒·宋仁宗嘉祐七年》）

亦作"不訾"，如：

（11）故蜀郡太守廉叔度好周人窮急，《鄭玄傳》應劭因自贊曰："故太山太守應仲遠此領甚多，不訾車並屬，生者爲言詔詞。"（清王先謙《後漢書集解》卷三十一《郭杜孔張廉王蘇羊賈陸列傳》）

"訾"、"貲"通假，諸類通假字典均未收錄，今有"訾"、"訾"相通的兩個例證，可爲旁證。《楚辭·九思》："倀㛪訾兮直馳，御者迷兮失軌。"宋洪興祖補注（附考異）："訾，一作訾。"《左傳·襄公三十年》："及其亡也，歲在娵訾之口。""訾"，《爾雅·釋天》作"訾"。

憮

"憮"的繁化字，"憮"通"撫"，敲擊義。

上保諸天祚，玄象豈知終；中安帝王基，靈化憮神鍾。下救天地人，飛騎討魔公。（《太上洞淵神咒經》卷十二 6/44/a）

按："憮"，《龍龕手鑒·心部》（高麗本）："憮，音武。"未釋義。《中華字海》轉錄，亦未釋義，鄧福祿、韓小荊《字典考正》（P159）認爲"憮疑即憮的繁化字"。此説可取，然"憮神鍾"義不可解。今謂"憮"當通"撫"。"撫"有敲擊義，《儀禮·鄉射禮》："左右撫矢而乘之。"鄭玄注："撫，拊之也。"賈公彥疏："言撫者，撫拍之意。"《文選·潘岳〈金穀集作詩〉》："揚枹撫靈鼓，簫管清且悲。"李善注引《楚辭》："揚枹兮撫鼓。"今本《楚辭·九歌·東皇太一》作"揚枹兮拊鼓"。"憮"、"撫"相通古籍常見，"憮然"亦作"撫然"，漢路粹《爲曹公與孔融書》："往聞二君有執法之平，以爲小介，當收舊好，而怨毒漸積，志相危害，聞之憮然，中夜而起。"《尚書·酒誥》："我其可不大監憮於時。"劉逢禄集解："撫，讀爲憮然之憮。"《爾雅·釋訓》："矜憐，憮掩之也。"郝懿行義疏："憮掩，當作憮俺。"道經中，鍾多與敲打之義的詞連用，如"擊振鍾磬"、"玉女扣金鍾"、"捶鍾鳴角"、"鳴天鐘三通"、"鏗鍾擊磬"等等，例句尚多，兹不贅舉。

X

係統

繼承。

及漢魏末時，人民流移，其死亦半，乃至劉氏五世子孫，係統先基。（敦煌 P. 3223《洞淵神咒經》卷一）

按："係統"義爲繼承，《道藏》本作"係紹"，"係紹"亦繼承義。《爾雅·釋詁》："紹，繼也。""係，繼也。""係紹"亦作"紹係"，如：

（1）其無神道，凡俗之類，夫妻男女，老幼尊卑，自相紹係，種種名色，陰陽五行，吉凶苦樂，貧賤富貴，皆如此土，亦無有異也。（《太上洞淵神咒經》卷十一）

（2）南嶽叡聖，天台明哲，昔三業住持，今二尊紹係，豈止灑甘露於震旦，亦當振法鼓於天竺。（明梅鼎祚輯《釋文記》卷四十三《請智顗講法華經疏》）

"係統"又作"系統"，文獻中常見。如：

（3）乘時爲帝，氣味卓越，始知世間有王者香，正如漢高奮跡徒步，系統三代，腐儒呶呶，猶爲蘭著真僞之辨。（宋鹿亭翁《蘭易》上卷《天根易》）

（4）恭惟皇帝陛下，艱難係統，慈儉保邦，邁三代之英風，補百王之漏典。（宋洪适《盤洲集》卷三十五《代天申節賀表二》）

（5）恭惟皇帝陛下聖德無加，皇猷允塞，乃命以位，方當系統接緒之初，欲報之恩，有在侍膳問安之外。（宋楊萬里《誠齋集》卷四十六《賀皇帝奉上壽皇壽成尊號表》）

（6）周成王一十三歲嗣位，二十而周公還政，猶稱孺子，王於

此不足病也，孺子係統，盖欲正新莽篡竊之僞，明劉氏之未嘗絶耳。（元吴師道《禮部集》卷十七《趙彦衛補定安公紀後題》）

（7）彼金元之系統兮，聲後國而猶荒；沸俗躁而胡疾兮，且將裁而未遑。（明祝允明《大遊賦》）

《漢語大詞典》"係統"、"系統"條均未列此義項。《訂補》未補。

嫌度

懷疑、猜度。

或欺神慢師，罵辱父母；或嫌度聖聞，妄造自用，或壞真官静治神人鬼屋，偷人牛馬牲口財帛，人所發覺，引天及地。（《太上洞神洞淵神咒治病口章》32/721/a）

按："嫌度"文獻僅見此一例，考察文義，當爲懷疑、猜度義。"嫌"有懷疑、猜疑義，《説文·女部》："嫌，疑也。"漢趙曄《吴越春秋·王僚使公子光傳》："漁父曰：'吾見子有饑色，爲子取餉，子何嫌哉？'子胥曰：'性命屬天，今屬丈人，豈敢有嫌哉？'"《漢書·杜鄴傳》："則黎庶群生無不説喜，上帝百神收還威怒，禎祥福禄何嫌不報！"顔師古注："嫌，疑也。""度"亦有猜度義，《玉篇·又部》："度，揆也。"《詩經·小雅·巧言》："他人有心，予忖度之。"

文獻中與"嫌度"同義者有"嫌猜"一詞，"猜"亦有懷疑、猜度義，《廣雅·釋言》："猜，疑也。"《篇海類編·鳥獸類·犬部》："猜，測也。"《漢語大詞典》："嫌猜：疑忌。"可資比證。

間花、間花草

野花。
野花野草。

玉女空洞吟，青童步虚歌；善功今已立，仙路輕雲羅；幢蓋間花飛，神兵步步多。（《太上洞淵神咒經》卷十五6/58/a）

按："幢蓋間花飛"當斷句爲"幢蓋/間花飛"，"間花"指野花，

“間”音 xián，該詞文獻常見。如：

（1）女伴駢肩擁孤樹，背把間花調兒女，一兒在膝嬌欲飛，石榴可憐故不與。（宋程鉅夫《上賜潘司農龍眠拂菻婦女圖》）

（2）柳青青，間花溪池塘路横，流水小橋，停看杏花村，翩翩紫燕，雙鳴和風扇。（清朱佐朝《奪秋魁》第二齣《約同赴試》）

（3）玉局空留桂醑詞，豐湖荔熟憶當時，朝雲墓上魂應在，莫種間花種荔枝。（清譚瑩《樂志堂詩集》卷一《嶺南荔枝詞》）

（4）聊著尋山屐，支筇一徑斜，陰晴無定景，開落有間花。（清單鈺《出郭遊西湖北寺》）

（5）半世豪狂如夢覺，萬山風雨送秋歸，須知痛飲傾觴地，回首間花也自飛。（清張際亮《九月十夜晴溪三丈招集水榭餞余以扇索書即席贈别》）

（6）幽谷梟聲藏密樹，危巖虎跡踏間花，朝朝猿狖來分芋，深掩禪關未許摱。（清俞樾《與法相寺僧般洲話山中風景偶賦》）

“間花”亦作“閒花”，如：

（7）細雨濕衣看不見，閒花滿地落無聲。（唐李嘉祐《贈别嚴士元》）

（8）簷間新燕幾時來，簷外閒花往歲栽，紅杏碧桃渾落盡，綠陰低處結青梅。（宋衷萬頃《次余仲庸松風閣韻十九首》）

（9）門前流水斜還直，籬外閒花白復紅。（明劉基《題陸放翁〈湖上詩〉後》）

亦作“閑花”，如：

（10）細雨濕衣看不見，閑花落地聽無聲。（唐劉長卿《贈别嚴士元》）

（11）野草閑花競賞音，蕭然坐閱歲年深。（宋章粲《敬賦大人竹林真隱之圖》）

（12）新漲平江樹，閑花護客舟。（清陳夢雷《建溪舟行》）

文獻中有“間花草”一詞，指野花野草，如：

（13）多少間花草，朝朝抱甕忙，園丁今夜睡，晏起亦何妨。（明黄承昊《間居夜雨二首》）

（14）文獻窗前書帶殘，廢中秀出菊珊珊，時人莫當間花草，彭澤曾輕百里官。（清端方《壬寅銷夏録·金節徵菊卷》）

（15）欲拜墓門誰是主，亂烏啼處獨鞭驢，春來湖上間花草，生

到田家孝子廬。（清仇養正《懷里中前輩三十二首》）

（16）並穗連莖世所無，晶瓶那肯貯珊瑚，睿毫不畫閒花草，更作嘉禾瑞應圖。（清允禮《題畫絕句十六首》）

（17）采采東風葉滿籃，禦寒功已在春蠶，世間多少閒花草，無補生民亦自慚。（清袁枚《隨園詩話》卷八）

亦作"閒花草"，如：

（18）住箇宅兒，只要不大不小，常教潔净，不種閒花草。（宋曹元寵《相思會》）

（19）堂後堂前竹與梅，老人多半手親栽，何時更作閒花草，亦遣群芳次第開。（宋張守《戲題四老堂十首》）

（20）時時自拂拭，彩色生羅幃，不繡閒花草，只作雙鴛飛。（明陳伯康《古錦詞》）

亦作"閑花草"，如：

（21）百種閑花草，皆非藥籠材，如何桃與李，曾不與栽培。（宋文彥博《小詩三章》）

（22）勿謂閑花草，生成各有宜，君看桃與李，未是歲寒姿。（同上）

（23）即是抛家須早早，雲水登程，莫戀閑花草，直至潼關西嶽廟，教君廓爾清懷抱。（金丘處機《鳳棲梧四首·寄東方學道者》）

《漢語大詞典》"間"字條列有兩個義項，兩個音項，即①jiàn，同"間₁"；②jiān，同"間₂"。今謂當補"xián，同'間₄'"這一義項和音項。《漢語大字典》列有"jiàn、jiān、jiǎn"三個音項，亦當補"xián"音項。《故訓匯纂》"間"字條下即列有"xián"這一音項，可取。事實上，"間"的該義項和音項很常見，如"間₄人"亦作"間人"，亦作"閑人"；"間₄平"亦作"間平"；"間₄田"亦作"間田"，亦作"閑田"；"間₄行"亦作"間行"，亦作"閑行"；"間₄步"亦作"間步"，亦作"閑步"；"間₄言"亦作"間言"，亦作"閑言"；"間₄事"亦作"間事"，亦作"閑事"；"間₄非"亦作"間非"；"間₄夜"亦作"間夜"，亦作"閑夜"；"間₄居"亦作"間居"，亦作"閑居"；"間₄氣"亦作"間氣"，亦作"閑氣"；"間₄息"亦作"間息"；"間₄徑"亦作"間徑"；"間₄書"亦作"間書"，亦作"閑書"；"間₄常"亦作"間常"，亦作"閑常"；"間₄疏"亦作"間疏"；"間₄歲"亦作"間歲"，亦作"閑歲"；"間₄適"亦作"間適"，亦作"閑適"；"間₄廢"亦作"間廢"；"間₄雜"亦作

“間雜”，亦作“閑雜”（以上詞語均見《漢語大詞典》）。因此，“間”的“xián”音項及相關義項應當在字、詞典中羅列出來。

香信、聽尋

“香信”即“信香”，因“假真香而達信”，故稱。
聽從、允許。

凡有乞字賊字，合於本殿數目文籍，不可稱用。夏果除李子，冬避石榴，香信不得夾燒麝香。非品官之家，願乘例供養者，聽尋具劄子奏聞，奉聖旨依準。（《玄天上帝啟聖録》卷二 19/581/b）

按：佛經中有“信香”一詞，《佛光大辭典》：“信香：香爲信心之使，故稱信香。”《漢語大詞典》：“信香：我國佛教等宗教謂香爲信心之使，虔敬燒香，神佛即知其願望，因稱信香。”今謂“香信”即“信香”，因“假真香而達信”，故稱。如：

（1）侍立通明，曾睹紅雲之一朵；馳心北極，聿瞻寶蓋之三重，欲迎上帝之臨軒，先假真香而達信，焚香有咒，衆爲舉揚。（《北帝伏魔經法建壇儀》）

（2）尊師思慮就精，虔心齋潔，致福利物，其功實多，況擇高流同勤至道，精修不怠，嘉尚弥深，香信之資，用昭誠意也。（《茅山志》）

（3）明燈或淨蠟燭一槃，棗湯淨茶各一盞，篆沉乳檀任便一炷，不得用印濕和等香，慮有麝觸，時果素食，供養内果子，夏不用李子，冬避石榴。（《玄天上帝啟聖録》）

此句“不得用印濕和等香，慮有麝觸”與“香信不得夾燒麝香”句語境相類，可見“香信”即香。

（4）某以民告旱，將以二十三日躬禱祠下，乃二十一日爲文一通，遣吏賫香先達此誠，大師靈明，如響斯答，香信方馳於巖寺，陰雲已遍於郊坰。（宋陳宓《龍圖陳公文集》卷十九《清水巖謝雨》）

該句中前面言及“齋香”，後面則説“香信”，顯然，“香信”即香。

（5）其産經之地，今額儀天觀，觀中女真世傳其經，郡人每備香信詣觀，看經以保産難焉，真多今號明香元君。（《歷世真仙體道通鑒》卷二《李真多》）

李真多號"明香元君"亦因"香信"之緣故。

（6）〔道姑〕這位求籤的，你上香通説過了，搖下籤來我解與你。〔雜上香叩頭禱介〕弟子鄒念八，因父親有官事在縣中，不知平安何如，望大仙賜一靈籤。〔道姑〕你的令尊此時已平安無事放回家下了。〔叩首起揖道姑介〕些小香信相送，若應了再來相謝。（明阮大鋮《春燈謎》卷下第九十九齣）

（7）〔道姑〕那位求笅的也請上香通説。〔雜上香叩頭禱介〕弟子許登四，生下一個孩兒，忽起了驚，吃藥不効，望大仙賜一靈笅。〔雜對仙跪介〕我孩兒若全好了，許在大仙案前做個司香童子。〔叩首起揖姑介〕香信微薄請收下，果然哇子好了，我同房下抱來寄名，再重重相謝。（同上）

這兩句中前面言及"上香通説"，下即説以"香信"相謝，可見"香信"即香。以下兩句可爲明證，如：

（8）願念憑香信，飛煙覆紫庭；一心隨丹志，玄天降綠軨；愆罪除萬劫，福報遂千齡。（《太上元始天尊説北帝伏魔神咒妙經》卷十）

（9）風吹香信下丹霄，遠望如雲共戴堯，誰詣獸樽心諤諤，獨嬴經席氣飄飄。（宋黄裳《元會次宰臣之韻》）

另外，道經中，"齎香信"、"齎信香"，"備香信"、"備信香"等表述常出現在相同或相類的語境中，亦可證"信香"、"香信"同義，例句甚多，兹不贅述。

按："聽尋"猶言聽從、允許。"尋"有隨著、循著義，如：

（1）余雖不敏，請尋後塵。（《文選·張協〈七命〉》）

（2）五臣尋作從，向注可證，《晉書》亦作從。（清梁章鉅《文選旁證》）

（3）輕舟泛月尋溪轉，疑是山陰雪後來。（唐李白《東魯門泛舟》）

（4）上嘗問曰："此胡腹中何物，其大如是。"禄山尋聲應曰："腹中更無他物，惟赤心爾。"（唐鄭綮《開天傳信記》）

"聽尋"一詞典籍尚有三例，如：

（5）成化二十年春三月詔，生員納粟備邊者許入監，自本年十月起至二十二年五月止，俱入班兩閏月放回依親，有告願自備柴米寄監讀書者聽尋，又令監生年二十四歲以下情願坐監者，令其自備柴米寄監讀書，扣年二十五歲以上方準食糧。（明黄佐《南廱志》卷四

《事紀四》)

(6) 哲宗元祐元年十月，改建學於廟之東南隅，置教授一員，令教諭本家子弟，其鄉鄰願入學者，聽尋添入，顏孟二氏子孫又撥近尼山田二十頃，充廟學生員供膳，賜經史書各一部，四年添置學正録各一員，教奉聖公冑子。(清孔繼汾《闕里文獻考》卷二十七《學校第八之一》)

(7) 朕觀其著述，另降諭旨，或願赴部引見，或年老不能來京者聽尋，賞給陳祖范、顧棟高國子監司業職銜，授吴鼎國子監司業，梁錫璵額外司業。(《清通志》卷七十二《選舉略》)

笑郊

取笑輕侮。

中國人多惡，淫泆貪財，生煞无度，凶心不移，不信大道，不作仙行，見人受經，及（反）更笑郊。此人入無盡地獄，地獄之中，一日七死七生，及復令洛（活）。(敦煌 P. 2366《洞淵神咒經》卷十)

按："笑郊"古籍僅見此一例。文獻中有"笑効"一詞，《敦煌變文集·醜女緣起》："爲緣不識阿羅漢，百般笑効苦芬葩。"蔣禮鴻先生《敦煌變文字義通釋》(P233)："笑効：取笑輕侮。《廣雅·釋言》：'姣，侮也。'……'笑効'的'効'和'姣、佼'同从交得聲，和'姣、佼'聲近義同。"今謂"笑郊"即"笑効"，"郊"、"効"(效)、"佼"、"姣"典籍有通假用例，《戰國策·魏策三》："今郊鄴者，使者之罪也。"姚宏注："郊，孫一作效。"《慧琳音義》卷十五"不佼"注引《考聲》云："佼，學也，象也，或作效。"《左傳·襄公九年》："棄位而姣。"孔穎達疏引服虔云："姣，讀爲放效之效。"可資比證。

慴協

恐懼；脅迫。

復有一鬼，鬼名大野，三頭一身，身長七尺，萬萬爲群，手提白刃，專行天下，取人小兒，遊行雲中，臃腫赤氣，令人寒熱，吐血心

脤，鬥氣愶協。當爾之時，得三洞之師來轉經者，病人則瘥，官事自了。(《太上洞淵神咒經》卷八 6/28/b)

按：“愶協”即“愶愶”，乃恐懼義，“鬥氣愶協”指病人氣息翻騰恐懼的樣子。“愶協”同義連文。“愶”即懾，《説文·心部》：“愶，懼也。”《集韻·業韻》：“愶，恐也。”“協”乃“愶”之通假，《字彙·心部》：“愶，同愶。”而“愶”即“愶”之省體。唐釋玄應《一切經音義》第二十卷：“愶：字體作愶同，虚業反，謂以威力相恐懼也。”《集韻·業韻》：“愶、愶，《博雅》：‘怯也。’或省。”《五音集韻·業韻》：“愶、愶，以威力相恐也。”《聲律發蒙·業韻》：“愶、愶，恐迫也。”《廣雅·釋詁四》：“愶，怯也，”宋陆游《畏虎》：“老馬亦甚畏，愶愶不敢嘶。”清黄景仁《贈程厚孫时为厚孫作书与汪容甫定交》：“覘所下帷處，望氣已爲愶。”《玄應音義》卷第二十二“迫愶”條云：“虚業反，謂以威力相恐懼也，亦言愶赫，或云恐愶，皆一也。”

“愶”、“愶”又皆有脅迫義，因此“愶愶”連文亦有脅迫義，“脅迫”即以武力相恐懼。亦作“愶脅”，愶、脅通用，《列子·力命》：“愶魯殺子糾。”殷敬順釋文：“愶，又作脅。”《方言》：“謾台、脅閬，懼也。”錢繹箋疏：“脅亦作愶，《玉篇》云：以威力相恐愶也。”《廣雅·釋詁四》：“婟、愶、怔、愇、怯也。”王念孫疏證：“愶者，《方言》：‘脅閬，懼也，齊楚之間曰脅閬。’《郊特牲》云：‘大夫强，諸侯脅脅。’脅通愶，與怯亦聲近義同。”

(1) 或執勤守慎，清直異群，君上所愶，衆邪所怨；或事師敬友，往還身心，遭罹兇醜，惡鬼惡人，交互劫掠，愶脅中傷，或爲善成惡，捨財致怨。(《雲笈七籤》卷九《釋太上上皇民籍定真玉籙》)

(2) 王廷相言：往在蜀中見何卿，無不敢敵之賊，無不勝賊之戰，要以承平亂者，非愶脅之民，則烏合之衆，苟勇往直前，則奔突竄伏之不暇。(明何喬遠《名山藏》卷七十九《臣林記》)

以上二例都是脅迫義。

㦯

“些”之俗字。

家宅：敬神自是荅天心，神喜人歡禍不侵；㦯小淹留無罣礙，

田疇十倍在秋深。(《玄天上帝百字聖號》36/348/a)

　　失物：橫禍飛來要破財，如今休把衆人猜；有蹤終是難全得，損折**夗兒**可免災。(同上書 36/355/a)

　　官事：官事從和便好休，莫教自己作牢囚；勸君且把心量度，虧你**虶兒**有甚差。(同上書 36/350/a)

　　按："**夗**小"之"**夗**"，《中華道藏》錄爲"歲"，誤。此字乃"些"之俗字。從字形來看，"些"字在《玄天上帝百字聖號》一書中多作**虶**、**虶**等形體，敦煌文獻中"些"有作**参**者（見 S. 2073《廬山遠公話》），左下部構件正從"夕"，可資比勘。"些小"在《玄天上帝百字聖號》一書中有三例，如：

　　(1) 占病：作善修因宿事緣，君家陰德答蒼天；天醫自有靈丹藥，些小淹留病得痊。

　　(2) 家宅：家門興旺福神多，人口無災百事和；春夏累沾些小悔，秋冬喜氣自然多。

　　(3) "家宅：福星高照汝家門，些小憂危不必論；人口田疇思欲穩，神前多把好香焚。

　　"些小"謂少許，辭書常見，不贅。

　　誤把"**夗**"字錄爲"歲"字者，《中華道藏》中尚有三例。如：

　　(4) 家宅：君家陰德合天門，**夗**小淹留禍不侵；六畜人財且休問，平安無事值千金。(《玄天上帝百字聖號》)

　　(5) 家宅：今年春夏事如何，人口無憂畜產多；秋末冬初**夗**小悔，更宜祈福保平和。(同上)

　　(6) 家宅：莫因**夗**事起疑心，縱有浮雲無人陰；不但人財兩興旺，更於火盜不相侵。(同上)

　　"**夗兒**"、"**虶兒**"，《中華道藏》分別錄作"歲見"、"些見"，皆誤。今謂此二詞皆當錄作"些兒"，**兒**、**兒**爲"兒"之俗體，"兒"有以下俗體，如：**児**（見《宋元以來俗字譜》）、**兒**（見魏《元茂墓志》）、**兒**（見《字彙補》）等，可資比勘。"些兒"謂一點、少許，辭書常見，不贅。

信方

音信與方位的合稱，常與失物有關。

失物：失去資財却自忙，只因不肯細提防；如今失却無回路，終有傍人説信方。(《玄天上帝百字聖號》36/352/a)

按："信方"一詞文獻僅見此一例，義難索解，"方"、"忙"、"防"入韻，字形亦不誤。今謂"信方"當指有關失物的音信與方位的合稱。考察《玄天上帝百字聖號》一書中"失物"類與"終有傍人説信方"句類似的表述，可以發現"説"的對象有兩類：

第一，音信類，如：

(1) 失物：只爲當初不小心，資財已失復何尋；直教月盡寅申日，纔有傍人説信音。

"纔有傍人説信音"與"終有傍人説信方"句義類似。

(2) 失物：閑時不肯細提防，失去如何空自忙；山澗有蹤尋不見，莫思音信在誰傍。

第二，蹤跡類，如：

(3) 失物：暫時失去莫驚憂，急急歸家計後求；西北方頭去路處，有人對面説蹤由。

(4) 失物：失物如今未落空，休將閑氣惱心中；急尋直向南頭去，自有傍人説實蹤。

(5) 失物：失却浮財莫哭窮，要尋目下不能從；直交風冷寒霜至，方見傍人説實蹤。

蹤跡類的往往涉及方向，如上面例句中的"西北方頭去路處"和"急尋直向南頭去"，再如：

(6) 失物：蹤跡有方終久出，雖然得見也難全。

(7) 失物：東北方頭水路行，蹤由尋見物還生。

(8) 失物：失物蹤由過北廂，如今休要亂胡詳；來朝自有傍人見，便靠神明保吉祥。

下面一例更是方向跟音信同現，如：

(9) 失物：偶失資財莫怨天，要知蹤跡在南邊；過時終有傳音信，莫把平人作盜冤。

"南邊"、"音信" 當即所謂的 "信方"。

興營

興建、營建；經營管理。

從此知真武救駕，遂建報恩護聖之閣，近來香火寂寞，廚庫荒涼，無人興營諸殿并真武靈閣。(《玄天上帝啟聖録》卷二 19/584/b)

按："興營" 謂興建、營建，同義連文。該詞文獻尚有四例，如：

(1) 芝田奈苑，咸荷精嚴，古廟儒官，亦蒙繕飾，況是長生之教，敢申崇葺之儀，旋以剪薙蒿萊，興營宇室。(《廣成集》卷一)

(2) 水星犯守，大臣刑法，官憂，其分災，又守日，皇后有疾，耀貴，兵喪並起，客星出，犯之多雨，穀不登，及哭泣，則土工興營官室，王侯死，國敗，饑荒。(北朝庚季才《靈臺秘苑》卷十二《北方七宿》)

(3) 法流漢地五百餘年，寺舍僧尼積世來有，龕塔堂殿皆是先代興營，房宇門廊都由信心起造。(唐釋道宣《廣弘明集》卷十一《上秦王論啟》)

(4) 故治道莫先於教學，而州黨庠序尤學之所先也，後代英明之君，無不重學者，但京師國學近大易知，故當創造之初，每有幸謁興營，至於州邑之學，則未有遽焉舉者。(明唐胄《(正德) 瓊臺志》卷十六《學校下》)

"興營" 另有經營管理義，同義連文。該義項文獻亦常見，如：

(5) 若榮宿日，即宜入官拜職，對見大人，上書表進獻君王，興營買賣，裁著新衣沐浴，及諸吉事並大吉，出家人剃髮割爪甲沐浴，承事師主啟請法要並吉。(唐釋不空譯《文殊師利菩薩及諸仙所說吉凶時日善惡宿曜經》卷下《三必祕要法》)

(6) 饒州元昊反，經略陝西，知延州城清澗，興營田屬，羌歸數萬户，以擅復元昊書，知慶州城大順耕賊地，遂築細腰胡蘆諸寨。(宋黃震《古今紀要》卷十八)

(7) 世間人所作興營，養身活命，種種作業，莫非承日光成立，

只如日體還有多般及心行麼，還有不周遍處麼。(元釋念常《佛祖歷代通載》卷十七)

(8) 附錄御史李承華上言：薊鎮邊關，先年奏留興營，及各衛邊卒分隸防戍，已成土著之業，今仇鸞奏留班軍盡數改撥，不惟有拂人情，亦恐貽疏虞之患，乞仍舊邊鎮防守，不必改撥，下兵部覆議從之。(明范守已《皇明肅皇外史》卷三十二)

(9) 六丁忌見土長生，損妻害子強爭能，縱有虛名難了達，亦憂田宅乏興營。(明萬民英《三命通會》卷四《破相孤獨》)

㳺、㳺、㳺

"修" 之俗字。

壬□□年，天下**㳺㳺**，鬼兵來誅煞惡人，道士所救之者，天人自護之，護之爲禁百鬼也。(敦煌 P. 2752《洞淵神咒經》卷五)

按："**㳺㳺**"，《中華道藏》錄爲"終終"，義不可解，《道藏》本作"洪波"。今謂此字乃"修"之俗體，"修修"通"悠悠"，爲動蕩不安義，該義項典籍常見，如：

(1) 今天下悠悠，士亡定處，有德則往，無德則去。(《孔叢子·對魏王》)

(2) 知得共君相見否，近來魂夢轉悠悠。(唐元稹《酬樂天得微之詩知通州事》詩之一)

(3) 撩亂春愁如柳絮，悠悠夢裏無尋處。(南唐馮延已《鵲踏枝》)

(4) 還只道沉沉的臥著床褥，誰知他悠悠的赴了冥途。(元無名氏《冤家債主》第三折)

《太上洞淵神咒經》卷一："道言：五濁之世，世官撓急，不矜下人，下人吁嗟，萬民懷怨，天下悠悠，日月失度，五穀不成。""悠悠"，敦煌 P. 3223 異文作**㳺㳺**，㳺即"修"字 (見《敦煌俗字典》)，"修修"亦通"悠悠"。**㳺㳺**與㳺㳺形體極似，只是㳺字之左部、中部構件靠攏太緊，不易分辨而已。

"天下悠悠"道經常見，如：

(5) 道言：至壬午年，天下悠悠，百姓苦惱，六夷交侵，人民

不安，士女奔波。（《太上洞淵神咒經》卷八）

（6）天下悠悠，不知死日，此是行尸耳，道士求仙，受三洞之要，勸人受之。（同上書卷九）

"修"、"悠"相通，文獻常見，《楚辭·遠游》："路曼曼其修遠兮，吾將上下而求索。"宋洪興祖考異："修，一作悠。"《楚辭·大招》："螭龍並流，上下悠悠只。"宋洪興祖考異："悠，一作攸，古作脩脩。"

《太上洞淵神咒齋儀》（敦煌陽83）："逍遥入紫室，徘徊歸太無；下方無際運，冥冥劫 𢓋 長；仰顧三天上，朗朗暉三光。""𢓋"，《中華道藏》亦錄爲"終"，"終長"義不可解，此字形亦當爲"修"字，《太上洞淵三昧神咒齋懺謝儀》異文正作"修"，"修長"詞義豁然，茲不贅述。

薰羞

即"薰修"，謂焚香禮佛，修養身心。

一切妖邪災害疫癘之鬼，急令迸散，攝毒收瘟，各還方位，使民人疾厄悉得痊除，真氣薰羞，元和養育，兆民歡泰，咸荷道恩，告宣神明。（《太上洞淵三昧神咒齋懺謝儀》9/828/a）

按："薰羞"文獻罕見，"元和"謂元和之氣，即維持人生命的元氣，如：

（1）凡人多欲，傷耗真精，耗散元和，凋殘性命。（《無上玄元三天玉堂大法》卷二十）

"真氣"與"元和"對文，"薰羞"與"養育"對文，故"薰羞"亦當與"養育"義同。"薰羞"在佛經中另有一例，如：

（2）梁武帝夷兇剪暴，克成帝業，南面君臨五十餘載，蓋有文武之道焉，至於留心釋典，桑門比行，以萬乘之君，爲匹夫之善，薰羞不染，危亡已及，豈其道非邪，何福謙之無效也。（南朝宋釋從義《天台三大部補注》卷九）

"薰羞不染"亦謂修養身心不使有所污染。然"羞"無修養義，今謂"羞"乃"修"之通假，"薰羞"即"薰修"，《漢語大詞典》："薰修：佛教語，謂焚香禮佛，修養身心。""真氣薰羞"或作"真氣薰修"，可爲明證。如：

（3）刀兵饑饉，疫癘鬼賊，一切清蕩，真氣薰修，元精潤色，萬有安樂，同一太平。（《太上洞淵三昧神咒齋懺謝儀》）

"薰修"乃佛經詞彙，後借入道經，在道經中極爲常見。如：

（4）謹依科式，廣啟薰修，建立壇場，恭祈真位。（《天心正法修真道場設醮儀》）

（5）起居齋奉，晨夕薰修，伏望慈仁，許垂開度。（《太上玄天真武無上將軍籙》）

（6）三塗異趣，六道殊倫，同沐薰修，咸登福路。（《太上黃籙齋儀》卷二十五）

或作"熏修"，如：

（7）普天有識，率土含靈，同沐熏修，咸得其所。（同上書卷三）

（8）大道慈仁，澇漉眾生，濟度諸苦，啟熏修之妙典，垂灌錬之明科。（《無上黃籙大齋立成儀》卷二十六）

文獻中，"修"、"羞"通假常見，《莊子·天地》："孝子操藥以修慈父，其色燋然。"孫詒讓《劄迻》卷五："修與羞通。"唐許棠《秋江霽望》："漁父時相問，羞真道姓名。"《全唐詩》卷六百三十在"羞"下注云："一作修。"宋歐陽修《希真堂東手種菊花十月始開》："高人避喧守幽獨，淑女静容修窈窕。"《宋詩鈔》卷十一在"修"下注云："一作羞。"明仁宗《蝶戀花·九月海棠》："明月羞容生，遠恨旋摘餘。"《明詞綜》卷一在"羞"下注云："一作修。"

Y

要細

詳細、細細，同義連文。

失物：浮財失去問誰將，莫把平人要細祥；汝正的然西向坐，原來此物在東方。（《玄天上帝百字聖號》36/342/b）

按：在《玄天上帝百字聖號》一書"失物"類中，有如下數例句，如：

（1）失物：失物蹤由過北廂，如今休要亂胡詳；來朝自有傍人見，便靠神明保吉祥。

（2）失物：偶失資財莫怨天，要知蹤跡在南邊，過時終有傳音信，莫把平人作盜冤。

（3）失物：吃辛受苦攢資財，誰想今朝灰受災；得失富貧皆由命，如今不必亂疑猜。

（4）失物：家神不旺惹非災，失去如何是汝財；不想自家時運拙，何須心下亂疑猜。

（5）失物：橫禍飛來要破財，如今休把衆人猜；有蹤終是難全得，損折些兒可免災。

參考以上例句，"要細祥"當斷句爲"要細/祥"，即"要細"爲一詞，"要細/祥"句式相當于"亂胡詳"，"詳"有揣測、猜度義，如：

（6）樓上楊素梅聽見吟詩，詳那詩中之意，分明曉得是打動他的了。（《二刻拍案驚奇》卷九）

（7）［小生］但凡占卜之事，拘不得許多，須要斷章取義，只取他後面兩句罷了……［生笑介］詳得有理。（清李漁《蜃中樓·

耳卜》)

而"祥"、"詳"通假例甚多（詳見馮其庸、鄧安生《通假字匯釋》P.633、945），因此"要細/祥"之"祥"當通"詳"，亦爲揣測、猜度義。

"要細"典籍僅見此一例，今謂"要細"即詳細、細細，同義連文，"莫把平人要細祥"謂不要把衆人細細地猜測。"要"通"幺"，"幺"有細小義，《説文·幺部》："幺，小也。"陸機《文賦》："猶絃幺而徽急，故雖和而不悲。"《慧琳音義》卷九十八"幺麽"注引《考聲》曰："幺麽，並小細也。""么弦"即琵琶最細的弦。"幺細"典籍常見，如：

（8）寺磬每無故自鳴，僧慮其不祥，萬寶常爲克磬成痕，而鳴止，蓋其磬與官鍾同數，鼓鍾于宫，磬應於寺，克痕雖幺細，而磬之數已與鍾異，故鳴止。（清孫寶瑄《忘山廬日記》）

（9）亭林耳目至廣，記誦絕人，勤於筆札，至老不勌，於以參較錯互，辨正譌謬，其學能舉大而不遺幺細。（清包世臣《藝舟雙楫》卷一《讀亭林遺書》）

"要"、"幺"典籍有互通之例，《商君書·夜戰》："是故豪傑皆可變業，務學《詩》、《書》，隨從外權，上可以得顯，下可以求官爵；要靡事商賈，爲技藝，皆以避農戰。"高亨注："'要靡'當讀爲幺麽。《鶡冠子·道端篇》云：'無道之君任用幺麽，動即煩濁；有道之君在用俊雄，動則明白。'彼以幺麽與俊雄討官，與此以豪傑與要靡對言同義。楊（楊樹達）説：'要靡謂細優之人也。要假爲幺。《説文》：幺，小也。《小爾雅·廣言》：靡，細也。'"《説文·臼部》："要，身中也。"朱駿聲通訓定聲："要，假借又爲夭。"《説文·幺部》："幺，小也。"桂馥義證："幺，通作夭。"亦可爲參證。

一合

一起、共同。

五部官將各千二百人，五部兵士各三十萬人，及某城巴守宅三將軍二十四人，官將兵士三千萬人，一合應章，來下於境土之内，部封之中。（《無上玄天三天玉堂大法宗旨》卷二十四 4/90/a）

按：《漢語大詞典》“一合”條列有“會合、遇合”、“指交鋒一次”、“猶整個”、“一盒”四個義項，置此均不宜，今謂“一合”義爲一起、共同。該詞僅見於道經中，如：

（1）時有七天魔王三十萬人，一合來下，自誓言曰：“自今以去，若有法師得救病人之處，轉此神明經救人，我當爲開道，不令有惡。”（《太上洞淵神咒經》卷三）

（2）吾今遣十方力士三千萬人，一合助此道士，所行之處，安人斷邪。（同上書卷十）

（3）敕地祇上將溫瓊，地司太歲殷郊，一合領兵，立于兌宮，請降西方金系，攝滅腐木之精。（《北帝伏魔經法建壇儀》）

（4）十二部天官吏兵，一合具官，應時臨降，周匝庭宇，羅列八方，上震雷霆，旁布行陣。（《太上洞淵三昧神咒齋清旦行道儀》）

（5）願請誅殃君官將千二百人，一合下到某家宅中，收除下官故氣，凶神惡鬼衆邪。（《太上洞神洞淵神咒治病口章》）

（6）吾今遣十方力士三千萬人，一合逐此道士，所行之處，安人斷邪。（《洞淵神咒經煞鬼放人》卷十）

《元語言詞典》收有“一合兒”一詞，舉證出自《西游記》，釋爲“一塊兒；一起”，當是“一合”的兒話形式。

宜自、利比

應當，“自”爲詞尾；
“利”爲“和”之形誤，“和比”謂和睦、和諧。

若自禁令以行，行而不用，別令橫殺大神九十萬人，各持赤棒，棒殺惡鬼。五道衆官，十方選神，宜自利比，不令亡人，更有上聞，上聞之日，汝等先坐，太上金口終不容恕。（《太上洞淵神咒經》卷二十 6/74/a）

按：“宜自”義爲應當，“自”爲詞尾，無實義。該詞道經文獻極爲常見，如：

（1）天下凡人行，有幾何者大急？有幾何者小急？有幾何者日益禍凶而不急乎？真人宜自精具言之。（《太平經》卷三十五）

（2）天上諸神争道之，何況凡人，民宜自奉承天法，隨順天和，無貲之糧，無貲之衣，有功復進。（同上書卷一百一十二）

（3）大成法，棄穀升仙，如與小人説者，定有横灾，宜自謹言。（《大丹直指》卷下）

（4）但以編帙稍多，難以盡行編入法内，行教之士宜自於全部中，録出科書行用。（《上清靈寶大法》卷三十九）

（5）時正暑炎，宜自保鍊，餘勤道業，體予至懷。（《茅山志》卷三）

（6）人氣有緩急，宜自任性調息，必不得頓引至極，則氣粗粗，則致損。（《服氣精義論》）

（7）如此一年，更齋二十四日，然後得還修奉所受，玄科尤重，宜自明慎，不得又犯。（《太上九真明科》）

關於"自"作詞尾的用法前人論述頗多，詳見前"但自、共自"條，此不贅述。

按："利比"文獻僅見此一例。今謂"利"當爲"和"之形誤。"和比"乃和睦、和諧義，"五道衆官，十方選神，宜自利比"謂五道衆官、十方選神應當和睦相處、齊心協力共事。"和比"典籍常見。如：

（1）六曰巫比。（《周禮·春官·筮人》）漢鄭玄注："比，謂筮與民和比也。"

（2）然聲音和比，感人之最深者也。（三國魏嵇康《聲無哀樂論》）

（3）水火不和比，世人共所知，内藏真水火，匹配美夫妻。功力玄難曉，誰明顛倒支，五行呼吸遍，千日藥無疑。（《金液大丹詩·婦五》）

（4）士有才行比於一鄉，委之鄉。（唐宋間何璨《洞靈真經註》卷上）注："士能和比一鄉，則委一鄉之政以任。"

"和"、"利"互訛典籍常見，如：《荀子·正名》"利而不流"，楊倞注："利，或爲和。"唐王起《鑽燧改火賦》"利用之美"，《文苑英華》卷一百二十三"利"下注云："一作和。"晉王羲之《穆松帖》"得凉漸和耳"，《漢魏六朝一百三家集》卷五十九"和"下注云："和，一作利。"北魏崔鴻《十六國春秋》卷四十三《後燕録一·慕容垂上》"大得東北之和"，"和"字下注云："一作利字。"《太上洞淵神咒經》卷七"祐利生人"，敦煌 P. 2444、S. 318 均作"祐和"。例多不贅。

儀矩

儀容風範。

玄帝歸巖修鍊之時，嘗有九美人，相貌端嚴，儀矩殊異，往來帝所，惑試帝心，帝默識之，必聖人也，故加敬禮。（《玄天上帝啟聖錄》卷一－19/573/c）

按：《漢語大詞典》：“儀矩：儀法規矩。”此義項置此不適，“儀矩”另有儀容風範義，該義項文獻常見。如：

（1）協氣盤空兆吉祥，挺生英傑輔明昌；依乘聖際風雲久，遊戲人間日月長；落落詞華天黼黻，堂堂儀榘國輝光。（宋陳棣《陳鎮江生辰》）

（2）東家女未笄，儀矩無可紀，已聞歸有日，資送耀鄰里，西家女三十，閉戶事麻枲。（宋陳造《江湖長翁集》卷六《財昏》）

（3）予年七十一矣，食眠猶佳，何以致此，夷仲六十三，其膚貌充腴，目光射人，譚辯傾注，儀矩漂蕭如五十許。（同上書卷三十一《跋趙路分書予處病説後》）

（4）嗣濮王宗漢，字獻甫，安懿王幼子也，少即敏慧，儀矩端莊，作蘆雁，有佳思。（宋鄧椿《畫繼》卷二《宗漢》）

（5）盧承慶：才學稱職，美儀矩，博學而才，入奏軍事，太宗傳其辨，稱參軍職。（宋黃震《古今紀要》卷九）

文獻中另有“儀刑”、“儀型”、“儀範”三詞，皆有儀容風範義（參《漢語大詞典》），“刑”、“型”、“範”、“矩”皆有法度義，《爾雅·釋詁》：“刑、範、矩，法也。”清陳康祺《郎潛紀聞》卷七：“太夫人仁慈果決如此，其澤物型家，推類可想。”“型範”乃同義連文。所以“儀矩”、“儀刑”、“儀型”、“儀範”屬同一詞例，有相同的詞義組配關係。

倚是

因此。

後至真宗皇帝時，爲西蕃不寧，沿邊支備急用，從此將添賜停，

倚是致道衆起離雲遊，自然無人到殿抽籤，所以堂廚不給。(《玄天上帝啟聖録》卷二 19/584/b)

按："倚是" 猶言因此，"倚" 有因爲義，此義項《漢語大詞典》、《漢語大字典》等諸類語文工具書均未見載，該義項由 "倚" 之 "依從、按照、憑借" 義引申而來。從詞例的角度考察，以下四個詞語，"由"、"因"、"以"、"用" 皆兼有 "依從、按照、憑借" 和 "因爲" 二義項，并且皆能和 "是" 結合爲 "由是"、"因是"、"以是"、"用是"。如：

"由"，《論語‧泰伯》："民可使由之，不可使知之。" 鄭玄注："由，從也。" 王安石《洪範傳》："道者，萬物莫不由之者也。" 引申出因爲義，如：

(1) 幟皆赤，由所殺蛇白帝子，殺者赤帝子，故上赤。(《史記‧高祖本紀》)

"由是" 典籍常見，如：

(2) 好質白之物者，以黑污，好質黑之物者，以白污，吾又安知天下之正潔污哉，由是不主物之潔污矣。(庚桑楚《洞靈真經》卷一)

"因"，《説文‧囗部》："因，就也。"《吕氏春秋》："因長而養之，因智而明之。" 高誘注："因，依也。" 引申爲因爲，如：

(3) 因前使絶國功，封騫博望侯。(《史記‧衛將軍驃騎列傳》)

"因是" 典籍常見，如：

(4) 小弟去無爲軍打聽，正撞見這個兄弟出來喫飯，因是得知備細。(《水滸傳》第四十一回)

"以" 有憑借依靠義，《韓非子‧五蠹》："富國以農，踞敵侍卒。"《論衡‧卜筮》："欲知天，以人事。" 引申出因爲義，如：

(5) 以不能取容當世，故終身不仕。(《史記‧張釋之馮唐列傳》)

"以是" 典籍常見，如：

(6) 天之生是使獨也，人之貌有與也。以是知其天也，非人也。(《莊子‧養生主》)

(7) 又嘗敗韓全義、於頔，以是兵驕無所憚。(《新唐書‧藩鎮傳》)

"用"，《逸周書‧逸文》："上言者下用也，下言者上用也。" 朱右曾集訓校釋："用，資也，資以施行也。" 引申出因爲義，如：

(8) 命汝嗣訓，臨君周邦，率循大卞，燮和天下，用答揚文武之光訓。(《尚書‧顧命》)

（9）兒之所以夭者，用早慧也。（清黄宗羲《亡兒阿壽壙志》）

"用是"典籍常見，如：

（10）《史記·越世家》："王前欲伐齊，員彊諫，已而有功，用是反冤。"用是，猶云因此也。（《助字辨略》卷四）

（11）恒恐後世之知言者，用是詬病。（唐柳宗元《答吴武陵非國語書》）

"倚"，《説文·人部》："倚，依也。"《廣雅·釋詁》："倚，因也。"《字彙·人部》："倚，恃也。""倚是"一詞文獻中尚有一例，如：

（12）近侍太監張忠者，號北壙，張居與茂邇茂結之爲兄，因得偏路馬永成于經谷大用輩，遂出入禁中，嘗侍上蹴鞠，倚是益無忌憚。（清于敏中《日下舊聞考》卷一百二十二《京畿》）

這句話中的"倚是"仍舊帶有憑恃的味道，但也可以直接理解成因此，這一中間階段爲"因爲"義是由"憑借"義引申而來這一事實提供了一個佐證。

總之，從詞例的角度考察，"倚"、"由"、"因"、"以"、"用"五個詞不但具有相同的詞義引申軌跡，而且具有相同的詞義組配關係，因此，"倚"之倚靠、憑借義可義引申出因爲義，"倚是"即因此。

據蔣紹愚先生研究，"依"也有因爲義。他在《〈入唐求法巡禮行記〉中的口語詞》一文中認爲："依，介詞，義同'因'，《行記》中此義相當常見。"[①] 據其所舉六例，"依"皆爲因爲義。董志翹先生《〈入唐求法巡禮行記〉詞彙研究》（P70）認爲"依"的因爲義借自日語，他指出："'依'作爲介詞，常有因爲之義，介進動作的原因。……蔣紹愚先生認爲此'依'字的用法乃唐代漢語的口語詞，然遍查同時代其他漢籍，似無同類用法。唐五代曾有'因依'一詞，可作名詞表'辦法'義，又可表'原因'義，但未見'依'作介詞表'因爲'義。這也不得不使人懷疑，這是一個受日語影響的詞。"董先生另外列舉了"依"的這一意義在日僧成尋的《參天臺五臺山記》一書中的大量例證，論證充足，可成一家之説。但我們仍感覺有未安之處，理由有三：

第一，《入唐求法巡禮行記》一書乃日本人圓仁入唐求法巡禮過程中

---

① 此文原載《近代漢語研究》，商務印書館 1992 年版。後收入蔣紹愚《漢語詞彙語法史論文集》，商務印書館 2000 年版。

用漢文所撰的一部日記體著作，書中所用詞彙採用當時唐代的口語詞，不
足爲怪。[1]

第二，"依"有"依據、按照"義，又有"因爲"義，符合我們上
面歸納的"依據、按照→因爲"這一詞例。

第三，根據上面的論述，"倚"有因爲義，而"依"、"倚"二字關
係密切，《説文》中二字互訓，且在很多義項上都通用，屬於交叉異體
字。典籍中二字作爲異文出現例甚多。唐劉知幾《史通》卷十九外篇
《漢書五行志錯誤第九》："前後靡定，向背何依。"清浦起龍通釋："依，
一作倚。"唐李白《東武吟》："依巖望松雪。"《全唐詩》卷一百六十四
在"依"下注云："一作倚。"唐房玄齡《晉書》卷五十五《列傳第二十
五·潘岳》："若茂松之依山顛也。"清吳士鑒、劉承幹斠注："《類聚》
三十九引茂松作松柏，依一作倚。"清梁章鉅《文選旁證》卷十《卷七下
藉田賦》："若茂松之依山巓也，《晉書》注：'依，一作倚。'"

根據以上三點，我們更傾嚮於認爲蔣先生的觀點可能更符合實際情
況，即"依"的因爲義是漢語詞義自然引申的結果。

蟻細、細族

螞蟻，因其形體細小，故稱。
泛指動物。

謹按文書，某郡縣鄉里，同道男女官某甲，年如干歲，户男女口
如干人，願辭所云列，闔門胎生，祐（枯）骨子孫，蟻細常瞢，習
俗之末，輪轉生死，得有今身，長於草野，六畜不別，信邪倒見，非
爲一劫。（《太上洞神洞淵神咒治病口章》32/721/a）

按："蟻細"謂螞蟻，因其形體細小，故稱，"蟻細常瞢"謂常像螞
蟻一樣懵懂無知。該詞文獻還有一例。如：

（1）一縷深心針芥合，千尋寶氣斗牛懸，明珠魚目誰容混，九
曲曾將蟻細穿。（清劉大紳《薦卷》）

此句用了"蟻穿九曲珠"的典故，顯然"蟻細"就是螞蟻。螞蟻形

---

[1]　此處承復旦大學張小艷教授在中國訓詁學會上（上海，2014）指點，謹致謝忱。

體細小這一事實在古籍中多有反映，如“螻蟻細軀”、“蟻，細蟲爾”、“螻蟻細小蟲”、“地上螻蟻細”、“不遺螻螘細”、“似蟻細如芒”、“或聞鬬螘細”等。

文獻中有“細族”一詞，《漢語大詞典》：“細族：寒族。”這衹是該詞的一個義項，該詞在古籍中另有“泛指動物類”這一義項，因動物地位低微，故稱，此義項文獻十分常見。如：

(2) 古昔郡治問異政者，則夾鹿遶鵲以爲奇祥，夫是細族何知，必若所云，衆鳥之羡狐，猛獸之伏駮，各有操術，以耀其神武。(明黄道周《施忠介公初度序》)

(3) 時輩花爲頳麵丹塗脣，不異蟲蟻細族爭陽春，先生行年纔四十，老與寒松孤鶴隣。(清張塤《倪文正公四十小像》)

(4) 往來搜括何太盡，寧有細族水中剩，水中之魚亦善藏，明年出水三尺長。(清錢澄之《捕魚歌》)

(5) 伊喬柯之細族，有羽化之靈姿，既潔身而抱素，羌達節而知時，棲芳條于上苑，飲墜露于三危。(清宋琬《蟬聲賦》)

(6) 我時驚客筵，搜意羅細族，吴蟶壓江珧，越螺敵海粟。(清吴清鵬《張詩舲農部席中同賦蟛蜞螯羹》)

(7) 芝草無根醴無源，鸜鵒聰明豺獺賢，爾雖細族尚慎旃。(清湯鵬《雜歌六章》)

(8) 凡鱗尋丈徒什伯，敢視細族爲曾元，琴高上升魚落水，淮南雞犬同棄捐。(清蔣士銓《南昌翟異水郡丞以涇上琴魚及白露紙藏墨梅片茶見餉各報以詩三首》)

以上例句中的動物各異，均可稱爲“細族”，可見該詞泛指動物類。

因痛

“因”乃“目”之形誤。

道言：連子等八十萬人，專行毒氣，令人温氣重病，令連子卌六萬人，下行囙痛。自今以去，汝等攝汝下人，若復不去者，此二鬼王等，頭破作六十分矣。(敦煌 S. 3389《洞淵神咒經》卷四)

按：“囙”，《中華道藏》録爲“因”，不誤，但未出校記，“因痛”

義不可解。今謂"因"乃"目"字之訛。《太上洞淵神咒經》一書中，"目痛"出現數次，如：

（1）自今以去，甲辰之歲，有卅九萬黑面鬼，鬼王名章常，將下人卅六億，遊行天下，主行下利疾病，有行匈、背、腰、目痛，目中水出，聲咳不利，令人家口舌紛紛。（卷六）

（2）復有十二萬赤目鬼，行吐痢病，復有九千萬鬼，行目痛病。（卷九）

敦煌寫本文獻中，"因"、"目"形體極爲相似，"因"有作囙、囙者，隸定作"曰"，《干祿字書》："曰因，上俗下正。"如：

（3）何故上座須菩提發斯問耶？有六囙緣。（P. 2173《御注金剛般若菠蘿蜜經宣演》卷上）

（4）爾時國王自念，昔者貧窮之人，以何囙緣，得爲國王？（敦研 185《佛説辯意長者子經》）

敦煌寫本中，"因"旁亦多從俗作"曰"，S. 388《正名要錄》"烟"作烟，"姻"有作姻者，S. 5584《開蒙要訓》："姻婚聘嫁。"咽有作咽者，成 96《目連變文》："喉咽別細如針鼻。"胭有作胭者，如 P. 2717《碎金》："胭項：音燕。""相"有作桓者，如 S. 328《伍子胥變文》："吳王見子胥有大人之相，遂立子胥爲國大相。"《英藏敦煌社會歷史文獻釋錄》錄作"相"。《太上洞淵神咒經》卷九："道言：甲寅之年，有大目鬼，長三寸，千萬爲群，與赤色烏百萬，來下入人家殺人。""大目"，P. 2793 敦煌寫本作"太恩"，"恩"當爲"目"之訛。"恩"俗作"恩"[1]，殘脱作"曰"，訛作"目"。《太上洞淵神咒經》中常以身體部位給鬼命名，如：

（5）有三十萬長頭鬼。（卷三）

（6）甲戌、壬午年，有黑足鬼。（卷六）

（7）復有兩頭鬼，鬼名當進。（卷七）

（8）復有七十萬黑尾鬼。（同上）

（9）有三千萬赤目鬼。（同上）

（10）有九十三萬黃身鬼。（同上）

（11）天怒遣三萬黑面鬼殺人。（同上）

---

① 劉復、李家瑞：《宋元以來俗字譜》，中央研究院歷史語言研究所 1930 年版，第 33 頁。

皆其例。

因、目互訛古籍中常見，如：

(12) 皇曰欽哉，是將宜於朕躬，目以鴻稱，含元建名。（唐李華《含元殿賦并序》）《文苑英華》卷四十八在“目”下注曰：“一作因。”

(13) 上則遊因流川，下則激浪崎嶇，實舟人之所艱也。（酈道元《水經注·江水》）清沈炳巽《水經注集釋訂譌》在“因”下注云：“一作目。”

陰小

陰人小口之省稱，即婦女和小孩。

家宅：馬旺人興百事宜，田蠶十倍在秋期；但防陰小生災疾，見喜無憂不可欺。（《玄天上帝百字聖號》36/341/c）

按：“陰小”乃陰人小口之省稱，即婦女和小孩。《元語言詞典》：“陰人：婦女。”《漢語大詞典》：“小口：未成年的人。”“陰人”、“小口”在《玄天上帝百字聖號》中常連用或同現，如：

(1) 占家宅不利，陰人小口不測，有災病者凶。

(2) 占家宅陰人小口有災，占身防口舌。

(3) 占家宅防失脱，自身防口舌，陰人小口有災，失物不見。

(4) 不憚虛驚憂怪夢，更防小口及陰人。

(5) 占家宅防小口有災，陰人有災。

(6) 小口陰人招疾厄，切須急禱告神明。

“陰小”一詞道經中尚有如下幾例，皆爲陰人小口之縮略。如：

(7) 青色者，乃宅庭伏尸故氣，爲人厭攘，口舌不寧，夜多驚夢，陰小不寧。（《無上玄元三天玉堂大法宗旨》卷二十四）

(8) 解曰：占家宅不安，占身失脱，失物不見，陰小生災，求財無，行人未至，六甲生男，官事失理。（《玄天上帝百字聖號》）

(9) 及葬犯山神，風水不順，多生災咎，陰小生瘡，頻被湯火傷害。（《上清天樞院回車畢道正法》卷上）

(10) 佳人有恨，慮防陰小不寧；情隔不通，多主行藏塞塞。（《玄真靈應寶籤》卷上）

（11）鬼昧苦相持，家庭陰小危。（同上書卷中）

（12）陰小脱重危，家庭漸有輝。（同上）

（13）陰小坎坷門庭生不測之迍，閑事喧爭名位起不虞之惱。
（同上）

陰眷

指女性家眷。

家宅：陰眷頻災事若何，祇因家宅鬼神多；如今若要平安日，除
是尋僧禮達摩。（《玄天上帝百字聖號》36/349/a）

按："陰眷" 文獻僅見此一例，今謂 "陰眷" 當指女性家眷。蓋婦女乃
弱勢群體，故在《玄天上帝百字聖號》一書中常提到婦女遭災之類，如：

（1）家宅：久淹陋室欲更新，爭奈伊家少福神；不憚虛驚憂怪
夢，更防小口及陰人。

（2）家宅：馬旺人興百事宜，田疇十倍在秋期；但防陰小生災
疾，見喜無憂不可欺。

（3）聖意：落花流水兩無情，家宅憂疑主不寧；小口陰人招疾
厄，切須急禱告神明。

（4）解曰：占家宅防小口有災，陰人有災，宜作福。

（5）解曰：占家宅不利，陰人小口不測，有災。

（6）解曰：占家宅不安，占身失脱，失物不見，陰小生災。

文獻中由語素 "陰" 構成的詞多與婦女相關，如 "陰人" 謂婦女；
"陰令" 指帝王對北宮中婦人發佈的命令；"陰臣" 指婦人；"陰兵" 指
女兵；"陰訓" 謂舊時婦女應守的道德教條；"陰教" 指女子的教化；"陰
德" 指女德，女子應具的美德；"陰禮" 謂婦女應循守的禮儀；"陰化"
謂婦女的教化（以上均參《漢語大詞典》），可資比證。

引日

連曰。

七天大邪王領九億萬人，專行青腄。緣人身體，流溢四肢，面目

青赤黄白黑，乍寒乍熱，乍來乍去。引日沈困，氣來憺心。心下堅實，不欲飲食。飲食轉少，妨逆無味。或先世咒詛，考來逮人。①（《太上洞淵神咒經》卷一 6/4/a）

按：《漢語大詞典》"引日"條列"拉轉日輪。比喻扭轉形勢"、"拖延時日"兩個義項，均不合文義。"引日"義爲連日。P. 3223 敦煌本作"日日"。"引日"文獻中常見，如：

（1）道言：大運交會，鬼兵縱洑。汝自今以去，天下之人男女疾病引日沈困者，一切惡鬼家神不佑人爲山林百邪所害者，一一令痊愈，勿使枉命也。（《太上洞淵神咒經》卷七）

此句"引日"敦煌本作"彌日"。葉貴良《輯校》（P135）云："據文義，當以'彌日'爲是，'引日'爲'彌日'之誤。"誤。

（2）今早趨赴山陵恭候，十五吉期行禮前發，引日偶值陰雨，靈輿行遲，以致聖心深懷憂念，今連日晴明，人夫齊備，靈輿可以安行，必不稽誤。（明葉向高《綸扉奏草》卷二十八《恭赴山陵題主揭》）

"連日晴明"與"引日偶值陰雨"正可比參。

（3）太子得書不説，召麴武而問之，武曰："臣以爲太子行臣言，則易水之北永無秦憂，四鄰諸侯必有求我者矣。"太子曰："此引日縵縵，心不能須也。"麴武曰："臣爲太子計熟矣，夫有秦，疾不如徐，走不如坐，今合楚趙并韓魏，雖引歲月其事必成。"（漢佚名《燕丹子》卷上）

（4）（劉穆之）目覽辭訟，手答牋書，耳行聽受，口並酬應，不相參涉，皆悉贍舉。又數客暱賓，言談賞笑，引日亘時，未嘗倦苦。裁有閑暇，自手寫書，尋覽篇章，校定墳籍。（南北朝沈約《宋書》卷四十二《列傳》）

（5）夫瘧皆由傷暑及傷風所爲，熱盛之時，發汗吐下過度，府藏空虛，榮衛傷損，邪氣伏藏，所以引日不瘥，仍故休作也。（隋巢元方《諸病源候總論》卷十二）

（6）昔涅槃未啟，十數年間，廬阜名僧已有蔬食者矣。豈非乘心闇踐，自與理合者哉，且一朝裂帛，可以終年，烹牢待膳，亘時引日，然則一歲八罜，已驚其驟，終朝未肉，盡室驚嗟。（沈約《究竟

---

① "考來待人"義不可解，敦煌本作"考待來人"，當是。

慈悲論》)

（7）我雖無虐政，逸德可以召亡，而敵威所加，自然有土崩瓦解之勢，然則安樂無虞，引日玩歲，而傾壞常臨於目前，未知曉事者何以救之。（宋葉適《習學記言》卷四十三《列傳》）

引逮、梯首

牽連、牽拽。
"首" 通 "道"，"梯首" 即 "梯道"，謂道路、通道。

亡人等先生天地以來，有死有生，死人恐往日生存之時，作諸罪原，不可忍恕，死入九幽長夜地獄，流曳八難，困辱三徒，長守餓鬼，無有出期，不堪苦毒，引逮生人，梯首虛耗，萬端屯集，宅中疾病，大小不利事狀。（《太上洞神洞淵神咒治病口章》32/725/b）

按：《漢語大詞典》："引逮：株連被捕。"該義項置此不適。道經中另有牽連、牽拽的意思，該義項道經常見，如：

（1）哀哀長夜之中，勞勞餓鬼之群，愁苦三途之中，抱酷五苦之庭。綿歷數劫，罪對不赦。希活則生途四塞，願生則無緣可攀。乞死不得，長淪罪原，永乖同泰，餘殃不盡，引逮後生，惡惡相續，咎咎相纏。致令愚俗述否相仍，仕宦不能致祿，營生不能飽暖，男女大小，憂苦無泰。（《太上洞玄靈寶宣戒首悔衆罪保護經》卷中）

（2）上下仙者，四百三人，一落七十八人，二十人爲酆都所引，四人被考三官，五十四人還民間，復上十九人耳。始今月標落，此諸人須至分節，當上言太極，更記死録於太山，見此輩良爲可悲。並皆修法不勤，或先亡引逮，所行乖道，或先勤後息，失此功夫，一何苦哉。（《周氏冥通記》卷三）

（3）臣等今故燒香，奉爲某乙修建靈寶解考妙齋，轉經行道，懺悔億曾萬祖，三十六代已來，下及亡靈，若存若亡無邊之罪。或上違天道，下犯地司。穢瀆三光，輕凌四大。怨恚風雨，牽引鬼神。魘蠱於人，殘害於物。魂神執對，在水官鎮山刑擣獄中，寒冰夜庭冰河之苦。肌肉凍裂，痛毒難勝。引逮生人，求乞救拔。冥冥長夜，解釋無由。以今行道修齋，虔誠懺謝。（《太上黃籙齋儀》卷四十）

（4）或上違天道，穢慢三光。裸露神明，呵忿雷雨。欺罔幽顯，不畏真靈。九府結刑，三官舉考。魂神執擊，在九幽長夜刑撓獄中。流曳寒庭，幽閉牢檻。冥冥億劫，不睹光明。流注子孫，引逮存歿。更相執對，洗滌無由。以今懺謝乞恩，修齋行道。（《太上黃籙齋儀》卷四十八）

（5）又生時所與人仇讎事，各有訟訴，並是怨結，莫申追想，引逮其亡後，所興諸訟，皆由不能自忍，求對生人。（《赤松子章曆》卷五）

（6）先世以來，亡人七祖，有如此罪，引逮及先亡者。某家先世，或有落水死者，即請水葬之，清凉內外朗然。（《太上洞神洞淵神咒治病口章》）

按：文獻中有“梯首”一詞，指率先登梯攻城的人，也作“梯頭”。《漢語大詞典》：“梯頭：古代率士卒登雲梯攻城的人。”如：

（1）太宗征遼，作飛梯，臨其城有應募為梯首者，城中矢石如雨，因競為先登。（《太平廣記》卷四百九十三《雜錄一·許敬宗》）

然此義置此顯然不適。今謂“首”當是“道”之假借，“梯首”即“梯道”，《漢語大詞典》：“梯道：梯形通道。”此義置此亦不適，“梯道”當為同義連文，義為道路、通道。“梯道”一詞道經偶見，如：

（2）亡人愁毒，訟訴天曹主者，求取生人自代，致令某疾病危厄，災殃患禍，皆是先世亡人死日不吉，不利生人，與百鬼梯道來往，耗害生人。（《太上洞神洞淵神咒治病口章》）

“與百鬼梯道來往，耗害生人”與上揭句中“引逮生人，梯首虛耗”意義相類，可資參證。

“梯首”在道經中另有一例，如：

（3）夫受靈寶券盟，既有梯首，授簡修刺，必由次第，中盟大盟，皆投龍簡，其後八節甲子，別投三元玉簡，如此方得四時登山，修真文之事。（南朝宋陸脩靜《太上洞玄靈寶眾簡文》）

句中“梯首”顯然亦是通道、道路義，“既有梯首”謂已經有了參加盟誓的通道入口。

“道”、“首”相通古籍常見，《逸周書·芮良夫》：“予小臣良夫稽道謀告。”王念孫《讀書雜誌·逸周書四》：“稽道即稽首也。道從首聲，故與首字通用。”《史記·秦始皇本紀》：“群臣誦功，本原事蹟，追首高明。"司馬貞索隱："今檢《會稽刻石》文'首'字作'道',雅符人情也。"《左傳·成公十六年》："塞井夷竈,陳於軍中而疏行首。"王引之《經義述聞·左傳中》："首當讀爲道。"

飲丹、丹水

相當於"歃血",是盟誓時的一種儀式。
溶解了丹藥之水,色赤。

道言:吾昔爲中國仙人東嶽直連子等三萬人,各各持信,受經之具,上山作壇,拜謁五方五帝。與之爲信,乃折銀環一具,以券分之與師,飲丹自約誓言曰:今日飲丹,受經供養,終身不犯。(《太上洞淵神咒經》卷三6/10/c)

按:"飲丹"道經常見,相當於"歃血",是盟誓時的一種儀式。如:

(1)諸應傳度弟子,肘步投師,師昇壇説戒,露刺飲丹,分環破券,以誓盟言。次與訣目符文,宣示真誥,跪授官職印劍之類。(《上清骨髓靈文鬼律》卷下)

(2)今與度師分環裂券,立誓飲丹,伏望證明,容臣受度。(《上清靈寶大法》卷三十)

(3)師與弟子各執一環,以刀於中割斷青絲,以代截髮。次刺血飲丹,盟立誓:截髮誓天,刺血爲盟,飲丹結願,仰告天尊,三官保舉,五帝證明。(同上)

"丹"指丹水,如:

(4)次師捧丹水當心,誓:截髮誓天,刺血爲盟,飲丹結願,仰告天尊。師捧丹水吸一口,弟子亦吸一口。(《靈寶領教濟度金書》卷二百二十六)

(5)師捧朱盞執筆,白云:付度已迄,歃血重盟,以丹代血,各堅其心。飲此丹華,通真達靈,中理五氣,混合百神,十轉回靈,萬衆齊仙。次師以丹水,噀于弟子身,白云:一噀三清上聖度,二噀十方至聖度,三噀三界衆真度。令弟子飲丹水一口。(《上清靈寶大法》卷三十)

(6)師讀敕文告弟子迄,便付弟子經法,飲丹水,復八拜,復

讀誓文迄，度交刀迄，復八拜止畢。(《三洞道士居山修鍊科》)

"丹水"又作"丹津"，如：

(7) 按如詞旨，備切忱恂。臣聞十天告盟，飲丹津而稽顙；五靈證誓，裂玄券以擎拳。(《靈寶領教濟度金書》卷二百二十四)

"丹水"指溶解了丹藥之水，色赤。如：

(8) 太皇君合神丹之要，……又清之五日，可以開之，藥當丹紫寶耀，華光文蔚，不可名字，……以五月五日及夏至日、二月八月朔日清朝，以寒水服一丸，則白日昇晨矣。若不樂昇者，可服半劑，則使鬼神真人來降，運上清之廚，乘龍上昇，所須隨意。服如大豆者，以清水三合和丹，若死者未至三年，以漱其白骨，皆愈氣還同生，又以丹水一合投口中，至口則語矣。(《太清金液神氣經》卷上)

例 (8) 前面稱"以清水三合和丹"，后稱"丹水"，顯然，丹水是由水溶解丹藥而成，其色赤。正因爲丹水是紅色，所以盟誓時常以丹水代替牲血，飲丹代替歃血，如：

(9) 付度已迄，歃血重盟，以丹代血，各堅其心。(《上清靈寶大法》卷三十)

(10) 蓋齋信所以寓誠，盟天所以堅誓，師與弟子，則飲丹以代歃血，分環以示共盟。(同上書卷四十二)

(11) 上請授法籙，問三盟歃血事，對曰：世之所重者髮膚，天子之尊，止可飲丹以代之，齋戒昇壇授籙。(《歷世真仙體道通鑑》卷四十《劉元靖》)

營傳、符廟

供神的廟宇。

供神的祠廟，因供奉有道家神符，故稱"符廟"。

天覺、地覺、青覺、赤覺、黃覺、白覺、黑覺，覆水污池，零林之鬼；營傳符廟，飲食之鬼；殺生血食、愛錢、邪濁不正之神。(《太上洞神洞淵神咒治病口章》32/722/b)

按："營傳"與"符廟"僅見於道經文獻中，二詞連用，當屬同一類事物，"符廟"指神廟 (見下文)，"營傳"亦當指供神的廟宇。文獻中與“營傳”同義者有“營寓”一詞，《漢語大詞典》：“營寓：指供神的祠廟。”二詞組合詞例相同，且皆爲同義連文，“營”、“傳”、“寓”皆有住所義。

“營”有住所義，“營宇”即宮室，同義連文，如：

（1）項籍燔其宮室營宇。（《漢書·劉向傳》）

（2）營宇之制，事兼未央。（漢張衡《西京賦》）

“傳”有驛站、驛舍義，引申指客舍，如：

（3）發人修道，繕理亭傳。（《後漢書·陳忠傳》）

（4）秦王遂許齋五日，舍相如廣成傳。（《史記·廉頗藺相如列傳》）司馬貞索隱：“廣成是傳舍之名。”

“寓”亦有寓所、住所義，如：

（5）故追述先父之志，録遺老之策，高其位，大其寓。（《漢書·高惠高后文功臣表》）

（6）余欣然返寓，已下午不成行。（明徐弘祖《徐霞客遊記·閩遊日記後》）

“營傳”道經常見，“營傳符廟”常同現，如：

（7）古今卿士大夫有功於民，以配廟食者，及諸村鄉亭里域真官注氣，營傳符廟司舍，一切諸神君降下，同心盡力，輔助天道，以行神靈。（《赤松子章曆》卷三《天旱章》）

（8）吾布氣罷廢上清、清約、佛三道，下及干吉太平支散之衆，百官之神，天地水月三官不正之氣，貪濁受錢飲食之鬼，營傳符廟，一切駱驛分罷。（《太平經》卷一）

按：“符廟”亦是道教特有之詞彙，指供神的祠廟，因供奉有道家神符，故稱。該詞道教文獻常見，如：

（1）今日章奏，聞令山川林藪、世間里社、符廟邪鬼惡神，皆令竄走。（《太上洞神洞淵神咒治病口章》）

（2）或於日月星辰之下，里社符廟神祠之中，木下四野井竈之邊，共相厭禱。（同上）

（3）或有牽鬼引神，呼天告地，指日月星辰，及所在神祠符廟一切形像。（《太上宣慈助化章》卷三）

（4）請大道仁慈，垂賜飛騰驛馬，走詣諸處神祇符廟之中。（同上書卷五）

（5）八極九州，一切神祇，鬼王土地，符廟里神，真官注氣，咸當奉符承命也。（《上清洞天三五金剛玄籙儀》）

"符廟"即"神廟"，如：

（6）破諸不正神廟，謂非國朝祀典之神，依草附木，或盤泊泉池之中，野怪山精，侵人害物。（《太上助國救民總真秘要》卷一《破不正符廟》）

篇名作"破不正符廟"，正文中作"破諸不正神廟"，顯然，"符廟"即"神廟"。

"神廟"一詞道經極爲常見，指供神的廟宇。如：

（7）昨慶元丁巳歲上元節，天垂降玉書，下劍州梓潼神廟，廟祝捧申屬繳文奏行。（《太上説玄天大聖真武本傳神咒妙經》卷五）

（8）採樵人見之，不認，乃將七副死尸收聚一處，埋在橫山神廟後深僻處，不曾有人踏踐，因此遂成精靈。（《玄天上帝啟聖錄》卷五）

（9）佩帶不得入神廟，并忌婦人雞犬雜物觸之。（《太上助國救民總真秘要》卷七）

（10）神廟之群黨，山林之倚附，寺觀之借祠，皆其大祟也。（《無上玄元三天玉堂大法》卷二十七）

《漢語大詞典》"神廟"條列有四個義項：①帝王的宗廟；②猶佛寺；③稱宋神宗趙頊；④稱明神宗朱翊鈞。不載該詞在道經中之常用義項，當補。

"雝"之俗字，"雝護"即擁護，扶助、保護義。

玄女、魔姑、玉妃、天女三千六萬人，悉共同來，在太上前敕魔王。魔王悉伏，各各同遣魔王力士巡行國界，雝護中國。（敦煌 P. 3223《洞淵神咒經》卷一）

按："雝"，《中華道藏》録爲"維"，誤。今謂"雝"乃"雝"之俗體。此字敦煌寫本中有作"雝"者，如敦研 270《佛經》："何不早遣此人貢計，隔令雝塞。"從"雝"之字，"臃"有作"臃"者，甘博 003《佛説觀佛三昧海經》卷五："聾盲音啞癩臃疽。""擁"有作"擁"者，敦研 365《大般涅槃經》卷十五："願諸衆生得善法床，常爲善友之所擁護。"有作**摊**者，敦研 115《金光明經》："必當**摊**護，莫令他緣而得擾亂。"此皆可證**摊**乃"雍"因偏旁移位而形成之俗體。"雍護"即"擁護"，"擁護"乃扶助、保護義，如：

（1）郅支單于自以道遠，又漢擁護呼韓邪，遣使上書求侍子。（《漢書·匈奴傳下》）

（2）擁護百姓，子養萬民。（《樂府詩集·雁門太守行》）

（3）叛亡入境，輒加擁護，逋逃出界，必遣窮追。（《宋書·沈攸之傳》）

（4）教你喜氣揚揚，更叩頭神佛，擁護門户吉昌。（唐司空圖《障車文》）

祐

"枯"之形訛或俗字，"枯骨子孫"是道教徒在齋戒懺悔時的慣用語，猶言"行屍走肉"。

謹按文書，某郡縣鄉里，同道男女官某甲，年如干歲，户男女口如干人，願辭所云列，闔門胎生，**祐**骨子孫，蟻細常曹，習俗之未，輪轉生死，得有今身，長於草野，六畜不別，信邪倒見，非爲一劫。（《太上洞神洞淵神咒治病口章》32/721/a）

按："**祐**"，《中華道藏》錄爲"祐"，"祐骨子孫"義不可解，文獻亦不見用例。今謂"祐"當爲"枯"之形訛或俗字。"枯骨子孫"是道教徒在齋戒懺悔時的慣用語，猶言"行屍走肉"，在道經文獻中極爲常見。如：

（1）上言謹按文書，某州縣鄉里某年某月日生，即日口辭自列，胎素肉人，枯骨子孫，千載有幸，得奉大道，從來蒙恩，欣抃罔極。（《赤松子章曆》卷五《拔河章》）

（2）上言謹按文書，某素以胎生肉人，枯骨子孫，昔以樂化，制屬大道，以自保治，蒙恩端厚，常自喜慰。（同上書卷六《遷臨大官章》）

（3）某以胎生肉人，枯骨子孫，生長濁世，穢氣蟯聚，積罪河海，抱咎深重。（《靈寶五符經》卷下）

（4）某以胎生肉人，枯骨子孫，久淪愚俗，積聚罪考，禍咎深重，愆過山嶽，唯乞太上解脫三屍，令百厄除解。（《金液神丹經》卷上）

（5）群弟子執奴僕之役久而不去者，方得成仙，今悉是枯骨子孫，日逼朽腐，思避短景，希度長生，願無却懇切也。（南唐沈汾《續仙傳》卷下《聶師道》）

（6）某胎生肉人，枯骨子孫，生長濁世，染亂罪考，宿行積咎，禍高丘陵，天啟其衷，得聞聖化。（宋張君房《雲笈七籤》卷七十九《政九》）

或作"白骨子孫"，如：

（7）某以胎生肉人，白骨子孫，躭酒嗜惡，流濁世務，運遇有幸，得奉大化，滌蕩穢俗。（同上）

文獻中，"枯骨"訛作"祐骨"者常見。如：

（8）（獺）一名水狗，每旦率以五更初出飲水，知人欲取之，則入石洞，伺其祭魚，則有鬭死者，穴中有祐骨。（宋羅願《爾雅翼》卷二十一《釋獸四》）宋曾慥《類説》卷五《白獺髓》正作"枯骨"。

（9）此月上旬，取直枝如大拇指大，斬一尺長，八九條共爲一科，燒下頭二寸，作坑深一尺餘，口徑一尺，豎枝坑畔，周布令勻，置祐骨礓石於枝間，下土令實，一重石骨，一重土。（唐韓鄂《四時纂要》卷二《三月·種石榴》）北魏賈思勰《齊民要术》卷四《安石榴》正作"枯骨"。

育育

通"悠悠"，動蕩、飄忽不定。

當爾之時，六夷疆盛，侵害中國。國主帝王，不恤下民，民招惡，從下生，生於大亂。亂於九州，四海育育，無端叙矣。（《太上洞淵神咒經》卷九 6/34/b）

按："育育"義爲動蕩、飄忽不定，此義葉貴良先生《敦煌道經詞語考釋》（P427）已發之，然對於"育育"之理據，尚未達一間。今謂"育育"乃"悠悠"之通假。例證有三。

（一）"悠"、"育"上古皆屬喻四，"悠"屬幽部，"育"屬覺部，幽、覺對轉，語音極近。

（二）"育育"通"鯈鯈"，《管子·小問》："浩浩者水，育育者魚，未有室家，而安召我居。"漢劉向《列女傳·齊管妾婧》引作："浩浩白水，鯈鯈之魚。"

而"鯈鯈"又作"悠悠"，《爾雅·釋訓》："鯈鯈嘒嘒，罹禍毒也。"陸德明釋文："樊本作'攸'，引詩云'攸攸我思'。"郝懿行義疏："鯈鯈即悠悠。毛傳'悠'訓爲'憂'；《爾雅》'罹'亦訓'憂'，其義正同。"《漢語大詞典》"悠"字條下設"黝黑幽暗貌"一義項，云："悠，通'鯈'。南朝梁簡文帝《華陽陶先生墓誌銘》：'鬱鬱方崖，悠悠洞天，三山白鶴，何時復旋。'《西遊記》第六一回：'只殺得星不光兮月不皎，一天寒霧黑悠悠。'"

（三）"育育"通"游游"，《管子·小問》："浩浩者水，育育者魚，未有室家，而安召我居。"《太平御覽》卷五百《人事部》引"育育"作"游游"。

而"游游"又作"悠悠"，P. 2365《洞淵神咒經》卷八："道言：吾良民游游，處在中國，中國多愚人，人不信法。""游游"，《道藏》本作"悠悠"。P. 2366《洞淵神咒經》卷十："道言：壬午年大兵起動，人民遊遊，六夷不安，疫鬼煞人。""遊遊"，《道藏》本作"悠悠"。

綜合以上三點，"育育"可通"悠悠"，"悠悠"有動蕩、飄忽不定義，《漢語大詞典》"悠悠"條設此義項。"四海育育"即四海動蕩不安，"育育"此義道經常見。如：

（1）百官邪主，交亂中外，令鬼神育育，心走不定，坐考生人，生人轉惡，家門破滅。（《太上洞淵神咒經》卷八）

"鬼神育育"即鬼神飄忽不定。

（2）此仙人等來時，上有五色之雲，圓蓋長三百萬丈，中有玉女十萬人，光明赤白，晃晃育育，即是仙人來也，汝等候之焉。（同上書卷二十）

"晃晃育育"即"晃晃悠悠"，是"晃悠"的重疊形式。

《漢語大詞典》"育育"條未列"動蕩、飄忽不定"義項，《辭源》、《漢語大詞典》"育育"條均列"活潑自如貌"義項，例證皆爲《管子·小問》："浩浩者水，育育者魚，未有室家，而安召我居。"《漢語大詞典》

"儵儵" 條釋作 "悠游自得貌"，舉例正爲漢劉向《列女傳·齊管妾婧》之 "浩浩白水，儵儵之魚"。今既辨明 "育育"、"儵儵" 皆爲 "悠悠" 之通假，兩種解釋似應當統一起來，釋作 "悠游自得貌" 爲佳。

育活

存活、活命。

又某身，若干月日，忽得疾病，狀云云，慮不育活。蓋聞夫道，能迴死易生，歸命之者，無溺不濟。(《太上洞神洞淵神咒治病口章》32/720/b)

按：考察文義，"育活" 當謂存活、活命，然文獻僅見此一例，缺乏類例歸納的基礎，今試從詞例的角度解釋之。

文獻中 "育" 有 "生育"、"成長、生長"、"培育、撫養" 三個義項，如：

(1) 婦孕不育，失其道也。(《周易·漸卦》)

(2) 致中和，天地位焉，萬物育焉。(《禮記·中庸》)

(3) 於是陰陽交和，庶物時育。(漢張衡《東京賦》)

(4) 育翩翩之陋體兮，無玄黃以自貴。(《文選·張華〈鷦鷯賦〉》) 劉良注："育，養也。"

"長" 亦有此三個義項，如：

(5) 天不産而萬物化，地不長而萬物育。(《莊子·天道》)

(6) 若是能彀回鄉去時，便是重生父母，再長爺娘。(《水滸傳》第三回)

(7) 物動則萌，萌而生，生而長，長而大。(《吕氏春秋·圜道》)

(8) 父兮生我，母兮鞠我，拊我畜我，長我育我。(《诗經·小雅·蓼莪》)

(9) 莫笑田家老瓦盆，自從盛酒長兒孫。(唐杜甫《少年行》)

"生" 亦有此三個義項，如：

(10) 乃生男子，載寢之牀。(《诗經·小雅·斯干》)

(11) 蓬生麻中，不扶而直。(《荀子·勸學》)

（12）六曰事典，以富邦國，以任百官，以生萬民。（《周禮·天官·大宰》）鄭玄注：“生，猶養也。”

（13）此其土之不足以生其民也，似有過秦民之不足以實其土也。（《商君書·徠民》）

可見，這三個詞有相同的引申軌跡，而文獻中有“長活”一詞，《漢語大詞典》：“長活，使生存。”如：

（14）詔潛其飢困，開倉賑之，所廩贍萬餘户，主者爭謂不可，詔曰：“長活溝壑之人，而以此伏罪，含笑入地矣。”（《後漢書·韓詔傳》）

文獻中亦有“生活”一詞，《漢語大詞典》：“生活，活命。”如：

（15）明告以生活丹青之信，復迷惑不解散。（《漢書·王莽傳下》）顏師古注：“生活，謂來降者不殺之也。”

（16）上下燋心，相望救護，仰希陛下生活之恩。（《後漢書·朱浮傳》）

因此，“育活”亦當與“長活”、“生活”同義。

原蒙

免除遭受。

十天奉符發，萬帝應雲龍；飄飄度八難，五道並原蒙；五帝即宣告，疾如水火風；護度三災，十方欣隆。（《太上洞淵神咒經》卷十二6/44/b）

按：“原蒙”文獻常見，乃一詞組，多爲“以前蒙受”義，如：

（1）查康熙十九年被災州縣漕糧，原蒙恩準，紅白兼收，買秈搭兑，成例俱在今。（如清湯賓《湯子遺書》卷二《奏疏》）

（2）鐵公子道：“原蒙憐朝饑而授餐，爲何又勞賜酒，恐非飲其時也。”（清名教中人《好逑傳》第十二回）

（3）呵來到此間，又是黑松林也，原蒙觀音娘娘在此點化，不免撮土爲香，拜告娘娘則箇。（明鄭之珍《目連救母勸善戲文》卷下《目連尋犬》）

此義項置句中不協，此句“原蒙”之義涉及道教文化。道教受佛教影響，認爲衆生之靈魂不生不滅，隨其業緣而輪轉於五道（或六道），"五道"指一切衆生輪回轉世之五等道路，如：

（4）五道：一天道、二人道、三地獄道、四惡鬼道、五畜生道。（《道門經法相承次序》）

（5）一道者，神上天，爲天神；二道者，神人骨肉，形爲人神；三道者，神人禽獸，爲禽獸神；四道者，神人薜荔，薜荔者，惡鬼名也；五道者，神人泥黎，泥黎者，地獄名也。（《太上老君虛無自然本起經》）

此五道加"阿修羅道"即爲六道。道教宣揚五道輪回説，旨在勸誡世人行善去惡，以免轉生禽獸惡鬼，墜入地獄。信教行善者即脱離五道輪回，如：

（6）夫人若歸依授持，寫此符一道，別帶咒誦，臨終自隨，保其魂神不經十苦、八難、三塗、五道、六趣之中。（《太上洞淵神咒經》卷十一）

（7）元始天尊坐五色飛龍蓮花之座，將説法要，救度三界五道一切蒼生，放身威光，普照十方。（同上）

不信教行惡者則輪轉於五道，如：

（8）或禱祠宇故氣不正之鬼，追尋血食，妄説吉凶，不聞正道，不知歸向，不見經教，不識本真，留連百精，結罪三官，則沈淪五道，自生自死，終天無脱。（同上）

（9）此人千年萬劫，輪轉五道，徘徊塗炭，流曳八難，困辱三徒，長守餓鬼，無有出期。（《太上洞神洞淵神咒治病口章》）

據以上文化背景，今謂"原蒙"即免除遭受，"五道並原蒙"義爲免除遭受五道輪回之苦。"原"有免除義，如：

（10）晚訂軍資未送者並停，元年軍粮逋餘者原其半。（《陳書·高祖紀下》）

（11）明府所在流稱，今以公徵，往便原除，不宜深入以介意。（漢應劭《風俗通·窮通》）

（12）南康一郡，嶺下應接，民間尤弊，太建四年田租未入者，可特原除。（《陳書·宣帝紀》）

"蒙"有遭受、蒙受義，如：

（13）内文明而外柔順，以蒙大難。（《周易·明夷》）

（14） 群談者受顯誅，腹議者蒙隱戮。（漢陳琳《爲袁紹檄豫州》）

元元

誠懇；大。

世人多窮，不肯自力，但望虛得，聞師多責，案法科令，無能受者，此爲自欺人也。道士心慕道門者，當自勵力，求信物令備，具從法，心中元元，師可爲除之耳，不絕然無也。（《太上洞淵神咒經》卷二十6/77/c）按：《漢語大詞典》"元元"條列有五個義項：①百姓，庶民；②善良；③原始，物之本源；④謂推究原始；⑤指老子。這五個義項置此皆不適，今謂"元元"有誠懇義，此義項道經中極爲常見。如：

（1） 某乃稱名答曰："沉湎下俗，塵染其質，高卑雲邈，無緣稟敬，猥虧靈降，欣踴罔極，唯蒙啟訓，以祛其暗，濟某元元，宿夜所願也。"（梁陶弘景《真誥》）

（2） 明信之驗，以酬某元元之心，隨意續言，每在省約。（東晉劉宋《上清河圖內玄經》）

（3） 其人悔過清齋，投詞露請，歸誠稽首，懺謝道前，臣見其元元之情，理在可申，臣謹爲拜章。（《道門定制》卷七）

（4） 道士但化之，天人必記子之志，若不度者，違前人元元丹懷，非大士度人之法矣。（《洞淵神咒經》（敦煌本）卷十）

（5） 如臣躔次有災，陰陽構厄，乞當天譴，用息人殃，元元丹誠，仰俟昭鑒。（《廣成集》卷七）

（6） 臣頃以大順二年，遭逢危厄，憂逾蹈火，危甚履冰，既難保於朝昏，敢望全於形，元元丹懇，啟訴無門。（《廣成集》卷九）

（7） 具位臣某，稽首再拜上言，本願佐天行化，助國救民，誓當祈恩請福，謝過消災，救度存亡，剪邪立正，元元之心，不敢少替。（《靈寶無量度人上經大法》卷十二）

（8） 太上大道有解拔之科，濟度亡魂之法，謹費法信，獻五方靈官，薦拔亡人魂魄，聞通道路，無有窒礙，以今元元一心，請求騰奏。（《赤松子章曆》卷五）

（9） 祈請玉童七十萬人，一一來下，應章羅載，急令得差，平

復能行，龍登虎步，康休無他，謹以元元上啟，請省章言。（《太上洞神洞淵神咒治病口章》）

"元"有大義，《尚書·大禹謨》："天之歷數在汝躬，汝終陟元后。"孔傳："元，大也。"《漢書·哀帝紀》："夫基事之元命，必與天下自新。"顏師古注："元，大也。"《廣韻·元韻》："元，大也。"重疊後，"元元"在道經中亦有大義，如：

（10）式符祈禱，實拜師尊元元罔極之恩，佇俟感通，以彰清微一氣道法。（《道法會元》卷四十七）

（11）孝至淵澤，河侯獻珠，魚龍踴躍，靜息波浪；但孝二親，元元大恩，天地萬靈，晨夕侍衛。（《元始洞真慈善孝子報恩成道經》）

（12）咸遵至孝，有得之者，晨夕誦持，不揀男女，無論貴賤，皆令習誦，以答二親元元之恩。（《洞玄靈寶八仙玉教誡經》）

（13）于今行孝，億想二親，元元大恩，使我成道，不可思議。（《洞玄靈寶道要經》）

"元元"的以上兩個義項與其"善良"義是相關的，符合"大→善良→誠懇"這一詞例，《禮記·文王世子》："樂正司業，父師司成，一有元良，萬國以貞。"俞樾《群經平議·禮記二》："大與善義通，元訓大，故亦訓善。"文獻中"純、"介"二詞亦符合這一詞例。如：

"純"有大義，如：

（14）純，大也。（《爾雅·釋詁》）

（15）於乎不顯，文王之德之純。（《詩經·周頌·維天之命》）

毛傳："純，大也。"

也寫作"奄"，如：

（16）奄，大也。（《說文·大部》）

（17）奄，通作純。（《集韻·諄韻》）

亦有善義，如：

（18）毛、血，告幽全之物也。告幽全之物者，貴純之道也。（《禮記·郊特牲》）鄭玄注："純，謂中外皆善。"

（19）非德不純，形勢弱也。（《史記·漢興以來諸侯年表》）司馬貞索隱："純，善也。"

亦有誠懇義，如：

（20）純，誠也。（《字彙·系部》）

（21）而懲愁純信，用心怯言。（《韓非子·詭使》）

（22）必得純意於國家而無貪功生事之心者而後付之。（宋陳亮《中興論》）

"介"有大義，如：

（23）介，大也。（《爾雅·釋詁》）

（24）受茲介福，于其王母。（《周易·晉卦》）王弼注："受茲大福。"

亦有善義，如：

（25）介，善也。（《爾雅·釋詁》）

（26）《詩》載其制曰："介人惟藩，大師惟垣。"（《漢書·諸侯王表》）顏師古注："介，善也，以善人爲之藩籬。"

亦有誠懇、耿直義，如：

（27）介介若人，特爲貞夫。（晉陶潛《讀史述九章·魯二儒》）逯欽立注："介介，耿介孤高。"

（28）法曹之終，諸子實幼，煢煢其哀，介介其守。（唐韓愈《河南府法曹參軍盧府君夫人苗氏墓誌銘》）

可見，"大→善良→誠懇"這一詞例是文獻中普遍存在的一種引申軌跡。

越詄

"詄"爲"詊"之形訛，"詊"又爲"軼"或"佚"之假借，
"越詄"即"越軼"或"越佚"，義爲超越某種界限，此指超越本分。

臣等不勝所見，肉人窮命轉燭，專至可愍，輒爲伏地，拜口章一通，露在臣等前玉案上，如前人口章留辭，事事上啟，不敢越**詊**，多有所語。（《太上洞神洞淵神咒治病口章》32/72/a）

按："**詊**"，《中華道藏》錄爲"詊"，《玉篇·言部》："詊，詞也。"古代的"詞"指的是無實際詞彙意義的虛詞，《集韻·虞韻》："夫，語端辭，或從言。"《漢語大字典》："詊，同'夫'，助詞，用語句首，起提示作用。"今謂"詄"當爲"詊"之形訛，"詊"又爲"軼"或"佚"之假借，"越詄"即"越軼"或"越佚"，義爲超越某種界限，此指超越

本分。

　　文獻中，"夫"、"失"相訛十分常見，《周易·困卦》："應九四以陽而居陰，爲不正失，剛而不中，又方困於陰。"《周易大全》卷十七在"失"下注云："一作夫。"清陸心源《宋詩紀事小傳補正》卷三："李持國，名扶，字持國，建州松溪人。""扶"下注云："一作秩。"《干祿字書》："規規，上俗下正。"敦煌文獻中，"跌"有從"失"者（見浙敦027《大智度論》），"帙"有從"夫"者（見 S.5594《開元釋教大藏經目錄》），張涌泉先生《敦煌俗字匯考》（P564）指出："俗書'夫'、'矢'、'失'三旁形近易相亂。"

　　"詇"、"佚"、"軼"三字相通文獻常見，如"詇蕩"也作"佚蕩"、"軼蕩"，《廣雅·釋詁三》："詇，忘也。"王念孫疏證："《論衡·別通篇》云：'不肖者，輕慢佚忽。'佚、佚竝與詇同。"《説文·言部》："詇，忘也。"桂馥義證："忘也者，本書'佚，忽也。'《廣雅》：'詇，忘也。'又：'誤也'或通作佚。"《説文·人部》："佚，佚民也。"朱駿聲通訓定聲："假借爲詇。"《史記·燕召公世家》："燕國殷富，士兵樂軼輕戰。"《戰國策·燕策一》作"樂佚"。南朝宋鮑照《蕪城賦》："才力雄富，士馬精研，故能奓秦法，佚周令。"李善注："軼，過也，佚與軼通。"《韓詩外傳》卷六："乃退楚師，以佚晉寇。"《説苑·君道》"佚"作"軼"。

　　"越軼"或"越佚"文獻常見，"不/無/弗敢越軼/佚"更是慣用語，如：

　　（1）吾晉士風推魯罕，從事於講，講則矩蹈而繩約之，弗敢越軼，寧失之方，不至失之圓。（明曹于汴《重刻我真語略序》）

　　（2）夷考先正立朝，手采凝峻，令人踸步無敢越軼，而或偶聞人言則不計。（明吳亮《萬曆疏鈔》卷七《臣道類》）

　　（3）賊棄夏鎮遁，漕運獲通，道亨乃分兵扼要害，賊終不敢越軼。（清萬斯同《明史》卷三百四十五《列傳一百九十六》）

　　（4）金人來訴，師道付以界旗，使自爲制，後無有敢越佚者。（元脱脱《宋史》卷三百三十五《列傳第九十四》）

　　（5）先生與爲要束，禁不得踰度，商人或執偽檄通徼外爲姦利，悉按發之，仍牒所司，置籍勾稽，自是無敢闌出入者，而商人皆感帖，無敢越佚。（明文徵明《企齋先生傳》）

約當

應當，同義連文。

臣等夙荷玄休，明佩大法，尊經寶訣，得以稟修，而盟告之辰，約當宣化，輔贊邦國，濟護天人，普及幽明，咸令開度。(《太上洞淵三昧神咒齋清旦行道儀》9/834/a)

按："約當"謂應當，《漢語大詞典》及《漢語大詞典訂補》均未收此義，田啟濤 (2012) 收入"待質詞句"。該義項道經尚有數例，如：

(1) 登壇之日，度法之時，約當後己先人，扶危濟難。(《道法會元》卷一百四十一)

(2) 人間修尚，以香火爲功，受法之日，約當奉行，救度人天，宣洪道德。(《道門科範大全集》卷七十五)

(3) 伏念臣某恭參寶籙，叨克治官，告盟之初，約當敷揚妙道，拯護群生。(《道門定制》卷二)

(4) 寶訣靈書，獲聞上範，約當宣揚道化，保輔邦家。(《金籙齋投簡儀》)

(5) 然受命之日，約當修弘妙法，讚揚仁風。(《無上黃籙大齋立成儀》卷三十一)

(6) 但受法之初，盟告三界，約當度人濟物，立功爲先。(《太上黃籙齋儀》卷一)

"約當"乃同義連文，意義、結構並同於"要當"，《漢語大詞典》："要當：自當、應當。"王雲路、方一新《中古漢語語詞例釋》(P437)："要當：必須；應當。"文獻中，"要"、"約"兼有以下三個義項，詞例相同，屬於同一引申路徑。

"要"有約請義，如：

(7) 期我乎桑中，要我乎上宮。(《詩經·鄘風·桑中》)

有盟約義，① 如：

(8) 且朝廷許以鐵卷之要，申以白馬之盟。(《陳書·虞荔傳》)

---

① 參見江藍生《魏晉南北朝小説詞語匯釋》，語文出版社 1988 年版，第 243 頁。

有約束義，如：

（9）選賢遂材而禮孝悌，則奸僞止；要淫逸，別男女，則通亂隔。（《管子·君臣下》）

"約"有約請義，如：

（10）趙固負其衆，故先使蘇秦以幣帛約乎諸侯。（《戰國策·秦策一》）

有盟約義，如：

（11）初，懷王與諸將約，先入定關中者王之。（《漢書·高帝紀上》）

有約束義，如：

（12）君子博學於文，約之以禮。（《論語·雍也》）

"要"另有應當、應該義，如：

（14）孫興公作《天臺賦》成，以示範榮期云："卿試擲地，要作金石聲。"（劉宋劉義慶《世說新語·文學》）

（15）持咒力須資運祚，度人心要似虛空。（五代齊己《送譚三藏入京》）

"要"的這一虛詞義由實詞引申而來，《古代漢語虛詞詞典》（P680 - 681）："'要'的本義是指人體胯上肋下的部分，讀平聲，後作'腰'。《説文》：'要，身中也。''要'用作動詞，指把東西纏束在腰上，進而引申爲'約束、控制'。……'要'的虛詞義是由實詞義引申而來的，讀去聲，可作副詞、助動詞、連詞。……助動詞，用在動詞前作狀語，表示事實上需要如此或情理上應該如此。"

顯然，由"約束"引申出"應當、應該"是一條詞例，因此"約"也當符合這一詞例，引申出"應當、應該"義，"約當"乃同義連文式的複合詞。

雲剛

"剛"也作"綱"、"罡"，指步綱圖，"雲剛"指雲中之步綱圖。

靈妃真仙侶，飛步涉雲剛；奉師受三洞，世世子孫昌；今日拜口奏，殺鬼敕魔王；疫鬼奔萬里，凶邪自摧藏。（《太上洞淵神咒經》卷十四 6/51/c）

按："剛"也作"綱"、"罡"，指步綱圖，"雲剛"指雲中之步綱圖。如：

（1）罡者，綱也，布斗爲步，牽綱運紀，所以名剛也。昔天師曰：北斗者，中斗也，中斗九星步變九靈步，是謂之星剛。（《無上玄元三天玉堂大法宗旨》卷二十六）

（2）九靈流傳既久，不得其訣，今故立罡圖，以九靈祖罡爲之首，此罡乃步法之祖也，禹步之宗也，返復步之，則無施不可。(同上)

（3）右天綱地紀三五禹步之綱圖，事用甚大，自各有經訣，今略明其標要。（《太上助國救民總真秘要》卷八）

"步剛"一詞道經常見。如：

（4）手指足履，莫非合真，步剛之法，所由生也。夫步剛者，飛天之精，躡地之靈，運人之真，使三才合德，九氣齊并。（《無上玄元三天玉堂大法宗旨》卷十九）

也作"步綱"，如：

（5）北帝降留生道戮鬼滅精之法，令天人修之，故出三五步綱攝紀正法，豁落七元真符。（《七元璇璣召魔品經》）

也作"步罡"，如：

（6）晚朝步罡，存爲翊聖周遊八方，行誅法也，蓋攘則兩無所傷，各各安妥。（《無上玄元三天玉堂大法宗旨》卷二十五）

（7）然後依儀開建玄壇，步罡作法，召集龍神，以三日、五日、七日爲率。(同上書卷二十六)

"綱圖"種類甚多，其中以"七星綱"或"斗剛"最爲常見，如：

（8）士卒失色，唯景安然無怖，散披汗衫，步七星綱，默許設醮。（《北帝七元紫庭延生秘訣》）

（9）臣謹將本法兼祕授口訣，摭集符印，步綱躡斗，旁通之要，盡其隱奧。（《太上助國救民總真秘要》卷一）

（10）並先精潔焚香，變神，默以虔告上清北極大帝後，便步斗綱，念斗咒至破軍上。(同上書卷二)

（11）凡書紫庭符，先燒香，步剛斗。(同上書卷三)

（12）滅萬怪，仍依法步斗剛，陽日朱書，陰日墨書。(同上書卷四)

也有其他步綱圖，如《太上助國救民總真秘要》卷九列有"步雷火綱法"、"步霹靂解咒殺鬼綱法"、"三步丁字綱法"、"步三攝綱法"等。

Z

捱

"捏"之形誤。

官事：小人**捱**怪起無端，良善荒荒心膽寒；天理豈容人事變，不教直者受欺瞞。(《玄天上帝百字聖號》36/353/a)

按："**捱**"，《中華道藏》錄爲"捱"。"捱"音 zhāi，有二義：①用手掌托起。②浸入沾上。置此均不適，"捱怪"義不可解。"捱"當爲"捏"之形訛。"日"、"田"互訛俗字中常見，[1]《改並五音類聚四聲篇海·土部》："埕，音埋。同義。"楊寶忠先生云："《篇海》'埕'，音埋，埋即埕字之誤。"[2] 可資比證。"捏怪"謂編造鬼怪故事，雷漢卿先生《禪籍方俗詞研究》(P624)："捏怪：故意裝神弄鬼。"該詞文獻常見，如：

(1) 莊周、列禦、鄒衍、劉安之屬，捏怪興妖，不可勝紀。(明胡應麟《少室山房筆叢·九流緒論中》)

(2) 首座曰："休捏怪。"師曰："首座作麼生?"座曰："和尚休捏怪。"(《五燈會元》卷十九《楊岐方會禪師》)

(3) 好人家男女被這一般野狐精魅所著，便即捏怪。(《臨濟錄》)

(4) 從上諸佛諸祖爲人，皆有如是，自是後來兒孫失其宗旨，遂自立門户造妖捏怪耳。(《大慧錄》卷二十二)

---

① "日"、"田"互訛例見"留"字條，茲不贅述。

② 楊寶忠：《〈漢語大字典〉异體字認同失誤辯證》，《語文研究》2013 年第 2 期。

齋官

出資作齋醮的人。

臣今正爾燒香，奉爲齋官某乙，修太上洞淵三昧神咒大齋，拯護人天，消禳災沴。願得太上十方正真生氣，降流臣等身中，所啟速達，徑御太上玄老至真無極大道太一玉皇帝御前。(《太上洞淵三昧神咒齋清旦行道儀》9/834/b)

按：《漢語大詞典》："齋官：執掌齋祀的官員。"此義項置此不適。道經中"齋官"亦指出資作齋醮的人，"官"爲尊稱，義同於"齋主"，《佛光大辭典》："齋主：即供養僧衆齋食之施主。"陈義孝《佛學常見詞彙》："齋主：佈施齋食的施主。"《漢語大詞典》："齋主：僧、道的施主。"義項亦未全，"齋主"事實上不限於施捨食物。"齋官"此義項道經常見，如：

(1) 今則壇場將啟，局務至繁，而況齋修數越晝夜，深虞魔障，合謹防限。仰齋官某家司命土地，門丞戶尉，十二禁忌，五道六神，及內外香火干係等神，同監檀官將，境域廟貌一切神祇，上體齋功，各相率勵。(《上清靈寶大法》卷四十)

(2) 王侯卿佐，文武職僚，允贊帝猷，敷揚道化，齋官某家，及臣等九玄七祖，四友三師，蛻質南宮，濯魂丹霍。(同上書卷六十四)

道經中，"齋官"、"齋主"常出現在相同的句子中或以異文形式出現。如：

(3) 臣等謹爲齋主某甲等，修建洞淵三昧神咒大齋，行道禮懺，救禳災疾。(《太上洞淵三昧神咒齋十方懺儀》)

"謹爲齋主某甲"與"奉爲齋官某乙"義正相同。

(4) 本司昨據齋主某，乞就某處，崇建無上黃籙大齋，追薦亡過某等魂魄。(《上清靈寶大法》卷六十一) 卷六十六作"齋官。"

(5) 本壇檢會今月某日，爲齋主某，崇建黃籙大齋，開度亡過某等魂。(同上書卷六十五) 卷六十六作"齋官。"

(6) 以今齋主勵志，法衆盟心，共修至上之良緣，以廣無邊之巨福。(同上書卷十九) 卷四十作"齋官"。

　　(7) 以茲功德,歸流齋官某等,見在宗姻,各家眷屬,伏願福祥臻萃,壽禄維新。(同上書卷四十四) 卷三十七作"齋主。"

　　(8) 臣與齋官無任祈恩,激切之至。(同上書卷十九) 卷四十一作"齋主。"

例句尚多,兹不備舉。

齋直、直

同義連文,"直"是"齋"的一種,道教一月之中按照固定日期作的齋叫作"直"。

　　按如詞言義,惟丹切虔修齋直請福希恩。臣等忝職玄司,所宜遵副是用,肅嚴香燭,敷列壇場,依太一天尊玄老具典,奉修洞淵三昧神咒大齋。(《太上洞淵三昧神咒齋清旦行道儀》9/834/b)

　　按:"惟丹切虔修齋直請福希恩"一句,《中華道藏》斷爲"惟丹切虔修齋,直請福希恩",誤。周作明《中古上清經行爲詞新質研究》(P120) 視"齋直"爲動詞,釋爲"齋戒使心誠摯",亦誤。"齋直"同義連文,"直"是"齋"的一種,道教一月之中按照固定日期作的齋叫作"直",因在一個月中輪流作,故稱,乃道經中特有之詞彙。如:

　　(1) 年六齋:正月、三月、五月、七月、九月、十一月。月十齋:一日,北斗下;八日,北斗司殺君下;十四日,太一使者下;十五日,天帝及三官俱下;十八日,天一下;二十三日,太一八神使者下;二十四日,北辰下;二十八日,下太一下;二十九日,中太一下;三十日,上太一下。(《雲笈七籤》卷三十七《洞玄靈寶六齋十直》)

篇名作"六齋十直",正文爲"年六齋"、"月十直",顯然,"十直"就是"十齋"。"十直"或作"十直齋",如:

　　(2) 明真科云:月一日、八日、十四日、十五日、十八日、二十三日、二十四日、二十八日、二十九日、三十日,以上爲十直齋日。(同上書卷三十七《說雜齋法》)

"立直"相當於"建齋",如:

（3）今故立直燒香，願以是功德，爲帝王國主，君臣吏民，普天七世父母，去離憂苦，上升天堂。（《無上秘要》卷五十三《金籙齋品》）

（4）依靈寶下元大謝修齋立直，燒香然燈。（同上書卷五十《次衛靈神咒》）

道經中"立直"與"建齋"常連言，如：

（5）臣某等今謹相率建齋立直，誦經行道，燒香明燈。（《太真下元齋品》）

（6）臣甲等今建齋立直，燒香明燈，思真誦經。（同上）

或作"建立齋直"，如：

（7）某月某日謹與某甲等，傳經行道，建立齋直，燒香懺願。（《無上秘要》卷三十七《授道德五千文儀品》）

（8）以某月某日謹與某等，傳經行道，建立齋直，燒香懺謝。（同上書卷三十八《授洞神三皇儀品》）

（9）天師遺教，爲學不修齋直，冥如夜行不持火燭，此齋直應是學道之首。夫欲啟靈告冥，建立齋直者，宜先散齋，不使宿穢臭腥消除。（《雲笈七籤》卷卷五十三《齋直》）

"齋直"例句尚多，茲不備舉。

占

"召" 之形誤。

若有受持此經，不度三河者，吾不名聖人矣，不在世化也。太上作是語也，乃**占**十方大神、一切惡鬼、邪魔大王，重禁敕之。自今以去，轉此經處，百病自差，官事解了。（敦煌 P. 2894《洞淵神咒經》卷五）

按："**占**"，《中華道藏》錄爲"占"，未出校。"乃占十方大神"義不可解，今謂"占"乃"召"之訛。《太上洞淵神咒經》一書中"召十方大神"出現多次，如：

（1）天尊召十方大神，令病得痊，官事自了。（卷八）

（2）急召十方大神、三洞道士，往化愚人，令知經法。（卷八）

（3）乃召十方大神約敕，令救衆生。（卷九）

（4）令國王妄占百姓，枉其萬民，民不自全，鄰國賊來，惡鬼入宅，宅不可居，皆此等鬼也。（卷六）“占”，敦煌 S.930 即作“召”。

“占”、“召”互訛傳世典籍亦十分常見，[①] 如：

（5）若召募土人，必得豪勇與賊相熟，知其氣力所極，無望風之驚。（韓愈《與鄂州柳中丞書》）《昌黎先生文集》卷十九在“召”下注云：“一作占。”

（6）耕夫召募逐樓船，春草青青萬頃田，試上吳門窺郡郭，清明幾處有新煙。（唐張繼《閶門即事》）《全唐詩》卷二百四十二在“召”下注云：“一作占。”

（7）主人且勿諠，賤子歌一言，僕本寒鄉士，出身蒙漢恩，始隨張校尉，占募到河源。（鮑照《代東武吟》）《古詩紀》卷六十在“占”下注云：“一作召。”

章本

奏章。

臣等謹按天師千二百官章本，上請太上空中五蓋大將軍十二萬人，官將二千人。（《太上洞神洞淵神咒治病口章》32/728/c）

按：《漢語大詞典》：“章本：根由；依據。”《近代漢語大詞典》：“章本：同張本1。”“張本1：作爲將來所事依據、基礎。”這是該詞在傳世經典中的意義，“章本”在道經中有奏章義，此義項道經常見。如：

（1）伺候齋章上奏，默奏上章之意，再三懇禱，畢，再兩拜跪，低聲讀章本一遍，就拜處即詣香案前。（《靈寶無量度人上經大法》卷四十二）

（2）蓋章之前無姓，而章中亦止稱臣名而已，今於此而書臣姓名者，失格也。允中先經師高君章本云：“臣姓高，屬徽州祈門縣紫元庵

---

① “占”、“召”典籍中互訛例甚多，真大成博士的《中古史書校證》（中華書局 2013 年版，第 184 頁）舉例甚豐，辯證精審，可參。

焚修。”不係允中之派者，自從便。（《上清靈寶大法》卷二十三）

（3）科曰：世中章本習而成風，皆有伏須告報四字，蓋緣傳寫舛誤。（《靈寶玉鑑》卷十七）

（4）自唐朝廣成子杜先生集次宣慈章本之後，兵火散失，鮮有完本，今應有所上章表，並無定式。（同上書卷十八《九靈飛步章奏法》）

（5）竊見近來所刊章本，如文昌禳水禳火等，不惟文辭礙理，而所請官，皆以私意臆度撰造。（《道門定制》卷八）

（6）故本事狀，不用請官舛異，俗人家不得留故章本，違犯，五刑論。（《要修科儀戒律鈔》卷十一）

執告、質告

即質告，謂控告、告發。

中央戊己神，黃帝統四維；今日建大齊，萬惡不敢希；停風不動條，雨散三光輝；道德因此弘，至真大依依；天女執命魔，十絕殺邪非；功積昇玄都，福慶高巍巍；財寶五家分，作福神自歸；妖祥悉伏匿，善惡執告誰①；玄朗虛中散，鳴鼓不自槌；動魔一切妖，試者汝自衰；太上金口敕，不從死怨誰？（《太上洞淵三昧神咒齋懺謝儀》9/833/c）

按：“執告”即質告，謂控告、告發，同義連文。《說文·貝部》：“質，以物相贅。”朱駿聲通訓定聲：“質，叚借又爲執。”“質”有告訴義，《詩經·大雅·抑》：“質爾人民，謹爾侯度。”王先謙詩三家義集疏：“齊質作誥，魯韓作告。”《爾雅·釋詁下》：“質，成也。”郝懿行義疏：“‘質爾人民’，《韓詩外傳》及《說苑·修文篇》並作‘告爾人民’，《鹽鐵論·世務篇》作‘誥爾人民。’”亦有控告義，“質詞”即訴訟，清蒲松齡《聊齋志異·田七郎》：“致書索林兒，某弟竟置不發，武益恚，質詞邑宰，勾牒雖出，而隸不捕，官亦不問。”

---

① “善惡執告誰”，敦煌陽83原卷《洞淵神咒齋儀》作“罪惡執告誰”，義不可解，“執”當爲“執”之形訛。

"質告" 有控告義, 如:

(1) 切詳張仁倚恃兇惡, 節將趙氏强奸, 不從, 苦被欺打, 以致趙氏不得已質告于官, 却又誣其革前舊有奸情。(明王概《王恭毅公駁稿》)

"質告" 之告訴義典籍中更爲常見。如:

(2) 鬼喜其誠, 又曰: "如不能入房, 則伏屋上以血餌縋入産婦口中亦可, 倘於床頂再張一傘, 使血餌不能下縋, 則鬼術窮矣, 以君長者, 故敢質告, 倘泄語則我無生望矣。" (清許奉恩《里乘》卷五《産鬼畏傘》)

(3) 頃之, 官戚有長輩者入, 言今日其先夫人木主奉安里第, 署中亦同時行禮, 林乃憮然曰: "何不質告, 幾誤矣。" 其醇謹率教如此。(清梁廷枬《夷氛聞記》卷一)

(4) 我得大行之志, 然後吾養之之心, 昭示上下, 質告鬼神, 而無歉大川之涉。(清王夫之《周易外傳》卷二《大畜》)

(5) 公乃自以爲功, 公知三王之意, 欲以己代武王, 故以己之不能代武, 質告先王, 使三王爲天下之民請命於天, 故不禱之廟中而爲三壇以禱也。(清劉光蕡《尚書微·金縢》)

(6) 人心破壞, 男女不純, 嫉害争競, 更相殘傷, 心不自固, 上引祖父, 下引子孫, 以爲證誓, 質告神明, 竟不自信, 負違誓言。(《洞玄三元品戒經》)

"執告" 之控告義較爲常見。如:

(7) 成化間, 京師有一翁老得一庶子, 諸子不以爲兄弟, 數懼諸子害之, 不言分財, 臨終乃作遺囑, 密置之遺象軸中, 囑其妾與子曰: "吾死後, 若諸子欲逐爾母子, 以此執告于官, 曰吾意也。" (明吳訥《祥刑要覽》卷中)

(8) 師曰: 凡人間奴婢, 或被主家因事所逼, 拷打終朝, 告訴無門, 非理而喪, 銜冤夜府, 執告陰司, 以求執對, 何以解釋, 將此真符, 與之和釋, 更用經文功德, 與之昇度。(《靈寶無量度人上經大法》卷五十三)

(9) 房安, 字子静, 汝陽, 人幼聰辯, 性剛勁, 洪武中由太學生授北平按察司僉事, 陞江西按察使, 永樂初, 爲軍卒執告, 謫戍興州。(清王士俊《(雍正) 河南通志》卷六十《人物四》)

（10）鄉民有失馬者，疑其鄰盜之，執告於縣丞，拷訊至死。（清萬斯同《明史》卷二百零八《列傳五十九》）

《漢語大詞典訂補》："執告：一再請求。《七國春秋平話》卷下：'鬼谷吃蘇代執告不過，只得下山。'"《宋元明清百部小說語詞大辭典》、《詩詞曲小說語辭大典》："執告：執意求告。"舉證同上，此乃"執告"之另一義項。另外，典籍中"陳告"、"控告"二詞皆有告訴、告發二義項，與"質告"、"執告"之此二義項引申軌跡相同，可資比證。

執昧

猶"執迷"。

婚姻：休想斯人到汝家，莫教執昧起咨嗟；落花有意隨流水，流水無情戀落花。（《玄天上帝百字聖號》36/352/b）

按："執昧"一詞文獻僅見此一例。從詞例的角度考察，文獻中有"執迷"一詞，如：

（1）四海之內，皆奉正朔，惟公執迷，獨阻聲教。（《舊唐書·王世充傳》）

（2）我員外好是執迷也，將親兄弟教他另住，受著饑寒，今日上墳也不等他一等。（元無名氏《殺狗勸夫》第一折）

成語有"執迷不悟"。"昧"、"迷"義同，漢揚雄《太玄·聚》："畏其鬼，尊其禮，狂作昧淫，亡。"范望注："昧，迷也。""迷昧"謂迷惑愚昧，同義連文。因此，"執昧"、"執迷"屬於同一詞例，組配關係相同，義當相同。另外在《玄天上帝百字聖號》一書"婚姻"類中有如下一例，"婚姻：此親雖好汝無緣，休要耽迷惹禍愆；改革待伊緣分到，不拘遲晚但心堅。"此句之"耽迷"與"執昧"出現語境相類，義當相同，可資比證。

植利

靠種植而獲利；興利、獲利。

後知西蕃遣使，復要取奪緣樊江上產二千地界，本朝已曾將聚居

鄉民，爲植利之處，慮蕃中先有奉使過界，以此係呂大防奉使入國。（《玄天上帝啟聖録》卷二 19/582/a）

按："植利"謂靠種植而獲利，該詞典籍常見。如：

（1）經略王勔，遂引趙繼明入城，稱欲割獻粟地一百四十里，有六百户植利，并進表一通。（《玄天上帝啟聖録》卷三）

（2）有行醫老母，在西晉城進狀，稱是焦湖植利之家，爲見焦湖風浪傷溺人船，官司惟禱於聖母。殊不知，聖母本塵俗人氏，因戒殺蔬食，遇真武，獻水清淨，發聖爲巢水土地。蒙國家改名焦湖，封號靈顯，承此天地之恩，尚未能報，何爲却興風浪爲害。（同上書卷八）

（3）某竊詳：白馬湖係上虞、余姚兩縣溉田植利，湖之南邊別有一湖，名曰夏蓋，春熙中創置北岸斗門二所，尚存支流，概白馬地勢稍高，下蓋地勢就下。（《永樂大典》卷二千二百六十一《湖》）

（4）民頻年重困，無力爲之，必官司借貸錢穀，集植利之衆，併工督以必成。（清朱延射《（光緒）寶山縣志》卷四）

（5）往年治水之説，大約有二，一則導青龍江，開三十浦；一則使植利户浚涇浜作圩岸。（清趙宏恩《（乾隆）江南通志》卷六十三）

（6）黄山、樂安等湖所灌田，動以數百頃，植利人户，倚以爲命。（清張元忭《（萬曆）紹興府志》卷十六）

"植利"另有興利、獲利義，如：

（7）有心人踵其事而振興之，追蹤先哲，植利將來，豈豈獨一鄉一隅之幸哉。（清方駿謨《（同治）宿遷縣志》卷十三）

（8）罌粟本在花品，今則收漿植利，且與菽麥棉花争尺寸土。（清邵友濂、孫德祖等纂《（光緒）余姚縣志》卷六《物產》）

（9）丁良鄉，字翊之，由鄉拔入太學，授雲南富州判官，植利剔蠹，尤慎庶獄。（清錢大昕《（嘉慶）長興縣誌》卷二十一）

（10）張恕授山東夏津知縣，到官凡可以植利祛蠹者，知無不爲，爲無不力。（民國劉崇本《（民國）霸縣新志》）

直教

直到，"教"通"交"，"交"謂某一時期或時刻到來。

失物：只爲當初不小心，資財已失復何尋；直教月盡寅申日，纏

有傍人説信音。(《玄天上帝百字聖號》36/338/b)

按:《唐五代語言詞典》:"直教:直到。"甚確。然未言及"教"何以有到義,諸類詞典亦未録"教"之此義項。今謂"教"乃"交"之假借,"交"有某一時期或時刻到來義,如:

(1)漢源十月交,天氣涼如秋。(杜甫《發秦州》)

(2)只如子正四刻方屬今日,子初自屬昨日,今人才交子時,便喚作今日,如此亦便差一日。(《朱子語類》卷二)

(3)一交二更,三門掩上,男人就進不去了,裏頭只有女人們查夜。(《紅樓夢》第一百一十一回)

"直教"道經時見,如:

(4)何人獨守其中坐,密把鬼關牢閉鎖,直教焚著天地涯,萬物無由能盜我。(《洞元子内丹訣》卷下《水火篇》)

(5)病患時時命蹇衰,何須打瓦更鑽龜。直教重見一陽復,始可求安仗佛持。(《護國嘉濟江東王靈籤》)

"直教"也作"直交",如:

(6)失物:失却浮財莫哭窮,要尋目下不能從;直交風冷寒霜至,方見傍人説實蹤。(《玄天上帝百字聖號》)

(7)春來雨水大連綿,入夏晴乾雨又愆。節氣直交三伏始,喜逢滂沛足田園。解曰:盈虚消息,天道如常,春多稱意,夏却乖張。直交三伏,時運方昌。財多積聚,事事平康。(《護國嘉濟江東王靈籤》)

(8)卦直飛龍莫問親,千山萬水幾艱辛。直交明月團圓處,西出陽關見故人。(《玄天上帝百字聖號》)

"直教"、"直交"出現語境相同,可爲確證。"教"、"交"通假例甚夥,詳見《詩詞曲語辭匯釋》、《敦煌變文字義通釋》、《敦煌文獻語言詞典》"交"、"教"字條,兹不贅舉。

執駐、執住

執拘、滯留。

若有三十六世亡人猶執駐不解者,願諸五方解禁君十二人,官將百二十人,一合下,主爲某家,分解上世以來咒詛厭禱之考。(《太

上洞神洞淵神咒治病口章》36/370/b)

按："執駐"乃佛教詞彙，爲地獄受罪之名，後借入道經。唐釋玄應《一切經音義》卷十七《俱舍論·第二卷》："執駐：古文住、尌、侸、逗四形同，雉具、徵具二反，地獄受罪之名也，依字《蒼頡篇》：'駐，止也。'《説文》：'駐，馬立也。'""執駐"出現于《俱舍論》中，原文如下：

（1）或時有等分，有非等分，乃至舌根隣虛亦爾，身根隣虛，無一切等分，若然焰地獄中，所執駐衆生，有無量身隣虛，亦非一切等分。(陳釋真諦《阿毘達磨俱舍釋論》卷二《釋論中分別界品》)

此句中"執駐"顯然爲動詞，義爲執拘、滯留，上揭"亡人猶執駐不解"之"執駐"亦當爲此義，"地獄受罪之名"亦得名於此。

"執駐"之執拘、滯留義亦作"執住"，如：

（2）汝若言求生，西方彌陀淨土則是，捨此求彼，不中理也；汝若執住此，不求西方，是捨彼著此，此亦成病，亦不中理也。(隋釋智顗《淨土十疑論》)

（3）如人在河，四事難出，一被執住，二被迴流，三爲泥溺，四滯枯洲，不到彼岸。(唐釋澄觀《華嚴經疏》卷三十五)

（4）心了真住，了性真心，心無所住，住無所心，了無執住，無執轉真，空無所處，空處了真，此是了心。(《太上老君説了心經》)

"執駐"義略同於"禁駐"，也作"禁住"，《漢語大詞典》："禁住：亦作'禁駐'，制約、約束、制住。"可資比證。

執苦

從事辛苦的勞作。

又見道士不妻不娶，以求仙道；又見道士專心自役，爲臨執苦，以求仙道，又見道士不食，供養供師，以求仙道。(《太上洞淵神咒經》卷二十6/76/b)

按："執苦"謂從事辛苦的勞作，義同於"執勞"，《漢語大詞典》：

"執勞：猶操勞。" "爲臨執苦" 謂爲鄰居勞作。① "執" 有操持、從事義，如：

（1）我稼既同，上入執宮功。（《詩經·豳風·七月》）

（2）臣生三十六年矣，自十五總角爲學校諸生，執經之暇，喜引古以論天下事。（宋徐夢莘《三朝北盟會編》卷三十五）

"執苦" 一詞文獻常見，如：

（3）復作六畜，食草飲水，以肉供口，生便執苦，無誰九告。（《洞淵神咒經》（敦煌本）卷三）《道藏》本作 "艱苦"。

（4）（承宮）因留精舍門下，樵薪執苦，數十年間，遂通其經。（漢劉珍《東觀漢記》卷十七《列傳十二·承宮》）

（5）方翼尚幼，雜庸保執苦不棄，日墾田植樹，治林垠墅完牆屋。（宋歐陽修《新唐書》卷一百一十一《列傳·王方翼》）

（6）（士達）猶保高雞泊，然傾身接物，其執苦與士卒均，由是能致人死力。（同上書卷八十五《列傳·竇建德》）

（7）林氏永嘉庠生應鎧妻，家貧執苦，孝養舅姑。（明湯日昭《（萬曆）溫州府志》卷十三《人物志三》）

"執苦" 義同 "作苦"，執、作同義，"執作" 同義連文，《漢語大詞典》："執作：操作；勞作。" 方一新、王雲路《中古漢語讀本》（P62）："執作：做事；幹活。"《漢語大詞典》："作苦：耕作辛苦。" 竊謂這種解釋缺乏概括性，"作苦" 不限於耕作，如：

（8）當郭氏微時，孺人身先作苦，奉姑惟謹，撫諸幼有方。（明羅大紘《紫原文集》卷十一《郭母劉孺人墓銘》）

"身先作苦，奉姑惟謹" 與 "家貧執苦，孝養舅姑" 義正相同，可資比證。

（9）張自奉菲糲，辛勤作苦，以女紅佐讀書。（清章學誠《（乾隆）永清縣志》卷二十三《列女列傳》）

（10）張棠妻，金秀水人，棠卒，金作苦奉姑晨炊，即其姑歿，哭之，則愈益作苦。（民國趙爾巽《清史稿·列傳》二百九十五）

（11）兒婦朝侍食暮問寢，事姑者，其道如何？所短者，不能各

---

① "臨"、"鄰" 通假，例見前 "臨背" 條。茲更舉一例，唐王維《戲題磐石》："可憐磐石臨泉水。"《全唐詩》卷一百二十八 "臨" 下注云："一作鄰。"

傭錢，自作苦耳。(清蒲松齡《聊齋志異·青蛙神》)

以上諸例皆不僅僅當耕作講。《漢語大詞典》的解釋當受漢楊惲《報孫會宗書》："田家作苦，歲時伏臘，烹羊炰羔，斗酒自勞"例句誤導所致。

旹

"時"之形誤。

道言：大聖龍興，下世度人。誅罷偏座，退剪逆人。壬子之初，乙卯之年，至甲子之旹，以保甲申。遇吾此道，其祚自强。(敦煌 S. 3389《洞淵神咒經》卷四)

按："旹"，《中華道藏》錄爲"旨"，不誤，但未出校記。《干祿字書》："旹旨：上俗下正。"然"至甲子之旨"義難索解，今謂"旹"乃"時"之訛字。"時"甲骨文有作旹者 (見《殷墟文字甲編》)，商承祚《殷墟文字類編》："此 (甲骨文) 與許書古文合。漢《無極山碑》時亦作旹，尚存古文遺意。"《說文·日部》"時：四時也，從日寺聲。旹，古文時，從之從日。"徐鍇繫傳："古文从日，之聲。"[1]"時"在敦煌寫本中有作旹者，S. 799《隸古定尚書》："旹厥明，王乃大巡六師，明誓衆士。""上帝弗順，祝降旹喪"；"旹"形體稍變則作"旹" (見《字彙補》)；"旨"有作"旹"者 (見《宋元以來俗字譜》)，可見"旨"、"時"的俗字形體非常接近。文獻中"時"有訛作"皆"者，而"皆"、"旨"字形相似，蓋由"時"先訛作"旨"，"旨"又訛作"皆"。如：

(1) 昔年拜月逞容華，如今拜月雙淚垂，廻看衆女拜新月，憶却紅閨年少時。(唐陸龜蒙《拜新月》)《文苑英華》卷三百三十一在"時"下注云："一作皆。"

(2) 粵嶺風俗殊，有疾時勿藥，束帶趨房祀，用史巫紛若。(蘇軾《雷州八首》) 清查慎行《補注東坡編年詩》在"時"下注云："一作皆。"

---

[1] 此處蒙張涌泉先生在中國文字學會上 (北京，2015) 指點，謹致謝忱。

逐延

沿著、順著。

道言：後世人必治三洞之上，原值此飛仙經者，即見太上面像也。不能入山者，但逐延林山，可遠世人十里、五里絕別之處，多種五果木林田圃，月月作齋，齋令不廢。(《太上洞淵神咒經》卷二十6/78/c)

按："逐延"，同義連文，猶沿著、順著。"逐"有從著、順著義，《玉篇·辵部》："逐，從也。"北齊顏之推《顏氏家訓·書證》："張敞者，吳人，不甚稽古，逐鄉俗訛謬，造作書字耳。"王利器集解："逐鄉俗，猶言徇俗。"宋賀鑄《雁後歸·採蓮回》詞："羞從面色起，嬌逐語聲來。""延"有沿著義，南朝宋顏延之《還至梁城作》詩："木石扃幽閭，黍苗延高墳。"《漢語大字典》"延"字條列有"用同'沿'"之義項，舉證爲《西游記》第七十七回："你這獃子口敞，延地里就對人説，我們是爬墻頭的和尚了。"稍晚。"逐延"一詞文獻少見用例，今舉所見之另外一例，清莫友芝《羊崖關》："温黦（水名）逐延東，忽作西南枉，回崖逼之會，削立插深泱。"

擢質

指洗煉形體，道教特有之詞彙。

七世亡魂游神碧落，九玄宗祖擢質朱陵；出三界以超然，坐六虛而自在。(《太上洞淵神咒經》卷十四6/54/c)

按："擢質"義難索解，今謂"擢"通"濯"，"濯質"指洗煉形體，該詞道經常見，如：

(1) 雖有私情而莫訴，尚祈法相以受持；濯質煉形，已拜朱陵之表；被肝瀝膽，載陳翠刻之詞。(《徐仙翰藻》卷十)

(2) 本爲修真之士，煉形濯質後，仙公以祭鬼，大道一氣混成，初無散形。(《太極祭煉內法議略》卷下)

（3）上清追魂使者符，上天度人，列言上清，追魂聚魄，濯質完形。（《上清靈寶大法》卷三十八）

（4）陰氣煉化，景物詵仙；壬癸濯質，月魄度形；大道宣氣，天地合並。（同上書卷四十九）

（5）服金液以煉形，假黃華而濯質，徑超丹霄，飛度南宮。（同上書卷六十三）

"濯質煉形"又作"濯形煉質"，如：

（6）上皇天，下後土，實聞孝子順孫之言。南火沼，北水池，自得濯形煉質之妙。無分貴賤，咸使超升。（同上書卷十一）

"濯質"又作"蕩質"，"蕩"亦洗滌義，如：

（7）形非其有，誰能蕩質而煉形，不仗熏修，何由超度？（同上書卷九）

（8）金晶一化，綠靄散陳，玉司官吏，蕩質煉形，急急如元始上帝律令。（《上清靈寶大法》卷五十五）

"質"有形體義，見蔣禮鴻先生《敦煌變文字義通釋·釋容體》（P65），古籍常見，如：

（9）豈良時之難俟，痛予質之日虧。（三國魏曹植《潛民賦》）

（10）每花中有美人長尺余，婉麗之姿，掣曳之服，各稱其質。（唐穀神子《博异志·許漢陽》）

"形質"即形體，同義連文，道經常見，如：

（11）下卷八法，可以起光華，隱形質，變物貨，附魂夢，驅惡毒。（《玄圃山靈區秘籙·序》）

（12）妖怪者，山川之精物也，虎虎、狸猩、白蛇、赤龜、蜈蚣、山雉之類，潛伏年久，受天地山川靈氣，善變化形質。（《玄圃山靈區秘籙》卷下）

（13）咒持四十九日，神枕化爲自己身，形質相似。（《鬼穀子天髓靈文》卷上）

（14）或世事岩穴，隱養形質，經千日方游太陰，水帝受事訖得爲水府掾吏。（《陰陽六甲鍊形質法》）

"濯"、"擢"相通，文獻常見。如：

（15）熒熒金錯刀，濯濯朱絲繩。（杜甫《楼拂子》）清仇兆鰲《杜詩詳注》卷十二在"濯濯"下注云："一作擢擢。"

（16）以濯船爲黃頭郎。（《漢書·佞幸傳》）顏師古注："濯讀曰擢。"

"濯質"是道教特有的語詞，道教認爲，人死亡之後，必須經過煉度，才能"飛騰玉府，升入帝庭"。"朱陵"即朱陵火府，乃煉度之所，如：

（17）遂致疲頓死于山下，九天書其功德，金格記其玉名，度其魂神于朱陵之宫，帝遣金翅大鳥常敷兩翼以覆其尸，七百年中形體不灰。（《雲笈七籤》卷八十六《水火蕩鍊尸形法》）

（18）朱陵火府，南昌上宫；長生大君，韓君司馬；司命司録，延壽益算；度厄尊神，回骸起死；監生大神，超度亡過，某靈魂上登朱陵流火之庭，玉眸煉質，黃華蕩形，書名紫丹，受化更生。（《太上元始天尊説北帝伏魔神咒妙經》卷六）

煉度有水火煉，"濯質"即水煉中用水洗煉形體，此水即"黃華真水"，如：

（19）元始召煉度官君，行煉度事，無限鬼魂悉屯于陰關之内。次水火二池内外相映，煉度官君分列左右，次第引魂入煉。魂入火沼，真陽融化，魂如火棗。次引魂入水池，蕩游凡塵，身有光明。此乃玉眸煉質，黃華蕩形。水火煉畢，行九章煉。（《上清靈寶大法》卷五十九）

（20）丹陽符止爲沐浴用，或用爲水煉，黃華真水正是水煉作用。（《太極祭煉内法議略》卷中）

"黃華蕩形"義爲用黃華真水洗煉形體，《雲笈七籤》卷八十六記有"水火蕩煉尸形法"，可詳參。

姿醜、咨首

即"姿首"，指美麗的容貌，又泛指容貌。

男女貞潔，無有淫心。人民長大，亦不復是今之道士耳。不覺自異其形，端正長大。人長一丈三尺，真君長一丈六尺。面目光澤，人中無有。姿醜了了，視之無厭矣。（《太上洞淵神咒經》卷一 6/5/c）
按："姿醜"古籍罕覯，敦煌 P. 2576 V 前作"咨首"。"姿醜"、"咨首”本字皆當作“姿首”，“咨”、“姿”通假常見，如：

（1）西施之徒，姿容修嫮。（漢張衡《七辯》）《古文苑》本作“咨容”。

“醜”亦當是“首”的通假字。葉貴良《敦煌本〈太上洞淵神咒經〉輯校》（P31）云：“‘醜’當爲‘首’的音誤字。”誤。“醜”上古屬昌母、幽部，“首”上古屬書母、幽部，語音相近。“首”、“醜”通假古籍有用例，《詩經·小雅·出車》：“執訊獲醜，薄言還歸。”馬瑞辰傳箋通釋：“《隸釋》有執訊獲首之語，蓋本三家詩，以醜爲首之假借。”

“姿首”指美麗的容貌，項楚《王梵志詩校注》：“姿首，姿色。”該詞古籍常見，如：

（2）又簡選其有姿首者，内之掖庭。（《資治通鑒·魏紀五》）胡三省注：“姿謂有色者，首謂鬒髮者。”

（3）秦穆公之女顔如玉，二八容光若桃李，見其姿首納爲妃，豈合君王有此理。（《敦煌變文集·伍子胥變文》）

（4）有一婢名琴心，亦有姿首。（唐張鷟《游仙窟》）

又泛指容貌，江藍生《唐五代語言詞典》已收，可參。古籍亦常見，如：

（5）姿首清麗，濯濯如春月柳，灩灩如出水芙蓉。（清餘懷《板橋雜記·麗品》）

（6）昔外國山寺有年少比丘，每誦法華，嘗于寺外經行遇羅刹女鬼變爲婦人，甚好姿首，來嬈比丘。（明了圓録《法華靈驗傳》卷上）

𣊡

“紫”之俗字。

神來守戶，力士交萬靈；家親乃得住，百鬼不相聽；相與弘至跡，俱遊𣊡風城；南方炎帝君，八表号閻浮。（《太上洞淵神咒齋儀》敦煌陽83）

大乘起世表，十真虧𣊡庭；建福立名齋，長夜自開明。（同上）

按：“𣊡”、“𣊡”，《中華道藏》均録爲“些”，誤。此字當爲“紫”之俗體。證據有三：

（一）"些風城"，《太上洞淵三昧神咒齋十方懺儀》、《太上洞淵三昧神咒齋懺謝儀》、《太上洞淵神咒經》卷十五異文皆作"紫鳳城"。"虧些庭"，《太上洞淵三昧神咒齋懺謝儀》異文作"戲紫庭"。"紫"在敦煌陽83原卷中還有其他用例，如："逍遥入些室，徘徊歸太無。"《太上洞淵三昧神咒齋懺謝儀》異文正作"紫"。敦煌陽83《太上洞淵神咒齋儀》："建齋破慳心，得游些鳳城。"《太上洞淵神咒經》卷十五異文正作"紫"。以上這幾個俗體大同小異。

（二）敦煌文獻中，"糸"構件下之三筆常作一橫筆，現在"纟"旁正是由"糸"簡省而來。如"繫"作繫（敦研152《大般涅槃經》）、"纏"作纏（S. 2832《愿文等範本》）、"終"作終（S. 2832《愿文等範本》）、"純"作純（S. 2832《愿文等範本》）。

（三）"紫鳳城"是天上之仙都，文獻常見，"些風城"無徵。如：

（1）衆神聞妙法，七祖生天庭，悉皆蒙解脱，俱遊紫鳳城。（《太上洞淵神咒經》卷十四）

（2）之子今何在，飄摇紫鳳城，清風灑劍珮，白日到蓬瀛。（明王廷相《懷張孟復》）

（3）人間新向黄龍府，天上誰憐紫鳳城。（清李雯《十六夜集秋岳齋即事同友蒼上人張爾唯王照千錢穉農賦》）

宗因

根由、本原。

臣每參玉曆，得覽玄源，久謂玄帝事跡，出於太古，圖記湮蕪，世傳訛舛，未究宗因。念欲編撰實録，降付名山。（《玄天上帝啟聖録》卷一 19/578/a）

按：《漢語大詞典》："宗因：佛教因明學説中的第一和第二支，借指佛學邏輯。"此是佛經中之義項。考察文義，句中"宗因"猶言根由、本原，同義連文，然該義項文獻僅見此一例。文獻中有"根因"一詞，與"宗因"同義，《漢語大詞典》："根因：根源。""根"、"宗"同義，《列子·天瑞》："烏足之根爲蠐螬。"張湛注："根，本也。"《廣雅·釋詁三》："宗，本也。"《國語·晉語四》："禮賓矜窮，禮之宗也。"韋昭注：

"宗,本也。"因此"宗因"、"根因"二詞屬同一詞例,有相同的詞義組配關係,可資比證。

挨、裱

"族" 之俗字。

自今以去,若有病人危厄、困篤之人不差者,大魔王斷其家**挨**小鬼,令病人自差者,大魔王等上遷。不差者,汝等身作萬分矣。(敦煌 P. 2959《洞淵神咒經》卷二)

斷絕注訟,福佑生人;門**裱**大小,壽命無窮;百病雲消,百福響集。(敦煌陽 83《太上洞淵神咒齋儀》)

按:"**挨**"、"**裱**",《中華道藏》錄爲"挨"、"裱","家挨"、"門裱"義皆不可解。今謂此二字皆爲"族"之俗字。"俗書方旁常寫作衤旁",[1] 敦煌文獻中"方"、"扌"、"衤"也常混而不別,如:

(1)"旋"有從"扌"者,S. 318《洞淵神咒經》卷七:"其餘道士,次次**捶**行耳。高座上法師,執步虛立成,稱唱之下人,**捶**行徐徐。"有從"衤"作**禔**者,浙敦 027《大智度論》:"十三者毛上向青色柔軟右**禔**。"

(2)"施"有從"扌"者,敦研 365《大般涅槃經》卷十五:"我今所**拖**悉與一切眾生共之。"有從"衤"者,敦研 007《大慈如來十月二十四日告疏》:"布**祂**一湌受我者,盡聽見吾功德。"

(3)"旅"有從"扌"者,S. 388《正名要錄》收有**旅挨**二字形。有從"衤"者,S. 328《伍子胥變文》:"**裱**客惆惆實可念,以死匍匐乃貪生。"《英藏敦煌社會歷史文獻釋錄》即錄作"旅",此皆可爲證。

S. 388《正名要錄》收有**族挨**二字形,《英藏敦煌社會歷史文獻釋錄》即錄作"族",敦煌 P. 2444《洞淵神咒經》卷七:"令疾病除瘥,官事解了,門**族**和睦,天下安穩。"**族**,S. 318 作**挨**,《英藏敦煌社會歷史文獻釋錄》即錄作"族"。因此"**挨**"、"**裱**"皆當爲"族"字,"家

---

① 鄧福祿:《疑難俗字考釋拾遺》,《中國文字研究》第七輯,大象出版社 2006 年版。

族”、“門族” 詞義豁然，毋庸贅述。

祖來

向來、本來、自始以來；自祖宗以來。

京東路青州鎮海軍，祖來雖有宮觀，未有北極真武殿。因節度使張操出海，青州乃召内道職諭曰：北極管注人間壽夭，富貴貧賤。（《玄天上帝啟聖錄》卷二 19/585/a）

按：“祖來” 猶言向來、本來、自始以來。“祖” 有開始義，《爾雅·釋詁》：“祖，始也。”《廣雅·釋詁三》：“祖，本也。”《方言》卷十三：“鼻，始也。梁益之間謂鼻爲初，或謂之祖。”“祖來” 該義項在文獻中有以下數例。如：

（1）比來勘會得本山脚下元有上仙觀等，各是倒廢，其地盡没入官，不敢專行蓋造，只有相近橋仙一觀，祖來觀宇尊像係存留名目，並無敕額。（《華蓋山浮丘王郭三真君事實》卷二）

（2）嘗謂屈原自投汨羅，此乃祖來傳襲之誤，往過秭歸，謁清烈廟，嘗題詩辨正一事，漫附於此。（宋魏了翁《經外雜抄》卷二）

（3）止若比做折納價錢又幾三，所以民力重困，多掛欠籍，追逮督迫，幾不聊生，今來人户乞依祖來舊例，備本色自雇船裝載赴監送納獲鈔銷注，誠爲便利民户，所陳大略如此。（宋朱熹《晦菴集》卷二十《論木炭錢利害劄子一》）

（4）臣所謂虛冒云者，非軍兵實無人數也，有人數而多非軍兵也，此等姓非軍姓，名非軍名，頂認餉籍，却是本軍祖來姓名，無事則聚，有事則逃，孰能稽之。（明吳亮《萬曆疏鈔》卷一《聖治類》）

（5）軍兵犒賜之類，亦有久年成例，不可頓革，是以官吏並緣，無復法守，臣愚伏望聖慈，特降指揮，依做熙寧已行體例，逐路選委監司一員，取會諸州祖來例册，及比年出納之數，除供給錢一項，別作施行。（明楊士奇《歷代名臣奏議》卷一百九十二《節儉》）

文獻中另有 “本來”、“初來”、“先來”、“元來” 等詞語，皆與 “祖來” 義同，“本”、“初”、“先”、“元” 皆有開始義，與 “祖” 有相同的詞義組配關係，處於同一詞例中，可資比證。

"祖來"一詞在文獻中另有自祖宗以來之義，該義項典籍亦常見。如：

（6）袁州有左班殿直充筠州監稅朱良恭，到任一年身死，家貧無兒，祇有一女，同母攜喪還家，不逾年，母亦死，其家祖來供養真武，其女朱氏，爲鄰里求親，並不以爲意。（《玄天上帝啟聖錄》）

（7）淳熙拾年陸月貳拾壹日勑，今後人户有分祖墓田，内或係祖來眾共山地，若眾議不許安葬，如敢盜葬，比附從盜，葬他人墓田，法杖陸拾，仍令移葬，若强葬從不應，爲重杖捌拾。（宋謝深甫《慶元條法事類》卷七十七《服制門·喪葬》）

（8）李奇，字子正，宜春人，景祐初進士，職方員外郎，性慷慨，不事產業，既得官，悉以祖產遺諸弟，而戒子孫不得進取，既卒，人輓以詩云：祖來產業分兄弟，身後詩書遺子孫。（明嚴嵩《（正德）袁州府志》卷八《人物》）

（9）故三司奏保，李暹係李訓嫡長男，應襲，八年題，準李暹襲職，故八年咨勘，李洪係李暹嫡長男，應襲，奉聖旨，準他襲，欽此。故正德七年八月，布政司奏保長男李爵該襲，查得本舍祖來不曾開有世襲字樣，奏奉聖旨，是準他襲，欽此。（明佚名《土官底簿》卷上《煉象關巡檢司巡檢》）

"祖來不曾開有世襲字樣，奏奉聖旨，是準他襲，欽此"這句套話在該書中出現十餘例，都是後代字孫世襲祖宗爵位經過皇帝批示時的慣用語，"祖來"皆自祖宗以來義。

（10）吾家積祖來溫飽稱饒田地，被人白占了，煩惱與他爭執，逞官豪打倒，關天人命，非爲小來，討爺爺告狀。（明王世貞《鳴鳳記》第三十九齣）

罪元、福元

罪惡之根源。
幸福之根源。

吾今爲汝群生，廣申懺悔，各令魔王鬼主，聞見經言，自然各生

慚愧，攝毒收病，汝等世人，志心静聽，説其罪元。(《太上洞淵神咒經》卷十五 6/59/a)

按："罪元"謂罪惡之根源，"元"有根源、根本義，《文子·道德》："夫道者德之元，天之根，福之門，萬物待之而生。"《資治通鑑·齊明帝建武三年》："夫土者，黄中之色，萬物之元也。""罪元"一詞文獻常見，如：

(1) 臣等懺悔累劫以來過誤之罪，衆等暗昧，不省前非，或造作惡緣，施爲信意。心如火盛，炎炎而不揀妍媸；意似刀鋒，凜凜而不論强弱，如此罪元，乞垂滌蕩。(《太上慈悲九幽拔罪懺》)

(2) 至使非毁堯舜，詆讖邱軻，曾不以爲疾也，一有距西方之説者，則怵心駭色，若罪元在己，雖弑父與君未足以方其怖且怒矣。(元馬端臨《文獻通考》卷二百二十七《經籍考》)

"罪元"亦作"罪本"，如：

(3) 道言：世人不信道，又不受經，生於世俗，自招罪本，見人作善，笑人行道，不敬三寶，天人誅之。(《太上洞淵神咒經》卷十)

(4) 及行房縮精之祕，爲俗所重，非道所遵，但爲詭説，非真行也，以此求仙，太爲河漢，豈有嗜欲，翻得長生，縱使延年，終爲罪本。(唐釋法琳《辯正論》卷二《三教治道篇》)

(5) 弟子止户牖外，夜分之後，誦十地經，世親聞已，感悟追悔甚深，妙法昔所未聞，燬謗之源，發於舌，舌爲罪本，今宜斷除。(宋釋法雲《翻譯名義集·宗釋論主篇》)

文獻中又有"福元"一詞，指幸福之根源，如：

(6) 臣等宿緣慶厚，得遇慈尊，宣演歷劫福元，告示循環灾數，決開昧目，鑿洞愚心，欲令未劫道民，預防凶歲。(《太上洞淵神咒經》卷十八)

(7) 先是武宗皇帝命以故宋太后湯沐地悉歸于大崇恩福元寺，平章政事伯顔持不可，上震怒，猶抗論不已。(元黄溍《宣徽使太保定國忠亮公神道第二碑》)

(8) 木逢癸亥正長生，蔭益根元必大亨，更有金臨西北位，定主清華禄自存。(明萬民英《滋蔭福元》)

又有"禍福元"一詞，如：

(9) 法輪有常運，去留無稽停；哀此禍福元，受報不貴生；念

汝不知命，發頌傷我情。（《太上玄一直人説三途五苦勸誡經》）

（10）生值紫炁木星照，自然長大少災躔，此限管年十五歲，看取生時禍福元。（明萬民英《星學大成》卷七《總論諸限》）

遵副

遵從、遵照。

按如詞言義，惟丹切虔修齋直，請福希恩。臣等忝職玄司，所宜遵副是用，肅嚴香燭，敷列壇場，依太一天尊玄老具典，奉修洞淵三昧神咒大齋。（《太上洞淵三昧神咒齋清旦行道儀》9/834/b）

按："遵副"謂遵從、遵照，同義連文。"副"有相稱、符合義，《漢書·禮樂志》："哀有哭踊之節，樂有歌舞之容，正人足以副其誠，邪人足以防其失。"《後漢書·黃瓊傳》："盛名之下，其實難副。"李賢注："副，稱也。""遵副"一詞文獻常見，如：

（1）惟勵丹襟，冀酬玄造，況立功行教，佐國爲先，凡有誠祈，敢忘遵副。（《太上黃籙齋儀》卷二十）

（2）昔者巢城犯惡，當玄帝蕩没彼處，無得城隍社令遵副，真武自化道士，證明焦婆充彼處土地，聽指揮也。（《太上説玄天大聖真武本傳神咒妙經》）

（3）大帝復曰："此州城隍社令，悉預奉玉帝敕旨，遷任他所。"真武遂遵副敕命，仍遣部下右天罡，先行審察，既降，遂變一大鱉。（同上）

（4）內臣厚希例貺，其家事力不充，未辦歸裝，而天使所求無厭，家人苦之，親表中有官人於靈前告曰："家貧如此，將何遵副？尚書平生奇傑，豈無威靈及此宦者乎？"（宋孫光憲《北夢瑣言》卷十二）

（5）明宗天成二年十月，幽州奏契丹王差人持書求碑石，欲爲其父表其葬所，三年四月，幽州奏得契丹書求覓藥器，云要蕃中所有，即亦遵副，帝曰："招懷之道，且宜依隨。"（《册府元龜》卷九百九十九《外臣部》）

旺

"昨"之俗字，"昨養"乃"旺養"之形誤，"旺養"即"滉瀁"，大水貌。

三明暉時瑛，玄朗應物遷；虛無不自號，旺養入無間；若有善此理，何有不升仙。（敦煌陽 83《太上洞淵神咒齋儀》）

按："旺"，《中華道藏》録爲"旺"，誤。"旺養"義難索解，今謂此字當爲"昨"之俗字。敦煌文獻中，從"乍"偏旁的"詐"作詫（見敦研 155《大般涅槃經》）；"窄"作窋（見 P.3697《捉季布傳文》）；"昨"作旺（見敦研 187《太子瑞應本起經》）；"作"作佐（見浙敦 026《普賢菩薩説證明經》）①。《敦煌俗字譜》收有"旺"字，即"昨"之俗體。因此，"旺"當楷定爲"昨"。

"昨養"文義仍不可解，今謂"昨"當爲"旺"之形訛。"乍"、"亡"形體極似，"乍"小篆作⻗，《説文·亡部》："乍，止也，從亡，從一。""亡"小篆作⻗，二字僅一筆之差。在璽文中乍、亡常混用（詳見《古璽文編》），馬叙倫《説文解字六書疏證》卷二十四："亡、乍亦爲一字，且亡聲陽類，乍聲魚類，魚陽對轉也，故乍下亦有一曰亡。"敦煌文獻中"亡"或作云（見敦研 365《大般涅槃經》）、三（見 S.2073《廬山遠公話》）、巨（見 S.799《隸古定尚書》）；罔作官（見 S.799《隸古定尚書》），忘作忌，妄作晏（見《敦煌俗字譜》），此皆可爲證。

"旺"即㿎，音 huǎng，"旺養"即"滉瀁"的不同書寫形式。"旺養"，《道藏》本異文作"浩漾"，"滉瀁"、"浩漾"義正相同，皆爲水大貌。《三國志·吳志·薛綜傳》："加又洪流滉瀁，有成山之難。"又作"洸洋"，《史記·老子韓非列傳》："其言洸洋自恣以適己，故自王公大人不能器之。"司馬貞索隱："洸洋音汪羊二音，又音晃養。"也作"潢漾"，漢司馬相如《上林賦》："然後灝溔潢漾，安翔徐回。"又作"潢洋"，《楚辭·九辯》："被荷裯之晏晏兮，然潢洋而不可帶。"王逸注："潢洋，猶浩蕩。"可資比證。

---

① 黃征《敦煌俗字典》（P579）此字形下按語曰："此字形敦煌寫本中最爲常見，尤其楷書寫本，可見俗字根源在於隸書。"

附録一
《中華道藏》録校指瑕
——以敦煌本《太上洞淵神咒經》爲例

　　道教是中國的傳統宗教，道教的典籍謂之道經，道經的總集是爲道藏。目前大陸最通行的道藏是 1988 年文物出版社、上海書店、天津古籍出版社聯合影印出版的《道藏》，俗稱三家本《道藏》。2003 年出版的《中華道藏》是中國道教協會發起並組織編纂整理的一部道藏，它以《正統道藏》、《萬曆續道藏》爲底本，對原《道藏》（三家本）所收各種道書作校補、標點、重新分類，並從近代發現的古道經中選取了 50 種增補其中，如黄老簡帛書、敦煌道經寫本、金元藏經刻本孑遺等，總計收録道籍 1526 種，5500 多卷，6000 餘萬字。與此前出版的各種影印本道藏不同的是，《中華道藏》是重新排版印制，繁體字，竪排版，加了新式標點，並進行了必要的文字校勘。這是繼明代《正統道藏》之後，對道教經書首次進行的系統規範的整理重修，爲道藏使用者提供了一個内容豐富、閲讀方便的版本。但是，"由於參加整理點校者的程度素質參差不齊，急於成事，時間倉促，結果導致點校質量良莠不一"①。

　　我們在閲讀使用《中華道藏》的過程中，發現確實存在一些問題。以其收録的《太上洞淵神咒經》（敦煌本）爲例，該道經文本中俗字衆多，整理者由於未能準確識別俗字，結果導致很多俗字被誤録、未録作通行字體甚至被脱漏，嚴重影響了其整理水平及準確使用。今通過《太上洞淵神咒經》之《道藏》本和敦煌本異文的比照，逐一指出《中華道藏》録校不當處（錯誤雷同或相關者則置一處集中指出），以期有利於道經文獻的研讀及《中華道藏》的進一步完善。

　　正文展開之前，我們先對《太上洞淵神咒經》作一簡單介紹。《太上

---

① 张继禹：《〈中华道藏〉出版后记》，《中国道教》2005 年第 5 期。

洞淵神咒經》，一名《洞淵神咒經》，簡稱《洞淵經》、《神咒經》，爲圖讖式之道教經典，洞淵派之首經，在南北朝隋唐時期流傳極爲廣泛，是研究早期天師道教義及唐代洞淵派思想的重要經典。該書約成書於東晉末劉宋初，晉末道士王纂假托太上道君降授。今存兩個版本，一是《道藏》本，共二十卷，收入洞玄部本文類。前十卷約成書於東晉末劉宋初，爲六朝古本。後十卷完成於中唐以後至唐末，爲中晚唐道士增補。

二是敦煌寫本，寫於唐高宗麟德元年，主要爲前十卷内容，另有第二十卷的部分殘片。敦煌寫本中共有該經 37 件（包括吐魯番文書一件），多爲殘卷，部分爲整卷，個别件僅僅是碎片，保存經文從幾百行到幾行不等。玆一並羅列如下①：

卷一《誓魔品》存 4 件：P. 3233、S. 3786、P. 2576V 前、DX10306

第二《遣鬼品》存 2 件：P. 2959、敦研 376

卷三《縛鬼品》存 1 件：P. 4676

卷四《殺鬼品》存 6 件：S. 3389、BD1157（宿 57/北 8457）、S. 1061、S. 3412、DX10872、秘目 638

卷五《禁鬼品》存 5 件：BD15500（能 100）、P. 2752、DX10305、北大 D174、P. 2894

卷六《誓殄品》存 4 件：S. 930、S. 1376、浙博 114（浙敦 139）、大谷文書 8104（此件爲吐魯番出土文書）

卷七《斬鬼品》存 3 件：P. 2444、S. 318、Ch. 86. iv（IOL. C. 101V）

卷八《召鬼品》存 3 件：P. 2365、P. 2424、DX05500

卷九《殺鬼品》存 5 件：P. 2793、P. 2749、P. 3309、P. 2473、S. 3705

卷十《殺鬼品》存 2 件：P. 2366 前、S. 5884

卷二十《長夜遣鬼品》存 2 件：S. 8076、S. 9047V

《中華道藏》收録了二十卷的《道藏》本和十卷的敦煌本兩個版本，收録的敦煌本卷號分别是：卷一（P. 3223）、卷二（P. 2959）、卷三

---

① 參見［日］大淵忍爾《敦煌道經·目録編》，東京：日本福武書店 1978 年版，第 132 頁。王卡《敦煌道教文獻研究——綜述·目録·索引》，中國社會科學出版社 2004 年版，第 141—145 頁；葉貴良《敦煌道經寫本與詞彙研究》，巴蜀書社 2007 年版，第 105—112 頁。"P"爲法國國家圖書館藏伯希和編號。"S"爲英國國家圖書館藏斯坦因編號。"DX"爲俄羅斯科學院東方研究所聖彼得堡分所藏。"BD"爲中國國家圖書館藏。"Ch."爲英印度事務部圖書館藏的斯坦因所獲。"V"表示背面。

（P. 4676）、卷四（S. 3389）、卷五（P. 2752、P. 2894）、卷六（S. 930）、卷七（P. 2444）、卷八（P. 2365）、卷九（P. 2793、P. 2749、P. 3309）、卷十（P. 2366 前）。

卷一

（1）中國人惡，不信道法，今但聞**尖**屍之音，不聞有仙歌之響。（敦煌 P. 3223）

按：**尖**，《中華道藏》錄作"爽"，誤。《道藏》本作"哭"，此字乃"哭"之俗體。敦煌 P. 3223《洞淵神咒經》卷一："狂走妄語，歌喚**尖**泣。"《道藏》本作"哭"。"哭"敦煌寫本有作**尖**、**尖**等形體，[1] 可資比證。

（2）魔王悉伏，各各同遣魔王力士巡行國界，**雍**護中國。（敦煌 P. 3223）

按：**雍**，《中華道藏》錄作"維"，誤。此字乃"雍"之俗體，《道藏》本作"擁"，乃"雍"之假借。"雍"敦煌寫本有作**雍**者；[2] 從"雍"之字，"臃"或作**臃**，"擁"或作**擁**，或作**擁**，[3] 此皆可證**雍**乃"雍"因偏旁移位而形成之俗體。

（3）氣來創心，心下堅實，不用飲食，食便轉少妨**逆**，食無氣味。（敦煌 P. 3223）

按：**逆**，《中華道藏》錄作"遲"，誤。《道藏》本作"逆"，此字形乃"逆"之俗體，詳見《敦煌俗字典》。

（4）若復故來縱暴、專行**苦**毒者，鬼兵等斬之斬之，魔王等身作萬分，不得恕之。（敦煌 P. 3223）

按：**苦**，《中華道藏》錄作"若"，誤。"若毒"義不可解，《道藏》本作"苦"，此字乃"苦"之俗字，敦煌文獻常見，詳見《敦煌俗字典》。

（5）聖王治化，人民**豐**樂，不貪財錢，無有雞肫犬鼠牛馬六畜。（敦煌 P. 3223）

按：**豐**，《中華道藏》錄作"豐"，誤。《道藏》本作"豐"，此字當

---

① 參見黃征《敦煌俗字典》，第 224 頁。
② 同上書，第 507 頁。
③ 同上書，第 508 頁。

爲"豐"之俗體，敦煌寫本中常見，有作豐、豐、豐等形體，① 敦煌 S. 318《洞淵神咒經》卷七："五穀豐熟，君民欣悦。"豐，《英藏敦煌社會歷史文獻釋錄》即錄作"豐"，《道藏》本亦作"豐"，可資比證。

卷二

（6）氣熱驚走，悲思惚惚，雲中白眼，四支及覆，口語無端，妄見神鬼，□腫下□，手足不全，卆死失姓，如此之徒，悉恕皆疫鬼來煞之惡人耳。（敦煌 P. 2959）

按：及，《中華道藏》錄作"及"，誤。"及覆"義不可解，《道藏》本作"反"，此字當錄爲"反"，敦煌寫本常見。敦煌 P. 2576V 前《洞淵神咒經》卷一："或有身體寒熱，及目白黑，狂走妄語，歌嘷哭泣。"又卷一："我等自昔以來，專行惡事，與道有及。"可資比證。

敦煌 P. 3223《洞淵神咒經》卷一："民生惡心，及亂叛逆，父子兄弟，更相圖謀。"及，《中華道藏》亦錄爲"及"，亦誤，《道藏》本作"叛"，乃"反"之假借。敦煌 P. 2752《洞淵神咒經》卷五："不用真言，不尊有德，見人作善，及更嗟之。"及，《中華道藏》錄爲"及"，亦誤，《道藏》本作"反"。

卆，《中華道藏》錄作"身"，誤。《道藏》本作"卒"，此字乃"卒"之俗字，張涌泉《敦煌俗字匯考》論之甚詳，《敦煌俗字典》中已收。此字《中華道藏》有不錄爲通行字體者，敦煌 P. 3223《洞淵神咒經》卷一："青氣者卆死，赤氣者腫病，黃氣者下利。"卆，《中華道藏》錄作"卆"，《道藏》本作"卒"，"卆"乃"卒"之俗字，錄作通行字體"卒"更允。又有誤錄作"雜"者，敦煌 P. 2959《洞淵神咒經》卷二："有卅六種卆死病，此等病悉是罪人。"敦煌 P. 2365《洞淵神咒經》卷八："山林之鬼，鬼名江子都，領二千九十萬鬼，常行卆死，煞人小口、老人。"卆、卆，《中華道藏》皆錄作"雜"，誤，《道藏》本皆作"卒"。

（7）自非家祀之鬼，一切攘之，使永絕他方。若有不從吾令，鬼兵故不爲去，和魔王等，各各當受斬，斬之不恕也。（敦煌 P. 2959）

———————

① 參見黃征《敦煌俗字典》，第112頁。

按：攘，《中華道藏》錄作"攎"，誤。"攎"有兩義，一爲裝有機關捕捉野獸的木籠；一爲捕捉，皆不合文義。此字乃"攘"之俗字，《道藏》本作"禳"，"攘"、"禳"俗字無別，義爲驅除，正合上下文義。

敦煌 P. 2959《洞淵神咒經》卷二："子等助國，攘却驅逐之焉，未令斷其功德也。"攘，《中華道藏》亦錄爲"攎"，亦誤，此字亦爲"攘"之俗字。"攘却"義爲驅除，文獻常見，不贅。

（8）此一切大魔王遣力士來守此經，天人玉女仙人百億萬人亦來守護之，不令鬼兵敢妄前者也。（敦煌 P. 2959）

按："人亦來"，《中華道藏》錄作"人來"，奪亦字。此字形乃"亦"之俗字，《道藏》本正作"亦"。敦煌文獻中有作亦者，① 適足參證。

《中華道藏》誤錄"亦"之俗字者甚衆。

敦煌 P. 2959《洞淵神咒經》卷二："汝亦與我，無爲氣同矣。"亦，《中華道藏》錄爲"人"，誤，此字當爲"亦"之俗體，《道藏》本正作"亦"。

敦煌 P. 2959《洞淵神咒經》卷二："若汝等護之者，天人亦來佐子耳。"亦，《中華道藏》錄爲"必"，誤，此字當錄爲"亦"字。

敦煌 P. 2959《洞淵神咒經》卷二："魔王八億萬王，王有小王，亦八億萬王。"亦，《中華道藏》錄爲"又"，誤。此字當爲"亦"之俗體，《道藏》本作"亦"。"亦"敦煌文獻中有作亦、亦等形體，② 適足比證。

（9）魔王曰：自今以去，若有道士治病轉經、經行作者，當令所爲如意，萬願從心，無圖不果。一旦違誓，弟子僞民等受罪，乃斬矣。（敦煌 P. 2959）

按：違，《中華道藏》錄作"從"，誤。"從誓"不合文義。此字乃"違"之俗字，《道藏》本正作"違"。"違"敦煌文獻中有作違者，③ 可資比證。

① 參見黃征《敦煌俗字典》，第 495 頁。
② 同上書，第 495、496 頁。
③ 見黃征《敦煌俗字典》，第 422 頁。

敦煌 P. 2959《洞淵神咒經》卷二："若一旦遠誓，斬之不恕也。"遠，《中華道藏》録爲"遠"，亦誤，當録作"違"，《道藏》本作"違"。

爲，《中華道藏》録作"信"，誤。"信"字在敦煌寫本中字形衆多，未見有如此寫法。[1] 今謂"爲"乃"烏"之俗字，以内證求之，敦煌本《洞淵神咒經》中多次出現"烏"字，如敦煌 P. 2959 卷二："魔王烏留子等三十六王。"《道藏》本作"烏"；敦煌 P. 2366 卷十："鬼名烏塗倫那，倫那長七十丈，千萬爲群。復有赤烏，如車輪，飛來食人。人有奉三洞之經、經行人間者，此疫烏塗悉死矣。"句中的三個字，《道藏》本皆作"烏"。通過字形的對照，顯然，爲當是"烏"字的一個俗體，"爲民"即"烏民"，但"烏民"義仍難索解，今謂"烏"當爲"句"之形誤。"烏"在敦煌寫本中可寫作烏，[2] 而草書作烏、烏等形體，[3] 與"句"之形體十分接近。

"烏民"《道藏》本異文作"句民"，《太上洞淵神咒經》卷二作"一旦違誓，弟子句民等，身受罪萬斬矣"。"句民"是神王的名稱，也作"句民子"，《太上洞淵神咒經》一書經見，如卷十一："神王句民子奏歌曰：至真無體號，强名爲法王。"卷十二："爾時，衆中有天丁、力士、句民子等，同起作禮，再拜長跪。"卷十二："句民子曰：今蒙天尊，重示我等，不生之命，不起心法。"卷十一："又有大神通智識句民子，神王天丁力士八億萬人。"如卷二："時有下方世界大神、通知識句民子、八萬真人，俱來稽首。"卷十六："是時，真人蔚明羅，通智識章句民子等真人，及諸天大衆聞天尊所説妙偈，心大歡喜。"

(10) 道士受此神咒經，不與餘經同受也，別自單受之也。書寫之別盛一物，行來佩之，力鬼不近人也。(敦煌 P. 2959)

按：力，《中華道藏》録爲"刀"，誤。"刀鬼"道經未見，"力"當爲"萬"之俗字，《道藏》本正作"萬"。"萬"在敦煌文獻中有作万、万、力等字形者，[4] 可資比證。

(11) 中外大神、一切魖魖、生死之神、男女之殃、塚墓之鬼，

---

[1] 見黃征《敦煌俗字典》，第 458 頁。

[2] 同上書，第 429 頁。

[3] 《行草大字典》，第 377 頁。

[4] 參見黃征《敦煌俗字典》，第 417 頁。

自今以去，斥走萬里。（敦煌 P. 2959）

按：斥，《中華道藏》録爲"并"，誤。《道藏》本作"斥"，此字乃"斥"之俗字，參《敦煌俗字典》。

（12）道言：甲子之旬年中，有七十二種病，長安索虜暴煞人民，南走赤失，流分他國。（敦煌 P. 2959）

按：赤，《中華道藏》録爲"棄"，誤。《道藏》本作"喪"，此字當録爲"桑"字，"桑"通"喪"。敦煌寫本中"桑"有作丧、桒、桑等形體者，① 可資比證。

（13）若有一法師來入宅，轉此神咒經者，生也。巨天力士八十萬億人來助之耳。（敦煌 P. 2959）

按：巨，《中華道藏》録爲"臣"，誤。當録作"巨"，《道藏》本作"巨"，此字乃"巨"之俗體。敦煌文獻中，"巨"有作臣、匞等形體，② 適足比證。道經中"巨天力士"經見，《元始天尊説北帝伏魔神咒妙經》卷六："執罰神兵，巨天力士，天驥甲卒，牛頭獄卒。"《清微齋法》卷下："九幽地獄，巨天力士，執罰神兵。"道經無"臣天力士"之説。

（14）自今以去，若有病人危厄、困篤之人不差者，大魔王斷其家挨小鬼，令病人自差者，大魔王等上遷。（敦煌 P. 2959）

按：挨，《中華道藏》録爲"挨"，誤。"家挨"義不可解。此字當爲"族"之俗字。"族"，S. 388《正名要録》收有族挨二字形，《英藏敦煌社會歷史文獻釋録》即録作"族"。敦煌文獻中"方"、"扌"常混用，"族"有作"挨"等形體者，③ 適足比證。

卷三

（15）有急厄、宅中不利、口舌官事、刑徒在獄者，爲其轉經作齋，齋用菜食耳，不宍也，無酒矣。（敦煌 P. 4676）

按：宍，《中華道藏》録爲"害"，誤。此字當爲"肉"之俗體，"不肉"與"菜食"、"無酒"共現，正合語境。"肉"字敦煌寫本有作

---

① 參見黃征《敦煌俗字典》，第 348 頁。
② 同上書，第 211 頁。
③ 同上書，第 575 頁。

宊、**宊**等形體，① 可資比證。"害"字在敦煌寫本中有**害**、**害**、**害**等字形，② 與**宊**字形雖像似但差別明顯。

《中華道藏》誤録"肉"爲"害"者尚有兩例。

敦煌 S.3389《洞淵神咒經》卷四："汝等小鬼，聞之因便。依峻放石，無有不下。以凶重加，無注不衰。**宊**人元元，自謂汝神。""**宊**"，《中華道藏》録爲"害，"誤，"肉人"指凡俗之人，晉葛洪《神仙傳·壺公》："肉人無知，積罪却厚，幸謬見哀憫。""元元"指百姓，《後漢書·光武帝紀上》："上當天地之心，下爲元元所歸。"李賢注："元元，謂黎庶也。""肉人"與"元元"連文，義正相同。《道藏》本亦作"害人"，亦誤。

敦煌 P.2444《洞淵神咒經》卷七："飲食欲吐，夢悟不静，但與死人相逐，**宊**人大小无无恐不全生。死亡之期，奄至不久。"**宊**，《中華道藏》録爲"害"，"**宊**人大小无无恐不全生"斷句爲"害人大小，无无恐不全生。"由於識字有誤，斷句亦不妥，"无无恐不全生"亦頗費解。《道藏》本該句作"内外大小元元，恐不全生。"今謂"无无"乃"元元"之訛，"**宊**人大小无无恐不全生"當爲"肉人大小元元，恐不全生。"如此則怡然理順。

(16) 若惡人罵辱道士，爲作口舌欺圖者，即爲**权**其人魂魄，打煞之，以明大道有神之驗矣。(敦煌 P.4676)

按：**权**，《中華道藏》録爲"权"，誤。"权其人魂魄"義不可解，《道藏》本作"收"，此字乃"收"之俗體，敦煌寫本經見，參《敦煌俗字典》。

卷四

(17) □□不利，**恐**人家親。强生異□，六畜暴死。口舌官事，水火□□不吉。(敦煌 S.3389)

按：**恐**，《中華道藏》録爲"恕"，誤。"恕人家親"義不可解，此字當爲"恐"之俗字，敦煌寫本經見，參《敦煌俗字典》。

(18) 汝等小鬼，聞之因便，依峻放石，無有不下。以凶重加，

---

① 參見黃征《敦煌俗字典》，第340頁。

② 同上書，第146頁。

無**注**不衰，肉人元元，自謂汝神。（敦煌 S. 3389）

按：**注**，《中華道藏》録爲“注”，誤。《道藏》本作“往”，此字爲“往”之俗體。敦煌寫本有作**注**、**徃**、**迋**等形體，① 可資比證。

（19）悉令解丁令鬼、山國木子鬼、犬狄走死鬼、六畜人形鬼、五木百魅鬼、蠻**夷**氏**蠍**鬼、北狄羌虜鬼、山上鬼、山下鬼。（敦煌 S. 3389）

按：**夷**，《中華道藏》録爲“幾”，誤，“蠻幾”義不可解。《道藏》本作“夷”，此字乃“夷”之俗體，《敦煌俗字典》已收，可參。

（20）三鱗之代，庚子之年。吾之大道，合於**竺**乾。五龍飛泉，止戈爲先。（敦煌 S. 3389）

按：**竺**，《中華道藏》録爲“空”，誤。“空乾”義不可解，此字當録作“竺”，乃“竺”之俗體。“竺”敦煌寫本有作**竺**者，② 《龍龕手鑒·竹部》（高麗本）：“竺，今竹、篤二音，天竺，國名。”“竺乾”又作“竺乾”，即天竺，古印度的別稱。《弘明集·正誣論》：“老子即佛弟子也，故其經云：‘聞道竺乾，有古先生，善入泥洹，不始不終，永存綿綿。’竺乾者，天竺也。”“竺乾”又指佛、佛法，唐黃滔《泉州開元寺佛殿碑記》：“初僕射太原公，以子房之帷幄布泉城，以叔度之袴襦纊泉民，而謂竺乾之道與尼聃鼎。”“合於竺乾”即指合於佛法義。

（21）道言：三洞之法，神明爲要，何以故？此經伏一切魔，魔王不得**遶**之也。（敦煌 S. 3389）

按：**遶**，《中華道藏》録爲“遠”，誤。此字乃“遶”之俗字，《道藏》本作“撓”，蓋爲同音假借。“遶”即“繞”字，《干禄字書》：“遶繞，上通下正。”該字敦煌寫本經見，有作**遶**、**遶**者，③ 可資比證。

卷五

（22）若有能受此經，……時仙人來迎，不愁**死**也。子等信吾言，吾復何憂之也。（敦煌 P. 2752）

按：**死**，《中華道藏》録爲“无”，誤。此字乃“死”之俗字，敦煌

---

① 參見黃征《敦煌俗字典》，第 419 頁。
② 同上書，第 563 頁。
③ 同上書，第 337 頁。

P. 2894《洞淵神咒經》卷五："若有勸受此經者，天人福汝也，終不横**夭**矣。"《道藏》本作"死"。又："但受此經，家中供養，一切皆伏，生**夭**蒙恩。"《道藏》本作"死"，可資比證。

卷六

（23）自今以始，若有赤丁火鬼，各領七十八萬人，作其疾病、病一切善人者，**建**和鬼兵三萬六千人執縛之，令付九天之獄。（敦煌 S. 930）

按：**建**，《中華道藏》録作"違"，誤。此字乃"建"之俗字，《道藏》本作"建"。**建**，《英藏敦煌社會歷史文獻釋録》即録作"建"。S. 189《老子道德經》："善**建**不拔，善抱不脱。"**建**，《英藏敦煌社會歷史文獻釋録》録作"建"，可資比證。

（24）令天下兵起，死入刑獄，口舌妄來，門門病痛，此鬼等也，鬼王**怨**朱，急攝汝下兵。（敦煌 S. 930）

按：**怨**，《中華道藏》録爲"惡"，非通行字體，此字乃"怨"之俗字，《英藏敦煌社會歷史文獻釋録》即録作"怨"，《道藏》本作"怨"。"怨"敦煌文獻有作**怨**、**惡**、**怨**等形體者，[1] 可資比證。

（25）道言：自今以去，有暴下病人、官事口舌，悉是鄧侯之鬼與劉**斗**烏，亦來煞萬人。（敦煌 S. 930）

按：**斗**，《中華道藏》録爲"升"，《英藏敦煌社會歷史文獻釋録》亦録作"升"，均不妥。《道藏》本作"斗"，今謂當録作"斗"。敦煌文獻中升、斗形近，字形常相混，[2] "劉升烏"道經未見，"劉斗烏"則經見，《道藏》本《太上洞淵神咒經》卷七："國土有大鬼主鄧艾、鐘士季、趙山、王莽、李放、杜周、劉斗烏、王離、夏侯嬰、蔣公竣。"又"鄧艾鬼王與劉斗烏亦來，行十二種下病"。又卷十一："又有鄧侯之鬼，與劉斗烏亦來行病，傷害萬民。"故録爲"斗"爲佳。

卷七

（26）天下亂流，水旱不調，虐鬼旦來捕人，國主自病，坐有枉

---

① 參見黄征《敦煌俗字典》，第 523 頁。
② 參見黄征《敦煌俗字典》"升"字條按語，第 361 頁。

濫，萬民嘷天，天怒遣三萬黑面小鬼煞人。（敦煌 P. 2444）

按：嘷，《中華道藏》錄作"嘷"，非通行字體。此字乃"嘷"之俗
體，敦煌 S. 318 作嘷，《英藏敦煌社會歷史文獻釋錄》即錄作"嘷"，《道
藏》本正作"嘷"。

　　（27）道言：有病人之家，若犯事刑獄，元元恐死者，當先立此
齋。（敦煌 P. 2444）

按：元元，《中華道藏》錄爲"无无"，誤。敦煌 S. 318 作元元，
《英藏敦煌社會歷史文獻釋錄》錄作"无元"，亦誤。"无无恐死者"、
"无元恐死者"義均不可通，今謂當錄作"元元"，"元元"謂百姓、庶
民。《後漢書・光武帝紀上》："上當天地之心，下爲元元所歸。"李賢注：
"元元，謂黎庶也。"唐陳子昂《感遇》："聖人不利己，憂濟在元元。"
元、无字形相似，敦煌文獻常相混，《道藏》本正作"元元"。

　　（28）病人甚危，兼有口舌、官事、刑徒、囚獄，汝等令差，召
喚萬鬼，對之何鬼爲也。（敦煌 P. 2444）

按：召，《中華道藏》錄爲"名"，誤。"名喚"義不可解，此字爲
"召"之俗體，敦煌 S. 318 作召，《英藏敦煌社會歷史文獻釋錄》即錄作
"召"，《道藏》本正作"召"。

　　（29）生人今合門疾病，士宦不遷，宅中虛耗，口舌妄起，觸物
不吉。（敦煌 P. 2444）

按：宦，《中華道藏》錄爲"官"，誤。此字乃"宦"之俗體，《道
藏》本作"宦"，敦煌 S. 318 作宦，《英藏敦煌社會歷史文獻釋錄》即錄
作"宦"，《敦煌俗字典》錄宦爲"宦"字，舉例正爲此句。

誤錄"宦"爲"官"者，《中華道藏》中尚有一例，敦煌 P. 2366 前
《洞淵神咒經》卷十："仕宦不遷，其不如意者，吏兵先坐。"此字亦當是
"宦"之俗字，《道藏》正本作"宦"。

卷八

　　（30）復有赤幘小鬼三萬九千人，仍入人宅中，取人六畜。（敦
　　煌 P. 2365）

按：幘，《中華道藏》錄爲"情"，誤，"赤情"義不可解。敦煌
P. 2424 作幘，《道藏》本作"幘"，此二字形皆"幘"之俗字，俗書

"忄"、"巾"不別，敦煌 S. 930《洞淵神咒經》卷六："甲戌、壬午之年，多有赤憤鬼，而在九州島。"《英藏敦煌社會歷史文獻釋録》即録作"幘"，可資比證。"赤幘小鬼"謂戴著赤色頭巾的小鬼。

（31）至癸巳之年、壬辰之歲，世人多不信道法、不受經誡者，入十八驅除之中，狂死者月有三萬九千人。（敦煌 P. 2365）

按：誡，《中華道藏》録作"誠"，誤。"經誠"義不可解，敦煌 P. 2424 作誡，此二字皆"誡"之俗字，《敦煌俗字典》已收，S. 388《正名要録》另有誡、試二字形，可資比證。

（32）啄頭魔王、烏延大王、小眼大王、白面大王、赤面大王等卅九萬人。（敦煌 P. 2365）

按：啄，《中華道藏》録作"喙"，誤。敦煌 P. 2424 作喙，《道藏》本作"啄"。此二字形皆"啄"之俗字，"啄"敦煌文獻中另有作喙、喙、喙等字形，① 可資比證。

卷九

（33）有急厄之人，悉令解了，若不如法，魔王威蘸等，悉斬之不恕矣。（敦煌 P. 3309）

按：蘸，《中華道藏》録爲"蕤"，非通行字體。《道藏》本作"蕤"，今謂蘸當是"蕤"之俗字，敦煌文獻中，"蕤"有作蘸者，② 左下構件正作"麦"。《中華字海・草部》收有蘸字，乃"蕤"之異體，東方朔《七諫・初放》："上葳蕤而防露兮。"可資比證。

卷十

（34）事轉經一宿，官者解，疾病亦差，若疫鬼槃桓須臾不去者，一一斬煞之，萬不有恕也。（敦煌 P. 2366 前）

按：槃，《中華道藏》録爲"懸"，誤。《道藏》本作"盤"，今謂槃乃"槃"之俗字，"盤"、"槃"通假。"槃"敦煌文獻有作槃者，③ 適資比證。"盤桓"謂徘徊、逗留，正合文義。

---

① 參見黃征《敦煌俗字典》，第 570 頁。
② 同上書，第 342 頁。
③ 同上書，第 299 頁。

參考文獻

［1］張繼禹主編:《中華道藏》, 華夏出版社 2004 年版。

［2］李德範輯:《敦煌道藏》, 中華全國圖書館文獻縮微複制中心 1999 年版。

［3］《道藏》, 文物出版社、上海書店、天津古籍出版社 1988 年版。

［4］黄征:《敦煌俗字典》, 上海教育出版社 2005 年版。

［5］郝春文:《英藏敦煌社會歷史文獻釋録 (卷一)》, 科學出版社 2001 年版。

［6］郝春文:《英藏敦煌社會歷史文獻釋録 (卷四)》, 社會科學文獻出版社 2006 年版。

［7］張涌泉:《敦煌俗字研究》, 上海教育出版社 1996 年版。

［8］冷玉龍主編:《中華字海》, 中華書局、中國友誼出版公司 1994 年版。

［9］《行草大字典》, 中國書店 1989 年版。

［10］［日］古谷蒼韻:《明清行草字典》, 湖南美術出版社 2009 年版。

［11］秦公:《碑别字新編》, 文物出版社 1985 年版。

［12］秦公、劉大新:《廣碑别字》, 國際文化出版公司 1995 年版。

（本文原刊於《古籍研究》2014 年第 61 卷, 收録時有改動。）

附録二
《太上洞淵神咒經》異文考校

　　《太上洞淵神咒經》，一名《洞淵神咒經》，簡稱《洞淵經》、《神咒經》，爲圖讖式之道教經典，洞淵派之首經，在南北朝隋唐時期流傳極爲廣泛，是研究早期天師道教義及唐代洞淵派思想的重要經典。該經有《道藏》本和敦煌本。相比而言，《道藏》本和敦煌本呈現出不同的特徵，《道藏》本内容相對完整，無明顯的殘缺，語句較爲通暢，字跡也相對清晰，但多摻雜後人改動的痕跡；敦煌本由於深處藏經洞，歷經千年的封存，更大程度上保留了古籍的原貌，能夠準確地反映出唐代道經的語言文字風貌。但敦煌本流失破損嚴重，經卷内容不全，字跡模糊、漫漶不清的殘片較多。

　　在文字上，《道藏》本與敦煌本也頗有差異，《道藏》本多用通行字、正字、今字，敦煌本多用俗字、通假字、古字。即使是同卷的敦煌本，不同件之間文字也有一定的出入。通過《道藏》本和敦煌本以及敦煌本同卷不同件之間文字的比對，我們發現，無論是《道藏》本或敦煌本，都存在數量不少的文字訛誤現象，這些訛誤字是整理和準確使用道經的一大障礙。本文以《道藏》本爲底本，以敦煌本爲主校本，以《中華道藏》爲參校本。通過《道藏》本和敦煌本異文的比照，指出其文字訛誤之處，並作簡單考證，以期恢復該經的原貌，對其整理和研讀有所裨益。

　　本文初寫定於 2011 年 6 月，歷時三月有餘，當時本擬作爲博士學位論文的附録，後爲避免論文尾大不掉，遂删之以俟正式付梓時重新附上。校勘記定稿後，偶在坊間買到葉貴良先生 2013 年 11 月出版的《敦煌本〈太上洞淵神咒經〉輯校》（以下簡稱《輯校》）一書。該書體例完備，取材全面，校勘精良，按斷的當，爲學術界提供了一個質量不錯的道經整理本。相形之下，衹考校異文，不考校句篇的本校勘記不免讓我產生了"雞肋"之歎。

　　然細玩《輯校》並與之對比一過，發現本校勘記所可取者猶有三焉。

《輯校》對多數異文的校考是正確的，然亦頗有按斷失當或俗字失考者，其個別按語或可商榷，本校勘記不少按斷與之或有參商，此其一；道經異文情況複雜，個別是非糾葛，頗難考辨，《輯校》無按斷之處不在少數，本校勘記芹獻一管之見，或可聊備一說，此其二；《輯校》個別異文雖有按斷，然文獻依據尚顯單薄，有必要進一步申述，此其三。諸此種種，凡 130 餘處，佔總校勘記的三分之一弱。鑒於以上三點，本校勘記或有刊布之必要。慮及本校勘記基本上是使用技術難度最低的對校之法，後發於《輯校》，雖有疊床架屋之弊，尚不致於有掠美之嫌。踵事不能增其華，是余心忐忑之處，然遺簪終安用，弊帚亦自珍，往日涂鴉之作，亦終不忍庋之篋底，故聊附於此。後生小子，不揣謭陋，望方家和葉教授不吝指正。

卷一

［1］時有下方世界真人蔚明羅等諸天大衆四十九萬人，到于三天之上，聽説無量大經，内外安穩。

"蔚"，敦煌 P. 3223、S. 3786 作"慰"。按：二者同音通用。

"于"，敦煌 P. 3223 同，S. 3786 作"乎"。按：二者均爲介詞，義同。

"安穩"，敦煌 P. 3223 作"安隱"。按：二者義同，皆爲平静安定義。《詩·大雅·綿》"乃慰乃心"漢鄭玄箋："民心定，及安隱其居。"《宋書·夷蠻傳·呵羅單國》："莊嚴國土，人民熾盛，安隱快樂。"唐杜甫《早花》詩："西京安穩未？不見一人來。"《三國志平話》卷下："倘若曹公奪了劍關外十三州，西川不能安穩！"皆其例。

［2］天尊教化難乎？弟子等區區，以展下情。太上曰：子從閻浮來乎？明羅等曰：然。太上曰：世間之人，詎有遵道奉經學仙者否？

"乎"，敦煌 S. 3786 同，P. 3223 作"于"。按：二者均爲語氣詞，義同。

"區區"，敦煌 P. 3223 作"偏偏"。按：二者同音通用，均爲誠懇義。

"閻浮"，敦煌 S. 3786 同，P. 3223 作"炎明"。按：二者皆通。

"詎"，敦煌 S. 3786 同，P. 3223 作"頗"。按：二者義近。與"不"、"無"、"否"等配合，表示疑問。清錢泳《履園叢話·夢幻·夢董思翁》："叟曰：'欲識吾居，頗憶我所書經否？'"晉陶潛《讀〈山海經〉》詩之十："徒設在昔心，良辰詎可待？"《新唐書·突厥傳上》："卜不吉，神詎無知乎？我自決之。"即其例。

[**3**] 不聞有仙歌之響，人民垢濁，三洞壅塞。百六之災，刀兵疫疾。魔王縱毒，殺害良善。門門凶衰，哀聲相尋。衆生相殘，自作苦惱。

"響"，敦煌 P. 3223 同，S. 3786 作"嚮"。按：二者同音通用。

"災"，敦煌 P. 3223 同，S. 3786 作"交"。按：二者皆通，《輯校》（P4）云："'交'爲'灾'之訛。"可商。道家以"陽九百六"爲災難之年或厄運，《太上洞淵北帝天蓬護命消災神咒妙經》："遭陽九百六之災，三衰八難九横五苦之厄。"故有"百六之災"之説。"陽九"、"百六"乃交替而行，故又有"百六之交"之説，《太上靈寶天地運度自然妙經》："自然運度，有大陽九大百六，小陽九小百六，三千三百年爲小陽九小百六，九千九百年爲大陽九大百六。天厄謂之陽九，地虧謂之百六。學道精研，能明運度，陽九百六之會，亦必得度世無危傾。"《太上元始天尊説北帝伏魔神咒妙經》："當今陽九數訖，百六災興。"《太上洞淵神咒經》卷十二："遇陽九百六，否泰之際，元命期至，運厄交集。"皆其例。

"縱"，敦煌 S. 3786 同，P. 3223 作"從"。按：二者同音通用。

"苦惱"，敦煌 P. 3223 作"苦業"，S. 3786 作"苦本"。按：三者義近。

[**4**] 天人曰：衆生何念，不知道法，不知其受，自共作惡，更相誹謗。三洞流布，不知受持，亦如盲人遊乎日月。日月豈不明也？盲人不見。

"何念"，敦煌 P. 3223、S. 3786 均作"可念"。按："念"有憐憫義，"可念"謂可憐，南朝宋劉義慶《世説新語·德行》："老翁可念，何可作此！"考察文義，作"可念"義長。

"不知其受"，敦煌 P. 3223、S. 3786 均作"不自求度"。按：二者義近。

"受持"，敦煌 P. 3223、S. 3786 均作"奉持"。按：二者義近。

"乎"，敦煌 S. 3786 同，P. 3223 作"于"。按：二者均爲介詞，義同。

"見"，敦煌 S. 3786 同，P. 3223 作"覩"。按：二者義同。

[**5**] 太上將天人玉女人八千萬億人，來下救之，過乎玉京。

"千"，敦煌 P. 3223、S. 3786 均作"十"。按：二者皆通。

"救"，敦煌 P. 3223 同，S. 3786 作"録"。按：《輯校》（P5）云：

"'錄'爲收留、收容之義，……'錄'與'救'義得相通。"可商。考察上下文義，天人玉女下凡人間主要是爲了解救人間的苦難，而非收留難民。"錄"恐爲"救"之形訛。《洞真太極北帝紫微神咒妙經》："吾遣諸天仙人，玉女妙童，持符執節，詠讚天歌，來下救衆生之難，急勅律令。"跟上揭句語境相似。道經中天人"下救衆生"類表述甚多，然"下錄衆生"類表述少見。"救"之俗體與"錄"近似，部件"求"居右，如《字彙·心部》："恘，音救，義同。"《隸變·宥韻》："捄，古救字。"韓小荊《〈可洪音義〉研究·異體字表》（P523）："捄，居右反，正作救。"《正字通·言部》："誄，俗救字。《奇字》救作誄。"可資比證。

"乎"，敦煌 S.3786 同，P.3223 作"于"。按：二者均爲介詞，義同。

[6] 北枝蓋北國。

"蓋"，敦煌 P.3223、S.3786 均作"蔭"。按：二者義同。

[7] 鬼兵縱泆。

"縱泆"，敦煌 P.3223 作"從逸"。按：二者通用。

[8] 死亡不以理者。

"以"，敦煌 P.3223 作"已"。按：二者通用

[9] 王妻子眷屬悉共惡誓，玄女麻姑王妃三千六萬人悉同來。

"惡誓"，敦煌 P.3223 作"要誓"。按：《輯校》（P7）云："'要'與'惡'形近義通，'惡'有猛烈義，'要'有重要義，'要誓'、'惡誓'即重誓、猛誓的意思。"此説可商。"惡"乃"要"之形誤，"惡"之俗字作"悪"，《玉篇·心部》："悪，同惡。"與"要"形體近似。"要誓"同義連文，"要"讀平聲，有誓約、盟約義，漢荀悦《漢紀·高後紀》："陵讓平勃曰：'諸君背要，何面目見高帝於地下?'"《晋書·段匹磾傳》："君若不忘舊要，與吾進討，君之惠也。"《陳書·虞荔傳》："且朝廷許以鐵卷之要，申以白馬之盟。"P.2444《洞淵神咒經》卷七："一切大魔王與小王、小鬼王要誓曰。"即其例。

"惡"、"要"互訛文獻經見。唐杜甫《故秘書少監武功蘇公源明》："不惡懸黄金。"古逸叢書本宋蔡夢弼《杜工部草堂詩箋》卷二十四"惡"下注云："一作要"。唐蕭穎士《爲邵翼作上張兵部書》："不喜潤色求官惡。"明刻本《文苑英華》卷六百七十"惡"下注云："一作要。"唐韓愈《贈崔立之評事》："燕雀紛拿要鷹隼。"清文淵閣《四庫全書》

本宋魏仲舉《五百家注昌黎文集》卷四"要"下注云："一作惡。"唐杜甫《漢陂西南臺》："接要心已領。"清文淵閣《四庫全書》本宋黃鶴《補注杜詩》卷二"要"下注云："一作惡。"例多不備舉。

"麻"，敦煌 P. 3223 作"魔"。按：二者皆通。

"王"，敦煌 P. 3223 作"玉"。按：二者皆通。

"悉"，敦煌 P. 3223 作"悉共"。按：二者義同。

[10] 魔王悉伏，各各遣魔子力士巡行國界，擁護國中之人，九天梵子及天人大魔王，王及夫人綵女。

"魔子"，敦煌 P. 3223 作"魔王"。按：二者皆通。

"擁"，敦煌 P. 3223 作"雍"。按："雍"是"擁"的古字。

"綵"，敦煌 P. 3223 作"婇"。按：二者皆通。

[11] 自伏羲以來，至于漢末，人民大樂，多不信道，悉受天炁自然邪魔。不知有道，不知有法，不知有經，直奉自然也，後時，有信經者少耳。

"直奉自然也，後時，有信經者少耳"，敦煌 P. 3223 作"直奉自然耶天，時時有信道。" P. 2576 V 前作"直奉自然耶炁，時時有信道者耳"。按："耶天"不辭，乃"耶炁"之形誤。

[12] 天下人民，先有多苦，上僥下急，然後轉盛。

"僥"，P. 2576 V 前同，P. 3223 作"撓"。按：《輯校》（P9）云："'僥'謂探求不止。……'撓'當爲'僥'之形誤字。"此說可商，二字皆通。"撓"有擾亂、攪擾義，《逸周書·史記》："外內相間，下撓其民，民無所附，三苗以亡。"晉干寶《〈晉紀〉總論》："劉淵、王彌，撓之於青冀。"以內證求之，《太上洞淵神咒經》卷一："五濁之世，世官撓急，不矜下人，下人吁嗟，萬民懷怨。"卷二："汝等若能佩奉三洞經法，吾遣天丁力士，令逐此鬼，不撓子等。"卷二："勿使枉撓生人。"

《太上洞淵神咒經》（包括敦煌本）一經中"撓"字共出現 10 次，不可謂誤字。

[13] 人習仙道者。（P. 3223）

"仙"，P. 2576V 前作"佛"。按：二者皆通。

[14] 天運劫近，其中往往有得值三寶無量上清黃庭記仙太素靈寶三昧者，……若國王帝主，方伯二千石，下至愚人。

"得值"，P. 2576 V 前同，P. 3223 作"值"。按：二者皆通。《中華道藏》此句斷爲"天運劫近，其中往往有得，值三寶無量上清黃庭記仙太素靈寶三昧者"，非是。

"方伯"，P. 2576V 前同，P. 3223 作"方佰"。《輯校》（P10）云："'佰'爲'伯'之形近誤字。"恐非。"佰"當是"伯"之俗字，《碑別字新編》（P31）、《金石文字辨異》、《佩觿》、《增廣字學舉隅》等書均有類似表述，可參。

[15] 太上在玄景之宮，説此神咒經，九天大魔、羅刹鬼賊、諸天眷屬八億萬人，悉集在坐，聽天尊説法，各各檢手。

"景"，敦煌 P. 3223 同，P. 2576V 前作"影"。按：二者通用，"景"、"影"古今字。

"大"，P. 2576V 前同，P. 3223 作"天"。按：二者皆通，作"大"義長。

"坐"，敦煌 P. 3223 同，P. 2576V 前作"座"。按：二者通用，"坐"、"座"古今字。

"檢"，敦煌 P. 3223、P. 2576V 前均作"斂"。按：二者通用。

[16] 自伏羲三千年大水流溢，人民半死，三十六年，萬姓叛亂。

"流"，P. 2576V 前同，P. 3223 作"洪"。按：二者義近。

"叛"，P. 2576V 前同，P. 3223 作"返"。按：二者通用。

[17] 至劉氏五世子孫，紹其先基。爾時，四方嗷嗷，危殆天下。

"紹其"，P. 3223 作"係統"，P. 2576V 前作"係絶"。按：《輯校》（P12）云："'係統'、'係絶'表達相同的含義。"此説可商。"紹其"、"係統"義略同，"紹"、"係"、"統"皆有繼承義，"係統"同義連文，見本書"係統"條。"係絶"不辭，"絶"當爲"紹"之形誤，以内證求之，《太上洞淵神咒經》卷一："五世之孫劉子，佐治天下，係紹仙基，大漢人民多有值三寶者。"此句與上揭句語境相同。"係紹"亦作"紹係"，如《太上洞淵神咒經》卷十一："其無神道，凡俗之類，夫妻男女，老幼尊卑，自相紹係，種種名色，陰陽五行。""絶"之俗體或作絕（《集韻·薛韻》），與"紹"形似；"紹"之俗體或作綹（《漢隸字源·小韻》），與"絶"之俗體絕（《金石文字辨異·九韻》）亦相似。古籍中"紹"、"絶"亦有互訛之例。《經律異相》卷三十二："其母憐愛之，用傷絶曰。""絶"，《資福藏》、《磧沙藏》、《普寧藏》、《永樂南藏》作"紹"（《中華大藏經》第53册，P141）。《達摩多羅禪經》卷上："弱而超悟，智紹世表。""紹"，《大正藏》

之元、明本作 "絕"（第 15 册，P301）。可資比證。

"嗷嗷"，敦煌 P. 3223 作 "敖敖"，P. 2576V 前作 "傲傲"。按：三者通用。

"危殆"，敦煌 P. 3223、P. 2576V 前均作 "危治"。按："治" 乃形誤，"危殆" 同義連文，"危治" 不辭。

[18]　人氏隱跡，亦避地准海，至甲午之年，人氏還住中國。

"人氏"，敦煌 P. 3223、P. 2576V 前均作 "劉氏"。按：作 "劉氏" 義長。

"住"，P. 2576V 前同，敦煌 P. 3223 作 "往"。按："住" 乃形近而訛，"還往" 同義連文。

[19]　人民吁嗟，叛亂悖逆。

"吁嗟"，敦煌 P. 3223 同，P. 2576V 前作 "呼嗟"。按：二者義同。

"叛"，敦煌 P. 3223、P. 2576V 前均作 "反"。按：二者義同。

"悖"，敦煌 P. 3223、P. 2576V 前均作 "叛"。按：二者義同。

[20]　当此之世。

"世"，敦煌 P. 3223 同，P. 2576V 前作 "時"。按：二者義近。

[21]　專取生人，日月候之。

"日月"，敦煌 P. 3223、P. 2576V 前均作 "日日"。按：二者義近。《輯校》（P14）云："'日月' 當爲 '日日' 之誤。"可商。"日月" 謂每天每月，典籍常見，如漢蔡邕《難夏育上言鮮卑仍犯諸郡》："方今郡縣盜賊，劫摽人財，攻犯官民，日月有之。"唐劉餗《隋唐嘉話》卷上："靖謝曰：'老臣宜從，但犬馬之疾，日月增甚，恐死于道路，仰累陛下。'"王闓運《儲玫躬傳》："自道光末載，湖南日月多故。"

[22]　若有奉持供養者，萬病自消，終不橫死也，及鄰國有大賊來逼者，轉讀此經。

"奉持"，敦煌 P. 3223 同，P. 2576V 前作 "奉侍"。按：二詞義近。

"轉讀"，敦煌 P. 3223、P. 2576V 前均作 "讀"。按：二詞義同。"轉" 亦讀義。

[23]　劫運垂至。

"劫運"，敦煌 P. 3223 作 "運急"，P. 2576V 前作 "運劫"。按：三者義近。

［24］有受之者，寫持經卷供養。

"有受之者，寫持"，敦煌 P. 3223 作"有受寫治"，P. 2576 V 前作"有寫受治"。按："持"、"治"音近通假，見 ［106］，"寫治"、"寫持"猶言抄寫整理。"有寫受治"乃"有受寫治"之誤倒。

［25］各各自敕：汝等下人，無得枉害受此經神咒之人。若今日世間有男女之人，疾病危急之者，法師將此經到家救病者。

"敕"，P. 2576V 前同，敦煌 P. 3223 作"整"。按："整"乃形近而誤。

"危"，P. 2576V 前同，敦煌 P. 3223 作"厄"。按：二者義近。

"將"，敦煌 P. 3223、P. 2576V 前均作"持"。按：二者義同。

［26］分別解脱。

"解脱"，敦煌 P. 3223、P. 2576V 前均作"解絶"。按：二者義同。

［27］小鬼不信大法，縱暴凶心，汝等聽之。東來神，西來神，南來神，北來神，各三億萬徒。若有鬼王不承告下，縱放下人。

二"縱"字，P. 2576V 前同，P. 3223 作"從"。按：二者通用。

"徒"，P. 3223 作"人從"，P. 2576V 前作"人"。按：三者義近，皆可通。

［28］專行赤種。

"種"，敦煌 P. 3223、P. 2576V 前均作"腫"。按：二者通用。

［29］流溢四肢，面目青赤黄白黑，乍寒乍熱，乍來乍去，引日沈困，氣來愴心。

"四肢"，敦煌 P. 3223、P. 2576V 前均作"四支"。按：二者通用。

"愴"，P. 2576V 前同，敦煌 P. 3223 作"創"。按：二者通用。

"青赤黄白黑"，敦煌 P. 3223 作"青黄赤白黑"，P. 2576V 前均作"青赤黄白黑熟"。按："熟"字衍。

"引日"，P. 2576V 前同，敦煌 P. 3223 作"日日"。按：二者義近，見本書"引日"條。

［30］乃有官事、刑獄、過咎。

"乃"，P. 2576V 前同，敦煌 P. 3223 作"仍"。按：二者通用。

［31］今在邪中，專行疟疾，毒苦萬姓。或有身體寒熱，反目白黑，狂走妄語，歌嘯哭泣，四肢癰腫，惚惚鬪氣。

"癰"，敦煌 P. 3223、P. 2576 V 前均作"臃"。按：二者通用。

"惚惚"，敦煌 P. 3223、P. 2576 V 前均作"忽忽"。按：二者通用。

"闘气"，敦煌 P. 3223 作"挜气"，P. 2576 V 前作"短气"。按："挜"乃"短"之俗字，《广韵·緩韵》："挜，同短。"《童子逢盛碑》："命有悠挜，無可奈何。"《輯校》(P19) 云："寫手不識'挜'字，將其誤認作'闘'。"可商。"闘（鬥）氣"、"短氣"義近，皆謂指呼吸短促，難以接續。《靈樞經·癲狂》："短氣，息短不屬，動作氣索。"清吳璿《飛龍全傳》第十三回："除了這吃睡兩項，其外一件也不曉，半點也不賞，實爲可惱，因此又添了這一段憂愊，不覺鬥氣，氣食相攻，固結不解，漸漸的頭發重，眼發昏。"見本書"闘气"條。

"疾"，敦煌 P. 3223、P. 2576V 前均作"病"。按：二者義同。

"反"，P. 2576V 前同，敦煌 P. 3223 作"返"。按：二者通用。

"嗥"，P. 2576V 前同，敦煌 P. 3223 作"唤"。按：二者義同。

[32] 令人遭公事，枉入刑獄，荼害萬民。

"人"，P. 2576 V 前同，敦煌 P. 3223 作"其"。按：二者義近。

"公事"，敦煌 P. 3223、P. 2576 V 前均作"事"。按：二者義近。

"枉入"，敦煌 P. 3223 同，P. 2576 V 前作"枉横"。按：二者義近。

"害"，P. 2576 V 前同，敦煌 P. 3223 作"割"。按：二者義近。

[33] 不得干犯，克害疫病，枉攬天下良善人民。

"枉攬"，敦煌 P. 3223 作"枉濫"，P. 2576 V 前作"枉攬"。按：《輯校》(P21) 無按斷。今謂三者皆可通，作"枉濫"勝。"攬"有攬擾、打擾義，"枉攬"在《太上洞淵神咒經》中另有一例，卷三："自今大水來，近刀兵之厄，國中不信道，枉攬萬民。"可爲證。

"攬"、"濫"通假通用。"枉濫"謂枉錯淫濫，使無辜受害（參見《漢語大詞典》）。典籍常見，如《魏書·高恭之傳》："竊見御史出使，悉受風聞，雖時獲罪人，亦不無枉濫。"《新五代史·雜傳·趙延義》："王者撫天下，當以仁恩德澤，而漢法深酷，刑罰枉濫，天下稱冤，此其所以亡也。"《太上洞淵神咒經》共出現 7 次，如敦煌 P. 3223 卷一："不得枉濫太上良民。"卷五："枉濫排謗，不用真言。"又"道士來救轉此經者，汝等護之，莫令枉濫也。"卷七："國主自病，坐有枉濫。"敦煌本 P. 2444 同；又"不得枉濫，妄誅無罪之人。"敦煌本 P. 2444 同；卷八："坐不敬師父，枉濫人命，談説道士。"卷十："刑徒囚獄枉濫。"

　　“枉攬”《太上洞淵神咒經》共出現 5 次，如 P. 2959 卷二：“悉令分了，勿使枉攬主人。”P. 2752 卷五：“枉攬誹謗，不用真言。”《道藏》本作“枉濫”。S. 318 卷七：“國主自病，坐有枉攬。”《道藏》本作“枉濫”，敦煌 P. 2365 卷八：“坐不敬師父，枉攬賢人。”敦煌 P. 2366 前卷十：“令人遭官事口舌，刑徒囚獄枉攬。”可資比證。

　　[**34**] **大劫垂至。**

　　“垂”，敦煌 P. 3223、P. 2576 V 前均作“欲”。按：二者義近。

　　[**35**] **不有厄也。**

　　“厄”，P. 2576 V 前同，敦煌 P. 3223 作“危”。按：二者義近。

　　[**36**] **汝等不知，不能得受餘經，餘經不要，此二卷經煞一切耶鬼。（敦煌 P. 3223）**

　　“不能得受餘經”，P. 2576 V 前作“不能得受經”。按：“不能得受餘經”衍“餘經”二字，“不能得受經”衍“經”字。

　　[**37**] **不用宅籙。**

　　“籙”，敦煌 P. 3223、P. 2576 V 前均作“録”。按：二者通用。

　　[**38**] **亦可奉持此經。**

　　“奉持”，敦煌 P. 3223 同，P. 2576 V 前作“侍”。按：二者義近。

　　[**39**] **心中側然，嘆曰。**

　　“嘆曰”，敦煌 P. 3223 作“咸曰”，P. 2576 V 前作“啟曰”。按：三者義近。

　　[**40**] **水流中國，天下蕩除，人民死盡。**

　　“蕩除”，敦煌 P. 3223、P. 2576 V 前均作“蕩蕩”。按：二者義近。

　　[**41**] **若有人病，先考所加，受持此經。若有官事、刑獄，仍常有厄者，當受此經。若邪狂口舌萬端，亦受此經。一切不宜，亦受此經。受此經者，魔王不敢干人。**

　　“人”，敦煌 P. 3223、P. 2576 V 前均作“久”。按：《輯校》（P23）云：“‘人’蓋爲‘久’之形誤字。”二者皆通，不妨兩存。

　　第二個“若”，P. 2576 V 前同，P. 3223 作“者”。按：“者”乃形近而誤。

　　“邪狂”，敦煌 P. 3223 作“邪枉”。按：二者義近。

　　“干”，P. 2576 V 前同，P. 3223 作“悮”。按：二者皆通。

　　[42] 五濁之世，世官撓急，不矜下人，下人吁嗟，萬民懷怨。天下悠悠，日月失度，五穀不成，人多流亡，大水皆起。有智之人，見經急受，書其經卷，竹箱筐笥，高座盛之。

　　"世官"，敦煌 P.3223、P.2576 V 前均作"生官"。按：二者義同，指人世間之官吏。見前"生官"條。《輯校》（P24）云："'生官'與'世官'都指世俗之人。"恐未達一間。

　　"撓急"，敦煌 P.3223、P.2576 V 前均作"僥急"。按：二者義近，"撓急"謂擾亂急切，"僥急"謂貪求急切。《輯校》（P24）云："'撓'當作'僥'。"不確，見前 [12]。

　　"怨"，敦煌 P.3223、P.2576 V 前均作"叛"。按：二者義近。

　　"皆"，敦煌 P.3223、P.2576 V 前均作"比"。按：二者義近。

　　"智"，P.2576 V 前同，P.3223 作"知"。按："知"、"智"古今字。

　　"竹箱筐笥"，敦煌 P.3223 作"竹箱筒籭"，P.2576 V 前作"函箱篋籭"。按：三者義近。

　　"座"，P.2576 V 前同，P.3223 作"坐"。按："坐"、"座"古今字。

　　"盛"，P.2576 V 前同，P.3223 作"莊"。按："莊"通"裝"，"裝"、"盛"義同。

　　[43] 轉此經處。

　　"處"，P.2576 V 前同，P.3223 作"家"。按：二者義近。

　　[44] 世促人惡，信法者少。

　　"促"，P.2576 V 前同，P.3223 作"俗"。按：《輯校》（P26）云："蓋當以'促'爲是，……'促'與'俗'形近而誤。"可商，二者皆有用例，不妨兩存。《太上洞淵神咒經》卷十："世人不信道，又不受經，生於世俗，自招罪本。""世俗"，P.2366 前同。卷十四："世俗紛紜，自作紜紜。三洞流布，愚者不聞。見法不修，造惡因緣。"卷五："末運之世，世促人惡，多不信道。"

　　[45] 不知出期，吾念甚哀，故於玄景之宮九合之室，爲將來一切衆生，建其橋梁。

　　"知"，P.3223 同，P.2576 V 前作"得"。按：二者義近。

　　"景"，P.3223 同，P.2576 V 前作"影"。按：二者古今字。

　　"室"，P.3223 同，P.2576 V 前作"堂"。按：二者義近。

　　"建"，敦煌 P.3223、P.2576 V 前均作"開"。按：二者義近。

[46] 敕下魔王，令安萬姓，預爲祝之，禁斷惡鬼。

“預”，P. 3223 同，P. 2576 V 前作“豫”。按：二者通用。

“斷”，P. 2576 V 前、DX10306 同，P. 3223 作“逝”。按：“逝”乃形近而誤。二字草書形似，如“斷”作𢇃（見《行草大字典》）；“逝”作𨓆（見《行草大字典》）。“禁斷”道經中常見，《太上元始天尊説北帝伏魔神咒妙經》卷一：“或爲女童妖狀，七日悉皆禁斷。”又：“禁斷三日，災蟲皆自消滅矣。”卷七：“禁斷有方，無諸諍訟。”《太上助國救民總真秘要》卷七：“禁斷公私冤對相害。”《太上元始天尊證果真經》：“受者長生，玄真妙録，禁斷惡神，千千截首，萬萬剪形。”《玄覽人鳥山經圖》：“趣得甲子，一年三醮也，醮時皆齋，清嚴禁斷。”皆其例。

[47] 道言：五世之孫劉子，佐治天下，係紹仙基，大漢人民多有值三寶者。何以故？此世世吉，人能起道心故也。

“佐”，敦煌 P. 3223、P. 2576 V 前均作“王”。按：二者義近。

“係紹仙基”，敦煌 P. 3223、P. 2576 V 前均闕。P. 3223 “大漢”前有“其後”二字，P. 2576 V 前“大漢”前有“係其”二字。按：《輯校》（P27）云：“當以‘係’字爲是，‘係’有繼承的意思。‘後’與‘係’形近而誤。”可商。“係”雖有繼承義，但“係其大漢”不辭，係其當爲“其後”之訛倒。此句“大漢”後不應當斷開，“其後大漢人民多有值三寶者”則文從字順。

“此世世吉，人能起道心故也”，敦煌 P. 3223、P. 2576 V 前均作“此世世急，人思道心”。按：“吉”、“急”皆通，作“急”義長。

[48] 太上爲一切衆生故，涕泣五行，汝等若信吾言者，九龍之輦輿來迎子身。若不信者，孟津三河，汝等着之。

“孟津”，P. 2576 V 前同，P. 3223 作“盟津”。按：二者通用。

“着”，敦煌 P. 3223、P. 2576 V 前均作“看”。按：《輯校》（P28）云：“‘着’當爲‘看’之誤。”不確。“看”乃“着”（著）之形近而誤。“盟津”也作“孟津”，道經中常指懲罰罪人的地方，如《上清瓊宮靈飛六甲左右上符》：“如違盟負誓，七祖父母及己身，俱受風刀之考，詣積夜之河，運蒙山之石，以填孟津。”《太一救苦天尊説拔度血湖寶懺》：“大小鐵圍無間地獄、五湖四海九江泉曲地獄、孟津黃波流砂地獄。”“三河”謂三河洪災，《太上洞淵神咒經》卷一：“聞見此經，得度三河洪災之厄。"卷二十："然道士不受此《大驅經》，不得度三河大水。"
"着"有遭受義，《百喻經·人效王眼瞤喻》："汝爲病邪，爲着風耶，何
以眼瞤？"宋楊萬里《北風》："如何急灘水，更着打头风。""汝等着之"
謂汝等遭受此灾。

　　"着"、"看"典籍常互訛，唐杜甫《閬山歌》："應結茅齋看青壁。"
清文淵閣《四庫全書》本《全唐詩》卷二百二十"看"下注云："一作
着。"唐權德輿《與道者同守庚申》："守夜看仙經。"清文淵閣《四庫全
書》本《全唐詩》卷三百二十"看"下注云："一作着。"敦煌 P. 2365、
P. 2424《洞淵神咒經》卷八："衆生染看愚迷，不自求出。"該句中
"看"亦當爲"着"之形誤，《道藏》本正作"着"，可爲確證。

　　[49] 道言：汝等受此經二十卷，供養行住持之，身中萬病自瘥，仕
宦高遷。

　　"二十卷"，敦煌 P. 3223、P. 2576 V 前均作"十卷"。按：二者皆通。
《道藏》本《太上洞淵神咒經》二十卷，敦煌本共十卷。

　　"行住"，敦煌 P. 3223、P. 2576V 前均作"行來"。按：《輯校》
（P29）録"行住"为"行往"，誤。"行住"謂行走或停留，"行來"猶
出入往來。二者義近。

　　"瘥"，敦煌 P. 3223、P. 2576 V 前均作"差"。按："差"、"瘥"古
今字。

　　"仕宦"，P. 2576 V 前同，P. 3223 作"仕官"。按：二者義近。

　　[50] 天下大樂，一種九收，人更益壽三千歲。乃復更易，天地平
整，日月光明。

　　"復"，P. 2576 V 前同，P. 3223 作"後"。按：二者皆通。

　　[51] 聖人治世，人民豐樂。

　　"人"，敦煌 P. 3223、P. 2576 V 前均作"王"。按：二者義近。

　　"世"，敦煌 P. 3223 作"化"，P. 2576 V 前作"也"。按：《輯校》
（P30）無按斷。"世"、"化"皆通，"也"當爲"世"之形訛，"世"敦
煌俗字作**廿**（見《敦煌俗字典》），與"也"形近。

　　[52] 無有雞豚犬鼠牛馬六畜也，鳳凰白鶴爲家雞，麒麟獅子爲
家畜。

　　"豚"，敦煌 P. 3223、P. 2576 V 前均作"肫"。按："肫"乃俗字。

　　"鳳凰"，P. 2576 V 前同，P. 3223 作"鳳皇"。按："皇"、"凰"古

今字。

"麒麟"，敦煌 P. 3223、P. 2576 V 前均作"騏驎"。按："騏驎"
乃俗字。

"獅子"，敦煌 P. 3223 作"師子"，P. 2576 V 前作"師"。按："師"
後奪"子"。

**[53] 不覺自異其形，端正長大。人長一丈三尺，真君長一丈六尺，
面目光澤，人中無有，姿醜了了。**

"異"，敦煌 P. 3223、P. 2576 V 前均作"易"。按：《輯校》（P30）
云："據文意，當以'易'爲是，前文'乃後更易'可參。"可商，前文
"乃後更易，天地平整，日月光明"是説真君治理的天地變了樣，跟此處
的容貌形態無涉。此處指受道者感覺自己的形貌不一樣了，"異"、"易"
皆通，不妨並存。

"正"，敦煌 P. 3223、P. 2576 V 前均作"政"。按：二者通用。

"光澤"，敦煌 P. 3223、P. 2576 V 前均作"平澤"。按：二者義近。

"姿醜"，P. 2576 V 前作"咨首"，P. 3223 作"姿首"。按：《輯校》
（P31）云："'咨'、'姿'同音通假，'首'、'醜'同韻，'醜'當爲
'首'的音誤字。"誤。"醜"、"首"通假通用而非音誤。見本書"姿醜、
咨首"條。

[54] 弟子等亦當奉持此經耳。

"奉持"，敦煌 P. 3223 同，P. 2576 V 前作"奉侍"。按：二者義近。

卷二

[55] 時有下方世界大神、通知識句民子、八萬真人，俱來稽首。

"通知識"，敦煌 P. 2959 作"通智識章"。按：本句《輯校》（P32—
33）斷句爲"時有下方世界大神通智識、章句民子、八万真人，俱來稽
首"。按語云："'智識'即'知識'，義爲相互認識的人。'章句'不
詳。"如此斷句錯誤，校勘按語自亦不妥。"知識"有相識、朋友之義，
但置句中顯然不宜。"通智識章"當連屬，"句民子"乃真人名，道經常
見，參見［68］。

"通智識章"謂智慧通達、見微知著，"章"通"彰"，"識章"猶
"辨章/辨彰"、"知章/知彰"（參見《漢語大詞典》），謂能看清事物的明
顯迹象，這是對真人句民子的美稱。道經亦有內證，《太上洞淵神咒經》

卷十六："是時真人蔚明羅，通智識章句民子等真人及諸天大衆，聞天尊所説妙偈。"上揭《道藏》本卷二及卷十一作"通知識"，蓋奪"章"字。

[56] 天騵直騎八億萬人。

"騵"，敦煌 P.2959 作"鄒"。按：二者音近通假。

[57] 天蓬守士四十九萬人。

"蓬"，敦煌 P.2959 作"逢"。按："逢"、"蓬"古今字。

[58] 手足拘急，胸背徹腦，耳又不聰。

"腦"，敦煌 P.2959 作"懊"。按："徹腦"不辭，"腦"乃形近而誤。

[59] 身體赤黑，五種下痢，復有霍亂吐血，鼻衄朣腫，四肢碎痛，節節疼痠，氣熱驚走，悲思恍惚，中宵不眠，四肢反覆。

"五種下痢，復有霍亂吐血"，敦煌 P.2959 作"五種下腹，利有霍亂吐血"。按："腹"、"利"誤倒，當乙正。"腹"乃"復"之形近訛字。

"四"，敦煌 P.2959 作"百"。按："百肢"不辭，"百"乃形近而誤。

"碎痛"，敦煌 P.2959 作"破痛"。按：二者義近。

"恍惚"，敦煌 P.2959 作"惚惚"。按：二者義近。

"中宵不眠"，敦煌 P.2959 作"雲中白眼"。按："雲中白眼"不辭，當是"宵中不眠"之誤。"雲"、"宵"形近而誤，唐張仲素《宮中樂五首》："更漏促春宵。"《全唐詩》卷三六七"宵"下注云："一作霄。"《楚辭》："雲霓紛兮晻翳。"洪興祖補注："雲，一作霄。"

"眼"、"眠"互訛典籍常見，唐柳宗元《古東門行》："徼巡司隸眠如羊。"宋刻本《河東先生集》卷四十二古"眠"下注云："一作眼。"元稹《連昌宮詞》："滿眼睡紅銷掉削。"明刻本《文苑英華》卷三百四十三"眼"下注云："一作眠。"宋張唯《聞徐師川自京師還豫章》："歸來眼冷江湖秋。"清文淵閣《四庫全書》本宋陳思《兩宋名賢小集》卷三十"眼"下注云："一作眠。"

[60] 卒死失性。

"性"，敦煌 P.2959 作"姓"。按：二者通假。

[61] 汝等若能佩奉三洞經法，吾遣天丁力士，令逐此鬼，不撓子等。

"撓"，敦煌 P.2959 作"遶"。按：《輯校》（P35）云："'遶'與'撓'，本字當作'饒'，謂寬容，相容也。"此説可商。"子等"指前面佩奉三洞經法之人，怎麼會不寬容？此處本字當是"撓"，"遶"乃"撓"之同音假借。"撓"有干擾、打擾義，如《逸周書·史記》："外內相間，下撓其民，民無所附，三苗以亡。"晉干寶《〈晉紀〉總論》："劉淵、王彌，撓之於青冀。"如此怡然理順。

[62] 三洞久布，不知求受。

"知"，敦煌 P. 2959 作"解"。按：二者義近。

[63] 自今以去，有奉受此神咒經者，天上有三萬尉玄刃大兵，覆子等身，子等但爲衆生，日日教化一切愚人。

"尉"，敦煌 P. 2959 作億，《中華道藏》錄作"億"。按：該字形顯然是經過後人的改筆而成，依稀可見原字作"尉"，抄手不知"尉"爲何義，故擅改爲"億"。《輯校》（P37）云："'尉'當爲誤字，'億'字是。"可商，二者皆有用例，不妨並存。"尉"有撫義、按義，此義《漢語大字典》、《漢語大詞典》均未見載。道經《修真十書》卷二十四："旦朝以兩手相摩令熱，尉脊三次，且語勿唾，先叩齒二七次，方起琢齒一七次。""尉脊三次"即撫按三次，"尉玄刃大兵"即握著玄刃的大兵，《太上洞淵神咒經》卷十一："又有上三天尉玄刃大兵三萬人。"同其例。

道經中常出現天兵、鬼王手拿利刃的描述，如《道法會元》卷一百二十五《九州社令蠻雷大法》："社令陰雷總管劉德，天丁冠，黑髮怒容，青面鬼相，皂綽抱金甲，白汗衫袴，黑靴，右手仗劍，左手按刃。"《太上洞淵神咒經》卷八："復有一鬼，鬼名大野，三頭一身，身長七尺，萬萬爲群，手提白刃，專行天下。"敦煌 P. 2444《洞淵神咒經》卷七："有卅六種大鬼頭，然又名赤蓋，三名阿駒，各各將三万九千人，齊執白刃煞鬼之刀。"可爲參證。

從同源字的角度考察，從"尉"旁之字多有"按、撫"義之源義素。"按、撫"義引申出"慰問、安撫"義，後加心作"慰"，《漢書·韓安國傳》："以尉士大夫心。"顏師古注："尉安之字正如此，其後流俗乃加'心'耳。"引申出熨衣服義，加火作"熨"，《說文·火部》："尉：從上案下也。……持火以尉申繒也。"徐灝箋："置火於銅斗，從上按下以申繒，謂之尉，所以使其平也。"熨衣服稱作"尉"，亦得名於從上按下使其平整。《集韻·未韻》："摀，以手布物也。"《漢語大字典》第一版、第二版均逕釋爲"以手布物"，語義仍不詳。其實"以手布物"即謂用手把物體撫平。

"身"，敦煌 P. 2959 作"耳"。按：二者皆通，"耳"是語氣詞。

[**64**] 天遣疫鬼祛杀此人。

"祛殺"，敦煌 P. 2959 作"打煞"。按：二者義近。

[**65**] 令生人有病之者。

"生人"，敦煌 P. 2959 作"主人"。按：二者義近。

[**66**] 和喻萬神，令家親歡喜，中外社竈，悉令分了，勿使枉撓生人。

"枉撓"，敦煌 P. 2959 作"枉攬"。按：《輯校》（P39）云："'攬'是抓持義，……'撓'也有抓義。"似認爲"枉撓"、"枉攬"謂枉錯抓取，可商。"枉撓"、"枉攬"在此皆可通，但不作抓取講。"枉攬"通"枉濫"，謂枉錯淫濫，使無辜受害，參見［33］。"撓"通"橈"，"枉撓"亦作"枉橈"，謂違法曲斷，偏私下公，使有理不申（參見《漢語大詞典》），《吕氏春秋·仲秋》："命有司，申嚴百刑，斬殺必當，無或枉撓。"漢高誘注："淩弱爲枉，違強爲撓。"《禮記·月令》："斬殺必當，毋或枉橈。"孔穎達疏："枉謂違法曲斷，橈謂有理不申，應重乃輕，應輕更重。"可資參證。

[**67**] 三十六天魔王句盆子等七十二小王，悉來伏耳。是以有人能分末劫，受此神咒經家中供養者，一切惡鬼不得妄來。

"盆"，敦煌 P. 2959 作"盈"，《中華道藏》録敦煌本作"處"。按：《輯校》（P40）云："'處'、'盆'皆爲'盈'之誤。""處"爲"盈"之誤，是。然謂"盆"爲"盈"之誤，可商。"句盈子"、"句盆子"皆有用例，不妨並存。《太上洞淵三昧神咒齋十方懺儀》："勾盈子等徒侣，所行衆災，速賜剪除。"《太上洞淵齋懺謝儀》："收滅赤頭，殺拘盈子等。"《太上洞淵神咒經》卷十一："又有三十六天之魔王句盆子等七十二小王。"

"分末劫"，敦煌 P. 2959 作"於末劫"。按：《輯校》（P40）未有按斷。"分末劫"不辭，"分"乃形誤。

[**68**] 一旦違誓，弟子句民等，身受罪萬斬矣。

"句民"，敦煌 P. 2959 作"烏民"。按：《輯校》（P41）云："敦煌本作'烏'，録作'信'，不知何據。"是。然對於"烏"、"句"孰對孰錯，未有按斷。今謂"烏民"不辭，"烏"乃形誤。"烏"在敦煌寫本中可寫作 𥠖，① 而草書作 𫟹、𫟹 等形體，② 與"句"之形體十分接近。"句民"在

---

①　黄征：《敦煌俗字典》，上海教育出版社 2005 年版，第 429 頁。

②　《行草大字典》，中國書店 1989 年版，第 377 頁。

《太上洞淵神咒經》中常見，如卷二："時有下方世界大神、通知識句民子、八萬真人，俱來稽首。"卷十一："又有大神通智識句民子神王天丁力士八億萬人。"卷十一："神王句民子奏歌。"卷十二："座中有天丁、力士、句民子等，同起作禮。"皆其例。

"萬"，敦煌 P. 2959 作"乃"。按：《輯校》（P41）云："'乃'蓋爲'万'之形近誤字。"可商，影印本作"萬"，不作"万"，"乃"、"萬"形體不可謂近，兩存可矣。

[**69**] 道言：天下有大神多，魔王爲久，汝亦與我無爲气同矣。

"多"，敦煌 P. 2959 作**𡚼**，《中華道藏》錄爲"者"。按：《中華道藏》錄文可取，由圖片可辨，敦煌本原本也作"多"，後人在此字形上有所改筆爲"者"，"者"、"多"皆可通。

"久"，敦煌 P. 2959 異文作**𡗕**。按：上句《中華道藏》斷爲："天下有大神，多魔王爲久。"誤，"多"字當上屬，《太上洞淵神咒經》中無"多魔王"之名。**𡗕**，《輯校》（P41）錄作"长"，《中華道藏》錄爲"大"，何者爲是？該字乍一看是"长"字，細察之則否。該字形顯然是經過後人的改筆而成，敦煌本最初當作"久"，"久"字俗字作"𡗕"（見《正字通·丿部》、《漢魏六朝碑刻異體字字典》，P445），該圖片右上角一筆恰是未被覆蓋的"𡗕"的一筆。所以該字形當作"大"。以內證求之，敦煌本《洞淵神咒經》中"長"字共出現 37 次，皆作"長"，無作簡體"长"字形者。《輯校》誤。

異文"久"、"大"何者爲是？"久"字難通文義，當是"大"之形誤，唐貫休《古塞上曲七首》"久雨始無塵"，清文淵閣《四庫全書》本《全唐詩》卷八百三十"久"下注云："一作大。"王遽《清江三孔集》卷六《道傍樹》"大雪凍不僵"，清文淵閣《四庫全書》補配清文津閣《四庫全書》本舊注云："一作𡗕。"《輯校》（P41）云："'長'、'久'兩字同義換用。"即使該圖片是"长"，二字在"尊長、排行老大"意項上並非同義詞，看成同義換用恐不妥。

[**70**] 今有三洞之法流行天下，國土之人有值經者，或有道士治病救人之目，子等助之焉，莫令斷其功德。

"目"，敦煌 P. 2959 作"日"。按："目"乃形近而誤。

[**71**] 天人護之，風雨有時，不令有害。

"害"，敦煌 P. 2959 作"腦"。按："腦"通"惱"，二者義近。

[72] 三洞法師，妄有危厄、疾病、苦惱。

"危厄"，敦煌 P. 2959 作 "厄厄"。《輯校》（P46）錄作 "灾厄"，不知何據。按：前 "厄" 字乃 "危" 之形訛。《太上洞淵神咒經》中 "危厄" 多見，"厄厄" 未見。敦煌本《神咒經》除此例外亦均作 "危厄"，如 P. 2959 卷二："若有病人危厄。"S. 930 卷六："見世危厄。"P. 2444 卷七："主人今危厄。"P. 2365 卷八："官事危厄之者。"P. 3309 卷九："疾病危厄。"P. 2366 前卷十："令主人危厄矣。" 皆其例。

[73] 頭痛身重，手足不舉。

"舉"，敦煌 P. 2959 作 "忍"。按：二者孰是，《輯校》（P46）無按斷。今謂 "忍" 通 "麻木不仁" 之 "仁"，《字彙·人部》："醫家謂手足痿痺爲不仁。""不舉" 與 "不仁" 義正相近。《廣韻·語韻》："舉，動也。""不舉" 謂不能動彈，"不忍" 即 "不仁"，謂麻痺，没有感覺，《後漢書·班超傳》："頭髮烏黑，兩手不仁。""仁"、"忍" 音近，《釋名·釋言語》："仁者，忍也。好生惡殺，善含忍也。"《釋名》是聲訓著作，可證二字音近。《玉篇·心部》："忍，仁也。""忍" 通 "刃"（見高亨《古字通假匯典》，P134），"仁" 通 "刃"（見《通假字匯釋》，P37），則 "忍"、"仁" 亦可相通。建甌方言 "仁"、"忍" 皆讀上聲，①亦可爲證。

[74] 吾悉知汝等之鬼名，曰慎憂哀子、角兒平王、阿信三業之人。

"憂"，敦煌 P. 2959 作 "夏"。"業"，敦煌 P. 2959 作 "案"。按：《輯校》（P47）云："'夏' 蓋爲 '憂' 之誤。" 甚是，然未論證。"業"、"案" 孰是，《輯校》（P48）無按斷。今謂 "案" 爲 "業" 之形誤。《太上洞淵神咒經》卷十一："又有慎憂哀子、角兒平王、阿信三業等。" 即其例。

[75] 汝等頭破作十八分矣。

"十八"，敦煌 P. 2959 作 "八十"。按：二者皆通。

[76] 甲子旬年，有七十二种病。長安索虜，暴殺人民，南楚喪失，流分他國。有二虜三吳，合來爭之，天下不樂，人鬼次苦，下人憂悲。

"南楚"，敦煌 P. 2959 作 "南走"。按："走" 乃形近而誤。

"喪"，敦煌 P. 2959 作 "桑"。按：二者通假通用。

"爭"，敦煌 P. 2959 作 "諍"。按：二者通假通用。

---

① 王福堂修訂：《漢語方音字匯》（第二版重排本），語文出版社 2008 年版，第 284 頁。

"不"，敦煌 P. 2959 作"大"。按："大"爲形誤。

[77] 吾常使董玄珂、殷仲堪化天下愚人

"珂"，敦煌 P. 2959 作"可"。按：二者通用。

[78] 吾常爲敕一切魔王及小王等，若有法師救病之處，悉令禁却小鬼，令生人病瘥。

"常"，敦煌 P. 2959 作"當"。按：《輯校》（P50）云："'常'爲'當'之誤。"可商，考察文義，"常"、"當"皆可通，二者不妨並存。

[79] 赤烏七十萬頭，飛行天下，人見者自然疫病，不可得治救，爲不信聖教，故以病死矣。

"人見者"，敦煌 P. 2959 作"見人者"。按："見人者"乃訛倒。

[80] 胡鬼三萬來煞人，人死者十有七八，王建顧之，暴亂人民。

"顧"，敦煌 P. 2959 作"領"。按："顧"乃形近而誤，二字草書形似，"顧"草書作𨑡、𨑡等形，① "領"作𨑡等形，② 故相訛。典籍中有相訛之例，如《度世品經》卷五"顧諸佛法以成正覺"，"顧"，資福藏、磧沙藏、普寧藏、永樂南藏、徑山藏、清藏作"領"。③《佛所行讚》卷五"誠言而不領"，"領"，磧沙藏、普寧藏、永樂南藏、徑山藏、清藏、高麗藏作"顧"④。可資比證。

[81] 令人衰凶者，大鬼王先坐，小鬼頭破作四十九分矣。

"坐"，敦煌 P. 2959 作"剉"。按：二者通假通用。

[82] 大魔王斷其家殃小鬼，令病人自瘥。

"殃"，敦煌 P. 2959 作"𢪱"。按：二者皆通，"𢪱"乃"族"之俗字。"族"，敦煌文獻中有作𢪱者，⑤ 可資比證。"殃"乃災禍鬼怪義，《太上洞淵神咒經》中常見，卷六："天護人民，及有殃殃之鬼，一切邪精，吾当与誓。"又："男女之殃，水火刀兵之殃，行客之鬼，因世之人有衰，競來祟之。"皆其例。

[83] 今已知汝名，汝急遠去。

"已"，敦煌 P. 2959 作"以"。按：二者通用。

---

① 《行草大字典》，中國書店 1995 年版，第 710 頁。

② 同上書，第 706 頁。

③ 參見《中華大藏經》第 13 册《度世品經》卷五，第 928 頁。

④ 參見《中華大藏經》第 50 册《佛所行讚》卷五，第 480 頁。

⑤ 黃征：《敦煌俗字典》，上海教育出版社 2005 年版，第 576 頁。

卷三

[84] 與師飲丹，自約誓曰：今日飲丹，受經供養，終身不犯。

"不犯"，敦煌 P.4676 作"不死"，按："不死"不合文義，"死"乃形近而誤。

[85] 世人多不信道，有一人受經，衆共笑之，謂曰：妖魅不欲生活，入山避人，不求生官。

"笑"，敦煌 P.4676 作"嗟"。按：二者義近。

"曰"，敦煌 P.4676 作"自"。按："自"乃形近而誤。

[86] 三千億劫，無有出期。

"期"，敦煌 P.4676 作"其"。按：二者通假通用。

[87] 罪畢作人，有人之形，無人之情；或癡聾瘖痖，不知人事；復作六畜，食草飲水，以肉供人，生便艱苦，苦無所告。此之罪人，輪還如此，無有出期。

"艱苦"，敦煌 P.4676 作"執苦"。按：二者義近。

"苦無所告"，敦煌 P.4676 圖版如左，《中華道藏》錄作"无誰九告"，《輯校》（P59）錄作"无誰告"，並云："'九'字，寫本無，《中華道藏》錄文衍。"按：《中華道藏》錄文不誤，該段文字都是四字句，不當出現"无誰告"的三字句。如左圖版所示，"誰"、"告"側確有一字，該字錄爲"九"，不誤。"九"在簡帛書中有作🖊（《戰國文字編》，P957）、🖊（《楚系簡帛文字編》增訂本，P1205）等形，可資比參。

然"无誰九告"義難索解，今謂"九"乃"求"之假借，"求告"謂央求別人幫助或寬恕自己（參《漢語大詞典》），"無誰求告"詞義豁然。"求"通"咎"，"九"通"咎"（見《古文字通假字典》，P185），故"求"、"九"亦可相通。"古九聲字與求聲字通"，[1]"仇"通"逑"、"裘"（《古文字通假字典》，P180）；"求"通"究"、"仇"（《説文通訓定聲·孚部》、《通假字匯釋》，P438）；"杭"通"救"、"仇"通"救"（白於藍《戰國秦漢簡帛古書通假字彙纂》，

---

① 王輝：《古文字通假字典》，中華書局 2008 年版本，第 180 頁。

P118 、P121）。可爲旁證。

卷四

[**88**] **惱人家親，張生異端，令生人大小疾病，六畜暴死。**

"惱"，敦煌 S. 3389 作"恐"。按：《輯校》（P62）云："'恐'與'惱'義近，'恐'指恫嚇、使之害怕，……'惱'指麻煩、打擾。"此說可商。"恐"、"惱"義同，皆爲害怕、使恐懼義。敦煌 S. 3389《洞淵神咒經》卷四："惱怖主人。"《道藏》本作"恐怖"，可爲參證。參見本書"惱、惱怖"條。

"張生"，敦煌 S. 3389 作"强生"。按：《輯校》（P62）云："'張'當爲'强'之誤。"此說可商。二者皆通，不妨並存。

"張生"同義連文，猶言產生、引起。"張"有產生、開始義，《廣雅·釋詁三》："張，開也。"《易·繫辭上》："開物成務。"焦循章句："開，始也。"《後漢書·馮衍傳下》："開歲發春兮。"李賢注："開、發，皆始也。"文獻中有"打張"一詞，謂開始，《醒世恒言·李玉英獄中訟冤》："那焦氏就打張了做皇親國戚的念頭，掉過臉來，將玉英百般奉承。"

"生"有漲水義（見《漢語大詞典》），而"漲"之古字作"張"，唐杜甫《登白馬潭》："水生春纜没，日出野船開。"杜甫《嶽麓山道林二寺行》："寺門高開洞庭野，殿脚插入赤沙湖。"清浦起龍心解："赤沙湖在華容縣南，夏秋水張，與洞庭湖通。""水生"、"水張"義同。

從詞例的角度考察，文獻中有"創生"、"發生"、"滋生"等詞，皆有產生、引起義（解釋及例句見《漢語大詞典》），"張"、"創"、"發"、"滋"四詞都有開始義，有相同的組合詞例，義亦當相同。

[**89**] **雲中李子熬，浮遊雲間，來往海濱。**

"熬"，敦煌 S. 3389 作"敖"。按：二者通用。

"濱"，敦煌 S. 3389 作"賓"。按：二者通用。

[**90**] **鳥獸妄作妖怪，夭橫生人，求其血食，俗師所占，恐怖生人。**

"所"，敦煌 S. 3389 作"耶"。按：二者皆通，俗書二字形相似。

"恐怖"，敦煌 S. 3389 作"惱怖"。按：二者義同。

[**91**] **汝等小鬼聞之，因便承峻放石，無有不下，以凶重加，無往不衰，害人元元，自謂汝等，如是以來，世人枉死者半。**

"承"，敦煌 S. 3389 作"依"。按：二者義近。

　　"害人"，敦煌 S. 3389 作"肉人"。按：二者皆通。"肉人"謂凡俗之人，"元元"爲平民百姓。

　　"汝等"，敦煌 S. 3389 作"汝神"。按：二者皆通。

　　[92] 若有官事刑獄囚繫之者，尊示君七十二萬人，殺汝皋陶木索斗枷之鬼。若有水火之气者，吾遣宋銚文曰，領風水將軍二十人萬人殺之。令瓦解丁零鬼，山圖木子鬼，大殃走死鬼，六畜人形鬼。五木百魅鬼、蠻夷氐獠鬼、北狄羌虜鬼、山上鬼、山下鬼。

　　"尊示君"，敦煌 S. 3389 作"導示君"。按："尊"爲形近而誤，《太上洞淵三昧神咒齋懺謝儀》有"導示君真人，尼和萬和士"語，可證。

　　"斗枷"，敦煌 S. 3389 作"斗核"。按："核"、"枷"孰是，《輯校》（P64）未辨。今謂"核"當爲"枷"之形誤。《太上洞淵三昧神咒齋懺謝儀》有"風土木索斗枷鬼"語，乃其證。

　　"宋銚文曰"，敦煌 S. 3389 作"宋就文昌"。按："銚"、"就"孰是，《輯校》（P64）未辨。今謂"銚"乃"就"之形訛，"曰"乃"昌"之殘誤。《太上洞淵三昧神咒齋懺謝儀》有"敕勒宋就文昌風水將軍，四天大王"語，可證。《太上洞淵三昧神咒齋十方懺儀》："敕下勒宋文昌等衆，風雨將軍，四天大王，齊心併力。"疑此句奪"就"字。

　　"丁零"，敦煌 S. 3389 作"丁令"。按：二者通用。

　　"大殃"，敦煌 S. 3389 作"犬狄"。按："狄"同"狀"，音 yín，謂兩犬相咬。但在敦煌文獻中，"狄"爲"狄"之俗字，《中華道藏》及《輯校》（P64）録作"犬狄"，甚是。然《輯校》（P65）謂"狄"爲"狄"之誤字，恐非。"犬狄走死鬼"及下句"北狄羌虜鬼"兩處敦煌 S. 3389 均作"狄"字，故不宜看成誤字。《干禄字書》："狄狄，上俗下正。"張涌泉先生《敦煌俗字匯考》（P253）謂"狄"亦"狄"之俗字，可爲明證。

　　"大殃"、"犬狄"孰是，《輯校》（P64）未辨。今謂"犬狄"不辭，下文有"北狄"，此處不當再有"犬狄"。通過檢索《中國基本古籍庫》收録的一萬餘種古籍，亦未發現有"犬狄"一詞。"犬狄"乃"大殃"之形誤。"歹"、"犭"草書近似，"央"、"火"草書近似，"狄"草書作 𮝸，"殃"草書作 𱊶，[①] 字形頗近。《太上洞淵三昧神咒齋懺謝儀》有

"收除客死雲中李子敖，大殃走死，六畜人形，五木百魅"句，亦可爲明證。

[93] 水中鬼，火中鬼，射公萬種鬼。

"射公"，敦煌 S. 3389 作"射江"。按：二者音近通用。

[94] 子等先爲作符，安十二辰及門户井灶，各各丹書懸之，又作吞符三七道，一日三時與病人服之，夜亦三服之。

"吞符"，敦煌 S. 3389 作"符吞"。按："符吞"當爲"吞符"之誤倒。

[95] 道士三時爲中庭，北向上口章，請於轉經行道，用三時步虛。若不能作大齋者，但即慕道士，三時行道。若能作大齋者，一一如法耳，亦説布施。布施者，天神爲人，可利人耳。

第二個"三時"，敦煌 S. 3389 作"三昧"。按：《輯校》（P65）云："'時'當爲'昧'之誤。"可商，二者不妨兩存。"三時"爲一日之早、中、晚三個時候，《太上洞淵神咒經》卷四"三時"出現多次，且可貫通文義，不可謂誤。"三昧"代三昧大經，亦可通。

"慕"，敦煌 S. 3389 作"暮"。按："若不能作大齋者，但即暮道士三時行道。"《中華道藏》、《輯校》（P65）皆斷句爲"若不能作大齋者，但即暮，道士三時行道。"如此斷句，可商。"即暮"與下文"三時行道"意義不協。"暮"當爲"慕"之通假字，正確訓釋此句的關鍵在於弄清"但即"之義。今謂"但即"乃同義連文，"即"有祇是義。《篇海類編·通用類》："即，只也。"《孟子·梁惠王上》："齊國雖褊小，吾何愛一牛？即不忍其觳觫，若無罪而就死地，故以羊易之也。"劉淇《助字辨略》卷五："此即字猶云但也，特也。""但即暮（慕）道士"句謂祇是仰慕道士，一天三時行道即可，如此則文從字順。

"説"，敦煌 S. 3389 作"訖"。按："訖"乃形近而誤。

[96] 有國之母，可以長久，龍久龍漢之下，赤明之后，積德累功，在乎文武。（敦煌 S. 3389）

"龍久龍漢之下"，敦煌宿 57、S. 1061 均作"龍漢之下"。按："龍久"乃衍文，"龍漢"、"赤明"都是道教年號。

[97] 善者列言左宮，惡者記之右宮。（敦煌 S. 3389）

"右宮"，敦煌 S. 1061 同，宿 57 作"石宮"。按："石"乃形近而誤。

[98] 自今以去，各各攝汝等下兵士，一切刺之，令斥去萬里。

"刺"，敦煌 S. 3389、宿 57 均作 "敕"。按：《輯校》（P68）云：
"'刺'爲'敕'之形誤字。"可商，二者皆通，不妨並存。"刺"有指
責、揭發義。《戰國策·齊策一》："群臣吏民，能面刺寡人之過者，受上
賞。"高誘注："刺，舉也。"

[99] 汝等大倫鬼王，頭破作三十分矣。

"三十"，敦煌 S. 3389、宿 57 均作 "三千"。按：二者皆通。

[100] 道言：連子等八千萬人，專行毒气，令人瘟气重病。今連子
三十六萬人，下行目痛。自今以去，汝等攝汝下絕，若復不去者，鬼王等
頭破作六十分矣。

"八千"，敦煌 S. 3389、宿 57 均作 "八十"。按：二者皆通。

"瘟"，敦煌 S. 3389、宿 57 均作 "温"。按：二者通假通用。

"今"，敦煌 S. 3389、宿 57 均作 "令"。按：二者皆通。

"目痛"，敦煌 S. 3389 作 "因痛"，按：《輯校》（P69）云："'目'
爲'因'之形誤字。"誤，"因痛"不辭，當爲"目痛"之誤，詳見本書
"因痛"條。

"下絕"，敦煌 S. 3389、宿 57 均作 "下人"。按："下絕"不辭，當
爲 "下人" 之誤。

[101] 今有一受道者，大魔王紫真、孔倫、馬延帥、崇仇淵等，各
各助爲作力。

"孔倫、馬延帥、崇仇淵"，敦煌 S. 3389、宿 57 均作 "犯倫、焉延
歸、案淵"。按：二者皆通，作 "孔倫、馬延帥、崇仇淵" 義勝，《太上
洞淵神咒經》卷十一："又有青真大魔王紫真、孔倫、烏延帥、崇全等。"
即其例。

[102] 道言：今十方之鬼，則魔王所統也，自今以去，不得枉殺良
善，晝藏夜行，取人男女。

"不得"，敦煌 S. 3389、宿 57 均作 "不聽"，按："不得"、"不聽"
孰是，《輯校》（P70）未有按斷。今謂 "不聽" 不辭。"聽" 當爲 "德"
之形訛，"德"、"得" 通假通用。《老子》："善者吾善之，不善者吾亦善
之，德善；信者吾信之，不信者吾亦信之，德信。" 朱謙之校釋："嚴、
傅、遂州本及顧本引《節解》，强本成疏及榮注引《經》文，亦均作
'得'。"《荀子·解蔽》："德道之人，亂國之君非之上。" 王念孫《讀書

雜志·荀子七》："德道，即得道也。"均其證。

"聽"、"德"互訛典籍經見，《戰國策·燕策》："天下服聽，因驅以作馳。"士禮居叢書影宋本宋姚宏《戰國策續注》"聽"下注云："一作德。"唐顧雲《投戶部裴德符郎中啟》："塵冗清聽，伏積憂惶。"明刻本《文苑英華》卷六百六十四"聽"下注云："一作德。"晉陶潛《閑情賦並序》："期有德於傳聞。"宋刻遞修本《陶淵明集》卷五"德"下注云："一作聽。"

[103] 復有三千烏鬼，鬼王名文慶子，行赤病白癩病。

"文慶子"，敦煌 S.3389、宿 57 均作"文變子"。按："慶"、"變"孰是，《輯校》（P70）未有按斷。今謂"變"乃形近而誤。"文慶子"道經中常見，《天上洞淵神咒經》卷十一："鬼王名都奴文慶子，行雜疫病。"《太上洞神洞淵神咒治病口章》："鬼神王，姓丘名文慶，領萬鬼，行胸痛病。"《太上洞淵三昧神咒齋懺謝儀》："憂連文慶子等惱害人間。"《太上洞淵三昧神咒齋十方懺儀》："山林水火風土大鬼，憂連文慶子等徒。"皆其例。

[104] 中國有三千九萬人應仙，秦川、漢蜀、三吳之中。

"秦川"，敦煌宿 57 同，S.3389 作"奉川"。按："奉"乃"秦"之形誤。

[105] 司馬平、郭秀之、丁太倫、樂法護、謝英、安費侯、王子林、元伯任、元孫支、道林等三千人。

"太"，敦煌 S.3389、宿 57 均作"大"。按：二者皆通。

"謝英、安費侯"，敦煌 S.3389、宿 57 均作"謝莫女侯"。敦煌本斷句作"司馬平、郭秀之、丁大倫、樂法護、謝莫女、侯王子、林元伯、任元孫、支道林等三千人"。按：二者皆通。

[106] 此經伏一切大魔王，魔王不敢撓之也。自今以去，若有道士經行之處，魔王等四十九王烏川、連子、文吉休、馮鄰子等三千六百小王，各各護持此道士，勿令觸犯此道士也。

"撓"，敦煌 S.3389、宿 57 均作"遶"。按：二者皆通。

"馮鄰子"，敦煌 S.3389、宿 57、S.3412 均作"渴憐子"。按：二者皆通，《太上洞淵神咒經》卷十一作"馮憐子"。

"護持"，敦煌 S.3389、宿 57、S.3412 均作"護治"。按："治"乃通假字，"治"、"持"中古音同，《廣韻》皆"直之切"。"治"、"持"異文，或爲避唐高宗李治諱所致，詳見"以'持'代'治'"條。① 下文［218］同。

"觸犯"，敦煌 S. 3389、宿 57、S. 3412 均作"犯觸"。按：二者逆序而義同。

［107］ 若不救此道士，助惡爲勢，壞亂正法，令道士救治不瘥，所爲不允，一旦有惡者，魔王等悉坐，斬之不恕。

"壞亂正法"，敦煌 S. 3389、宿 57、S. 3412 均作"忽懷亂道法"。按：二者皆通。"懷"、"壞"通假通用，"忽懷亂"三字同義連文。

"不瘥"，敦煌 S. 3389、宿 57、S. 3412 均作"不差"。按："差"、"瘥"古今字。

"不允"，宿 57、S. 3412 同，敦煌 S. 3389 作"不差"。按："不差"不合文義。"差"當是涉上"差"字而誤。

［108］ 天下有四十九萬惡鬼，鬼來令人殣死。

"殣"，敦煌 S. 3389、宿 57、S. 3412 均作"奄"。按：二者皆通。

［109］ 已知汝名字，自今以去，不得枉殺良民。

"已"，敦煌 S. 3389、宿 57、S. 3412 均作"以"。按：二者義近。

［110］ 時世多病男女之人，壬午年入山，勸化愚人。

"勸化"，敦煌 S. 3389、宿 57、S. 3412 均作"勤化"。按：二者義近。

［111］ 愚人不信道法，不受三洞，水來淹殺，刀兵交興。奈何，奈何。

"奈何"，敦煌 S. 3389、S. 3412 同，宿 57 作"秦何"。按："秦"乃"奈"之形誤。

［112］ 道言：天下多惡人，不知有道，見者不從，是以多死耳。

"見者"，敦煌 S. 3389、宿 57、S. 3412 均作"見善"。按：二者皆通。

"不從"，敦煌 S. 3389、S. 3412 同，宿 57 作"有從"。按："有從"不合文義，"有"乃"不"之形訛。

［113］ 道士轉經行道之處，魔王等不得撓之也。

"撓"，敦煌 S. 3389、S. 3412、DX10872 均作"遶"。按：二者皆通。

卷五

［114］ 太上曰：自今以去到戊寅年。

"自今"，BD15500 作"即今"。按：二者義同。

---

① 王彦坤：《歷代避諱字彙典》，中華書局 2009 年版，第 408 頁。

[115] 疫鬼殺惡人。

"殺惡人"，BD15500 作 "煞其惡人"。按：二者皆通。

[116] 至壬午之年，天下洪波。

"洪波"，敦煌 P. 2752 作 "修修"。按：二者義近。"修修" 通 "悠悠"，動蕩貌。見本書 "修修" 條。

[117] 入人宅中，令人口舌門爭。

"爭"，敦煌 P. 2752 作 "諍"。按：二者通用。

[118] 不遵有德。

"遵"，敦煌 P. 2752 作 "尊"。按：二者通用。

[119] 吾今通變，視見一切，豈不遵之。

"遵"，敦煌 P. 2752 作 "示導"。按：二者義近。

[120] 經中之王，神化神咒，凡有四卷。

"凡"，敦煌 P. 2752 作 "几"。按："几" 乃形近而誤。

[121] 先當祀太始五帝。

"祀"，敦煌 P. 2752 作 "祠"。按：二者義近。

[122] 世有病困危厄。

"世有"，DX10305 作 "世人有"。按：二者皆通。

[123] 若名入石函，死籍已定，當爲逐之。

"石函"，DX10305 作 "石匱"。按：二者義近。

"已定"，DX10305 作 "以過"。按：二者皆通。

"逐之"，DX10305 作 "逐取之"。按：二者皆通。

[124] 太上作是語也，乃占十方大神、一切惡鬼、邪魔大王，重禁敕之。(敦煌 P. 2894)

"乃占十方大神"，《輯校》(P85) 未作考辨。按："乃占十方大神" 義不可解，"占" 乃 "召" 之訛。《太上洞淵神咒經》多有 "召十方大神" 語，如卷八："天尊召十方大神，令病得痊，官事自了。" 又："急召十方大神、三洞道士，往化愚人，令知經法。" 卷九："乃召十方大神約敕，令救衆生。""占"、"召" 互訛有用例，《太上洞淵神咒經》卷六："令國王妄占百姓，枉其萬民，民不自全。" 敦煌 S. 930 作 "召"，即其例。

[125] 四方流離，智者入山。甲申壬辰，凶運知之。

"離"，敦煌 P. 2752 作 "𩁹"，《輯校》(P85) 錄作 "難"。按：《輯校》誤，該字乃 "離" 之俗字，《顏氏家訓·書證》所謂 "離則配禹" 正是此字，敦煌文獻中常見，《敦煌俗字典》收錄該俗體字形頗多，可參。

［126］汝等受此經，當寫經卷，立期静室空舍之中，静處高座舉之。

"期"，敦煌 P. 2894 作"其"。按：二者通用。

卷六

［127］收天下外羿男女之鬼，斥去千里。道士療治，無不瘥愈。

"外"，敦煌 S. 930 作"大"。按：二者皆通。

"療"，敦煌 S. 930 作"遼"。按：二者通假通用。

"瘥"，敦煌 S. 930 作"差"。按："差"、"瘥"古今字。

［128］自今以去，若有疾病之人，得三洞之師轉此經處，一切疫鬼聞之，速走萬里，不得來干亂也。當令官事囚徒，自然銷散，若不去者，我遣千萬力士天丁，來下殺汝矣。

"速"，敦煌 S. 930 作"鹿"。按：《輯校》（P90）云："'鹿'，義不詳，蓋即'速'義。"可商。遍查文獻，未見"鹿"有"速"義。今謂此"鹿"字當爲"塵"之殘訛。"塵走萬里"道經有用例，宋路時中編《無上玄元三天玉堂大法》卷二十四："害於人者，一切捉獲，驅斥史公業，黃奴七子，歲分病王，五方五瘟疫癘之鬼，悉令摧崩瓦解，塵走萬里，不得潛蹤放毒，枉害良民。"該例語境與上揭例差不多，都是讓疫鬼遠走，不得害人。"塵"、"鹿"相訛，典籍經見，唐皇甫松《江上送》"人歸塵上橋"，四庫本《全唐詩》在"塵"下注云："一作鹿。"《佛本行集經》卷四十九："迷悶在地，頭髮蓬亂，鹿土坌身，甚大羸弱。"江藍生《魏晉南北朝小說詞語彙釋》（P294）："'鹿土'，疑爲'塵土'之誤。"可資比證。

"千萬"，敦煌 S. 930 作"十方"。按：二者皆通。

"殺"，《輯校》（P90）云："《正統道藏》本作'煞'。"誤，查影印本《正統道藏》實作"殺"。敦煌 S. 930 作"然"。按："然"、"殺"孰是，《輯校》（P90）未辨。今謂"然"乃"煞"之形誤。道經中，"殺"常寫作"煞"，而"然"、"煞"形近易誤。如《增壹阿含經》卷三十一"煞害本無計"，"煞"，資福藏、磧沙藏、普寧藏、永樂南藏、徑山藏、清藏作"然"①。可資比證。

---

① 參見《中華大藏經》第 32 册《增壹阿含經》卷三十一，第 358 頁。

[**129**] 此太上妙言，金口所説，故令三天力士誅其疫鬼也。

"金"，敦煌 S. 930 作"今"。按："今"、"金"通假字，道經多作"金口"。

[**130**] 於今有法師，不貪世宦，自求三洞，專行世間。見世危厄，一心療濟，有官事疾病，爲其人救之。如此之人，先世大福，福流中國，令故來生爲衆生之師耳。

"世宦"，敦煌 S. 930 作"世官"。按：二者皆通。

"療"，敦煌 S. 930 作"遼"。按：二者通假通用。

"有"，敦煌 S. 930 作"右"。按：二者通假通用。

"令"，敦煌 S. 930 作"今"。按："令"字形近而誤。"令故"不合文義，"今故"與上文"先世"對文。道經中多有此類用例，《太上洞淵神咒經》卷九："先世應仙，未即昇騰，今故大富貴也。"敦煌 S. 3309 卷九作"故今"，即其例。

[**131**] 行客之鬼，因世之人有衰，競來祟之。

"祟"，敦煌 S. 930 作"剋"。按：二者皆通。

[**132**] 道言：三天魔王句婆羌十二萬人，汝往世間。

"句婆羌"，敦煌 S. 930 作"句婆差羊"。按："句婆羌"、"句婆差羊"孰是，《輯校》（P93）未辨。"差羊"當爲"羌"之形訛。《太上洞淵神咒經》卷十一："有三天魔王句婆羌十二萬人"，《太上洞淵三昧神咒齋懺謝儀》："三天勾婆羌。"皆其例。

"往"，敦煌 S. 930 作"住"。按："住"乃"往"之形誤。"汝往世間"道經多有用例，乃天尊命令神下凡人間之慣用語。《太上洞淵神咒經》卷九："太上潛之，遣大真人成造、嚴平、王進方、社周、莊玄、唐君等，汝往世間化人，先世有仙骨之者，得見此真人。"《上清天心正法》卷七："如使汝往人間，即須徑去捕捉邪魔。"

[**133**] 有黑足鬼，身長三丈六尺，其目赤黄，或化爲赤烏，名曰足日。

"足日"，敦煌 S. 930 作"之日"。按："之"乃"足"之形誤。《太上洞淵神咒經》卷十一有"又有黑足鬼，身長三丈六尺，目赤黄，或化爲赤烏，名曰足日"句。黑足鬼化爲赤烏，名叫"足日"，蓋與傳説日中有三足烏有關。《太上洞淵神咒經》卷十："亦如天王及大富足人矣。""足"，敦煌 P. 2749 作"之"，可資比參。

[**134**] **或有胸背腰痛，目中水出，謦欬不利。**

"胸"，敦煌 S. 930、S. 1376 均作 "匈"。按："匈"、"胸" 古今字。

"腰痛"，敦煌 S. 930、S. 1376 均作 "腰目痛"。按："目" 字乃涉下而衍。

"謦欬"，敦煌 S. 930、S. 1376 均作 "聲咳"。按：二者通用。

[**135**] **鬼兵遶舍，倚人門户，四方八角，取人小口老人。**

"取"，敦煌 S. 930 同，S. 1376 作 "耳"。按："耳"乃 "取" 之訛脱。

[**136**] **自今以去，不去者，怨黎殺汝，不原。**

"怨黎"，敦煌 S. 930 作 "死利利"，S. 1376 作 "怨利利"。按："死" 乃 "怨" 之殘訛。"怨" 敦煌文獻有作忿、忩、㤙等俗體者，① 可資比證。

[**137**] **取六畜牛馬，行其灾毒。**

"灾毒"，敦煌 S. 930、S. 1376 均作 "火毒"。按：二者皆通。

[**138**] **令天下兵起，犯人刑獄，口舌妄來，門門病痛。**

"犯人"，大谷文书 8104 同，敦煌 S. 930、S. 1376 均作 "死入"。《輯校》（P98）云：" '犯' 當爲 '死' 之誤字。" 可商。

小兒驚啼，官事口舌，犯入刑獄，千病萬疾。

"犯入"，敦煌 S. 930、S. 1376 作 "死人"。二者孰是，《輯校》（P99）未辨。

按："犯人"、"死人"、"死入" 皆當爲 "犯入" 之訛。《太上洞淵神咒經》卷七即有 "若有犯入刑獄，元元恐死者，當先立此齋" 句，"犯入"，敦煌 P. 2444、S. 318 作 "犯事"，亦可爲證。敦煌道經中 "犯"、"死" 常相訛，敦煌 P. 4676《洞淵神咒經》卷三："與師飲丹，自約誓曰：今日飲丹，受經供養，終身不死。""不死"，《道藏》本作 "不犯"，"不死" 不合文義，"死" 即 "犯" 之形誤。

[**139**] **此是鬼王怨朱，急攝汝兵。**

"怨朱"，敦煌 S. 930、S. 1376 同，大谷文书 8104 作 "怨珠"。按：二者通假通用。

[**140**] **領馳則赤頭烏，九千萬人，入人宅中，取人小口老人，行萬種病，病气重多，土公所害，自稱李子敖。**

"取"，敦煌 S. 930 同，S. 1376 作 "耳"。按："耳"乃 "取" 之形讹。

① 參見黄征《敦煌俗字典》，第 523 頁。

“所害”，敦煌 S. 930、S. 1376 均作“雲中”。按：二者皆通。

“李子敖”，敦煌 S. 930 作“李子徽”，S. 1376 作“李子徹”。按：“敖”、“徽”通用。“徹”乃“徽”之形誤。《太上洞淵神咒經》多有“李子敖”語，如卷四：“與雲中李子敖，浮遊雲間。”卷十：“石母太子、雲中李子敖。”卷十一：“又有客死刀兵雲內李子敖。”又：“有李子敖兄弟千億萬鬼。”《太上洞淵三昧神咒齋懺謝儀》：“剪烏丸李子敖。”又：“收除客死雲中李子敖大殃。”《太上洞淵三昧神咒齋十方懺儀》：“收除客死雲中李子敖凶殃之鬼。”

[141] 道言：甲申之旬年中，有鬼王名蒙恬、王翦，各領三萬赤鬼，遍行天下，令人鬥氣，病下惡痢，面目臃腫，胸滿吐下不安。

“蒙恬”，敦煌 S. 930、S. 1376 均作“蒙劫”。按：二者皆通。

“遍行”，敦煌 S. 930、S. 1376 均作“仍行”。按：二者義近。“仍”有一再、頻繁義。《國語·周語下》：“晉仍無道而鮮胄，其將失之矣。”韋昭注：“仍，數也。”《後漢書·王允傳》：“自歲末以來，太陽不照，霖雨積時，月犯執法，彗孛仍見。”《晉書·惠帝紀》：“禍亂滔天，奸逆仍起，至乃幽廢重宮，宗廟圮絕。”

“病下惡痢，面目臃腫”，敦煌 S. 930、S. 1376 均作“下利身重，董面目臃腫”。按：“董”乃涉上衍。

“胸”，敦煌 S. 930、S. 1376 均作“匈”。按：“匈”、“胸”古今字。

[142] 国王各領三萬六千鬼，遊行國土蜀汉，取天下女子、小兒、老公，行卅六種病，病煞人。

“取”，敦煌 S. 1376 同，S. 930 作“耳”。按：《輯校》（P100）云：“‘耳’爲句末語氣詞，‘取’當爲‘耳’之誤字。”可商。《輯校》（P99）斷句“耳”上屬，如此，則“行卅六種病，病煞人”的發出者就成了“天下女子、小兒、老公”，顯然不合文義。“耳”實爲“取”之殘訛，“取”字下屬，如此則怡然理順。《洞淵神咒經》中鬼王掠取人民屢見，如卷六：“鬼王自領四十九萬女鬼，春來取人男子，秋若取人女子，冬便取小口，夏來取老者。”例多不贅。

[143] 自今以去，已知汝名字，鬼王准南子返，白公、韓涉、宋銑、王善等。自今以去，敕汝下鬼，故來殺人不去者，汝頭破作七十分矣。

“韓涉”，敦煌 S. 930、S. 1376 均作“韓沙”。按：二者皆通。

“宋銑”，敦煌 S. 930、S. 1376 均作“宋沙”。按：二者皆通。

"敕汝下鬼"，敦煌 S.930、S.1376 均作"知法下人"。按：《輯校》（P100）未辨。今謂"敕"、"知"義近，謂告知、命令，"法"乃"汝"之形誤。"法"、"汝"常互訛。如《摩訶般若波羅蜜經》卷十"尸迦如汝所説"，"汝"，資福藏作"法"①。《親阿含經》卷四"如汝於父母"，"汝"，資福藏、磧沙藏、普寧藏、永樂南藏、徑山藏、清藏作"法"②。可資比證。

[144] 令國王妄占百姓，枉其萬民，民不自全。

"占"，敦煌 S.930 作"召"。按：二字孰是，《輯校》（P101）未辨，今謂"占"乃形近而誤。詳見本書"占"字條。

[145] 或人道説、欺誑罵辱、圖謀打掠者，令其身考，滅亡子孫。

"欺誑"，敦煌 S.930 作"欺枉"。按：二者義近。

"打掠"，敦煌 S.930 作"打持"。按：二者義近。

[146] 汝等故不去者，遣赤卒小吏八千萬人，下九天太上真騎殺汝等。速收取下鬼，令鬼兵自伏，生人平安，天下蕩蕩。

"汝等故"，敦煌 S.930 作"法故"。按："法"乃形近而誤，參見[143]。

"小吏"，敦煌 S.930 作"小史"。按："史"乃形近而誤。《道藏》無"小史"一詞，"小吏"常見，《太上洞淵神咒經》卷八："大臣小吏，枉人年命。"《太上洞神洞淵神咒治病口章》："尚書僕射，通事小吏。"又："功曹小吏，一合來下。"《太上洞淵三昧神咒齋懺謝儀》："天殺大兵，赤卒小吏，十方主者。"皆其證。

"蕩蕩"，敦煌 S.930 作"陽陽"。按：二者通假通用。

[147] 世多惡人，壬午之年，道士入山者，競共笑之。大水淹來，死至不知。奈何，奈何。聖人預見未兆。

"淹"，敦煌 S.930 作"奄"。按：二者通假通用。

"至"，敦煌 S.930 作"矣"。按：二者皆通。

"預"，敦煌 S.930 作"豫"。按：二者通假通用。

[148] 道言：自今以去，有暴卒病人、官事，口舌者。

"卒"，敦煌 S.930 作"下"。按：二者皆通。"下"有腹瀉義，王雲

① 參見《中華大藏經》第 7 册《摩訶般若波羅蜜經》卷十，第 437 頁。
② 參見《中華大藏經》第 32 册《親阿含經》卷四，第 661 頁。

路、方一新《中古漢語語詞例釋》（P396）：“下：指腹瀉。”葉貴良《敦煌道經詞語考釋》（P21）：“暴下：便血。……《道藏》本作‘暴卒’，‘卒’當是誤字。”《輯校》（P106）：“‘暴下’指血崩或嚴重腹瀉，《正統道藏》本‘卒’當爲‘下’之誤。”此釋甚是，然謂“‘卒’爲‘下’之誤”恐不確。“暴卒”猶言暴死，典籍中極爲常見，漢焦贛《易林·蒙之明夷》：“奄忽暴卒，痛傷我心。”清紀昀《閱微草堂筆記·如是我聞三》：“白環九司寇，無疾暴卒。”二者皆通，不妨並存。

[149] 天遣赤雷將軍二十八萬人，領衆殺之。

“雷”，敦煌 S. 930 作“宮”。按：二者皆通。

[150] 世人爲疫鬼所擾，危厄困篤，命在須臾。

“危”，敦煌 S. 930 作“委”。按：二者通假通用。

卷七

[151] 浩浩日月失度。

“浩浩”，敦煌 P. 2444 作“晧晧”。按：二者通假通用。

[152] 愚人信之，殺六畜享祀此鬼。

“享祀”，敦煌 P. 2444 作“享飴”。按：二者義近。

[153] 自今以去，有如此病者，得三洞之師轉經行道之處，悉令得瘥，若復不降，令生人病不損、官事不了者，大梵天王等及十方主者，斬之不恕矣。

“降”，敦煌 S. 318 同，敦煌 P. 2444 作“除”。按：《輯校》（P113）云：“‘除’是病愈之義，‘降’蓋爲‘除’之形近誤字。”此説誤。“降”有疾病減輕、好轉義，如北魏吉迦夜共曇曜譯《雜寶藏經》卷七：“爾時如來，被迦陀羅刺刺其脚足，血出不止，以種種藥塗，不能得差。諸阿羅漢，於香山中，取藥塗治，亦復不降。”“瘥降”、“降愈”、“降損”常連文，蔡鏡浩《魏晉南北朝詞語例釋》（P170）論之甚詳，可參。

[154] 專取人命，行百二十種病，病殺惡人。

“惡人”，敦煌 P. 2444 同，S. 318 作“人惡”。按：“人惡”乃“惡人”之誤倒。

[155] 我遣三天力士、十萬赤壞兵，收而斬之。

“十萬”，敦煌 P. 2444、S. 318 均作“十方”。按：作“十方”義長，《太上洞淵神咒經》卷九：“十方赤兵、四天魔王、媒女等，悉下來助子。"卷十一："又有三天力士，十方赤兵。""三天"與"十方"對文，即其例。

"赤壞兵"，敦煌 P.2444、S.318 均作"赤兵"。按：二者皆通。

[**156**] **道士既奉三洞者，但急化一切人入道，天人亦喜。**

"既"，敦煌 P.2444、S.318 均作"得"。按：二者皆通。

"亦"，敦煌 P.2444 同，S.318 作"欣"。按：二者皆通。

[**157**] **若有救療病人之處，天人自來佐護子耳。三天玉女要進五千萬人，一合來下。**

"佐"，敦煌 P.2444、S.318 均作"往"。按："往"乃形近而誤。《太上洞淵神咒經》卷二有"令魔王等悉佐護此法師"語。

"玉女"，敦煌 P.2444 同，S.318 作"王女"。按："王"乃"玉"之形誤。《太上洞淵神咒經》中"三天玉女"經見，卷三："三天玉女與大梵天王夫人等八千萬人。"卷八："三天玉女、十方大神仙人。"卷九："三天玉女八十萬億人。"卷十一："又有三天玉女、要進將軍五千萬人。"均其例。

[**158**] **與麻姑遊於杜陽山。**

"於"，敦煌 P.2444、S.318 均作"在"。按：二者義同。

[**159**] **玄女驚曰：咄咄天灾，人民死盡，當奈何救之乎？相與悲嘆。**

"咄咄"，敦煌 P.2444、S.318 均作"叱叱"。按：二者義同。

"悲歎"，敦煌 P.2444、S.318 均作"悲嗟"。按：二者義同。

[**160**] **來詣玄都，具白太上，太上曰：汝等往世間，化一切人。**

第一個"太上"，敦煌 P.2444 同，S.318 作"太山"。按："太山"乃"太上"之訛。

[**161**] **三洞之經，能度衆生諸難。如汝等悉來國土，化人經典，乃能敬信。**

"難"，敦煌 P.2444、S.318 均缺。按："難"爲奪文。

"如汝等"，敦煌 P.2444 作"女等"，S.318 作"汝等"。按：三者皆通。

[**162**] **三女兒者，先身有大福。**

"大"，敦煌 P.2444 同，S.318 作"太"。按：二者通用。

[**163**] **鬼名盈女，悉赤目，專行十方。**

"盈女"，敦煌 P.2444 作"盈女兒子"，S.318 作"盈女，一名貧

子"。按：《輯校》（P115）錄𡰪作"瓮"，誤；《中華道藏》徑錄爲
"𠫰"，亦未識俗字。此字乃"盆"之俗字，"瓮"乃"盆"之俗，俗體
中"瓦"、"凡"、"凡"常混而不別，"盆"字或作"𠫰"（見 S. 388
《正名要錄》），或作𡰪（見《六朝別字記新編》）。《敦煌俗字典》、《敦煌
俗字匯考》（P417）均有論述，可參。

　　"貧子"乃"盆子"之形誤。道經中，鬼名"盆子"者經見，《太上
洞淵三昧神咒齋懺謝儀》有"天人玉女，收捉盈女盆子"語，即其例。
《太上洞淵神咒經》卷二、卷九有"句盆子"，《太上洞淵三昧神咒齋十方
懺儀》有"女盆子"語，可證。

［164］道言：壬午年三月、十月，有赤天疫鬼十二萬頭。

　　"月"，敦煌 P. 2444、S. 318 均作"日"。按：二者皆通。

　　"赤天"，敦煌 P. 2444 同，S. 318 作"赤大"。按：二者孰是，《輯
校》（P116）未辨。"大"乃"天"之形誤。道經無"赤大"語，道經中
有五色天，即黑天、青天、赤天、白天、黃天，《太上洞淵神咒經》卷十
九："又請青天大吏四十八萬人，又請赤天大吏四十八萬人，又請白天大
吏四十人萬人，又請黑天大吏四十人萬人，又請黃天大吏四十八萬人。"
即其例。

［165］復有七十萬黑尾鬼，鬼名蛇舍。

　　"黑尾"，敦煌 P. 2444 作"黑民"，S. 318 作"里民"。按："黑民"、
"里民"皆"黑尾"之誤。《太上洞淵神咒經》中常以身體部位給鬼命
名，尤其以顏色詞加身體部位組成鬼名較爲常見，如卷三："有三十萬長
頭鬼。"卷六："甲戌、壬午年，有黑足鬼。"又："甲辰之歲，有三十九
萬黑面鬼。"卷七："復有兩頭鬼，鬼名當進。"又："有三千萬赤目鬼。"
又："有九十三萬黃身鬼。"又："天怒遣三萬黑面鬼殺人。"卷九："又有
八十萬赤尾鬼，鬼名多阿。"皆其例。

　　"民"、"尾"形近易訛。"黑"、"里"文獻亦有相訛之例，《高僧傳》
卷九《神異傳上》"敕大將軍郭里"，"軍郭里"，資福藏、磧沙藏、普寧
藏、永樂南藏、徑山藏、清藏作"郭黑"，高麗藏作"軍郭黑"①。《賢愚
經》卷四"血流汗海，白黑皆赤"，"白黑"，磧沙藏、普寧藏、永樂南

---

　　① 參見《中華大藏經》第 61 冊《高僧傳卷》卷九，第 392 頁。

藏、徑山藏、清藏作"百里"①。《開元釋教録》卷二"里氏梵志經一卷"，"里"，資福藏、磧沙藏、普寧藏、永樂南藏、徑山藏、清藏作"黑"②。"儵"，俗字或作傗（見魏《寇治墓志》），可資比證。

[166] 悉有八万六千，从上来下，杀灭恶人。

"從上來下"，敦煌 P. 2444 作"從來下"，S. 318 作"從天上來下"。按："從來下"不辭，當有奪文。

[167] 有急病之處，道士經行救人之者，此鬼收却縛之。若復不去，三天力士必斬之耳。須臾，九天力士亦斬殺之，不復恕矣。

"急病"，敦煌 P. 2444、S. 318 均作"急痛"。按：二者義近。

"須臾"，敦煌 P. 2444 作"若須臾"，S. 318 作"若須臾不去"。按："須臾"、"若須臾"皆有奪文。

[168] 有得三洞法師行道之者，此等鬼自然天人收却之。

"收却"，敦煌 S. 318 同，P. 2444 作"收去"。按：二者義近。

[169] 不去者，天丁、力士九十萬人，次次斬之。

"天丁"，敦煌 P. 2444、S. 318 均作"天釘"。按：二者通用。

"九十"，敦煌 P. 2444 同，S. 318 作"九千"。按：二者皆通。

[170] 有法師救病之處，此等鬼自伏，速走萬里。若復不去者，三天力士當斬殺汝，無有遺脱也。

"自伏"，敦煌 P. 2444、S. 318 均作"自然"。按：二者皆通。

"遺脱"，S. 318 同，P. 2444 作"解脱"。按：二者義近。

[171] 村村有四十六萬黃瘴鬼，來入人村，令人吐血，下痢霍亂，卒死心痛，身染黃病。

"瘴"，敦煌 P. 2444 作"疸"，S. 318 作"旦"。按：三者通用。

"村"，S. 318 同，P. 2444 作"宅"。按：二者義近。

"令"，S. 318 同，P. 2444 作"今"。按："今"乃"令"之形誤。

"染"，敦煌 P. 2444、S. 318 均作"著"。按：二者義近。

[172] 自大漢之後，有五通大鬼。

"五通"，敦煌 P. 2444、S. 318 均作"五尺"。按：二者皆通。道經中有"五通鬼"之説，《上清天心正法》卷六："如人足大小者，五通之

---

① 參見《中華大藏經》第 51 冊《賢愚經》卷四，第 65 頁。
② 參見《中華大藏經》第 55 冊《開元釋教録》卷二，第 41 頁。

鬼。"《太上助國救民總真秘要》卷十："妖怪山精五通群鬼作陣。"《無上玄元三天玉堂大法》卷八："木下五通，刑亡惡鬼。"

[173] 又有郝景、女媧、祝融三萬九千人，各領八億萬人。此鬼從伏犧以來，帝王相丞，此大鬼主召領十二萬人。

"相丞"，敦煌 P. 2444 作"相承"，S. 318 作"枉承"。按："丞"、"承"通用。"枉承"不辭，"枉"乃形近而訛。

"召"，敦煌 P. 2444、S. 318 均作"各"。按："召"乃形近而訛。

[174] 各各伺人家，取人男女，疾病、急厄、口舌、官事。

"人家"，敦煌 P. 2444 作"人之家"，S. 318 作"人之處"。按：三者皆通。

"急厄"，敦煌 P. 2444、S. 318 均作"厄急"。按：二者逆序而義同。

[175] 誑斥家親，催促灶君，令人宅神不安。每事不果，行萬種病，病痛急疾。乘風駕雀，妄作光怪，自頃以來，不唯一條。

"催促"，S. 318 同，P. 2444 作"摧捉"。按："摧捉"不辭，乃"催促"之形誤。

"頃"，S. 318 作洬，P. 2444 作㳀。按：《輯校》（P120）云："'洬'同'沫'，爲洗臉義；或同'澗'，爲流水貌。非是。當以'頃'爲是。"甚是，但似認爲"洬"爲誤字。實則這個㳀既不是"沫"也不是"澗"，而是"頃"之俗字，只不過㳀左部三點水連筆，洬未連筆而已。參見本書"頃"字條。

[176] 今遣正一功曹、大明使者、驗神使者。

"大明"，敦煌 P. 2444、S. 318 均作"太明"。按：二者通用，作"大明"更勝。《太上洞淵三昧神咒齋懺謝儀》："八部禁官，大明監神，迴殺使者。"《太上洞淵三昧神咒齋十方懺儀》："願遣大明監邪，迴煞使者。"皆其例。

"驗"，敦煌 P. 2444、S. 318 均作"監"。按：二者義近。

[177] 一切魔邪、百千萬魅、不正之殍、來害生人之家者，一一收捕打殺之。

"魅"，敦煌 P. 2444、S. 318 均作"媚"。按：二者通用。

"正"，敦煌 P. 2444、S. 318 均作"政"。按：二者通用。

"生人"，敦煌 P. 2444、S. 318 均作"主人"。按：二者皆通。

"一一收捕"，敦煌 P. 2444 作"一一爲災人等收捕"，S. 318 作"一一爲主人等收捕"。按：三者皆通。

[178] 國土有大鬼主鄧艾、鍾士季、趙山、王莽、李敖、杜周、劉斗烏、王離、夏侯嬰、蔣公琰、南陽葉公里、夏檀支、蕭何、申屠伯、韓信、田進、梁洪、高沛、孫溫、司馬迥、劉元達，有此大鬼主，令世人或有祠祀武帝、文王，世間供養，立祠不絶。

"趙山"，敦煌 P. 2444、S. 318 均作 "趙凶"。按：二者皆通。

"李敖"，敦煌 P. 2444、S. 318 均作 "李哉"。按：二者皆通。

"劉斗烏"，敦煌 P. 2444、S. 318 均作 "劉斗"。按：二者皆通。

"王離"，敦煌 P. 2444 同，S. 318 作 "王雝"。按：二者皆通。

"葉公里"，敦煌 P. 2444、S. 318 均作 "葉公北里"。按：二者皆通。

"夏檀支"，敦煌 P. 2444、S. 318 均作 "夏支"。按：二者皆通。

"申屠伯"，敦煌 P. 2444、S. 318 均作 "申白"。按：二者皆通。

"田進"，敦煌 P. 2444、S. 318 均作 "佃進"。按：二者皆通。

"司馬迥"，敦煌 P. 2444、S. 318 均作 "司馬迴"。按：二者皆通。

"令"，敦煌 P. 2444 同，S. 318 作 "今"。按：二者皆通。

"供養"，敦煌 P. 2444、S. 318 均作 "傳養"。按：二者皆通。

"立祠"，敦煌 P. 2444、S. 318 均作 "立祀"。按：二者義近。

[179] 爲天下人作祟，祟病殺人，年年月月，行千萬種病。

"祟病殺人，年年月月，行千萬種病"，敦煌 P. 2444 作 "祟病煞人年命，月日行千萬種病"。S. 318 作 "祟病煞人年命，年年日月，行千萬種病"。按：三者皆通。"月日"、"日月" 作 "月月" 義長。

[180] 或四支沈重，寒熱下痢，臃肿水腹黑病，頭目悉痛，胸背燠熱。

"寒热下痢"，敦煌 P. 2444、S. 318 均作 "寒熱敕色下痢"。按：二者皆通，"敕色" 即赤色。痢病有多种，赤色是其中之一，《太上洞淵神咒經》卷六："寒熱淋瀝，下痢赤黑。"卷七："各領千萬人，專行下赤痢病。"卷八："萬黑鬼，行下痢赤病。"均其例。

"燠熱"，敦煌 P. 2444、S. 318 均作 "懊熟"。按："懊熟" 不辭，"熟" 乃 "熱" 之形誤。P. 2444《洞淵神咒經》卷七："令人寒熱浮腫，四支赤熟，不宜小兒。"句中 "赤熟" 亦當是 "赤熱" 之誤，"熱"、"熟" 典籍常互訛，P. 2133《妙法蓮華經講經文》："直待衆生根性熟，還宣中道法花經。"潘重規《敦煌變文集新書》云："原卷作‘熟’，《變文集》誤作‘熱’。”①　《敦煌變文集校注》從潘校。②唐李賀《夜飲朝眠曲》：“熟粉生香琅玕紫。”文淵閣《四庫全書》本《全唐詩》卷三百九十二“熟”下注云：“一作熱。”唐寶常《奉送職方崔員外攝中丞新羅册使》：“順風鯨浪熱。”文淵閣《四庫全書》本《全唐詩》卷二百七十一“熱”下注云：“一作熟。”

[181]道言：此等之人，皆悉是往時大將、任事之人，死亡之後，各有人立祠，祀之不止。

“任事之人”，敦煌 P. 2444 作“在事之後”，S. 318 作“在事之人”。按：“在事之後”不辭，“在事”、“任事”同義，即居官任事，“任”、“在”義相通用，古書常見。詳見真大成《中古史書校證》（P342）。“後”當涉下句“死亡之後”而誤。

“祀”，敦煌 P. 2444、S. 318 均作“祠”。按：二者通用。

[182]今傳有百鬼附之，唯成大衆，仍伺人形便，殺害百姓。

“傳”，敦煌 P. 2444 同，S. 318 作“專”。按：二者通假通用。

“形便”，敦煌 P. 2444、S. 318 均作“刑便”。按：二者義同，謂有利的時機。

[183]官事萬凶，凶來奄殺，人口多死，從來非一。今遣赤盧大禁兵，身長萬丈，八十萬人，各領三億萬衆，來下收捕此等之鬼王。

“奄殺”，敦煌 P. 2444、S. 318 均作“奄人”。按：二者義近。“奄人”即“掩人”，謂趁人不備而襲擊。

“大禁兵”，敦煌 P. 2444 同，S. 318 作“大葉兵”。按：“葉”乃形近而誤。“禁兵”一詞，《太上洞淵神咒經》常見，卷二：“我今遣八部禁兵。”卷十一：“又有赤盧大禁兵鬼，身長萬丈，八十萬人。”卷十九：“我隊頭盧禁兵億億萬衆。”均其例。

“收捕”，S. 318 同，P. 2444 作“將捕”。按：二者義近。

[184]今此三洞法師轉經救人之處，當令神兵九萬億人，護此生人之家大小口數。

“當令”，S. 318 同，P. 2444 作“當今”。按：“今”乃“令”之形誤。

“神兵”，P. 2444 作“訞兵”，S. 318 作“言兵”。按：“神兵”、“訞

---

① 潘重規：《敦煌變文集新書》，文津出版社 1994 年版，第 197 頁。

② 黃征、張涌泉：《敦煌變文集校注》，中華書局 1997 年版，第 717 頁。

兵”義近。“言兵”不辭，“言”當是“訛”之殘訛。

　　[185] 和喻家親、太祖父母、内外殃殍，及祠之者，不祠之者，悉爲分別遣之，悉令了了。又造刑獄之鬼，皋陶、木索之君，十二令吏，八十九萬將，一切長侯。

　　“殃”，敦煌 P. 2444 作“强”，S. 318 作“猶”。按：《輯校》（P123）無按斷。今謂“殃殍”、“强殍”、“猶殍”三者皆可通，“殍”爲鬼怪之稱，“强殍”謂强横的鬼怪，“殃殍”謂給人帶來殃禍之鬼怪，“猶殍”謂欺騙人的鬼怪。“猶”有欺詐義，《廣雅·釋詁二》：“猶，欺也。”王念孫疏證：“猶者，《方言》：‘猷，詐也。’猷，與猶同。”《詩·小雅·巧言》：“爲猶將多，爾居徒幾何？”馬瑞辰通釋：“《廣雅》：猶，欺也。爲猶將多，言其爲欺詐且多也。”《明史·方孝孺傳》：“天降亂離兮孰知其由，奸臣得計兮謀國用猶。”可資比證。

　　“造”，敦煌 P. 2444、S. 318 均作“告”。按：二者通假通用。

　　“令吏”，敦煌 P. 2444、S. 318 均作“令史”。按：“史”乃“吏”之形訛。

　　“九萬將”，敦煌 P. 2444 作“卒侍”，S. 318 作“九待”。按：《輯校》（P124）云：“‘待’當作‘侍’。”可商。遍查典籍，“卒侍”未見用例。[1] 今謂“待”、“侍”皆“將”之形誤，“卒侍”、“九待”皆“卒將”之誤。“卒將”謂士兵和將軍，典籍常見，清乾隆武英殿刻本漢司馬遷《史記》卷五十五：“良曰：此獨其將欲叛耳，恐士卒不從，不從必危，不如因其解擊之。”司馬貞索隱：“謂卒將離心而懈怠。”例句尚多，不備舉。

　　“卒”俗體作“卆”，《龍龕手鑒·十部》：“卆，俗；卒，正。”殘訛作“九”。“將”、“待”互訛典籍經見，如唐杜甫《四松》：“聊待偃蓋張。”清文淵閣《四庫全書》本清仇兆鰲《杜詩詳注》卷十三“待”下注云：“一作將。”唐柳宗元《披沙揀金賦》：“耀真質而將殊。”明刻本《文苑英華》卷一百一十八“將”下注云：“一作待。”“將”、“侍”亦有互訛之例，《法句喻經》卷一“何獨行而無將從”，“將從”，資福藏、磧沙藏、普寧藏、永樂南藏、徑山藏、清藏作“侍從”[2]。

────────────

①　以愛如生公司研發的《中國基本古籍庫》收録的一萬餘種古籍爲主要檢索範圍。

②　參見《中華大藏經》第 52 册《句法喻經》卷一，第 184 頁。

［186］去離三塗，得在道鬼輩中，逍遥無爲，祐利生人，疾病除瘥，萬事解了。

"道鬼"，敦煌 P.2444、S.318 均作"米鬼"。按：《輯校》（P124）云："'米'指五斗米道，故又稱'米鬼'或'道鬼'。"該説可疑，遍查道教文獻及古典文獻，未發現有"米鬼"用法。頗疑此"米"字乃"来"之訛。P.2444《洞淵神咒經》卷七："自頃以**米**，不唯一條。"是其比。"來鬼"謂經過鍊度之後脱離了三涂苦難準備投胎之鬼。然"來鬼"文獻尚不足徵，姑存疑待質。

"祐利"，敦煌 P.2444、S.318 均作"祐和"。按：二者義近。

"萬事"，敦煌 P.2444、S.318 均作"萬民"。按：二者皆通。

［187］大魔黎洪等，頭破作三千五百分矣。

"黎洪"，敦煌 P.2444、S.318 均作"犁洪"。按：二者通用。

［188］道言：告大魔王伏仁，今有生人，疾病困苦，四肢八體，口喉不利，頭痛目眩，胸背燠疼。手足不拘，五臟焦然。

"今"，敦煌 P.2444 同，S.318 作"令"。按："令"乃形誤。

"疾病困苦"，敦煌 P.2444、S.318 均作"疾病苦"。按：奪"困"字。

"口喉"，敦煌 P.2444 作"咽喉"，S.318 作"唯咽"。按："唯咽"不辭，P.2444 作"咽喉"，"唯"乃"喉"之形誤。"喉咽"即"咽喉"，《道藏》本作"口喉"，義近。"喉"、"唯"在敦煌文獻中常相訛，如 P.2793《洞淵神咒經》卷九："此罪人亦當卒，吐血唯塞，身體浮腫。""唯塞"不辭，《道藏》本、P.2473 均作"喉塞"，"唯"乃"喉"之形誤。P.2366 前《洞淵神咒經》卷十："受法奉經，不必大小，不必老少也，亦無男女也，喉有心奉之者，天人移壽，終不橫死也。""喉"，《道藏》本作"唯"，"喉"乃"唯"之形誤。

"燠"，敦煌 P.2444 作"奥"，S.318 作"懊"。按：三者通用

"不拘"，S.318 作"不收"。按：二者義近。

"焦然"，S.318 作"燋燃"。按：二者通用。

［189］夢寤不静，但與死人相逐，内外大小元元，恐不全生。

"夢寤"，敦煌 P.2444、S.318 均作"夢悟"。按："寤"、"悟"通假通用。

"内外"，敦煌 P.2444、S.318 均作"肉人"。按：二者皆通。"肉人"

即凡俗之人。

"元元"，敦煌 P. 2444 作"无无"。按："无无"乃形近而誤。"元元"謂百姓，《後漢書·光武帝紀上》："上當天地之心，下爲元元所歸。"李賢注："元元，謂黎庶也。"

[190] 今世清吉，鬼不得妄來。若有宅中故氣，四向殃殄，一切惡鬼，山林池澤之鬼，一一收之。

"今世清吉，鬼不得妄來"，敦煌 P. 2444、S. 318 均作"今世清鬼苦不得妄來"。《中華道藏》斷作"今世清鬼，苦不得妄來"。《輯校》（P125）斷作"今世清鬼苦，不得妄來"。按：《輯校》斷句不可取，"今世清鬼苦"句義難理解；《中華道藏》斷句可取，但未辨文字之誤。今謂"苦"當是"吉"之形誤，"鬼"、"苦"又誤倒，如此則怡然理順。"苦"、"吉"相訛常見，如《大方廣十輪經》卷五"一切疑綱及衆吉相"，"吉"，資福藏、永樂南藏、徑山藏、清藏作"苦"①。又卷七"諸吉相常見斷見離"，"吉"，永樂南藏、徑山藏、清藏作"苦"②。可資比證。

"四向"，敦煌 P. 2444、S. 318 均作"四面"。按：二者義近。

[191] 疾病生人之家者，爲是何鬼？若生人太祖父母，不應來祟……，自今以去，急收汝下鬼，若生不瘥，官事不了，大魔王千斬之，必不恕矣。

第一個"生人"，敦煌 P. 2444、S. 318 均作"主人"。按：二者皆通。

第二個"生人"，敦煌 P. 2444 作"生"，S. 318 作"主人"。按：敦煌 P. 2444"生"後奪"人"字。

"若生不瘥"，敦煌 P. 2444、S. 318 均作"若主人不差"。按："若生不瘥"不辭，"生"後奪"人"字。

[192] 入人家宅，令人寒熱浮腫，四肢赤熱，不宜小兒，產婦暴死。

"赤熱"，敦煌 P. 2444、S. 318 均作"赤熟"。按："赤熟"不辭，"熟"乃形近而誤。

[193] 三公自罰，天下流亂，水旱不調，虐鬼但來捕人。國主自病，坐有枉濫。

"流亂"，敦煌 P. 2444、S. 318 均作"亂流"。按：二者逆序義同。

---

① 參見《中華大藏經》第 11 冊《大方廣十輪經》卷五，第 136 頁。
② 參見《中華大藏經》第 11 冊《大方廣十輪經》卷七，第 150 頁。

"但"，敦煌 P. 2444、S. 318 均作"旦"。按：二者通假通用。

"枉濫"，敦煌 P. 2444 同，S. 318 作"枉攬"。按：二者通假通用。

[194] 萬民嗥天，天怒遣三萬黑面小鬼殺人。汝等欲得免此鬼苦者，各各受三洞真經。

"怒"，敦煌 P. 2444 同，S. 318 作"恕"。按："恕"乃形近而誤。

"免"，敦煌 P. 2444、S. 318 均作"脱"。按：二者義同。

[195] 道言：有病人之家，若有犯入刑獄，元元恐死者，當先立此齋。

"犯入"，敦煌 P. 2444、S. 318 均作"犯事"。按：二者义同。

"元元"，敦煌 P. 2444 作"无无"，S. 318 作"无元"。按："无无"、"无元"皆"元元"之形誤。

[196] 張好籍帳，若淨室之中，備安三寶香燈供養之具，令辦集淨潔。

"籍帳"，敦煌 P. 2444、S. 318 均作"薄帳"。按：二者義同。

"室"，敦煌 P. 2444、S. 318 均作"屋"。按：二者義同。

"辦"，敦煌 P. 2444 作"辨"，S. 318 作"辯"。按：三者通假通用。

[197] 法師中務取一人聰明了了分明者爲法師，與主人唱道。

"人"，敦煌 P. 2444、S. 318 均作"上"。按：二者皆通，作"上"義長。

"聰明"，敦煌 P. 2444 同，S. 318 作"聽明"。按：二者義近。

"唱道"，S. 318 同，P. 2444 作"唱導"。按：二者通假通用。

[198] 高越而望天，聽雲中鴻聲。若聽曒曒之響，似玄景之宮，天人之歌矣。

"高越"，敦煌 P. 2444、S. 318 均作"高趣"。按：二者義近。

"若"，敦煌 P. 2444、S. 318 均作"各"。按："各"乃形近而誤。

"玄景之宮"，P. 2444 作"玄中"，S. 318 作"玄之"。按："玄之"不辭，"之"當爲訛誤。"玄中"謂空玄之中，《洞玄靈寶飛仙上品妙經》："道士求仙學道，第一建齋，便有萬神在空玄之中。"《太上助國救民總真秘要》卷三："次存北斗斗中，真人玉女，三元將吏，從空玄之中，靡靡身形。"可參。

[199] 兼有口舌官事、刑徒囚繫等，令差。

"囚繫"，敦煌 P. 2444、S. 318 均作"高獄"。按：二者義近。

"令"，敦煌 P. 2444 同，S. 318 作 "今"。按："今" 乃形近而誤。

[200] 召唤萬鬼對之，何鬼爲也？汝促驅之，令自然得瘥。

"汝促驅之"，敦煌 P. 2444 作 "汝驅之"，S. 318 作 "佐汝驅之"。按：
"佐汝驅之" 不合文義，當作 "汝促驅之"，"佐" 當爲 "促" 之形誤。

[201] 疾病不愈者，大魔王及小鬼王斬之不恕矣。

"小鬼王"，敦煌 P. 2444 同，S. 318 作 "小鬼主"。按：二者義近。

[202] 多有瘟氣八十種病。古之死將孟達、馬援、李卿、王鳳、閻
振、左丘、盜者、魚父、華元、吉成洪等，各領千萬人，專行下赤痢病。

"瘟氣"，敦煌 P. 2444、S. 318 均作 "温氣"。按：二者通假通用。

"死將"，敦煌 P. 2444、S. 318 均作 "死主"。按：二者義近。

"馬援"，敦煌 P. 2444、S. 318 均作 "馬授"。按：二者皆通，"馬援"
義勝，漢有伏波將軍馬援。

"李卿"，敦煌 P. 2444、S. 318 均作 "李卯"。按：二者皆通。

"左丘"，敦煌 P. 2444 同，S. 318 作 "左兵"。按：作 "左丘" 義長。

"吉成洪"，敦煌 P. 2444、S. 318 均作 "古成供"。按：二者皆通。

"下赤痢病"，敦煌 P. 2444、S. 318 均作 "下利赤病"。按：二者
皆通。

[203] 倚人門户，取人小口，恐人家親，家親畏之，遂令仕宦不遷，
宅中虛耗。

"畏之"，S. 318 同，P. 2444 作 "畏人"。按："畏人" 不合文義，
"人" 當是形近而誤。

"仕宦"，S. 318 同，P. 2444 作 "士宦"。按：二者義同。

[204] 時國主往往有信法受持經書者，但疫鬼甚放，三千九萬種病，
病煞人。(敦煌 P. 2444)

"甚放"，S. 318 作 "甚衆"。按：二詞何者爲是？ 《輯校》
(P130) 無按斷。《中華道藏》整理者不曉 "放" 之意義，斷此句作
"但疫鬼甚，放三千九萬種病，病煞人。" 誤。今謂二詞皆可通，
"放" 有放縱、放肆義，"疫鬼甚放" 謂疫鬼很放肆，不受拘束。《廣
雅·釋言》："放，妄也。"《孟子·滕文公下》："湯居亳，與葛爲鄰，
葛伯放而不祀。" 趙岐注： "放縱無道，不祀先祖。"《文選·嵇康
〈與山巨源絕交書〉》： "又讀《莊》《老》，重增其放。" 李善注：
"放，謂放蕩。" 可資比證。

“但疫鬼甚放”，《正統道藏》本作“疫氣熏蒸”，《輯校》（P131）云：“《正統道藏》作‘疫鬼重蒸’。”不知何據。

[205] 天遣赤卒七十萬人，手持銅戟，斬殺邪鬼，收世間一切殃殍。

“卒”，敦煌 P.2444 同，S.318 作“倅”。按：二者通假通用。

“殃殍”，敦煌 P.2444 同，S.318 作“强殍”。按：二者義近。

[206] 世多惡人，天遣力士誅之，先問善惡也。天兵大衆，何可制乎？但道士轉經救之者令生，勿復殺之也。

“先”，敦煌 P.2444、S.318 均作“不”。按：二者皆通，作“不”義長。

“大衆”，敦煌 P.2444 同，S.318 作“无衆”。按：“无衆”不合文義，“无”當爲“大”之形誤。

[207] 自今以去。

“自今以去”，敦煌 P.2444、S.318 均作“自今以始”。按：二者義同。

[208] 大門鬼吏大真公，小門鬼吏小真公，房守門吏衣文，後守門吏萬倫，竈門守吏炎景，道上守吏尸供。

“房守門吏”、“後守門吏”，敦煌 P.2444、S.318 均作“房門守吏”、“後門守吏”。按：二者皆通，考察上下文，“房門”、“後門”、“竈門”、“道上”恰相對文，作“房門守吏”、“後門守吏”義勝。

“衣文”，敦煌 P.2444 作哀文，S.318 作“哀父”。按：三者皆通。

[209] 内外大鬼，宅中殃殍，男女客亡，水火金木之所殺害者，各各自約，今何鬼來病生人？

“殃殍”，敦煌 P.2444、S.318 均作“强殍”。按：二者義近。

“客亡”，敦煌 P.2444 作“客死”，S.318 作“客民”。按：“客民”當爲“客死”之形近而誤。

“今”，敦煌 P.2444、S.318 均作“令”。按：二者皆通。

[210] 钟馗打殺，得便付之辟邪，所付與天一北獄。恐其有枉，令救下萬民，若有疾病生人之家者，速令放之。

“所付”，敦煌 P.2444、S.318 均作“傳”。按：二者義近。

“令”，敦煌 P.2444、S.318 均作“今”。按：二者皆通。

“生人”，敦煌 P.2444、S.318 均作“主人”。按：二者皆通。

“速令”，敦煌 P.2444、S.318 均作“差來”。按：二者皆通。

[211] 一一如咒語，如太上口敕，不得留停，急急如律令。（敦煌 P. 2444）

"咒語"，S. 318 作"兒語"。按："兒"乃形近而誤。"咒"、"兒"有相訛之例，如《繫觀世音應驗記》"爲佛佛虜兒長樂公所破"，"兒"寫本作"咒"①。《广弘明集》卷八"黄書兒癲无法"，"兒"，諸本作"咒"②。可資比證。

[212] 自今以去，與魔王夏銀、烏丸、烏延、赤波、洪丘等誓曰。

"烏丸"，敦煌 P. 2444 同，S. 318 作"烏九"。按："九"當爲"丸"之形訛。"烏丸"乃魔王之名，《太上洞淵神咒經》常見，如卷三"世有烏丸鬼王，身長七尺"。又："大魔王拂旦、烏丸，悉頭破作九十分矣。"卷七："各各斬此大魔王烏丸等。"

"洪丘"，敦煌 P. 2444 同，S. 318 作"洪兵"。按："兵"當爲"丘"之訛。

[213] 多有六夷氐獠羌胡之鬼流行，行萬六千種病，病殺惡人。

"氐"，敦煌 P. 2444 作 ，S. 318 。《輯校》（P134）云："底本原作'互獠'，斯三一八號作'五蛣'。按：'互'爲'氐'之俗字，'五'爲'互'之訛字。"按：此説可商。底本 P. 2444 和 S. 318 號這兩個字都是"氐"之俗字，不當録作"五"字，更非"互"之訛字。詳見張涌泉《敦煌俗字匯考》（P351 頁）、《敦煌俗字典》（P80—82 頁）、曾良《俗字及古籍文字通例研究》（P75 頁）。

"獠"，敦煌 P. 2444 同，S. 318 作"蛣"。按：二者通用。《輯校》（P134）謂"蛣"爲"獠"之換旁形声字，甚是。

[214] 鄧艾鬼王與劉斗。

"鬼王"，敦煌 P. 2444、S. 318 均作"鬼主"。按：二者義近。

[215] 自今以去，太上與大魔王三十六王、荀谷等十二萬鬼主。

"荀"，敦煌 P. 2444、S. 318、Ch. 86. iv 均作"旬"。按：二者通假通用。

"十二萬"，敦煌 S. 318、Ch. 86. iv 同，P. 2444 作"十二"。按："萬"字奪。

---

① 參見董志翹《〈觀世音應驗記三種〉譯注》，江蘇古籍出版社 2002 年第一版，第 97 頁。
② 參見《中華大藏經》第 62 册《广弘明集》卷八，第 1034 頁。

　　[**216**] **男女疾病引日沈困者，一切惡鬼家神不佑人爲山林百邪所害者。**

　　"引日"，敦煌 P. 2444、S. 318、Ch. 86. iv 均作"彌日"。按：《輯校》（P135）云："據文義，當以'彌日'爲是，'引日'爲'彌日'之誤。"此說不妥。二者義同，"引日"謂連日。見本書"引日"條。

　　"佑"，敦煌 P. 2444、S. 318、Ch. 86. iv 均作"祐"。按："祐"、"佑"古今字。

　　[**217**] **汝一一斬首萬段，以謝枉愆。**

　　"枉"，敦煌 P. 2444、S. 318、Ch. 86. iv 均作"往"。按：《輯校》（P135）云："'枉'爲'往'之誤。"可商。二者皆通。"往愆"謂往日之罪過，"枉愆"謂使人枉死導致的罪過。聯繫道經上下文，"枉愆"可能更符合文義，《洞淵神咒經》卷七："一切惡鬼家神不佑人爲山林百邪所害者，一一令瘥愈，勿使枉命也。若自今以去，故令枉死妄夭人命者，大魔王及小鬼王，汝一一斬首萬段，以謝枉愆。"這段文字，連續出現三個"枉"字，"枉愆"正是前面兩個"枉命"、"枉死"的結果，似不宜謂爲誤字。

　　[**218**] **一一如鬼律，收付天一北獄治罪。**

　　"治罪"，敦煌 P. 2444、S. 318、Ch. 86. iv 均作"持罪"。按："治"、"持"通假通用。"治"、"持"中古音同，《廣韻》皆"直之切"，詳見前[106]。

　　[**219**] **王有無數大兵，橫行天下，令與吾共誓：一治百姓，不得枉濫，妄誅無罪之人，因此凶衰，爲作祟也。**

　　"令"，敦煌 P. 2444、S. 318 均作"今"。按：二者皆通。

　　"枉濫"，敦煌 P. 2444、S. 318 均作"枉攬"。按：二者通用。

　　"因此"，敦煌 P. 2444、S. 318 均作"因人"。按：二者皆通。

　　[**220**] **疾病除瘥，官事解了，門族和睦，天下安穩，五穀豐熟，君民忻悦。**

　　"除瘥"，敦煌 P. 2444 作"除差"，S. 318 作"除愈"。按：二者義同。

　　"和睦"，敦煌 P. 2444、S. 318 均作"和穆"。按：二者義同。

　　"安穩"，敦煌 P. 2444、S. 318 均作"安隱"。按：二者義同。

　　"忻"，敦煌 P. 2444、S. 318 均作"欣"。按：二者義同。

卷八

[**221**] **蜀漢浩浩，人民頓死。**

"浩浩"，敦煌 P. 2365 作 "晧晧"。按：二者通假通用

"頓死"，敦煌 P. 2365 作 "頓无"。按：二者皆通。

[**222**] **其命乃全矣。**

"全"，敦煌 P. 2365、P. 2424 均作 "存"。按：二者義近。

[**223**] **名大旦，身長三尺六寸，三萬九億爲侶，手提赤棒。**

"大旦"，敦煌 P. 2365、P. 2424 均作 "但"。按：二者通用。

"提"，敦煌 P. 2365 作 "捉"。按：二者義同。

[**224**] **有大魚死於水中。**

"水中"，敦煌 P. 2365 作 "水上"。按：二者義近。

[**225**] **若有道士救之官事疾病之處，天人玉女四十萬人，來下助人，不令有厄。**

"玉女"，P. 2424 同，敦煌 P. 2365 作 "王女"。按：二者孰是，《輯校》（P141）未辨。今謂 "王" 乃 "玉" 之形誤。《太上洞淵神咒經》中 "天人玉女" 常見，卷一："太上將天人玉女人千萬億人，來下救之。" 又："自然力士、天人玉女，悉來侍衛。" 卷二十："天人玉女，自然助人善心矣。" 又："天人玉女，十方仙人。" 皆其例。

"助人"，敦煌 P. 2365、P. 2424 均作 "助之"。按：二者皆通。

[**226**] **大劫將至，人民更易。**

"更易"，敦煌 P. 2365、P. 2424 均作 "更生"。按：二者皆通。

[**227**] **衆生染着愚迷，不自求出。**

"染着"，敦煌 P. 2365、P. 2424 均作 "染看"。按："染看" 不辭。"看" 乃形近而誤，詳見 [48]。

"愚迷"，敦煌 P. 2365、P. 2424 均作 "愚道"。按：二者義近。《輯校》（P142）云："'迷' 爲 '道' 之誤，'迷' 蓋受後文 '守迷' 影響而誤。" 此説不妥。據不完全檢索，"愚迷" 一詞僅在三家本《道藏》中就出現 146 次，不可謂誤。在《太上洞淵神咒經》一書中也出現多次，如卷十二："慈悲惠法水，以用洗愚迷。" 卷十五："愚迷不能學，智者常棲依。" 卷十五："天人化愚迷，神仙超雲征。" 可資比證。

［228］急召十方大神、三洞道士。

"急"，敦煌 P. 2365、P. 2424 均作 "乃"。按：二者皆通。

［229］道士入山，山途玄隔。

"玄隔"，敦煌 P. 2365、P. 2424 均作 "玄高"。按：二者義近。

［230］自今以去，與汝大魔王等，分契誓矣。

"誓"，敦煌 P. 2365、P. 2424 均作 "爲信"。按：二者義近。

［231］六畜暴死，國不恤人，人民流離。

"國不恤人"，敦煌 P. 2365、P. 2424 均作 "國主不卹人民"。按："國不恤人" 義不可解，當奪 "主" 字。

［232］汝等道士，但與行道轉經，一日一夜。吾當遣三天大兵三十六萬人，爲生人召十方鬼等問之，爲復何鬼病人？各自揀擇，令善惡分別。

"與"，敦煌 P. 2365、P. 2424 均作 "爲"。按：二者孰是，《輯校》（P144）未辨。二者義同。"與" 有爲、替之義，《孟子·離婁上》："所欲，與之聚之。" 王引之《經傳釋詞》卷一："言民之所欲，則爲民聚之也。"《史記·陳涉世家》："陳涉少時，嘗與人傭耕。"《京本通俗小説·西山一窟鬼》："在吳洪家裏興妖，併駝獻嶺上爲怪的，都與我捉來！"

"三十六萬"，敦煌 P. 2365、P. 2424 均作 "三千六萬"。按：二者皆通。

"生人"，敦煌 P. 2365、P. 2424 均作 "主人"。按：二者皆通。

"召"，敦煌 P. 2365 作 名，P. 2424 均作 名。按：《輯校》（P145）云："'名' 爲 '召' 之俗寫。" 可商。這兩個字形録作 "名" 字，不誤，但非 "召" 之俗字，而是 "召" 之形誤字。"召" 之俗體頗多，然無作二字形者，詳見《敦煌俗字匯考》（P126），曾良《俗字及古籍文字通例研究》（P112）有 "'名'、'召' 相混例"，可參，故看成形誤字可也。《洞淵神咒經》卷八："召喚百鬼，祠祀野神。" 敦煌 P. 2365 作 "名喚"，亦爲 "召喚" 之形誤。

"復"，敦煌 P. 2365、P. 2424 均作 "是"。按：二者孰是，《輯校》（P145）未辨。今謂二者皆通，"爲是" 同義連文，"爲是何鬼病人" 謂是什麼鬼病人？"復" 表示反問或加強語氣，《助字辨略》謂 "語助詞" 是也。《世説新語·政事》："文王之囿，與衆共之，池魚復何足惜？" 李白《九日登高》："古來登高人，今復幾人在？" 可資比證。

"揀擇"，敦煌 P. 2365 作"蕳擇"、P. 2424 均作"蘭擇"。按："揀擇"、"蕳擇"通假通用。"蘭"當爲"蕳"之形誤。

[233] 山林之鬼，名玄子都。

"玄子都"，敦煌 P. 2365、P. 2424 均作"江子都"。按：二者孰是，《輯校》（P145）未辨。今謂"玄"當爲"江"之形近誤字。"工"字俗寫常作工（見《隸辨・東韻》），與"互"形似，①"互"、"玄"在敦煌文獻中亦相似，詳見《敦煌俗字典》（P467）；"江"作汪（見《漢隸字源・江韻》），與"洭"相似，《字彙・水部》："洭，此字或汪之訛。"可見，"江"與"洭"完全可能相誤，《釋迦譜》卷一"即優鉗子摹居江比丘"，"江"，高麗藏作"洭"②，即其例。殘訛則爲"玄"，相訛途徑如下："江（汪）→洭（洭）→玄"。"江子都"道經有用例，如《道要靈祇神鬼品經》："山林之鬼名江子都，領二千九十萬鬼，常伺殺人小口，託作老人，來入人宅。"可爲確證。

"玄子都"雖然《太上洞淵神咒經》常見，如卷四："舍宅之鬼名玄子都。"卷十一："又有舍宅之鬼，名玄子都。"《太上洞淵三昧神咒齋懺謝儀》："門戶井灶之鬼，承伯阿偏然玄子都。"但指的是舍宅之鬼，"江子都"是山林之鬼，二者非同一鬼名，不可一律。

[234] 復有八十萬青蟲鬼，鬼長三尺六寸。

"青蟲鬼"，敦煌 P. 2365、P. 2424 均作"六精蟲鬼"。按：二者皆通。

[235] 惡人無義，殺生逆道、不存父母、诳說道士、罵辱師徒者。

"不存"，敦煌 P. 2365、P. 2424 均作"不孝"。按：二者孰是，《輯校》（P146）未辨。今謂二者皆通。"存"有"問候、撫慰"義，漢東方朔《非有先生論》："開內藏，振貧窮，存耆老，恤孤獨。"唐吳兢《貞觀政要・君道》："爲君之道，必須先存百姓。若損百姓以奉其身，猶割股以啖腹，腹飽而身斃。"道經中有"不存父母"之例，如《上清天樞院回車畢道正法》："如姓與名忘記不書者，西方古墓，五通客亡鬼，并犯土藥毒鬼。點汙父母之鬼，家行暗昧，不存父母，上天所賜之禍。"可資比證。

"存"、"孝"構成異文，除同義替換因素外，還可能是形誤造成，草

---

① 曾良《俗字及古籍文字通例研究》（P44）有此方面之論證，可詳參。

② 參見《中華大藏經》第 52 冊《釋迦譜》卷一，第 491 頁。

書"存"、"孝"極似，如"孝"草書作**存**、**秀**；"存"草書作**孝**、**子**等字形，① 可資比勘。

"誑説"，敦煌 P. 2365、P. 2424 均作"道説"。按：二者皆通。

"罵辱"，敦煌 P. 2365 同，P. 2424 作"寫辱"。按："寫辱"不辭，"寫"乃形近而誤。

[**236**] **不遵道法，阿枉道士，僻處罵師。**

"不遵"，敦煌 P. 2365、P. 2424 均作"不尊"。按：二者通假通用。

"僻處"，敦煌 P. 2365、P. 2424 均作"屏處"。按：二者義近。

[**237**] **常在水中，護人萬頃田。**

"萬頃田"，敦煌 P. 2365、P. 2424 均作"頃畝"。按：《輯校》（P146）云："'田'爲'頃'之訛。'頃畝'即頃和畝，泛指土地面積，這裏指土地。"此説不妥，"頃畝"和"萬頃田"皆可通，不可謂誤。縱無"萬"字，"頃田"一詞古籍也常見，指百畝田地。如南北朝范曄《後漢書》卷八十六《南蠻西南夷列傳》第七十六："昭王嘉之，而以其夷人，不欲加封，乃刻石盟要，復夷人，頃田不租，十妻不筭。"可資比證。

[**238**] **大魔王、小鬼王等，遠縛斬之不恕矣。**

"遠"，敦煌 P. 2365、P. 2424 均作"通"。按：二者皆通，作"通"義長。

[**239**] **道言：汝等道士奉師，當一心矣。心常不改，自作苦本。**

"不改"，敦煌 P. 2365、P. 2424 均作"不政"。按：二者孰是，《輯校》（P147）未有按斷。今謂二者義同，"政"通"正"，道經常見，見 [307]。"改"者，正也，改過遷善也。敦煌 P. 2366 前《洞淵神咒經》卷十："中國之人至癸未，沙門法衰，道氣日盛，三洞流布，布流四海，九州信樂，道士心正，國主受持。""正"，《正統道藏》作"改"。可資比勘。

[**240**] **萬苦俱受，求死不得。**

"受"，敦煌 P. 2365、P. 2424 均作"更"。按：二者義近。"更"有受經受義，《楚辭·九章·悲回風》："惟佳人之永都兮，更統世以自貺。"朱熹集注："更，歷也。"《史記·大宛列傳》："因欲通使，道必更匈奴中。"司馬貞索隱："更，經也。"今有"少不更事"。

---

① 參見洪鈞陶《草字編》，文物出版社 1983 年版，第 1966、139 頁。

［**241**］**枉濫人命，談説道士，指師名姓。**

"枉濫"，敦煌 P. 2365、P. 2424 均作"枉攬"。按：二者通假通用。

"指"，敦煌 P. 2365、P. 2424 均作"稱"。按：二者義近。

［**242**］**吾當爲汝等，召十方大鬼、一切諸神問之。**

"召"，敦煌 P. 2365、P. 2424 均作"石"。按："石"乃形近而誤。

［**243**］**四時八節，來往問訊安否。**

"來往"，P. 2424 同，敦煌 P. 2365 作"木往"。按："木往"不辭，"木"乃"來"之殘訛。

［**244**］**道言：道士不遵師父，天兵來考，考及子孫。**

"遵"，敦煌 P. 2365、P. 2424 均作"尊"。按：二者通假通用

"子孫"，敦煌 P. 2365、P. 2424 均作"孫子"。按：二者孰是，《輯校》（P149）未辨。今謂"孫子"當是"子孫"之誤倒。《太上洞淵神咒經》卷八："各各被考，考及子孫。"卷二十："身必有考，考及子孫。"《洞玄靈寶飛仙上品妙經》："考及子孫，七祖父母，當一亦得飛仙。"皆其例。

［**245**］**入十八驅除之中，枉死者，日有三萬九千人。**

"枉死"，敦煌 P. 2365、P. 2424 均作"狂死"。按：《輯校》（P149）云："'狂'爲'枉'之形近誤字。"此説可商，今謂二者皆通。道經中有"狂死"用例，如《太上洞淵神呪經》卷二十："悲枉死者，左任司主之。顛狂死者，丁苟司主之。"《洞玄靈寶道學科儀》："有四種慧：一者爲我慧藥，療狂死病；二者爲我慧燈，破愚癡闇。"可資比證。

"日"，敦煌 P. 2365、P. 2424 均作"月"。按：二者皆通。

［**246**］**若此年天下有疫病，道士救病之者即瘥，若不瘥者，魔王那律等，身作萬段。**

"天下"，敦煌 P. 2365、P. 2424 均作"天人"。按：《輯校》（P149）未出校。"天人"不合文義。"人"當爲"下"之形誤。

"道士救病之者"，敦煌 P. 2365、P. 2424 均作"道士救之者"。按：二者皆通，"病"非衍文，"病之者"謂生病之人，"之者"謂之人。①

"那律"，敦煌 P. 2365、P. 2424 均作"那倫"。按：《輯校》（P149）云："'倫'、'律'形近，'律'蓋爲'那'（鵬按：'那'當爲'倫'

---

① 見蔣禮鴻《敦煌變文字義通釋》（《蔣禮鴻集》第一卷），浙江教育出版社 2001 年版，第 13 頁。

字，蓋校者筆誤）之誤，該經卷十‘鬼名烏塗、倫那’可作旁證。”此説可商，二者皆有用例，不妨皆通。

“那律”即阿那律之省稱，乃佛教名詞，借入道教，如《太上感應篇》卷三十：“昔阿那律於往昔世本一劫賊，夜至佛寺，見佛燈欲滅，拔箭挑之，燈忽大明，威光耀目。那律悚然，即時捨去。”《洞淵神咒經》卷十“鬼名烏塗、倫那”恐亦不足爲據，“烏塗倫那”是一個鬼名，不當中間斷開當成兩個鬼名，《中華道藏》的斷句是正確的。“烏塗倫那”簡稱“塗倫那”、“倫那”，如《太上洞淵三昧神咒齋懺謝儀》：“九月塗倫那，三天勾婆羌。”似不能看成“那倫”之倒。道經中鬼名中後一字爲“那”者甚多，如《太上洞淵神咒經》卷八：“辛巳年有都盧那鬼。”卷十一：“又有鬼王句留那。”卷十二：“阿那振鼓，神霄建鈴。”“烏塗倫那”爲其中之一，似和“那倫”也無甚關係，不能作爲否定“那律”之證。

[247] 吾今遣三萬六千赤騎，手提鐵杖，遊行天下。

“赤騎”，敦煌 P.2365、P.2424 均作“赤同騎”。按：二者孰是，《輯校》（P150）未有按斷。今謂二者皆通，皆有用例。《太上洞淵神咒經》卷五：“十方赤騎四十九億萬人。”《洞真太極北帝紫微神咒妙經》：“太上遣赤同騎吏，擎捉鐵杖，遊行天下。”

“提”，敦煌 P.2365、P.2424 均作“捉”。按：二者義同。

“杖”，敦煌 P.2365、P.2424 均作“柲”。按：二者義同。

[248] 壬戌、癸亥之年，有八千考鬼殺人，坐不供大道。至癸未、甲辰之年，有十二萬赤鬼殺人刀兵，亦半坐笑人受道。

“考鬼”，敦煌 P.2365、P.2424 均作“老鬼”。按：二者皆通，作“老”義勝。

“有十二萬赤鬼殺人刀兵，亦半坐笑人受道”，敦煌 P.2365、P.2424 均作“有十二萬人，赤鬼殺之刀兵，亦坐嗟人受道”。按：二者皆通。

[249] 打罵道士，言道無神，口是心非，誣勾師徒，如此之罪人，令悉入沸灰地獄。

“打罵”，敦煌 P.2365、P.2424 均作“打捋”。按：二者義近。“打捋”同義連文，《玉篇・手部》：“捋，拳打。”《廣韻・德韻》：“捋，打也。”

“誣勾”，敦煌 P.2365、P.2424 均作“誆幻”。按：《輯校》（P150）

云："'誑幻'，《正統道藏》本作'誣幻'。按：'誣'爲'誑'之形近誤字。"按：《正統道藏》本作"誣匂"，録爲"誣幻"，不知何據？"'誣'爲'誑'之形近誤字"之説欠妥。"誣"有欺騙義，此義常見。《左傳·襄公十四年》："公使祝宗告亡，且告無罪。定姜曰：'無神，何告？若有，不可誣也！'"杜預注："誣，欺也。"

今謂"誑幻"、"誣匂"皆欺騙義，皆爲同義連文，《説文·予部》："幻，相詐惑也。"《集韻·諫韻》："幻，惑亂也。""匂"通"眩"，"眩"有迷惑、欺騙義，《荀子·正名》："彼誘其名，眩其辭而無深於其志義者也。"楊倞注："眩惑其辭而不實。"魯迅《古籍序跋集·〈寰宇貞石圖〉整理後記》："明代書估刻叢，每好變幻其目，以眩買者，此蓋似之。"

"沸灰"，敦煌 P. 2365、P. 2424 均作"炭火"。按：二者皆通。"炭火地獄"、"沸灰地獄"皆佛教術語，佛經中皆有用例，如後秦鳩摩羅什譯《十住毗婆沙論》卷一："及眷屬炭火地獄，沸屎地獄，燒林地獄，劍樹地獄，刀道地獄。"西晉竺法護《修行道地經·地獄品》："罪人墮在沸灰地獄，發毛爪齒骨肉各流異處。"

[250] 天租不輸，跪願不還，許而不與，妄向鬼神，取人財物，不作功德，不經齋戒。

"天租"，敦煌 P. 2365、P. 2424 均作"天粗"。按："粗"乃"租"之換旁俗字。"米"旁、"禾"旁俗體常互作，《玉篇·米部》："粃，俗秕字。"《集韻·未韻》："粿，或作稞。"《説文》"穄"字后起俗字作"糜"，《説文》"粢"字段注："今日經典粢盛皆从米作。""稟"俗字从米（見唐《楊吾生墓志》），可資比証。

"跪願"，敦煌 P. 2365、P. 2424 均作"詭願"。按：《輯校》（P151）云："'詭'通'跪'，'跪'爲'詭'之音誤字。""'跪'爲'詭'之音誤字"之説可商。道教徒許願時下跪是常見的現象，因此道經中常有"跪願"之説，如：《無上祕要》卷五十五："次左回向西北一拜，長跪願曰。"《老君音誦誡經》："取人金銀財帛衆，雜功跪願盡皆斷禁。"《洞真太上道君元丹上經》："詣道士祭酒上章，并自跪願申哀。"因此，"跪"不能看成誤字。"跪願"、"詭願"皆通。"詭愿"即許願給神靈的財物。《集韻·馬韻》："賑，財也，或從危。"《玄都律文》："男官、女官、主者、録生條，跪願品格，十人以下，絹二十尺，二十人已上，絹四十尺，蒙恩則輸送。"即其例。"脆"字罕見，故人們或據道教文化習俗改成"跪願"或寫成通假字"詭願"，三個詞皆可通。

"向"，敦煌 P. 2365、P. 2424 均作"祠"。按：二者孰是，《輯校》（P151）未有按斷。今謂"向"乃"祠"之形誤。"祠"者，祭祀也。道經中祭祀鬼神類的表述甚多，《要修科儀戒律鈔》卷五："戒勿爲諸惡，戒勿多忌諱，戒勿禱祠鬼神。"卷十二："道無去，邪氣自除，此非禱祠鬼神之道也。"《三天內解經》卷上："或信邪廢真，禱祠鬼神。""妄向鬼神"不詞。文獻中"向"、"佪"常相訛，如《佛說彌勒下生經》："每向人民寢寐之後。"資福藏、磧砂藏、永樂南藏、徑山藏、清藏作"佪"。"佪"、"祠"亦常相訛，《佛說道神足無極變化經》卷一："法要作如是祠。"徑山藏、清藏作"佪"，故"向"、"祠"或可相訛，此可爲旁證。

"功德"，敦煌 P. 2365、P. 2424 均作"福德"。按：二者義近。

"齋戒"，敦煌 P. 2365、P. 2424 均作"齋講"。按：二者義近。

[251] 令人怨道。

"怨道"，敦煌 P. 2365、P. 2424 均作"怨心"。按：二者義近。

[252] 見世人多愚，故說三昧大經。

"說"，敦煌 P. 2365、P. 2424、DX5500 均作"設"。按：二者皆通，作"說"義長。

"大"，敦煌 P. 2365、P. 2424、DX5500 均作"之"。按：二者皆通。

[253] 此經乃伏一切大魔王、小鬼王及夫人千子萬孫。

"千子萬孫"，敦煌 P. 2365、P. 2424、DX5500 均作"千孫萬子"。按：二者義近。

[254] 若入山人間受之，面見太上。

"太上"，P. 2365、P. 2424 同，DX5500 作"大上"。按："大"乃形近而誤。

[255] 殺豬犬雞豚三牲草水之上，召喚百鬼，祠祀野神。

"三牲"，敦煌 P. 2365、P. 2424、DX5500 均作"三生"。按：二者通假通用。

"召喚"，P. 2424、DX5500 同，P. 2365 作"名喚"。按："名"乃形近而誤。

[256] 家親被繫，謫及三官，考掠萬毒，死人不逮，來取生人。

"謫及"，敦煌 P. 2365、P. 2424、DX5500 均作"謫作"。按：二者孰

是，《輯校》（P153）未有按斷。今謂二者皆通。皆有用例，《太上玄靈北斗本命延生經注》卷中："是已天曹勘會，謫及幽司，官史謫及生人。"《太上洞淵神咒經》卷一："若在三官，謫作苦處。"《太上洞神洞淵神咒治病口章》："亡者謫作，在三官二十四地獄之中。"

"不逮"，敦煌 P.2365、P.2424、DX5500 均作"不堪"。按：二者皆通。

[257] 作齋行坛布施。

"行壇"，敦煌 P.2365、P.2424、DX5500 均作"行禪"。按：二者通假通用。

[258] 令此病人，速得治瘥。

"治瘥"，敦煌 P.2365、P.2424 均作"除差"。按：二者義同。

[259] 遷汝等萬等千等，不負金口。若復不瘥，徒勞道士，主人致灾。

"萬等"，敦煌 P.2365、P.2424 均作"方等"。按："方"爲"萬"之形訛。

"徒勞"，敦煌 P.2365、P.2424 均作"冨勞"。按：二者通假通用。

[260] 禍殃集者，大魔王、夫人及子孫，主人病不瘥者，一切鬼王，悉斬不恕矣。

"及子孫"，敦煌 P.2365、P.2424 均作"子子及孫"。按："子子及孫"不辭，疑當作"子子孫孫"。

[261] 手持赤棒，專行人間，伺取行病小鬼。

"人間"，敦煌 P.2365、P.2424 均作"民間"。按：二者義同。

"伺"，敦煌 P.2365、P.2424 均作"司"。按：二者通假通用。

[262] 若復不瘥，令生人死者。

"死"，敦煌 P.2365、P.2424 均作"厄"。按：二者義近。

[263] 中祥大王、小眼大王。

"中祥"，敦煌 P.2365、P.2424 均作"外殃"。按：二者義近。

[264] 官事口舌刑徒、厄在三官、不得自在者。

"三官"，敦煌 P.2365、P.2424 均作"三囚"。按：二者皆通。

"自在"，敦煌 P.2365、P.2424 均作"自理"。按：二者皆通。

[265] 世間有六十九種病大鬼，長須少功，哀圖慕川。

"慕川"，敦煌 P.2365、P.2424 均作"某川"。按：二者通假通用。

［266］已識汝等小鬼名字，自今以去，斤去千里。

"斤去"，敦煌 P. 2365、P. 2424 均作"斤去"。按："斤"乃"斥"之形誤。

［267］吾良民悠悠，處在國中。

"悠悠"，敦煌 P. 2365、P. 2424 均作"游游"。按：二者通假通用。

［268］今一人受道佩三洞者，有人疾病，法師爲其疾病者。

第一個"疾病"，P. 2424 同，敦煌 P. 2365 作"矣病"，按："矣病"不辭，"矣"爲形近而誤。

"疾病"，敦煌 P. 2365、P. 2424 均作"治病"。按："疾病"不合文義，當涉上句"有人疾病"而訛。

［269］誓死不敢縱小鬼，若世間故有一人病困者，我等頭破作四十九分矣。

"縱"，敦煌 P. 2365、P. 2424 均作"放"。按：二者義同

"我等"，敦煌 P. 2365 作"我曹"，P. 2424 作"我遭"，按：三者義同，"曹"、"遭"通假通用。《輯校》（P159）云："'遭'爲'曹'之贅旁誤字。""遭"、"曹"通假常見，馬王堆漢墓帛書《戰國縱橫家書·秦客卿造謂穰侯章》："三王者皆賢矣，不曹時不王。"《説文·曰部》："曹，獄之兩曹也。"段注："《古文尚書》'兩造具備'、《史記》'兩造'，一作'兩遭'。'兩造'、'兩遭'即'兩曹'也。"故看成通假可也。

卷九

［270］手執赤棒。

"執"，敦煌 P. 2793 作"捉"。按：二者義同。

［271］三天玉女八十萬億人。

"玉女"，敦煌 P. 2793、P. 2473 均作"天女"。按：二者皆通。

［272］請此法師轉經之地，疫鬼故來不去者。

"請"，敦煌 P. 2793、P. 2473 均作"唤"。按：二者義近，"唤"有請求義。

"故"，敦煌 P. 2793、P. 2473 均作"欲"。按：二者皆通。

［273］道言：世人多不信道，若有一人受經，男女笑之。道士不恥愚人之笑，不名道也，道者貴笑。

以上"笑"字，敦煌 P. 2793、P. 2473 均作"嗟"。按：二者皆通。

“恥”，敦煌 P. 2793、P. 2473 均作“取”。按：二者皆通。“道士不取愚人之嗟，不名道也”乃雙重否定，謂道士接受別人的嘲笑，方可謂道。

[274] 妄説賢人。

“妄説”字，敦煌 P. 2793、P. 2473 均作“道説”。按：二者皆通。

[275] 詆毀經書，量度聖典。此之罪人，亦當卒死，吐血喉塞，身體浮腫。

“聖典”，敦煌 P. 2793、P. 2473 均作“聖文”。按：二者皆通。

“喉”，P. 2473 同，P. 2793 作“唯”。按：“唯”乃形近而誤。

[276] 道士信者，幸自勤學，化人受經，仙人來迎耳。

“幸”，敦煌 P. 2793 作“牽”。按：察文義，當以“幸”字爲是，“牽”乃形近而誤。二字相訛古籍經見，漢班固《漢書·韋賢傳》卷七十三：“豈不牽位穢我王朝。”清乾隆武英殿刻本唐顏師古注：“宋祁曰：牽一作幸。”梁江洪《詠紅箋》：“不值情幸人。”清乾隆三十九年刻本清吴兆宜《玉臺新詠箋注》卷五“幸”下注云：“一作牽。”即其例。

“經”，敦煌 P. 2793 作“法”。按：二者皆通。

[277] 太上憫之，遣大真人成造、嚴平、王進方、社周、莊玄、唐君等。

“大真人”，敦煌 P. 2793 作“太真人”。按：“太”當爲“大”之形誤，道經中無“太真人”之語，“大真人”常見，《太上洞淵神咒經》卷五：“乃爲衆生集大真人、山棲道士。”《北帝説豁落七元經》：“有北方九天大真人，乘星步斗。”皆其例。

“成造”，敦煌 P. 2793 作“啟告”。按：二者皆通。

“社周”，敦煌 P. 2793 作“杜周”。按：二者皆通，作“杜周”義長，《太上洞淵神咒經》卷七：“國土有大鬼主鄧艾、鍾士季、趙山、王莽、李放、杜周。”即其例。

[278] 水火高十萬丈。

“十萬”，敦煌 P. 2793 作“千萬”。按：二者皆通。

[279] 人民死盡。

“死盡”，敦煌 P. 2793 作“死矣”。按：二者皆通。

[280] 惡人不見。

“不見”，敦煌 P. 2793 作“不信”。按：二者皆通。

　　[**281**] 神人治法，仙人爲佐，五方萬劫不死，無有刀兵。

　　"治法"，敦煌 P. 2793 作 "法治"。按："法治" 當爲 "治法" 之訛倒。

　　"刀兵"，敦煌 P. 2793 作 "兵刀"。按：二者逆序義同。

　　[**282**] 壞一人心不化者，天人誅汝耳。

　　"壞"，敦煌 P. 2793 作 "懷"。按：二者通假通用。

　　[**283**] 奉持供養。

　　"奉持"，敦煌 P. 2793 作 "奉侍"。按：二者義近。

　　[**284**] 疾病危厄，生死不別。

　　"生死"，敦煌 P. 2793 作 "死生"。按：二者逆序義同。

　　[**285**] 來斥去疫鬼，逐之萬里。

　　"斥去"，敦煌 P. 2793 作 "斥却"。按：二者義近。

　　[**286**] 天人降下，書子功名，得著玉曆之中。

　　"功名"，敦煌 P. 2749、S. 3705 均作 "之名"。按：二者皆通。

　　"玉曆"，敦煌 P. 2749 作 "王曆"。按："王" 乃形近而誤，"王曆"，《太上洞淵神咒經》僅此一例，"玉曆" 常見，卷五："仙人注簿，得在玉曆之中。" 卷八："身佩名契，貫籍玉曆。" 卷九："得入玉曆，不在死次。" 卷十："天人必記子之名，名入玉曆耳。" 皆其例

　　[**287**] 大會一日，奉禮五帝、司命，西向三十六拜，天人必下，書子等之家户口，得入玉曆，不在死次。

　　"司命"，S. 3705 同，P. 2749 作 "司舍"。按："舍" 乃形近而誤。

　　"玉曆"，敦煌 P. 2749、S. 3705 均作 "玉名"。按：二者皆通。

　　[**288**] 水上作大會一日二夜五時，集禮五帝、十二神。

　　"集禮"，敦煌 P. 2749、S. 3705 均作 "合集祀"。按：二者孰是，《輯校》（P168）未有按斷。今謂二者義近，"禮" 有祭祀求福義。《儀禮·覲禮》："禮日於南門外，禮月與四瀆於北門外，禮山川丘陵於西門外。" 漢班固《東都賦》："於是薦三犧，效五牲，禮神祇，懷百靈。" 唐杜甫《往在》詩："前春禮郊廟，祀事親聖躬。" 皆其例。下文 [319]《輯校》（P184）謂 "禮" 乃 "祀" 之誤，恐非。

　　[**289**] 道言：甲寅之年，有大目鬼，長三寸，千萬爲群。

　　"大目"，敦煌 P. 2749、S. 3705 均作 "太恩"。按：二者孰是，《輯校》（P168）未有按斷。今謂 "太恩" 乃 "大目" 之形誤。"恩" 俗作

"恩"，訛脫作"目"。《太上洞淵神咒經》中常以身體部位給鬼命名，如卷三："有三十萬長頭鬼。"卷六："甲戌、壬午年，有黑足鬼。"卷七："復有兩頭鬼，鬼名當進。"又："復有七十萬黑尾鬼。"又："有三千萬赤目鬼。"又："有九十三萬黃身鬼。"又："天怒遣三萬黑面鬼殺人。"皆其例。

[290] 是以辛巳、壬午、癸未，必有水災。

"必有水災"，敦煌 P.2749、S.3705 均作"天有小災"。按：二者皆通。

[291] 自今以去，有識之士信用行者，天人眇之，終不令相枉。

"眇之"，敦煌 P.2749 作"佐之"。按：二者皆通。

"相枉"，敦煌 P.2749 作"其枉橫"。按：二者皆通。

[292] 毒名生茹。

"生茹"，敦煌 P.2749 作"生如"。按：二者通假通用。

[293] 有一女鬼名姜女，先有無量功德應仙，爲坐不敬三天大聖、不奉三師故。

"姜女"，敦煌 P.2749 作"石姜"。按：二者皆通。

"爲坐"，敦煌 P.2749 作"坐"。按：二者義同，"爲坐"同義連文。"坐"有因爲義，如北魏酈道元《水經注·江水一》："母好飲江水，嗜魚膾，常以雞鳴溯流汲江，子坐取水溺死。"唐杜牧《山行》詩："停車坐愛楓林晚，霜葉紅於二月花。"

[294] 然其形甚醜，身長一丈。

"其形"，敦煌 P.2749 作"基刑"。按：二者通假通用。《輯校》（P171）云："'基'爲'其'之誤，'刑'通'形'。""基"、"其"文獻相通常見，《古書疑義舉例·不識古字而誤改》"基有危頃"俞樾按："'基'字假'其'爲之，蓋古字通用。"可資比證，故看成通假可也。

[295] 不從此者，天人責之，令住山中三千九百億劫，故由不出。

"責"，敦煌 P.2749 作"嘖"。按：二者通假通用

"令"，敦煌 P.2749 作"今"。按：二者皆通。

[296] 大富貴之人，田宅廣有，奴婢數千，錢財足用，天下貧人悉爲己作，從意所用，無有乏短。

"廣有"，敦煌 P.2749 作"無觜"。按：二者義近，"無觜"即"無貲"，謂不可估量。見前"無觜"條。

"足用"，敦煌 P. 2749 作 "足手"。按：二者皆通。

"乏短"，敦煌 P. 2749 作 "之短"。按：《輯校》（P172）未出校。今謂 "之" 乃形近而誤。敦煌 P. 2749《洞淵神咒經》："大富者，先身布施貧之中來。" 句中 "貧之" 亦當爲 "貧乏" 之誤，《道藏》本正作 "貧乏"，可爲確證。"之"、"乏" 相混文獻常見，唐李商隱《祭張書記文》："一畝之地。" 清乾隆德聚堂刻本清馮浩《樊南文集詳注》卷六 "之" 下注云："一作乏。" 唐杜甫《爲華州郭使君進滅殘寇形勢圖狀》："動靜乏利。" 文淵閣《四庫全書》本清仇兆鼇《杜詩詳注》卷二十五 "乏" 下注云："一作之。"

[297] 從人取之，亦如大王及大富之人矣。

"大王"，敦煌 P. 2749 作 "天王"。按：二者皆通。

[298] 貴貧賤俱人耳。

"俱"，敦煌 P. 2749 作 "一"。按：二者皆通。

[299] 誹謗賢人，謂道狂顛，入山何爲，或言妖鬼，詐作善行。

"狂顛"，敦煌 P. 2749 作 "狂消"。按：二者義近。

"妖鬼"，敦煌 P. 2749 作 "妖媚"。按：二者義近。

[300] 世人只知貪惜財物，愛樂妻子，寧作罪事，不肯受經。

"只知"，敦煌 P. 2749 作 "不知"。按："不知" 不合文義，"不" 乃形近而誤。

[301] 國土信道，受於三洞，教化人民。

"國土"，敦煌 P. 2749 作 "國主"。按："土" 乃形近而訛。

[302] 惡從下生，無有端緒，百鬼競來，宜使男女道士一心治之，吾遣十方大驅將軍三十九億人，助道士驅逐之耳。

"端緒"，敦煌 P. 2749 作 "端叙"。按：二者義同。

"宜使"，敦煌 P. 2749 作 "伺人宜便"。按：二者皆通。

"大驅將軍"，敦煌 P. 2749 作 "大驅軍將"。按："軍將" 當爲 "將軍" 之誤倒，《太上洞淵三昧神咒齋懺謝儀》："赤毅力士，赤騎功曹使者，大驅將軍。" 即其例。

[303] 一時病患病厄困者。

"厄困"，敦煌 P. 2749 作 "危困"。按：二者義同。

[304] 大魔王及小王順吾教。

"順"，敦煌 P. 2749 作 "愼"。按：二者義同。

[305] **魔王葳蕤等。**

"葳"，敦煌 P. 2749 作 "威"。按：二者通假通用。

[306] **人自有卑賤醜陋，若心信三洞，亦天上來耳。**

"醜陋"，敦煌 P. 2749 作 "甚陋"。按：二者孰是，《輯校》（P177）未有按斷。今謂 "甚陋" 不辭，"甚" 乃 "醓" 之殘誤。《正字通·酉部》："醓：一説《詩》'和樂且湛'，言樂之甚也。醓與耽、湛義通。" "醓陋" 即 "耽陋"，謂甘於簡陋，爲卑賤之稱。該詞本自一個典故，《論語·雍也》："子曰：'賢哉，回也！一簞食，一瓢飲，在陋巷，人不堪其憂，回也不改其樂。賢哉，回也。'" 後以 "顏巷" 作爲簡陋居處的代稱，亦爲貧卑賤之人所居。

清陳維崧《湖海樓詩集》卷二《移居詩爲冒巢民先生暨青若賦》："孔門顏子，惟躭陋巷之居。" 清顧八代《敬一堂詩鈔》卷五《草堂即事》："已有會心處，應無俗累營，蓬門耽陋巷，丹竈隱神京。" 上揭敦煌 P. 2749《洞淵神咒經》卷九 "世人自有卑賤甚陋" 句，"卑賤" 與 "醓陋" 義正相類。《集韻·侵韻》："醓：《博雅》'醓，幽也。'" "幽陋" 亦指卑賤之人，《後漢書·黨錮傳·範滂》："顯薦異節，抽撥幽陋。" 可資比參。"醓" 字不常見，後人遂改爲常見且字形相似之 "醜"，此爲明代《正統道藏》"醜陋" 之源；① "醓" 字殘訛則作 "甚"，此爲敦煌 P. 2749 "甚陋" 之源。

[307] **端正者，思善中來，大富者，先身有布施貧乏中來。**

"端正"，敦煌 P. 2749 作 "端政"。按：二者通假通用。

"貧乏"，敦煌 P. 2749 作 "貧之"。按："之" 乃形近而誤。

[308] **道士若志務山藪，不用生官，一切斷緣，然入山者。**

"志務"，敦煌 P. 2749 作 "志慕"。按：二者義近。

"斷緣"，敦煌 P. 2749 作 "斷絶"。按：二者義近。

[309] **愚人貪欲，不肯受道，水來死盡。刀兵殺汝，與泥同流，方悔無益。大驅除滅，鬼兵縱橫。**

"水來"，敦煌 P. 2749 作 "小來"。按：二者孰是，《輯校》（P178）未有按斷。從下文 "與泥同流" 推測，"小" 當爲形誤。

---

① "字形訛誤的一般規律是：不常見字易誤作字形近似的常見字，相反的情況則屬例外。" 詳見楊琳先生《訓詁方法新探》，商務印書館 2011 年版，第 48 頁。

“刀兵殺汝”，敦煌 P. 2749 作“刀兵汝”。按：“殺”字奪。

“方”，敦煌 P. 2749 作“万”。按：《輯校》（P178）云：“‘方’爲‘万’之形近誤字。”此説可商，“方”有才義，《詩·大雅·公劉》：“弓矢斯張，干戈戚揚，爰方起行。”朱熹集傳：“方，始也。”二者皆通，並存可也。

“除滅”，敦煌 P. 2749 作“亭至”。按：“亭”通“停”。“除滅”、“亭至”義同。

“鬼兵”，敦煌 P. 2749 作“鬼丘”。按：“丘”乃形近而誤。

“縱橫”，敦煌 P. 2749 作“縱”。按：“橫”字敦煌卷子殘漏。

[310]　小鬼王等速告大魔王，令力士助道士化人。

“小鬼王”，敦煌 P. 2749 作“小王鬼”。按：“小王鬼”不辭，當爲“小鬼王”之誤倒。

“速”，敦煌 P. 2749 作“來”。按：二者皆通。

“令”，敦煌 P. 2749 作“合”。按：《輯校》（P179）云：“據寫本推測，應以‘合’爲是。‘合’下方的‘口’常寫作尖口，因此誤爲‘令’。”此説可商。今謂“合”乃形近而誤。“力士”是魔王手下執行任務者，道經常有“令/遣力士”語，《太上洞淵神咒經》卷五：“疫鬼不去者，令力士次次斬之矣。”卷一：“魔王悉伏，各各遣力士，巡行國界，擁護國中之人。”卷二：“大魔王遣力士來守此經。”皆其例。

[311]　吾等上遷干等萬等，不負金口，若不信者，魔王及小鬼王等。

“金口”，敦煌 P. 2749 作“口信”。按：二者皆通。

“信”，敦煌 P. 2749 作“差”。按：二者皆通。

卷十

[312]　世間之人，不解道法，令疫鬼殺之。

“令”，敦煌 P. 2366 前作“今”。按：二者皆通。

[313]　不自拔度。

“拔度”，敦煌 P. 2366 前作“求度”。按：二者皆通。

[314]　唯願天尊，垂心道化。太上曰：善哉，善哉，方遣三萬真人，持經化行天下。

“道化”，敦煌 P. 2366 前作“遣化”。按：《輯校》（P183）云：“‘道’爲‘遣’之形誤字。”可商，“遣化”不辭，道經中僅此一見，而

"道化"則常見。故"遣"當爲"道"之形誤。二字古籍中常互訛。唐盧綸《天長久詞》："行遣才人鬥射飛。"《全唐詩》卷二百七十八"遣"下注云："一作道。"宋鮑照《長相思》："道妾長憔悴。"《古樂苑》卷三十六"道"下注云："一作遣。"

"方"，敦煌 P. 2366 前作"乃"。按：《輯校》（P183）未出校。二者皆通，"方"有乃義，《詩・大雅・公劉》："弓矢斯張，干戈戚揚，爰方起行。"朱熹集傳："方，始也。"可資比證。

[315] 疫鬼盤旋不去者。

"盤旋"，敦煌 P. 2366 前作"槃桓"。按：二者義近。

[316] 此真人等，與國中之人有大因緣，故遣之令轉經耳。

"大因緣"，敦煌 P. 2366 前、S. 5884 均作"大經"。按：二者皆通，作"大因緣"義長。

[317] 方得值此師也，自今以去，若有奉受修佩此經之人，我亦令天人護之，終不令有惡也。

"方"，敦煌 P. 2366 前、S. 5884 均作"爾"。按：二者義近。

"佩"，敦煌 P. 2366 前作佩。《中華道藏》録作"佩"，《輯校》（P183）録作"佩"，並云："'佩'爲'佩'之誤字。"按：此説可商，該字不應録作"佩"，亦非"佩"之誤字。該字最後一筆不是點，而是"帀"下多一短橫，顯然是經過末筆點乿形成之俗字，故該字當是"佩"之俗體，《中華道藏》所録不誤。韓小荆《〈可洪音義〉研究・異體字表》（P617）"佩"字下收録兩個跟此字形頗似之俗體圖片，可詳參。鄭賢章《〈新集藏經音義隨函録〉研究・俗別字譜》（P602）"佩"字下將此二圖片整理録作"佩"、"珮"，似有不妥，二圖片最後一筆皆無點，整理之字形似不如影印圖片更能存真。

[318] 壬午年大灾起動，民悠悠，六夷不安，疫鬼殺人。

"大灾"，敦煌 P. 2366 前、S. 5884 均作"大兵"。按：二者義近

"悠悠"，敦煌 P. 2366 前、S. 5884 均作"遊遊"。按：二者通假通用。

"不安"，敦煌 P. 2366 前同，S. 5884 作"不女"。按："不女"不辭，"女"乃"安"之殘誤。"安"俗字常作"女"，即拆字游戲所謂"兩角女子"。《干禄字書》："女安，上通下正。"① 張涌泉先生《敦煌俗字匯

---

① （唐）顔元孫：《干禄字書》，紫禁城出版社 1992 年版，第 24 頁。

考》（P183）論之甚詳，可參。

　　[319] 东向三十六拜，禮五帝，及上章書奏告，天人必記子之志
心矣。

　　"禮"，敦煌 P.2366 前、S.5884 均作"祀"。按：《輯校》（P184）
云："'禮'當爲'祀'之誤，因'禮'之異體作'礼'，'祀'誤作
'礼'，又被轉寫爲'禮'。"該説可商，"禮"本身就有敬神祭祀義，《儀
禮·覲禮》："禮日於南門外，禮月與四瀆於北門外，禮山川丘陵於西門
外。"漢班固《東都賦》："于是薦三犧，效五牲，禮神衹，懷百靈。"二
者並存可也，見上文 [288]。

　　"及上章書奏告"，敦煌 P.2366 前、S.5884 均作"乃上書奏告"。
按：二者皆通。

　　"天人"，敦煌 P.2366 前、S.5884 均作"天"。按：二者皆通。

　　"志心"，敦煌 P.2366 前、S.5884 均作"至心"。按：二者皆通。

　　[320] 癸未年七月，必有疫鬼八万人煞人，……復有大赤烏，形如
車輪，飛來食人。

　　"必有"，敦煌 P.2366 前、S.5884 均作"必"。按："有"字奪文。

　　"赤"，敦煌 P.2366 前作赤，S.5884 作赤。《輯校》（P185）云：
"'赤烏'，底本原作'亦烏'，《正統道藏》本作'大赤烏'，'赤'字今
據改。按：'亦'當爲'赤'字之誤。"按：如二圖片所示，該字顯然爲
"赤"字，謂"底本原作'亦烏'"，不知何劇。

　　[321] 大劫垂至，國主貪殘。

　　"貪殘"，敦煌 P.2366 前作"貪狼"。按：二者義近。

　　[322] 六夷纷纭，大賊縱橫，以氣相伐，父子相疑。

　　"紛紜"，敦煌 P.2366 前作"云云"。按：二者義近。

　　"以氣相伐"，敦煌 P.2366 前作"君臣相位"。按：二者皆通。

　　[323] 此人罪重，值此大水，水來不久，不自覺知。

　　"值"，敦煌 P.2366 前作"但"。按：《輯校》（P185）云："'值'，
底本原作'但'，今據《正統道藏》本改。'但'爲'值'之形近誤字。"
按：此説不妥，"但"非誤字，"值"、"但"義近。"但"亦有經歷、承
受義，然此義辭書多不見載，兹舉佛經文獻數例如下：

　　《般泥洹經》卷下："昔我出家，十有二年，道成得佛，開説經法，
但五十載，自從捨家，有戒、有定、有慧、有解，得度知見。"（《大正

藏》第一册，P187）"但"，宋、元、明本異文作"經"。《摩訶般若波羅蜜經》卷十六："復次，須菩提！菩薩摩訶薩，不貴利養，雖行十二頭陀，不貴阿蘭若法，乃至不貴但三衣法。"（《大正藏》第八册，P340）"但"，宋、元、明、宫本異文作"但受"，"但受"同義連文。《摩訶般若波羅蜜經》卷十四："聽法者受十二頭陀，作阿蘭若乃至但受三衣；說法人不受十二頭陀，不作阿蘭若乃至不受但三衣。"（《大正藏》第八册，P320）"但受"，元、明、宫本異文作"受但"，二者逆序同義。《佛說處處經》："佛說比丘行道，當但堅心者，何憂不得道？比丘聞佛說此語，歡喜意解，便得阿羅漢。""當但"，資福藏、磧砂藏、普寧藏、永樂南藏、清藏作"但當"（《中華大藏經》第 36 册，P158），《大正藏》之宋、元、明、宫本亦作"但當"（第 17 册，P526）。"當但"、"但當"謂持有、持受，同義連文，逆序義同。

《說文·人部》："儋，何也。"段注："儋，俗作擔。""擔"有經受、承當義。《玉篇·人部》："擔，任也。""擔""但"通假通用，故亦有經歷、承受義。

[324] 三天大王、一切仙人、十方玉女，悉來助之。

"玉女"，敦煌 P. 2366 前作"王女"。按：二者皆通。

[325] 鬼气消歇。

"消歇"，敦煌 P. 2366 前作"消憩"。按：二者皆通。

[326] 信道者稀，天下不化。

敦煌 P. 2366 前作"信道之希，天人不化"。按：二者皆通。

[327] 西北向拜，及作大符，置大門上懸之。

"及"，敦煌 P. 2366 前作"乃"。按：《輯校》（P187）云："'及'爲'乃'之形近誤字。"此說不妥，"及"有乃義，《史記·吴王濞傳》："王苟以錯爲不善，何不以聞，及未有詔虎符，擅發兵擊義國。""及未有詔"謂乃未有詔也。《大戴禮記·保博篇》："太子及生，固舉之禮。"《漢書》作"迺"。清代吴昌瑩《經詞衍釋》論之甚詳，[1] 可參。

[328] 自非有符籙之家，不懸此符者。

"籙"，敦煌 P. 2366 前作"録"。按：二者通假通用。

"家"，敦煌 P. 2366 前作"處"。按：二者皆通。

---

① 吴昌瑩：《經詞衍釋》，中華書局 1986 年版，第 81 頁。

"懸"，敦煌 P. 2366 前作"玄"。按：二者通假通用。

[329] 鬼悉提赤棒，棒殺惡人。

"提"，敦煌 P. 2366 前作"促"。按："促"乃"捉"之形誤，"捉"、"提"義近。

[330] 若有身佩符籙，十家五家，水上作治舍一間。

"若"，敦煌 P. 2366 前作"乃"。按：二者孰是，《輯校》（P188）未辨。今謂二者義近，"乃"有如果義，《書·盤庚中》："汝萬民乃不生生，暨予一人猷同心。"王引之《經傳釋詞》卷六："乃，猶若也……言汝萬民若不生生也。"漢王符《潛夫論·明忠》："乃張重利以誘民，操大威以驅之，則舉世之人，可令冒白刃而不恨，赴湯火而不難。"清黃宗羲《明夷待訪錄·原法》："乃必欲周旋於此膠彼膝之中以博憲章之餘名，此俗儒之剿說也。"皆其例。

[331] 若有人疾病、官事、口舌，法師道士但爲化之。

"法師"，敦煌 P. 2366 前作"治師"。按：二者孰是，《輯校》（P189）未辨。今謂"治師"不辭，"治師"道經僅此一例，"法師"常見，"治"乃"法"之形誤，二字古籍中常互訛。宋方聞一《大易粹言》卷十八："故先甲三日以蠲其法。"下注云："法，一作治。"唐李輔《魏州開元寺琉璃戒壇碑》："仰公私廩先治。"《文苑英華》卷八百六十七"治"下注云："一作法。"可資比證。

"化之"，敦煌 P. 2366 前作"救之"。按：二者皆通。

[332] 道氣日盛，三洞流布四海，九州信樂，道士心正，國主受持。

"正"，敦煌 P. 2366 前作"政"，《中華道藏》錄作"改"，《輯校》（P189）錄作"敁"，並按："'敁'有勉力之義，義不通。'改'可與'正'意思溝通起來，可備一說。"按：《輯校》錄字錯誤，該字形乃"改"之俗字，《中華道藏》所錄不誤。黃征《敦煌俗字典》（P122）、呂浩《韓國漢文古文獻異形字研究之異形字典》（P101）、韓小荊《〈可洪音義〉研究·異體字表》（P499）、臧克和《汉魏六朝隋唐五代字形表》（P640）、毛远明《汉魏六朝碑刻異體字典》（P250）均錄有該字形，可詳參。"改"者，正也，改過遷善也。見前 [239]。

[333] 三天大兵擁護法師。

"大兵"，敦煌 P. 2366 前作"大丘"。按："大丘"不辭，"丘"乃"兵"之形近而訛。

[**334**] **道士入山，可全今身。**

"今身"，敦煌 P. 2366 前作"金身"。按：二者通假通用。

[**335**] **見人受經，反更互笑。**

"互笑"，敦煌 P. 2366 前作"笑郊"。按：二者孰是，《輯校》(P190) 未有按斷。今謂二者義近，"互笑"乃後人不知"笑郊"之義而妄改。"笑郊"謂嘲笑，參蔣禮鴻《敦煌變文字義通釋》(P233)"笑劾"條，詳見本書"笑郊"條。

[**336**] **此人入無盡地獄，獄中有一日七死七生，乃復令活，如此四十二劫，劫運乃出。**

"乃"，敦煌 P. 2366 前作"及"。按：《輯校》(P190) 云："'乃'是，'及'、'乃'形近，寫本常混用。"此説可商，"及"不誤，"及"有乃義，詳見前 [327]。

"活"，敦煌 P. 2366 前作"洛"。按："令洛"不辭，"洛"乃形近而誤。

"運"，敦煌 P. 2366 前作"畢"。按：《輯校》(P190) 云："'畢'與'運'形近，據文意，當以'畢'爲是，'運'爲'畢'之形近誤字。"此説不妥。"劫畢"、"劫運"均可貫通文義，不妨並存。"劫運"謂灾難、厄運。《南宮詞紀·懶畫眉·送別》套曲："玉銷香斷，花殘月孤，這的是五行劫運，合受催促。"清黃鈞宰《金壺七墨·鬼劫》："俗以水火刀兵爲生人劫運。"可資比證。

[**337**] **眼瞎唇缺，耳聾瘤背，折傴老患，鹿面麤脚，無有手足。**

"鹿面麤脚"，敦煌 P. 2366 前作"唐面跛脚"。按："鹿面"、"唐面"二者孰是，《輯校》(P191) 未有按斷。今謂二者皆通，"唐面"猶"凹面"，常形容貌醜。清張南莊《何典》卷五："形容鬼也有一個兒子，叫做牽鑽鬼，已有十幾歲，生得凹面峭嘴，甚是難看。"清方濬頤《二知軒文存》卷二十四《書李東來夏老鼠》："東來，字東萊，泰興人，貌甚寢，凹面頭秃，髯磔磔若鼠然。"

"唐面"一詞典籍少見，"唐"有虛空、低凹義，《説文·口部》："唐，大言也。"段注："唐，又爲空也。"慧琳《一切經音義》："字書：唐，虛也。"同源詞"溏"謂"水在低凹處聚集"(《漢語方言大詞典》，P6708)；揚州方言中，"塘"謂"凹陷的小洞穴"；萬榮方言中，"膛"謂"房頂因椽被壓彎而凹陷"(《現代漢語方言大詞典》，

P4700、P5526)。蘭州方言中，山間低凹易積水的土地叫"膛子地"。①
可資比證。

蓋經文本作"唐面跛脚"，"唐面"在明代義已不甚了了，故明《正
統道藏》改作"鹿面麞脚"。

[338] 皆因先身習學中來。

"習學"，敦煌 P. 2366 前作"學問"。按：二者義近。

[339] 道士但化之，天人必記子之志，若不度者，違前人元元丹誠。

"志"，敦煌 P. 2366 前作"心"。按：二者皆通。

"丹誠"，敦煌 P. 2366 前作"丹懷"。按：二者義同。

[340] 有三萬白頭鬼，鬼名千轉。

"千轉"，敦煌 P. 2366 前作"千輪"。按：二者皆通。

[341] 評論經書。

"評論"，敦煌 P. 2366 前作"平論"。按：二者通假通用。

[342] 道說妙典，輕慢道士。

"輕慢"，敦煌 P. 2366 前作"輕道"。按：二者義近。

[343] 此之罪人，罪合萬死，死人倒立地獄。

"死人"，敦煌 P. 2366 前作"死入"。按："人"乃形近而誤。

**[344] 入水水死，入山石死，斬樹木死，食肉氣死，起土土死，入
草蟲傷，此悉非法之氣也。**

"斬"，敦煌 P. 2366 前作"輕道"。按：二者同義。

"非法"，敦煌 P. 2366 前作"非"。按："法"字奪。

**[345] 道士自今以去，勤化萬姓，愚人男女令悉奉道，鬼不近之矣。
不者，大驅之日，恐鬼兵來誅子耳。**

"兵"，敦煌 P. 2366 前作"近"。按：《輯校》(P191) 云："'兵'，
底本原作'近'，今據《正統道藏》本改。按：'兵'，底本原作'近'，
蓋受上文影響而致誤。"按：此說可商，考察上下文義，"近"可能更符
合文義，敦煌本上文言男女奉道，"鬼不近之矣"，下文則言若不信道，
"恐鬼近來誅子耳"。句義上下連貫，無煩改爲"兵"字。

[346] 入山之人，處處有之。

"處處"，敦煌 P. 2366 前作"村村"。按：二者皆通。

---

① 張文軒、莫超：《蘭州方言詞典》，中國社會科學出版社 2009 年版，第 276 頁。

［347］唯有心奉之者，天人移壽，終不横死也。

"唯"，敦煌 P. 2366 前作"喉"。按："喉"乃形近而誤。

［348］救療百病者，汝等魔王、天人、子息小鬼主等，悉共佐助道士治病。

"天人"，敦煌 P. 2366 前作"王夫人"。按：二者孰是，《輯校》（P194）未有按斷。今謂"天"乃形近而誤，《太上洞淵神咒經》卷七："汝等大魔王及夫人，百億鬼王等，悉以斬之矣。"卷八："此經乃伏一切大魔王、小鬼王及夫人千子萬孫，悉助道士化人治病耳。"卷八："大魔王、王夫人子子及孫、小王、大臣、一切鬼王等，悉斬之不恕矣。"皆其例。

［349］病無不瘥，若有不瘥，斬之萬段。

兩個"瘥"，敦煌 P. 2366 前均作"損"。按：二者義近。

［350］一如太上金口所勑，不待違科，急急如律令。……世人不信道，又不受經。

"待"，敦煌 P. 2366 前作"得"。按：《輯校》（P195）云："'待'爲'得'之誤。"此説不妥。"待"猶"得"也，古籍有用例，元王氏《粉蝶兒·咏趄蘇卿寄情》套曲："怕不待剖開肺腑，都向詩中分付。"《金瓶梅詞話》第八五回："這兩日眼皮兒懶待開，……身子好生沉困。"

"待"乃"得"之方言記音字，"待"在唐五代西北方音中就讀［de］，羅常培云："蟹攝字在《千字文》里咍、泰、灰讀 ai，皆、祭讀 ei，齊韻大部分變 e 或 ye，而在《阿彌陀經》跟《大乘中宗見解》全攝讀 e。"① "待"在《廣韻》中是"徒亥切"，上聲，海韻，定母，與之音韻地位相同的"怠"字讀［de］，② "殆"字在現代西北方音中仍讀［dæ］。③ "待"在現代漢語方言如西安、濟南、合肥、揚州、蘇州、温州等地仍有讀［tɛ］、［tæ］、［de］等讀音者。④ 可資比證。

［351］吾今遣十方力士三千萬人，一合助此道士，所行之處，安人斷邪。若有欺辱道士、罵詈、拍打、圖謀盜者，一一收此人等魂魄，付所在地獄治之。

"助"，敦煌 P. 2366 前作"逐"。按：二者皆通。

---

① 參見羅常培《唐五代西北方音》，商務印書館 2012 年版，第 58 頁。

② 同上書，第 43、70 頁。

③ 同上書，第 269 頁。

④ 參見《漢語方音字匯》（第二版重排本），語文出版社 2003 年版，第 145 頁。

“拍打”，敦煌 P.2366 前作“打慢”。按：二者義近。“打慢”即
“打擾”，謂拍打、打擊。見本書“打慢”條。

“所在”，敦煌 P.2366 前作“所近”。按：二者孰是，《輯校》
（P195）未有按斷。今謂“近”當爲“在”之形誤，《太上洞神洞淵神咒
治病口章》：“收付所在近獄，依法治罪。”“所在近獄”亦誤，當作“所
在地獄”。“近”、“在”相訛，典籍常見。《佛説諸德福田經》“近大道邊
安施圊廁”，資福藏、普寧藏、永樂南藏、徑山藏、清藏均作“在”①。
《摩訶僧祇律》卷九“以手遮前障形體在道側行”，諸本皆作“近”。可
資比勘。②

[352]　敕一切大魔王，令天下無惡風，雨不淋浪，人鬼和悦，百姓
歡忻，國王信道。

“淋浪”，敦煌 P.2366 前作“淋瀝”。按：二者義同。

“歡忻”，敦煌 P.2366 前作“欣昕”。按：二者義同。

“國王”，敦煌 P.2366 前作“國主”。按：二者義同。

[353]　大法師治病，但口章，不必紙，默治之，又轉經行道，無不
瘳也。

“治之”，敦煌 P.2366 前作“招之”。按：二者孰是，《輯校》
（P197）未有按斷。今謂二者皆通。本句講的是法師招神治病之事，下文
“得同志道士行九一之氣，亦行三五之氣，諸天力士，神王金剛，無不降
也。此天真及天人天女之術，天人靈妃，一切天人來下，助子之心，官事
疾病，無不瘳也”描述的即是此情況，故“治之”、“招之”皆可通。

[354]　亦可併上口章，仰謝往愆，解釋羅網，拔罪替伐矣。道士三
洞之師，但入靜室啟，得同志道士行九一之氣，亦行三五之氣，諸天力
士，神王金剛，無不降也。

“替伐”，敦煌 P.2366 前作“補代”。按：“替伐”不辭，“伐”乃形
近而誤。

“但入靜室啟”，敦煌 P.2366 前作“但入靜關啟”。按：《輯校》
（P197）云：“‘關啟’是道經常用詞，‘室’蓋爲‘關’之誤。”此説可
商，“關啟”是道經常用詞，“靜室”亦爲佛家、道家常用語，指寺院住

①　參見《中華大藏經》第 20 册《佛説諸德福田經》，第 615 頁。
②　參見《中華大藏經》第 36 册《摩訶僧祇律》卷九，第 632 頁。

房或隱士、居士修行之室。如《太上助國救民總真秘要》卷七："考召法師，常能朝旦入靜室中，佩帶符籙，握訣步綱攝斗。"《太上洞淵神咒經》卷五："立其靜室空舍之中，靜處高座舉之。"況"室"、"關"字形並不相似，無從致誤。今謂"但入靜室啟"與"但入靜關啟"義皆可通，祇是斷句稍有差別，"但入靜室啟"當斷作"但入靜室/啟"，"但入靜關啟"當斷作"但入靜/關啟"。"入靜"是道家常用語，謂靜坐摒除雜念。"關啟"同義連文，乃告白、告訴義，亦可單用一"啟"字。"但入靜室啟，得同志道士行九一之氣"，《中華道藏》斷作"但入靜室，啟得同志，道士行九一之氣"。誤。

[355] 悉逐佐助，救之令瘥。

"佐助"，敦煌 P. 2366 前作"佐救"。按：二者義近。

[356] 奉經道士，三洞法師，當入山遠避濁世，若在人間，男女黃赤道士，自別立治舍。

該句敦煌 P. 2366 前作"道士當入山，不入山者，直人間自別立治舍，與人別床"。按：兩句異文關鍵在於"在"與"直"之辨，二者孰是，《輯校》（P197）未有按斷。今謂二者皆可，"直"有假設、縱使義，用法同"若"。張相《詩詞曲語辭匯釋》（P132）云："直，與就使、即使之就字、即字相當，假定之辭。""直人間"句謂若人間居住也應別立治舍，與人分住。蓋"直"的這一用法不常見，故《正統道藏》改爲"若"，此爲《正統道藏》本異文作"若在"之由。《中華道藏》斷句作"道士當入山，不入山者直人間，自別立治舍，與人別床"。誤。

"直"若看成"在"之形近誤字亦無不可。二字草書形似，"直"有作𡘜、𡙇者（見《草書大字典》）；"在"有作𡙇、𡘜者（見《草書大字典》）。"直"、"在"文獻常相訛，唐呂溫《楚州追制後舍弟直長安縣失囚花下共飲》詩，《全唐詩》卷三百七十一在"直"下注云："一作在。"即其例。

[357] 道言：一切魔王，自今道士往處。

"道言"，敦煌 P. 2366 前作"道告"。按：二者皆通。作"道言"更符合文例，《太上洞淵神咒經》每段皆以"道言"二字開頭。

[358] 道言：今有八千黑身鬼，鬼長六寸。

"黑身"，敦煌 P. 2366 前作"黑耳"。按：二者皆通。

　　[359] 復有八十萬大濕鬼，鬼名天頭。

　　"濕"，敦煌 P. 2366 前作濕，《輯校》（P199）錄作"漯"。按：錄作"漯"不誤，但未指明二者關繫。此"漯"字實爲"濕"之俗字，與河名之漯（音 tà）爲同形字。《龍龕手鑒·水部》："漯濕：他合反，水名；又俗，失入反。"即謂"漯"爲"濕"之俗字。韓小荆《〈可洪音義〉研究·異體字表》"濕"字條（P673）已錄此字形，可參。

　　"天頭"，敦煌 P. 2366 前作"大頭"。按：二者孰是，《輯校》（P199）未有按斷。今謂"天"當爲"大"之形誤。《太上洞淵三昧神咒齋懺謝儀》："大頭爲大濕，夷鬼作乾燥。"即其例。

　　[360] 如此之鬼，大水之運，國主酷治，便可殺人。

　　"可"，敦煌 P. 2366 前作"來"。按：二者皆通。

　　[361] 如此之人及黃赤之男女，亦乃不殺也。

　　"亦乃"，敦煌 P. 2366 前作"尒乃"。按：二者孰是，《輯校》（P199）未有按斷。今謂二者皆通，"爾乃"常見，"亦乃"同義連文，"亦"有乃義，《潛夫論·述赦篇》引《尚書·康誥》："既道極厥辜，時亦不可殺。"《尚書·康誥》"亦"作"乃"。裴學海《古書虛字集釋》"亦、易"條云："'亦'猶乃也。'亦'訓乃，猶'以'訓乃也。"論證甚詳，可參。

　　[362] 道言：自今方有大鬼，鬼名崩周，十萬大鬼，名李子、史兒、桃姜。

　　"十萬"，敦煌 P. 2366 前作"十方"。

　　"李子"，敦煌 P. 2366 前作"季子"。

　　"史兒"，敦煌 P. 2366 前作"央兒"。

　　按："十萬"、"李子"、"史兒"分別爲"十方"、"季子"、"央兒"之誤。《道要靈祇神鬼品經》："復有大鬼，鬼名崩周。十方大鬼，鬼名季子、央兒、桃姜，壬午之年各領十二萬來中國，煞惡人。"可謂明證。此句"央兒"之"兄"當爲"兒"之形誤。

　　[363] 道言：自今以去，壬午之年至壬辰年子丑之歲，大鬼殺人。中有男女活者，十中不有三四，惡人多矣。

　　"十中"，敦煌 P. 2366 前作"十"。按：《輯校》（P200）云："'中'爲'十'之形誤字。"此說可商，"十中不有三四"謂十個當中沒有三四個，文從字順，謂之形誤，不知何據。

[364] 一一告下，如太上金口所敕，急急如律令。

"金口"，敦煌 P. 2366 前作"生口"。按：二者孰是，《輯校》（P201）未有按斷。今謂"生口"不辭，"金口"道經常見，"生"乃"金"之形誤。"金口"《太上洞淵神咒經》中常見，卷一："自今以往，太上金口所敕。"卷六："太上妙言，金口所説。"卷十："一一如太上金口所敕，不待違科，急急如律令。"卷二十："太上金口所詔令，一行告下不恕。"皆其例。

[365] 每詐稱黃帝。

"黃帝"，敦煌 P. 2366 前作"皇帝"。按：二者皆通。

[366] 將一切無籍之鬼、世間魍魎、男女之殃，領羅丁勒掌、南陽葉公、石母太子、雲中李子敖、三天無著之鬼，千萬兆億、來入人家。

"領"，敦煌 P. 2366 前作"頭"。按：二者義同。

"石母太子"，敦煌 P. 2366 前作"名母犬子"。按："石母太子"、"名母犬子"當作"石母犬子"。《道要靈祇神鬼品經》："將一切無籍之鬼、世間魍魎男女之殃、頭羅丁勒，南陽葉公、石母大子、雲中李子敖。"可爲明證。句中"大子"亦爲"犬子"之誤。道經中"犬子"爲鬼名，如：《太上金書玉牒寶章儀》："又恐六天縱逸鬼魔，尅傷三官，不拘三凶竊逼，枉遭外殃內鬼，及石下犬子乳母，貓鼠兵獵氣鬼，頻爲祟害。"《太上宣慈助化章》卷三《收犬子鬼章》："上請天官君將吏兵，收捕石下犬子鬼，天官名號，件列如左。"《太上宣慈助化章》卷四："上請水官乳母石下犬子君一人，官將百二十人。"可資比證。

"李子敖"，敦煌 P. 2366 前作"李子徹"。按："徹"乃形誤，見前〔140〕。

[367] 作其凶怪，令人遭官口舌、刑徒囚獄枉濫，田疇不收，觸事皆凶。

"凶怪"，敦煌 P. 2366 前作"光怪"。按：《輯校》（P202）云："'光'與'兇'形近，後又轉寫爲'凶'。"似認爲"凶"、"光"是形近導致的異文，實則"光怪"、"凶怪"二詞意義相類，古籍用例常見，不妨認爲是同義、近義詞替換。

"官口舌"，敦煌 P. 2366 前作"官事口舌"。按："事"字奪，"官口舌"僅此一見，《太上洞淵神咒經》中"官事口舌"常見，卷一："若有疾病，官事口舌。"卷六："官事口舌，犯入刑獄。"卷八："燒人宅舍，令人遭官事口舌。"又："及官事口舌刑徒，厄在三官。"皆其例。

"觸事"，敦煌 P. 2366 前作 "觸物"。按：二者義近。

卷二十

[368] 願垂納受。

"納"，S. 8076 作 "訥"。按：二者通假通用。

[369] 我自有本師，名曰天尊，若汝等有此心者，當與子等往白之矣，即將此國王等，詣太上化人。……一時去王，國中肅然無人。

"本師"，S. 8076 作 "大師"。按：二者皆通。

"國王"，S. 8076 作 "愚王"。按：二者皆通。

"詣太上化人"，S. 8076 作 "詣太上許也化人等"。按：二者皆通，"許" 有處所義。

"肅"，S. 8076 作 𮌡，《輯校》（P204）錄作 "繭"。按：該字乃 "肅" 之俗體，錄作 "繭"，誤。"繭然" 不合文義。該圖片右上筆畫稍有漫漶，補齊筆畫作 𮌡，楷定可寫作 𮌡，"肅"字俗體有作 肅、肅、𮌡、𮌡等形體，[①] 可資比證。

[370] 與其符籙經契，亦作齋法。今北海之外，道法興焉。

"籙"，S. 8076 作 "録"。按：二者通假通用。

"亦"，S. 8076 作 "示"。按：二者皆通。

"興"，S. 8076 作 興。《輯校》（P204）錄作 "與"，並云："'興'，底本原作'與'，據《正統道藏》本改。"按：如圖片中部構件所示，該字顯然是 "興" 而非 "與" 字，認作 "與"，誤，無煩據改。參見黃征《敦煌俗字典》（P458）、秦公、劉大新《廣碑別字》（P599）。

[371] 王及大臣馬玄曰。

"王及大臣"，S. 8076 作 "王大臣"。按：二者皆通。

[372] 敬經如珠玉。

"珠玉"，S. 8076 作 "朱玉"。按：二者通假通用。

[373] 師如天也，經如日也。天不可毀，日不可觸矣。

兩個 "日"，S. 8076 作 "目"。按：《輯校》（P205）云："'日' 當爲 '目' 之誤。"此説可商，結合上文 "天也"，似作 "日" 更符合語境，"目" 當爲形近而誤。道教常把道經比作 "日" 或 "月"，以喻其光

---

① 參見（清）顧藹吉《隸辨》，中華書局 1986 年版，第 163 頁。

明盛大，可以開示愚蒙。如《太上玄一真人説妙通轉神入定經》："此經如月盛光，最爲其明，照耀十方；猶如三界，晦冥不消，是經如日之出，普照諸天，無不朗徹。"《無上祕要》卷三十一："是經如日之出，普照諸天，無不朗清。"可資比證。

"觸"，S. 8076 作"角"。按：《輯校》（P205）云："'角'有'觸'的意思。"認爲二者是同義詞，可從。然"角"或更可能爲"觸"之殘誤，"觸"俗字常作"犕"、"𧢁"、"挶"等字形，詳見張涌泉《敦煌俗字匯考》（P593）。"角"、"挶"相混，古籍經見，如《大正藏》第一册《佛説長阿含經》卷八："二人角伎，一人得勝。""角"，宋、元、明本作"挶"。《大正藏》第二册《增壹阿含經》卷三十二："終不爲彼屈，足得與角力。""角"，宋、元、明本作"挶"。可資比勘。

[374] 昇仙度世，皆由於師耳，無師又不得此經。

"由於"，S. 8076 作"由"。按：二者皆通。

"無師又"，S. 8076 作"無師"。按：二者皆通。

[375] 隔一宿不得説師名諱，道不兩相敬奉，不得違心。

"隔一宿不得説師名諱，道不兩相敬奉"，S. 8076 作"一宿不得説師名道，𡘋敬相奉"。按：𡘋，《輯校》（P205）錄作"肅"，誤。該字乃"兩"之俗字，黃征《敦煌俗字典》（P244）已收，可參看。"兩敬相奉"不辭，當爲"兩相敬奉"之誤倒，當乙正。

[376] 中國有仙人唐平、仙人玉光、仙人馬期。

"唐平"，S. 8076 作"廉平"。按："廉"當爲"唐"之形誤。《太上洞淵神咒經·序》："昔在杜陽宮中，出《神咒經》，授真人唐平等。"卷五："爾時，中國有真人唐平來告曰。"皆其例。

"玉光"，S. 8076 作"王光"。按：二者皆通。

[377] 上有五色之云，圓蓋長三百萬丈。

"圓蓋"，S. 9047V 作"圓圓"。按：二者皆通。

（本校勘記部分内容曾發表於《宗教學研究》
2017 年第 2 期，收錄時有改動。）

參考文獻

(按著者姓氏音序排列)

B

1. ［英］巴瑞特著：《唐代道教——中國歷史上黄金時期的宗教與帝國》，曾維加譯，齊魯書社 2012 年版。

2. 白於藍：《簡牘帛書通假字字典》，福建人民出版社 2008 年版。

3. 白於藍：《戰國秦漢簡帛古書通假字彙纂》，福建人民出版社 2012 年版。

4. 白維國：《白話小説語言詞典》，商務印書館 2011 年版。

5. 白維國：《近代漢語詞典》，上海教育出版社 2015 年版。

6. 北京大學中文系語言學教研室編：《漢語方音字彙》（第二版重排本），語文出版社 2008 年版。

7. 北京大學中文系語言學教研室編：《漢語方言詞彙》（第二版），語文出版社 2005 年版。

C

8. 蔡鏡浩：《魏晉南北朝詞語例釋》，江蘇古籍出版社 1990 年版。

9. ［日］長澤規矩也：《明清俗語辭書集成》，上海辭書出版社 1989 年版。

10. 陳國符：《中國外丹黄白法考》，上海古籍出版社 1997 年版。

11. 陳國符：《道藏源流考》（新修訂版），中華書局 2014 年版。

12. 陳秀蘭：《敦煌變文詞彙研究》，四川民族出版社 2002 年版。

13. 陳秀蘭：《敦煌俗文學語彙溯源》，嶽麓書社 2001 年版。

14. 陳章太、李行健：《普通話基礎方言基本詞彙集》，語文出版社 1996 年版。

15. 《辭源》修訂組：《辭源》（修訂本），商務印書館 1979 年版。

16. 慈怡：《佛光大辭典》，佛光文化事業有限公司 1999 年版。

D

17. 鄧福祿、韓小荆：《字典考正》，湖北人民出版社 2007 年版。

18. 《道藏》，文物出版社、上海書店、天津古籍出版社 1988 年版。

19. ［日］大淵忍爾：《敦煌道經·目錄編》，隽雪艷、趙蓉譯，齊魯書社 2016 年版。

20. 丁福保：《佛學大辭典》，上海書店 1991 年版。

21. 丁福保：《説文解字詁林》，中華書局 1988 年版。

22. 丁培仁：《增注新修道藏目錄》，巴蜀書社 2008 年版。

23. 董玉芝：《〈抱朴子〉複音詞構詞方式初探》，《古漢語研究》1994 年第 4 期。

24. 董玉芝：《〈抱朴子〉語詞劄記》，《新疆教育學院學報》1997 年第 1 期。

25. 董志翹、蔡鏡浩：《中古虛詞語法例釋》，吉林教育出版社 1994 年版。

26. 董志翹：《中古文獻語言論集》，巴蜀書社 2000 年版。

27. 董志翹：《〈入唐求法巡禮行記〉詞彙研究》，中國社會科學出版社 2000 年版。

28. 董志翹：《〈觀世音應驗記三種〉譯注》，江蘇古籍出版社 2002 年版。

29. 董志翹：《中古近代漢語探微》，中華書局 2007 年版。

30. 董志翹：《漢語史研究叢稿》，上海古籍出版社 2013 年版。

31. 董秀芳：《詞彙化：漢語雙音詞的衍生和發展》（修訂本），商務印書館 2011 年版。

32. 杜澤遜：《文獻學概要》（修訂本），中華書局 2001 年版。

33. 杜朝暉：《敦煌文獻名物研究》，中華書局 2011 年版。

F

34. 方一新：《中古近代漢語詞彙學》，商務印書館 2010 年版。

35. 方一新：《〈抱朴子〉内篇詞義瑣記》，《浙江大學學報》1994 年第 4 期。

36. 方一新：《〈抱朴子内篇校釋〉語詞劄記》，《古典文獻與文化論叢》第二輯，杭州大學出版社 1999 年版。

37. 方一新、柴紅梅：《〈神仙傳〉的词汇特点与研究价值》，《古汉语研究》2010 年第 1 期。

38. 方一新、王雲路：《中古漢語讀本》，上海教育出版社 2006 年版。

39. 方一新：《東漢魏晉南北朝史書詞語箋釋》，黄山書社 1997 年版。

40. 方孝坤：《徽州文書俗字研究》，人民出版社 2012 年版。

41. 馮春田：《近代漢語語法研究》，山東教育出版社 2000 年版。

42. 馮其庸、鄧安生：《通假字匯釋》，北京大學出版社 2006 年版。

43. 馮利華：《中古道書語言研究》，博士學位論文，浙江大學 2003 年。

44. 馮利華：《中古道書語言研究》，巴蜀書社 2010 年版。

45. 馮利華：《〈真誥〉詞語輯釋》，《古漢語研究》2002 年第 4 期。

46. 馮利華、徐望駕：《陶弘景〈真誥〉的語料價值》，《中國典籍與文化》2003 年第 3 期。

47. 符定一：《聯綿字典》，中華書局 1954 年版。

48. 傅勤家：《中國道教史》，上海書店 1984 年版。

G

49. 高亨：《古字通假會典》，齊魯書社 1989 年版。

50. 高文達：《近代漢語詞典》，知識出版社 1992 年版。

51. 高文達：《新編聯綿詞詞典》，河南人民出版社 2001 年版。

52. 葛兆光：《關於道教研究的歷史和方法》，《中國典籍與文化》2003 年第 1 期。

53. ［日］古谷蒼韻：《明清行草字典》，湖南美術出版社 2009 年版。

54. 《爾雅、廣雅、方言、釋名清疏四種合刊》，上海古籍出版社 1989 年版。

55. 郭在貽：《郭在貽文集》（第三卷），中華書局 2002 年版。

56. 郭在貽：《訓詁叢稿》，上海古籍出版社 1985 年版。

57. 郭在貽：《訓詁學》，中華書局 2010 年版。

58. 郭作飛：《〈張協狀元〉詞彙研究》，巴蜀書社 2008 年版。

59. 郭作飛：《近代漢語詞彙語法論稿》，中國社會科學出版社 2012

年版。

H

60. 漢語大詞典編纂處編：《漢語大詞典訂補》，上海辭書出版社 2010 年版。

61. 韓小荆：《〈可洪音義〉研究——以文字爲中心》，巴蜀書社 2009 年版。

62. 郝春文：《英藏敦煌社會歷史文獻釋録》（卷一），科學出版社 2001 年版。

63. 郝春文：《英藏敦煌社會歷史文獻釋録》（卷二），社會科學文獻出版社 2003 年版。

64. 郝春文：《英藏敦煌社會歷史文獻釋録》（卷三），社會科學文獻出版社 2003 年版。

65. 郝春文：《英藏敦煌社會歷史文獻釋録》（卷四），社會科學文獻出版社 2006 年版。

66. 郝春文：《英藏敦煌社會歷史文獻釋録》（卷五），社會科學文獻出版社 2006 年版。

67. 郝春文：《英藏敦煌社會歷史文獻釋録》（卷六），社會科學文獻出版社 2009 年版。

68. 郝春文：《英藏敦煌社會歷史文獻釋録》（卷七），社會科學文獻出版社 2010 年版。

69. 何金松：《虛詞歷時詞典》，湖北人民出版社 1994 年版。

70. 黑維強：《敦煌吐魯番社會經濟文獻詞彙研究》，民族出版社 2010 年版。

71. 胡孚琛主編：《中華道教大辭典》，中國社會科學出版社 1995 年版。

72. 胡道静：《道藏要籍選刊》，上海古籍出版社 1989 年版。

73. 胡道静：《藏外道書》，巴蜀書社 1992 年版。

74. 黄海德、李剛編：《簡明道教辭典》，四川大學出版社 1991 年版。

75. 黄樹先：《漢語身體詞探索》，華中科技大學出版社 2012 年版。

76. 黄樹先：《漢緬語比較研究》，華中科技大學出版社 2003 年版。

77. 黄征：《敦煌俗字典》，上海教育出版社 2005 年版。

78. 黄宜鳳:《明代筆記小説俗語詞研究》, 巴蜀書社 2013 年版。

J

79. 季羡林主編:《敦煌學大辭典》, 上海辭書出版社 1998 年版。

80. ［清］紀昀:《欽定四庫全書總目提要》（整理本）, 中華書局 1997 年版。

81. ［日］吉川忠夫、麥谷邦夫編:《真誥校注》, 朱越利譯, 中國社會科學出版社 2006 年版。

82. 江藍生:《近代漢語研究新論》（增訂本）, 商務印書館 2013 年版。

83. 江藍生:《魏晉南北朝小説詞語匯釋》, 語文出版社 1988 年版。

84. 江藍生、曹廣順:《唐五代語言詞典》, 上海教育出版社 1997 年版。

85. 江藍生:《相關語詞的類同引申》,《近代漢語探源》, 商務印書館 2000 年版。

86. 江傲雪:《六朝筆記小説詞彙研究》, 博士學位論文, 山東大學 2007 年。

87. 蔣禮鴻:《敦煌變文字義通釋》（《蔣禮鴻集》第一卷）, 浙江教育出版社 2001 年版。

88. 蔣禮鴻:《義府續貂》（《蔣禮鴻集》第二卷）, 浙江教育出版社 2001 年版。

89. 蔣禮鴻:《詞義釋林》（《蔣禮鴻集》第三卷）, 浙江教育出版社 2001 年版。

90. 蔣禮鴻主編:《敦煌文獻語言詞典》, 杭州大學出版社 1994 年版。

91. 蔣紹愚:《近十年間近代漢語研究的回顧與前瞻》,《古漢語研究》1998 年第 4 期。

92. 蔣紹愚:《近代漢語研究概況》, 北京大學出版社 1994 年版。

93. 蔣紹愚:《蔣紹愚自選集》, 河南教育出版社 1994 年版。

94. 蔣紹愚:《唐詩語言研究》, 中州古籍出版社 1990 年版。

L

95. 雷漢卿、周作明:《〈真誥〉詞語補釋》,《宗教學研究》2010

年第 3 期。

96. 雷漢卿：《禪籍方俗詞研究》，巴蜀書社 2010 年版。

97. 雷漢卿：《近代方俗詞叢考》，巴蜀書社 2006 年版。

98. 冷玉龍主編：《中華字海》，中華書局、中國友誼出版公司 1994 年版。

99. 李崇興：《元語言詞典》，上海教育出版社 1997 年版。

100. 李德範輯：《敦煌道藏》，全國圖書館文獻縮微複製中心 1999 年版。

101. 李遠國：《道教太乙派及其道法考》，《中國道教》2006 年第 5 期。

102. 李遠國：《道教神霄派淵源略考》，《宗教學研究》2001 年第 1 期。

103. 李遠國：《道教雷法沿革考》，《宗教學研究》2002 年第 3 期。

104. 李維琦：《佛經詞語匯釋》，湖南師范大學出版社 2005 年版。

105. 李叔還：《道教大辭典》，浙江古籍出版社 1987 年版。

106. 李榮主編：《現代漢語方言大詞典》（綜合本），江蘇教育出版社 2002 年版。

107. 李珍華、周長楫：《漢字古今音表》，中華書局 1993 年版。

108. 李戎：《中醫藥通假字字典》，上海科學技術文獻出版社 2001 年版。

109. 李卓敏：《李氏中文字典》，香港中文大學出版社 1980 年版。

110. 李圃：《古文字詁林》，上海教育出版社 1999—2005 年版。

111. 李運富：《漢字漢語論稿》，學苑出版社 2008 年版。

112. 李學勤：《四庫大辭典》，吉林大學出版社 1996 年版。

113. 李小榮：《敦煌道教文學研究》，巴蜀書社 2009 年版。

114. 連登崗：《釋〈太平經〉之"賢儒"、"善儒"、"乙密"》，《中國語文》1998 年第 3 期。

115. 劉復、李家瑞：《宋元以來俗字譜》，中央研究院歷史語言研究所 1930 年版。

116. 劉進：《唐代傳奇詞彙研究》，博士學位論文，四川大學 2003 年。

117. 劉祖國：《太平經詞彙研究》，博士學位論文，華東師范大學 2009 年。

118. 劉祖國：《〈太平經〉注釋商兌》，《重慶社會科學》2006 年第

12 期。

119. 劉堅：《近代漢語讀本》，上海教育出版社 1985 年版。

120. 劉屹：《敦煌道經與中古道教》，甘肅教育出版社 2010 年版。

121. 劉屹：《經典與歷史——敦煌道經研究論集》，人民出版社 2011 年版。

122. 龍潛庵：《宋元語言詞典》，上海辭書出版社 1985 年版。

123. 魯迅：《魯迅全集》（第十一卷），人民文學出版社 1981 年版。

124. 陸澹安：《小說詞語匯釋》，上海古籍出版社 1979 年版。

125. 陸澹安：《戲曲詞語匯釋》，上海古籍出版社 1981 年版。

126. 陸宗達、王寧：《訓詁與訓詁學》，山西教育出版社 2005 年版。

127. 陸明君：《魏晉南北朝碑別字研究》，文化藝術出版社 2009 年版。

128. 羅維明：《中古墓志詞彙研究》，暨南大學出版社 2003 年版。

129. 羅竹風主編：《漢語大詞典》，漢語大詞典出版社 1989 年版。

130. 吕浩：《韓國漢文古文獻異形詞研究之異形字典》，上海大學出版社 2011 年版。

M

131. ［日］麥谷邦夫、吉川忠夫編：《〈周氏冥通記〉研究》（譯注篇），劉雄峰譯，齊魯書社 2010 年版。

132. 毛遠明：《漢魏六朝碑刻異體字典》，中華書局 2014 年版。

133. 毛遠明：《漢魏六朝碑刻異體字研究》，商務印書館 2012 年版。

134. 毛遠明：《碑刻文獻學通論》，中華書局 2010 年版。

135. 梅家駒等編：《同義詞詞林》，上海辭書出版社 1996 年版。

136. 閔智亭主編：《道教大辭典》，華夏出版社 1994 年版。

P

137. 潘雨廷：《道藏書目提要》，上海古籍出版社 2003 年版。

Q

138. 全廣鎮：《兩周金文通假字研究》，臺灣學生書局 1980 年版。

139. 秦公：《碑別字新編》，文物出版社 1985 年版。

140. 秦公、劉大新：《廣碑別字》，國際文化出版公司 1995 年版。

141. 卿希泰、唐大潮：《道教史》，江蘇人民出版社 2008 年版。

142. 卿希泰：《中國道教思想史》，人民出版社 2009 年版。

R

143. 任繼愈主編：《道藏提要》（第三次修訂），中國社會科學出版社 1991 年版。

S

144. 沈兼士：《廣韻聲系》，中華書局 2004 年版。

145. ［法］施舟人、傅飛嵐主編：《道藏通考》，芝加哥大学出版社 2004—2005 年版。

146. 史光輝：《東漢佛經詞彙研究》，博士學位論文，浙江大學 2001 年。

147. （遼）釋行均：《龍龕手鏡》（高麗本），中華書局 1985 年版。

148. 蘇新春：《現代漢語分類詞典》，商務印書館 2013 年版。

149. 孫亦平：《東亞道教研究》，人民出版社 2014 年版。

150. ［法］索安著：《西方道教研究编年史》，吕鵬志、陳平等譯，中華書局 2008 年版。

T

151. 湯一介：《道書集成》，九州出版社 1999 年版。

152. 唐作藩：《上古音手冊》，江蘇人民出版社 1982 年版。

153. 臺灣《中文大辭典》編纂委員會：《中文大辭典》，臺北中國文化研究所 1968 年版。

154. 田宗堯：《中國古典小說用語辭典》，臺北聯經出版事業公司 1986 年版。

155. 田啟濤：《早期天師道文獻詞彙描寫研究》，博士學位論文，四川大學 2012 年。

W

156. 汪維輝：《東漢—隋常用詞演變研究》，南京大學出版社 2000

年版。

157. 汪維輝：《〈周氏冥通記〉詞彙研究》，《中古近代漢語研究》第 1 輯，上海教育出版社 2000 版。

158. 汪維輝、胡波：《漢語史研究中的語料使用問題——兼論繫詞“是”發展成熟的年代》，《中國語文》2013 年第 4 期。

159. 汪少華：《古詩文詞義訓釋十四講》，上海世紀出版集團、上海書店 2008 年版。

160. 汪少華：《中國古車輿名物考辨》，商務印書館 2005 年版。

161. 王海根：《古代漢語通假字大字典》，福建人民出版社 2006 年版。

162. 王輝：《古文字通假字典》，中華書局 2008 年版。

163. 王寶紅、俞理明：《清代筆記小說俗語詞研究》，巴蜀書社 2012 年版。

164. 王力：《漢語史稿》，中華書局 2009 年版。

165. 王雲路、方一新：《中古漢語語詞例釋》，吉林教育出版社 1992 年版。

166. 王雲路、王誠：《漢語詞彙核心義研究》，北京大學出版社 2014 年版。

167. 王雲路：《漢魏六朝詩歌語言論稿》，陝西人民出版社 1997 年版。

168. 王雲路：《六朝詩歌語詞研究》，黑龍江教育出版社 1999 年版。

169. 王雲路：《詞彙訓詁論稿》，北京語言文化大學出版社 2002 年版。

170. 王雲路：《中古漢語論稿》，中華書局 2011 年版。

171. 王雲路：《中古漢語詞彙史》，商務印書館 2010 年版。

172. 王雲路：《〈太平經〉語詞詮釋》，《語言研究》1995 年第 1 期。

173. 王雲路：《〈太平經〉釋詞》，《古漢語研究》1995 年第 1 期。

174. 王雲路：《辭書失誤考略》，《古漢語研究》1993 年第 1 期。

175. 王鍈：《詩詞曲語辭例釋》，中華書局 1980 年版。

176. 王鍈：《唐宋筆記語詞彙釋》，中華書局 1990 年版。

177. 王鍈：《宋元明市語匯釋》（修訂增補本），中華書局 2008 年版。

178. 王鍈：《〈漢語大詞典〉商補》，黃山書社 2006 年版。

179. 王紹峰:《初唐佛典詞彙研究》,安徽教育出版社 2004 年版。

180. 王柯:《〈太平經〉詞語選釋》,《中國語文》2007 年第 2 期。

181. 王學奇、王静竹:《宋金元明清曲詞通釋》,語文出版社 1990 年版。

182. 王敏紅:《讀〈抱朴子·内篇〉校釋剳記》,《東南大學學報》2001 年第 1 期。

183. 王明:《道家與傳統文化研究》,中國社會科學出版社 1995 年版。

184. 王貴元、葉桂剛:《詩詞曲小説語辭大典》,群言出版社 1993 年版。

185. 王卡:《敦煌道教文獻研究——綜述·目録·索引》,中國社會科學出版社 2004 年版。

186. 王啟濤:《吐魯番出土文書詞語考釋》,巴蜀書社 2005 年版。

187. 王啟濤:《吐魯番出土文獻詞典》,巴蜀書社 2012 年版。

188. 王華權:《〈一切經音義〉刻本用字研究》,廣西師範大學出版社 2011 年版。

189. 吴士勛、王東明:《宋元明清百部小説語詞大辭典》,陝西人民教育出版社 1992 年版。

190. 吴鋼、吴大敏:《唐碑俗字録》,三秦出版社 2004 年版。

191. 吴楓:《中華道學通典》,南海出版公司 1994 年版。

192. 吴金華:《〈世説新語〉考釋》,安徽教育出版社 1994 年版。

X

193. 郗政民:《古書未釋詞語薈釋》,江西教育出版社 1991 年版。

194. 夏征農主編:《辭海》(修訂本),上海辭書出版社 1999 年版。

195. 夏先忠:《六朝上清經用韻研究》,西南交通大學出版社 2010 年版。

196. 項楚:《王梵志詩校注》(增訂本),上海古籍出版社 2010 年版。

197. 向熹:《簡明漢語史》(修訂本),商務印書館 2010 年版。

198. 蕭天石:《道藏精華》,自由出版社 1956 年版。

199. 蕭登福:《正统道藏提要》,文津出版社 2011 年版。

200. [日] 小林正美著:《中國的道教》,王皓月譯,齊魯書社 2010

年版。

201.〔日〕小林正美著：《唐代的道教與天師道》，王皓月、李之美譯，齊魯書社 2013 年版。

202.〔日〕小林正美著：《新範式道教史的構建》，王皓月譯，齊魯書社 2014 年版。

203. 解惠全：《古書虛字通解》，中華書局 2008 年版。

204. 謝紀峰：《漢語聯綿詞詞典》，外語教學與研究出版社 2011 年版。

205. 忻麗麗：《中古靈寶經詞語考釋》，博士學位論文，南開大學 2012 年。

206.《行草大字典》，中國書店 1995 年版。

207. 徐中舒主編：《漢語大字典》，湖北辭書出版社、四川辭書出版社 1986—1990 年版。

208. 徐時儀：《〈一切經音義〉三種校本合刊》（修訂版），上海古籍出版社 2012 年版。

209. 徐時儀：《近代漢語詞彙學》，暨南大學出版社 2013 年版。

210. 徐時儀：《〈朱子語類〉詞彙研究》，上海古籍出版社 2013 年版。

211. 許寶華、〔日〕宮田一郎：《漢語方言大詞典》，中華書局 1999 年版。

212. 許少峰：《近代漢語大詞典》，中華書局 2008 年版。

213. 許地山：《道教史》，上海古籍出版社 2009 年版。

Y

214.（唐）顏元孫撰，（唐）顏真卿書，施安昌編：《干祿字書》，紫禁城出版社 1992 年版。

215. 楊寶忠：《疑難字考釋與研究》，中華書局 2005 年版。

216. 楊寶忠：《疑難字續考》，中華書局 2011 年版。

217. 楊琳：《論詞例求證法》，《語言研究》2003 年第 4 期。

218. 楊琳：《詞例求義法新論——兼談相因生義說的問題》，《南開語言學刊》2009 年第 2 期。

219. 楊琳：《訓詁方法新探》，商務印書館 2011 年版。

220. 楊琳：《古典文獻及其利用》（第三版），北京大學出版社 2014

年版。

221. 楊明照：《王明〈抱朴子内篇校釋〉補正》（上、下），《文史》1982 年第 16、17 期。

222. 楊明照：《〈抱朴子外篇〉校證》（上、下），《文史》1984 年第 23 期、1985 年第 24 期。

223. 楊小平：《敦煌文獻詞語考察》，中國社會科學出版社 2013 年版。

224. 姚美玲：《唐代墓志詞彙研究》，華東師範大學出版社 2008 年版。

225. 葉貴良：《敦煌道經詞語考釋》，巴蜀書社 2009 年版。

226. 葉貴良：《敦煌道經詞彙研究》，博士學位論文，浙江大學 2004 年。

227. 葉貴良：《敦煌道經寫本與詞彙研究》，巴蜀書社 2007 年版。

228. 葉貴良：《敦煌道經形誤字例釋》，《敦煌研究》2009 年第 3 期。

229. 葉貴良：《敦煌本〈太上洞玄靈寶無量度人上品妙經〉輯校》，四川大學出版社 2012 年版。

230. 葉貴良：《敦煌本〈太上洞淵神咒經〉輯校》，中國社會科學出版社 2013 年版。

231. 葉貴良：《敦煌本〈太玄真一本際經〉輯校》，巴蜀書社 2010 年版。

232. 俞理明：《佛經文獻語言》，巴蜀書社 1993 年版。

233. 俞理明、周作明：《論道教典籍語料在漢語詞彙歷史研究中的價值》，《綿陽師範學院學報》2005 年第 4 期。

234. 俞理明、顧滿林：《東漢佛道教文獻詞彙新質研究》，商務印書館 2013 年版。

235. 于淑健：《敦煌佛典語詞和俗字研究》，上海古籍出版社 2012 年版。

236. 袁賓：《禪宗著作詞語匯釋》，江蘇古籍出版社 1990 年版。

237. 袁賓：《禪宗詞典》，湖北人民出版社 1994 年版。

238. 袁賓：《宋語言詞典》，上海教育出版社 1997 年版。

Z

239. 臧克和：《漢魏六朝隋唐五代字形表》，南方日報出版社 2011

年版。

240. 曾良：《敦煌文獻字義通釋》，廈門大學出版社 2002 年版。

241. 曾良：《敦煌佛經字詞與校勘研究》，廈門大學出版社 2010 年版。

242. 曾良：《隋唐出土墓誌文字研究及整理》，齊魯書社 2007 年版。

243. 曾良：《俗字及古籍文字通例研究》，百花洲文藝出版社 2006 年版。

244. 曾良：《明清通俗小説語彙研究》，江西教育出版社 2009 年版。

245. 翟建波：《中國古代小説俗語大辭典》，上海辭書出版社 2013 年版。

246. 張美蘭：《〈祖堂集〉校注》，商務印書館 2009 年版。

247. 張美蘭、劉曼：《〈清文指要〉匯校與語言研究》，上海教育出版社 2013 年版。

248. 張涌泉：《漢語俗字叢考》，中華書局 2000 年版。

249. 張涌泉：《漢語俗字研究》（增訂本），商務印書館 2010 年版。

250. 張涌泉：《敦煌俗字研究》，上海教育出版社 1996 年版。

251. 張涌泉：《敦煌寫本文獻學》，甘肅教育出版社 2011 年版。

252. 張繼禹主編：《中華道藏》，華夏出版社 2004 年版。

253. 張繼禹：《〈中華道藏〉出版後記》，《中國道教》2005 第 5 期。

254. 張永言：《世説新語辭典》，四川人民出版社 1992 年版。

255. 張萬起：《世説新語詞典》，商務印書館 1993 年版。

256. （宋）張君房編，蔣力生等校注：《雲笈七籤》，華夏出版社 1996 年版。

257. 張小艷：《敦煌書儀語言研究》，商務印書館 2007 年版。

258. 張小艷：《敦煌社會經濟文獻詞語論考》，上海人民出版社 2013 年版。

259. 張相：《詩詞曲語辭匯釋》，中華書局 2008 年版。

260. 張澤洪：《道教齋醮符咒儀式》，巴蜀書社 1999 年版。

261. 張澤洪：《論唐代道教齋醮科儀》，《社會科學研究》2006 年第 2 期。

262. 張澤洪：《論宋朝道教齋醮科儀的時代特點》，《社會科學研究》2001 年第 6 期。

263. 張澤洪：《道教齋醮源流芻議》，《宗教學研究》1996 第 3 期。

264. 張婷、曾昭聰、曹小雲：《十年來道教典籍詞彙研究綜述》，《滁州學院學報》2005 第 8 期。

265. 趙立偉：《〈睡虎地秦簡〉通假字、俗字研究》，碩士學位論文，西南師範大學 2002 年。

266. 趙平安：《隸變研究》，河北大學出版社 2008 年版。

267. 趙益：《六朝隋唐道教文獻研究》，鳳凰出版社 2012 年版。

268. 趙紅：《敦煌寫本漢字論考》，上海古籍出版社 2012 年版。

269. 真大成：《中古史書校證》，中華書局 2013 年版。

270. 鄭賢章：《〈龍龕手鑒〉研究》，湖南師範大學出版社 2004 年版。

271. 鄭賢章：《〈新集藏經音義隨函錄〉研究》，湖南師範大學出版社 2007 年版。

272. 鄭賢章：《漢文佛典疑難俗字匯釋與研究》，巴蜀書社 2016 年版。

273. 鍾肇鵬：《道教小詞典》，上海辭書出版社 2001 年版。

274. 中國社會科學院古漢語研究室：《古代漢語虛詞詞典》，商務印書館 1999 年版。

275. 中華書局編輯部：《詩詞曲語辭辭典》，中華書局 2014 年版。

276. 周作明：《東晉南朝道教上清派經典行爲詞新質研究》，博士學位論文，四川大學 2007 年。

277. 周作明：《東晉南朝道教上清派經典詞彙新詞新義研究》，碩士學位論文，四川大學 2004 年。

278. 周作明：《中古上清經行爲詞新質研究》，中國社會科學出版社 2013 年版。

279. 周作明、俞理明：《東晉南北朝道經名物詞新質研究》，中國社會科學出版社 2015 年版。

280. 周俊勛：《魏晉南北朝志怪小說詞彙研究》，巴蜀書社 2006 年版。

281. 周祖謨：《唐五代韻書集存》，中華書局 2005 年版。

282. 周學峰：《道教科儀經籍疑難詞語考釋》，博士學位論文，南開大學 2013 年。

283. 朱慶之：《佛典與中古漢語詞彙研究》，文津出版社 1992 年版。

284. 朱越利：《道教要籍概論》，北京燕山出版社 1992 年版。

285. 朱越利：《道藏分類解題》，華夏出版社 1996 年版。

286. 朱越利：《道藏説略》，北京燕山出版社 2009 年版。

287. 朱起鳳：《辭通》，開明書店民國二十八年版。

288. 宗福邦等主編：《故訓匯纂》，商務印書館 2003 年版。

後　記

　　光陰似箭，歲月如流，轉眼功夫，已經是我博士畢業後參加工作的第三個年頭。期間每當在南開大學圖書館看到上架的新書，每當在網上瀏覽購買琳瑯滿目的新作時，看到諸多跟我年齡相仿的 80 後學界同仁都出版了自己的專著，在各自的研究領域佔有了一塊陣地，擁有了自己的一個山頭。而我自己雖然發表了一些質量勉強過關的單篇文章，但少了這個厚墩墩的東西，總有一種“自鄶以下”的感覺。雖然目前很多高校職稱評價指標專著不在其內，但對於一個以讀書、教書、寫書爲畢生任務與使命的學者來説，即使發表了多篇高質量論文，如果没有出過一本署名自己的“書”，畢竟有點美中不足。在這種壓力與動力的驅使下，我開始了對博士學位論文進行修改以俟時出版的工作，展現在讀者眼前的這本不成熟的小書算是這次修改工作的一個總結。

　　原博士論文考證字詞 140 餘條，總計 14 萬字，本書在此基礎上又補充字詞 60 餘條，增加了一部重要道經的校勘記，總字數達到 30 萬字强。原博士論文大部分詞條除了結構上有所調整、例句有所補充外，基本觀點没有大的變更。本書所補充的 60 餘詞條仍以《中華道藏》道法類經書爲範圍，具體來説是以部頭比較大、卷數比較多、口語性比較强的具有代表性的 10 幾部道經作爲考察的重點，著重從文字、訓詁、校勘的角度辨析解讀其中的疑難字詞。這些疑難字詞或前人未釋，或釋讀有誤，或不爲大型語文工具書所載，或雖載而義項未盡，皆有考釋之價值。道經造作時間綿長，流傳廣佈，數量龐大，里面蘊藏著丰富的詞彙信息，是開展專項文獻詞彙研究的一類重要語料。其中之疑難字詞俯拾皆是，多如繁星，絶非三五部詞語考釋性的著作能够賅之，也絶非匹夫之力能够藏事。本書所涉及的 10 幾部經書僅算得上是道經文獻冰山之一角，所解釋的 200 個字詞也僅算得上道經疑難詞語中九牛之一毛。目前，道經文獻詞彙已經引起了學界的關注，但尚未形成大的氣候，許多有訓詁、文獻價值的東西值得我們繼續挖掘和探討。

　　考釋性的詞彙研究比起描寫式的詞彙研究總體來説有較大的難度，疑難詞語考釋看起來各自爲陣，不成系統，不需統籌把握，只需材料扎實。但搜求材料、篩選材料、規整材料的過程其實就是一種創造性的學術研究。這就是我們爲什麽會對張相的《詩詞曲語詞匯釋》和蔣禮鴻先生的《敦煌變文字義通釋》給予很高的評價，甚至在當代訓詁學界奉其为訓詁研究之圭臬的原因之一。雖説在古籍數字化已經普及可進行全文檢索的"大數據"時代海量搜索材料已不是什麽難事，但考釋疑難詞語也絶非通過簡單歸納概括就可蔵事。君若不信，把上面提到的這兩本書中的所有材料都提供給你，你也未必能夠得出二位先生所得出的結論，更不要說達到二位先生所達到的高度。

　　但作爲訓詁學根柢性的工作，疑難字詞考釋是必不可少的，正如蔣紹愚先生所説："近半個世紀以來，特別是八十年代以來，通過研究者持續不懈的努力，考釋了一大批近代漢語的疑難詞語，使我們對近代漢語詞彙的面貌逐漸有了比較清楚的了解，這是近代漢語詞彙研究不可缺少的基礎工作。這項工作遠遠沒有完成，今後還需要繼續進行。"① 語言學界基本上每年都有詞語考釋性的專著問世，語言學界幾種影響較大的期刊幾乎每期也都會刊登字詞考釋性的文章，篇目多少、篇幅多大暫且不論。但這至少説明，這方面的研究並沒有被學者所忽略所輕視，訓詁學界尚有爲數不少的學者在這一塊土地上孜孜矻矻，笔耕不輟。

　　鵬雖不敏，也希望在詞語考釋這塊一畝三分地上有所作爲。博士畢業後的兩年時間内，除了完成不太繁重的教學任務以外，我又重新當起了一名學生，大部分時間都泡在了南開大學的圖書館，對館内貯藏的中國古典文獻進行了排查式的瀏覽和閱讀。兩年下來，業師楊琳先生《古典文獻及其利用》中介紹的大部頭重要文獻我基本上都曾親眼目睹，親手翻閱，所過目的文獻記錄整整有四大本之厚，戲目曰"南開圖書經眼録"。在收穫頗豐的興奮之餘，我也爲自己以後的研究方嚮感到了一些憂慮和困惑——有語言研究價值的中國古典文獻實在是太多了，幾乎每一個領域的文獻中都有疑難字詞可以研究，是不是要對這些領域都有所涉獵？每當碰到學業上的這類疑惑，我第一時間就是求教於業師。先生曾多次教導我

---

① 　參見董志翹《〈入唐求法巡禮行記〉詞彙研究·序》，中國社會科學出版社 2000 年版。

説，一定要選定一個明確的研究領域，不能把研究的面鋪得太大，要在博學的基礎上有所專攻。如果東一榔頭西一斧地亂砍，雖然也能小有所成，但畢竟不能成名成家。老師以其對中國古典文獻學和傳統小學的雙重造詣及敏鋭的學術眼光和富有前瞻性的洞察力爲我以後的研究指明了方嚮。比較而言，在浩如煙海的中國古典文獻中，道教文獻仍就是一個亟待研究的薄弱領域，尤其詞彙學的研究還相當滯後。自忖如果能夠專注於道教文獻疑難字詞的考釋研究這一領域，或許也能有所成就。進而言之，假以時日，多歷年所之後，如果能夠以一己之力出版一部像《禪宗大詞典》、《敦煌文獻語言詞典》、《吐魯番出土文獻詞典》這樣的以解釋文獻疑難字詞爲目的的《道經語言詞典》，方軌於前秀，垂範於後昆，對一個學者來説，是一生何等的幸事，何等的快事！有此一著，也不算枉來人間行走這一遭。

　　小書是我研究學習道經文獻詞彙的一個階段性總結，其出版對我來説既是鼓勵更是鞭策。由於學殖謭陋，小書雖目曰《道經字詞考釋》，但其中掛一漏萬之憾、管中窺豹之弊在所難免，錯訛不的之處亦必在在皆是，充其量它衹是道經詞彙考釋方面一個小小的嘗試。蕞爾叢沓之編，率爾操觚之作，難饗鴻學博雅之士，然拋磚意在引玉，黃鐘大呂，冀所望於方來。

　　小書能夠付梓，得益於以下諸君的大力支持和幫助，在此出版之際，謹嚮他們表示誠摯的謝意和敬意。

　　感謝我的博導南開大學楊琳先生和師母李金茹女士。如果説我的生命中有貴人相助的話，那麼這第一個貴人即是楊琳先生。我時常想，此生若不逢先生，我可能無緣成爲站在大學講臺上的人民教師，而很可能是某精神病醫院的一個常住病號。是先生在我人生最困難的時候接納我爲入室弟子，並指引我走上了真正的學術之路。畢業後，有幸得以留津工作，以近水樓臺之便，常常聆聽先生的教誨。三載以來，時光雖短，然絳帳春風，睨愛實勝於往昔。每當我從老師家裏走出，手裏拿著老師贈送的書刊，耳邊響著老師説過的話語，心裏總是感到無比的溫暖，無比的踏實，無比的安穩，無比的自信。雲撥日見，滯啟矇發，困惑消除後心情的釋然和愉快也多半是在老師這裏體驗的。先生於我，恩同再造，學生結草銜環，不敷回報萬一。小子不才，唯有黽勉於學問，專心於著述，庶不負先生栽培之恩。先生爲人，清心寡欲，不慕奢華，淡泊名利，這種與世無爭的處事哲學和爲人風範也時時刻刻在影響著我。學高爲師，身正爲範，導師的道德文章，是我以後努力奮進的强大的精神食糧。師母李金茹女士温婉端淑，待人真誠，善解人意，這是我們楊門子弟一致一貫的評價。讀博期間，很多同門都有幸品嘗過師母親手烹制的菜肴，而我這個留津弟子吃過的次數是最多的。畢業入職後，師母對我生活工作上的諸多事情（包括終身大事）更是傾注了無微不至的關心，讓我這個遠在千里之外的異鄉學子感受到了母性的關愛與温暖，這是列入師門以來一份不菲的意外收獲，讓我感動，使我感恩。

感謝我的碩導山東大學邵文利先生及師母杜麗榮副教授。先生温文爾雅、謙謙君子者也，先生培養了我對傳統小學的濃厚興趣，開啟了我的學術之路，並爲我以後的發展奠定了堅實的基礎。從零六年入室以來，春秋十載，先生對我學術的成長一如既往地傾注了大量的關愛和幫助。從爲我修改小小的豆腐塊，告誡我最基本的學術規範，到指點我完成碩士論文，使我能够在期刊上獨立發表文章。可以説，我的每一個進步也同樣離不開先生的關懷。每當夜深人静，往日從先生游學之景歷歷如現，在那些焦慮不已與狂躁不安的時日，先生給予了我最大的諒解和包容。師愛如山，我會服膺銘記，永矢弗諼。

感謝我的領導和同事余江校長、馬蘭州院長、張淑蓉教授、潘道正教授、周和軍教授、蔡覺敏副教授、李彦文副教授、李旭博士、李文健博士、于秒師兄等，三年以來，他們在工作和生活上給予了我不少幫助和支持，讓我體會到了領導的關愛和同事的温暖，這是我入職以來最珍貴的精神財富。

感謝南開大學副教授谷峰師兄，自入南開求學以來，谷師兄與我半師半友，寓學於樂，寓樂於學，多次指點我學術上之迷津，使我獲益良多。感謝山東大學副教授劉祖國師兄，書稿定稿前，蒙劉師兄通讀全稿，指出了書稿的諸多錯誤並補充了一些有用的例證，使書稿避免了一些硬傷。我與劉師兄雖未謀面，但神交已久，道合志同，惺惺相惜，多次郵件往來，每每受教匪淺。

感謝我的舅父許文鋒先生，自入泮伊始，二十多年來，舅父對我的成長成材傾注了大量的心血和殷切的關愛，在物質和精神上都給予了無私的幫助。舅父爲人，慷慨大度，坦誠諒直，對我待人接物、立身處世的原則產生了重要的影響。在書稿殺青之際，恭疏短札，聊表寸心。

　　最后感謝天津外國語大學求索文庫出版基金爲本書所提供的資助，感謝中國社會科學出版社責任編輯任明編審爲本書的出版付出的辛勤勞動，任編審性情謙和，平易近人，對工作認真負責，一絲不苟，没有他的努力和支持，本書不會順利出版。

　　潘岳《秋興賦·序》云："余春秋三十有二，始見二毛。"元稹《寄隱客》亦云："我年三十二，鬢有八九絲。"我今年正當三十有二，恰是二毛之年。自執鞭以來，館穀之所得，饘粥之所餘，無不歸之書者。然馬齒徒增，學問未漸，騎驢之慰，未能免俗。每逢春花秋月夜，望遠方月光似水，看近處樹影扶疏，往往憂從中來，不可斷絶。更遇風吹梧桐之日，雨打芭蕉之夕，遥望燈火闌珊處，往往浮想聯翩，不禁撫膺自詢：

　　　仙路漫漫，我矢志不渝。
　　　道山峨峨，我攀陟不息。
　　　白云生處，我能否拾級而上？
　　　閬苑仙葩，我能否摘取一枝？

尚鵬志

2015 年暮春朔撞鐘一點